高等学校"十三五"省级规划教材
一流教材建设项目成果

国际商务谈判与礼仪

International Business Negotiations and Etiquette

主编 陈芳

北京师范大学出版集团
BEIJING NORMAL UNIVERSITY PUBLISHING GROUP
安徽大学出版社

图书在版编目(CIP)数据

国际商务谈判与礼仪 / 陈芳主编. —合肥:安徽大学出版社,2020.1(2022.1重印)
ISBN 978-7-5664-0827-3

Ⅰ. ①国… Ⅱ. ①陈… Ⅲ. ①国际商务—商务谈判 ②国际商务—礼仪 Ⅳ. ①F740.41 ②F718

中国版本图书馆 CIP 数据核字(2019)第 268851 号

声明:本书中部分图片在使用时无法与作者取得联系,希望作者见后与本社联系,本社将支付稿酬。

国际商务谈判与礼仪
GUOJI SHANGWU TANPAN YU LIYI

陈 芳 主编

出版发行:	北京师范大学出版集团 安 徽 大 学 出 版 社 (安徽省合肥市肥西路 3 号 邮编 230039) www.bnupg.com.cn www.ahupress.com.cn
印 刷:	安徽省人民印刷有限公司
经 销:	全国新华书店
开 本:	184mm×260mm
印 张:	22
字 数:	508 千字
版 次:	2020 年 1 月第 1 版
印 次:	2022 年 1 月第 2 次印刷
定 价:	59.00 元

ISBN 978-7-5664-0827-3

策划编辑:李 梅 葛灵知　　　　装帧设计:李 军
责任编辑:葛灵知 李 雪　　　　美术编辑:李 军
责任印制:赵明炎

版权所有　侵权必究
反盗版、侵权举报电话:0551-65106311
外埠邮购电话:0551-65107716
本书如有印装质量问题,请与印制管理部联系调换。
印制管理部电话:0551-65106311

编委会

主　编：陈　芳

编　者：陈　芳　孟　静　邵海燕
　　　　王珊珊　汪佳群

序

这是一个最好的时代——国际市场需求总体继续增长,中国经济已由高速增长阶段转向高质量发展阶段,随着供给侧结构性改革的不断深化,中国外贸发展的内生动力不断增强;也是一个"最坏"的时代——中国经济发展外部环境已经发生了质的变化,贸易保护主义加剧威胁全球经济增长。

新常态下的国际经济贸易形势对从事国际商务的专业人才提出了更高的要求,中美贸易战更宏观地凸显了国际商务谈判的重要性。作为安徽省大型国际贸易集团公司的管理者——一名在行业内浸润30余年的老外贸人,我致力于培养外贸行业年轻力量,这是情怀,是使命,更是责任。多年来公司与安徽大学在开设实践课程、建立实习基地、赞助谈判大赛等人才培养形式上展开深入探讨与合作,自2013年赞助此项大赛以来,我们不断优化赛制、扩大规模,精心挑选我公司重点业务作为比赛案例,选派数十名具有丰富经验的业务精英担任评委,进行现场指导,并将在业务一线长期积累的实战经验和谈判技巧融入教材编著。

本书依托安徽大学国际商务谈判与礼仪教学团队深厚的理论功底和丰富的教学经验,内容生动、以案明理,便于读者理解和掌握商务谈判相关知识和技能。举办大赛,使理论与实践相结合,从而更有利于培养学生的创造性思维、提高综合素养。本书既有系统的理论,又有可行的方法,具有较强的指导意义。对高校师生是一本理论联系实际的高质量教材,对从事国际贸易的商务人士是一本不可多得的实用工作指南。

沧海横流,方显英雄本色。为国际贸易这一伟大事业奋斗终生,是我不变的初心,永恒的信念;我将一如既往地关注与支持大赛的发展,当好校企合作的探路者和领航人,助力高素质、实用型外贸人才的培养,期待外贸的明天会更好!

安徽省技术进出口股份有限公司董事长

2019年9月

前　言

随着我国"走出去"的步伐越来越大、越来越坚定有力，国际商务谈判的重要性逐渐凸显，具有跨文化和创新思维的高级国际商务谈判人才越来越紧俏。拥有全球思维、精通国际贸易规则、熟悉中国国情、敢于担当的高端应用型人才将会为中国更好地融入全球贡献智慧。鉴于此，本教材将为国际商务谈判学习者提供一个具有较强实用性的知识储备库、具有潜力的谈判学习生态圈、具有活力的国际商务谈判交流沟通平台。

本教材由十一章组成，内容以国际商务谈判流程为主线，阐述国际商务谈判各个环节的沟通技巧和礼仪，如准备阶段、开局阶段、报价阶段、磋商阶段、成交阶段、僵局处理阶段等。

相较于以往的教材，本教材呈现以下特点：

1. 案例丰富、覆盖面广。本教材案例以阅读材料形式呈现，秉着"章章有案例、节节有案例、点点有案例"的原则，高频次、广范围、全程参与地设计案例分析。

2. 阅读材料植根国际商务实际、聚焦时事热点。对阅读材料的分析融入了最新的国际贸易趋势，贴合时事热点，既有助于引导学生关注时事，结合自己专业和能力探析剖解现实问题，也有助于培养学生的爱国情结，传递正能量。

3. 重视教材内容的可操性和实践性。教材内容素材多取自外贸业务实践、学生生活实际，重点章节设置了实训环节，有利于启发学生主动思考，让学生自己操练，从而提高实际操作的能力。

4. 作为安徽省大学生国际商务模拟谈判大赛的指定用书，本教材详细介绍了大赛的相关内容，并首次公开展示了部分优秀参赛作品。

本教材是安徽省大学生国际商务模拟谈判大赛的指定培训用书，也作为国际贸易、国际商务等相关专业高年级本科生以及低年级研究生的专业教材，也可以作为从事对外贸易相关工作人员以及对国际贸易感兴趣的社会人士的参考书。

编者

2019 年 8 月

目 录

第一章 国际商务谈判与礼仪概述 ································· 1

 第一节 国际商务谈判概述 ····································· 3

 第二节 国际商务谈判礼仪概述 ································· 20

第二章 国际商务谈判的理论基础 ································· 38

 第一节 心理学理论与国际商务谈判 ····························· 39

 第二节 "黑箱"理论与国际商务谈判 ····························· 46

 第三节 需求理论与国际商务谈判 ······························· 51

 第四节 博弈论与国际商务谈判 ································· 55

 第五节 其他理论与国际商务谈判 ······························· 60

第三章 国际商务谈判准备阶段的策略与礼仪 ······················· 64

 第一节 国际商务谈判准备阶段 ································· 65

 第二节 国际商务谈判准备阶段的策略 ··························· 76

 第三节 国际商务谈判准备阶段的礼仪 ··························· 83

第四章 国际商务谈判开局阶段的策略、技巧与礼仪 ················· 90

 第一节 国际商务谈判开局阶段 ································· 91

 第二节 国际商务谈判开局阶段的策略 ··························· 97

 第三节 国际商务谈判开局阶段的技巧 ··························· 101

 第四节 国际商务谈判开局阶段的礼仪 ··························· 104

第五章 国际商务谈判报价阶段的策略、技巧与礼仪 ················· 113

 第一节 国际商务谈判报价阶段 ································· 114

第二节	国际商务谈判报价阶段的策略	125
第三节	国际商务谈判报价阶段的技巧	135
第四节	国际商务谈判报价阶段的礼仪	139

第六章 国际商务谈判磋商阶段的策略、技巧与礼仪 151

第一节	国际商务谈判磋商阶段	152
第二节	国际商务谈判磋商阶段的策略与技巧	157
第三节	国际商务谈判磋商阶段的礼仪	172

第七章 国际商务谈判成交阶段的策略、技巧与礼仪 180

第一节	国际商务谈判成交阶段	181
第二节	国际商务谈判成交阶段的策略	185
第三节	国际商务谈判成交阶段的技巧	192
第四节	国际商务谈判成交阶段的礼仪	197

第八章 国际商务谈判僵局处理阶段的策略、技巧与礼仪 206

第一节	国际商务谈判僵局处理阶段	207
第二节	国际商务谈判僵局处理阶段的策略	214
第三节	国际商务谈判僵局处理阶段的技巧	218
第四节	国际商务谈判僵局处理阶段的礼仪	221

第九章 国际商务谈判中非语言沟通技巧与礼仪 228

第一节	非语言沟通	229
第二节	肢体语言	233
第三节	空间语言	246
第四节	形象语言	251
第五节	环境语言	253
第六节	时间暗示和音质暗示	255

第十章 国际商务谈判人员必备素质 261

| 第一节 | 身体素质 | 262 |

目 录

第二节　道德素质 ··· 264
第三节　业务素质 ··· 266
第四节　心理素质 ··· 270
第五节　语言素质 ··· 277
第六节　礼仪素质 ··· 283

第十一章　国际商务谈判风格与礼仪 ··· 289

第一节　美洲国家商务谈判风格与礼仪 ··· 290
第二节　欧洲国家商务谈判风格与礼仪 ··· 297
第三节　亚洲国家商务谈判风格与礼仪 ··· 306
第四节　"一带一路"国家商务谈判风格与礼仪 ·· 312
第五节　其他部分国家商务谈判风格与礼仪 ·· 319

附录　安徽省大学生国际商务模拟谈判大赛 ·· 326

参考文献 ·· 337

后记 ·· 339

第一章 国际商务谈判与礼仪概述

学习目标

(一)知识目标

1. 了解国际商务谈判的基本概念;
2. 理解国际商务谈判的构成要素;
3. 掌握国际商务谈判的基本程序;
4. 掌握国际商务谈判礼仪的原则和形式。

(二)技能目标

1. 熟知国际商务谈判的原则并能在谈判中灵活运用;
2. 能够在谈判中根据谈判的性质灵活选择谈判方式;
3. 能够在商务活动中运用自然得体的礼仪进行交际,并能配合完成商务谈判。

开篇案例

变、战、稳——2018年中美贸易摩擦

习近平主席说:"放眼世界,我们面对的是百年未有之大变局!"经济地理大变局、大国博弈与竞争格局之变、推进全球力量之变、科技与产业变革主角之变、全球治理体系之变共同推动世界之变。2018年3月22日美国总统特朗普在白宫签署总统备忘录,宣布依据"301调查"结果,将对从中国进口的商品大规模征收关税,并限制中国企业对美投资并购,中美贸易摩擦正式拉开大幕。截止到2019年7月,中美面对面的贸易谈判已经有12次了。从2018年4月份开始,几乎平均每月一次。这应该是历史上少有的,也是最频繁的谈判。12轮经贸磋商旨在使两国双边经贸关系尽快回到正常轨道,实现双赢。"谈,可以,要大门敞开谈"这是中方对中美贸易摩擦一贯的原则。每轮谈判都牵动国人心弦,从中国的"入世"谈判到今天的中美贸易摩擦谈判,商务谈判承载着很多人的希望和心愿。原来,商务谈判无处不在……

国际舞台上的中国风采

2014年11月10日,来自亚太经合组织(APEC)21个成员经济体的领导人、代表及配偶,身穿为本次会议专门设计制作的中式服装——"新中装",以水立方内墙为背景,

留下亚太大家庭的又一张经典"全家福"。这次服饰其根为"中",其魂为"礼",其形为"新",合此三者,谓之"新中装"。男性领导人服装采用了立领、对襟、连肩袖,提花万字纹宋锦面料、饰海水江崖纹的设计。女性领导人服装为立领、对襟、连肩袖,双宫缎面料、饰海水江崖纹外套。女配偶为开襟、连肩袖外套,内搭立领旗袍裙。此次APEC领导人服装采用"海水江崖纹"的设计,赋予了APEC 21个经济体山水相依、守望相护的寓意。面料方面,中国三大名锦之一的宋锦是领导人服装的主要面料。

图1-1 "新中装"亮相

2015年10月19日至23日,习近平主席对英国进行国事访问,由150位企业家组成的代表团随行,这些企业家来自金融、能源、汽车、航空、文化、投资等行业。国家领导人参加博鳌亚洲论坛、达沃斯世界经济论坛等国际经济峰会,中方都会组织企业家随行。2015年1月,国务院总理李克强出席达沃斯世界经济论坛并访问瑞士时,阿里巴巴创始人马云、华为创始人任正非等企业家随行出访。跟随领导人出访的企业家不仅在做国际生意,也在利用各种机会发出中国声音,而这些声音也会在一定程度上影响外国政要对中国的印象与态度。习近平主席访问英国期间,英国首相卡梅伦在"中英工商论坛"的致辞中援引了马云的"利他主义"观点。大国外交和经贸往来相得益彰,企业家随行出访有助于促进双边经贸合作,推进了公共外交的发展。当王建林、马云、柳传志、任正非等企业家一个个登上世界舞台,在大国之间穿梭外交时,世界人民都能够听到中国的声音、感受中国的善意,并且领略中国梦的精彩。

【分析】无论是国际会议中独具匠心的"新中装",还是国际商务活动中中国企业家的身影和声音,中国用自己的方式在世界舞台上不断展示自己的新形象,其中国际商务礼仪形象也深入人心。随着中国国际参与度的提升,商务形象和商务礼仪作为商务人员的必备基本素质,逐渐成为商务谈判活动的重要组成部分。

第一节 国际商务谈判概述

一、谈判、商务谈判及国际商务谈判

(一)谈判的概念

1. 谈判的定义

什么是谈判?辞海释义:谈为讲论,彼此对话;判为评断。在牛津词典中,谈判定义为"an agreement between two or more parties, with all parties having the right to veto",即双方或多人达成的一种协议,所有参与的各方都有权利否决。

阅读材料1—1[①]

"谈判"这个概念是西方的概念,词源来自拉丁文"negōtiātus",意为:to do business, trade, deal,与 work, business, difficulty, annoyance 相关联;free time, leisure 和这个恰恰相反,说到底来谈的是正经事。现在我们理解的现代谈判的概念源自法语的 négocier 和意大利语的 negoziare,法语和意大利语在拉丁文的基础上后来形成我们所理解的谈判,具有相互讨价还价的意思。

谈判有狭义与广义之分。罗杰·费希尔和威廉·尤利说:"无论你喜欢与否,你都是一个谈判者。谈判是一种生活现实。"例如,菜市场里的讨价还价,清官难断的家长里短,求职时的薪资协商,警察谈判组与不同界别人士交流危机处理,等等,在这些活动中,人们都在自觉或不自觉地进行着谈判。可见谈判是我们生活中不可缺少的活动和手段,它已经深入我们生活的各个角落。从谈判的范围而言,这些都属于广义的谈判范畴,包括一切为达成某一目标而进行的对话、协商、交涉、商量、磋商等活动。而狭义的谈判则是指正式场合下的谈判,它是利益相关各方为协调彼此之间的关系、满足各自的需要,通过协商而达到意见一致的行为和过程,是一种知识性、技能性极强的公关活动。

阅读材料1—2

人的一生与谈判如影随形。婴儿时期不会说话,会用哭声告诉父母:我饿了,我渴了,我尿了……孩童时期学会用语言和肢体与小朋友分享玩具和快乐,当然也会制造矛盾和解决矛盾;求学时期学会用文字和周围世界对话;青春期竭尽所能追求自己的爱情;为人父母后辅导家庭作业时与孩子的斗智斗勇,等等。每一次都是一次谈判,谈判的结果是我们学会了进步、感恩并且感受到了幸福。

无论是狭义谈判,还是广义谈判,虽然形式和手段不同,但是最终目的都是为了满

[①] 资料来源:贾文山:如何打造均衡对等的中美谈判模式?[EB/OL].中国贸易金融网,2019—07—28.

足某种利益需求,即动因。谈判要有动力、原因和需求,这解释了人们为什么要谈判。谈判是有目的的沟通,这也是谈判与沟通的区别,谈判重视结果,但不止是结果,它摒弃只图一时胜利、杀鸡取卵式的谈;谈判最重要的是双方的动力、原因和需求都得到很好的满足。

阅读材料1—3

分橙子

1.0版本:一个男孩与一个女孩为分吃一个橙子发生了争执,两人都坚持要一块大的,谁也不同意平均分配。于是,有人提议,一个孩子先切橙子,他愿意怎么切就怎么切,另一个孩子则可以先挑自己想要的那一块。这个建议大家听了都觉得公正。他们接受了,两个人都觉得自己得到了公平的待遇。

2.0版本:两个孩子分苹果,这个苹果有3/4是青色的,1/4是红色的。女孩坚持要红色的苹果,虽然在数量上少些;而男孩对数量感兴趣,分得了3/4青色的苹果,双方都得到了满足。

3.0版本:男孩女孩一个负责切橙子,而另一个负责选橙子。结果,这两个孩子按照商定的办法各自取得了一半橙子,高高兴兴地拿回家去了。男孩把半个橙子拿到家,把皮剥掉扔进了垃圾桶,把果肉放到果汁机上打果汁喝。女孩回到家把果肉挖掉扔进了垃圾桶,把橙子皮留下来磨碎了,混在面粉里烤蛋糕吃。

【分析】分橙子是谈判中经典的案例,不同版本侧重点不同。1.0版本强调的是在合理处理方式下谈判后公平的结果,2.0版本强调各取所需谈判后公平的结果,3.0版本强调双方充分沟通后,满足自己需求的谈判才是公平的。

2. 谈判的动因

(1)追求自身利益。谈判的历史可以追溯到人类社会活动伊始,谈判之所以成为一种普遍的生活现实,主要是由于资源不足和利益冲突。我们生活在一个资源有限的世界里,而人类的欲望却又是无限的,为了争夺有限的生存资源,必然存在众多的社会冲突。你需要的东西在别人手里,而你的手里可能也有别人想要的东西。要满足各自的需求,谈判式的协商是常用的有效解决方式。这也是谈判的原因和主要动机。追求利益表明了谈判行为的目的性。只要矛盾存在,有利益冲突,就会有谈判。

(2)谋求相互合作。谈判永远不是哪个人或哪一方的一厢情愿,必须要有想与之谈判的对象。在当今时代,社会分工日益精细化,这也使得人与人之间的相互依存程度增强成为客观的必然。人们要实现某种利益目标,不仅取决于自身的努力,还取决于彼此之间的互补合作。因此,人们为了在相互依赖中谋求合作,维护长久的互惠关系,成了谈判的又一重要动因。

(3)寻求各方共识。虽然谈判伴随人类社会始终,但在人类进入现代文明之前,常常借助战争和对抗追求利益。随着人类相互依赖程度的增强,人们越来越认识到对抗不是处理矛盾的理想方式,利用武力等对抗方式解决冲突所带来的后果是有目共睹的,而且大多数对抗同时或最终还是要通过谈判的方式解决。在经济全球化的浪潮将世界各国紧密联系在一起,形成你中有我、我中有你的大背景下,摒弃对抗、寻求共识,才是谋求合作、实现自身利益的最佳手段。

阅读材料1—4

启动中美双边投资协定谈判的动因[①]

2013年,在第五轮中美战略与经济对话上,中美双方同意以准入前国民待遇和负面清单为基础开展中美双边投资协定谈判,标志着谈判进入实质性阶段。虽然中美双边投资协定谈判启动较晚,但是这背后的动因主要在于投资需求和消除政策障碍的意愿共存。

首先,中美双边直接投资潜力巨大。中美两国经济总量之和约占全球产值的三分之一,是全球最大的两个贸易国和境外直接投资接受国。虽然中美两国都是吸收外资和对外直接投资的大国,但就中美之间的直接投资规模来看,目前与两国的经济总量、市场规模及在国际直接投资领域的地位并不相称。中国正在成长且尚未完全开放的金融、服务领域,也是美国企业的兴趣所在,它们希望能在这些行业发挥美国的资本和经营优势,分享中国市场发展的红利。其次,政策壁垒和政治干预困扰两国投资者。从过去十年中国企业在美国投资遭遇监管的经历来看,主要存在两种非商业因素的困扰:一是外资监管法律和审查程序,二是政治干预。中国方面希望通过双边投资协定,保护越来越多赴美投资企业的合法权益,避免遭遇歧视和政治干预。美国联邦经济政策部门也不希望因国会干预而对外国投资者造成不确定感,以至妨碍美国通过吸收外资增加就业、拉动经济。最后,对美国政策制定者和企业来说,困扰他们的是中国市场准入限制过多、审批程序冗长、政策不透明、国有企业占领市场、知识产权保护不力等问题。外国企业在中国的"超国民待遇"正在消失,并将面对中国市场日益完善的监管政策和措施。为更好地满足投资和引资的需求、清除政策壁垒和政治干预、保护和促进双边投资,中美启动了双边投资协定谈判。

【分析】中美启动双边投资协定谈判,一是为了利益,国家、企业和民众都可以从双方不断开放的投资市场中获利;二是为了合作,中美是世界舞台上的大国,互补性明显,双方的合作是两国所需,也是世界所需;三是为了寻求共识,经济利益的溢出效应在中美关系中至关重要,两国在社会制度、意识形态、法律制度等方面的客观差异以及本能的防范心理,经济利益"压舱石"作用明显,能有效引导双方"求同存异"。

3. 谈判的特性

(1)谈判是双方不断协调的过程。谈判过程是相互需要的双方以一定的交易条件向对方换取对自己更有利的条件。有些条件对双方的重要性并不是对等的,因此谈判就是一个不断调整各方需求,从而实现利益最大化的过程。

[①] 资料来源:石岩,孙哲.中美双边投资协定谈判的动因[J].现代国际关系,2015(6):9~16.

(2)谈判是"冲突"与"合作"的对立统一。谈判的"冲突"性表现在谈判各方都希望在谈判中没有损失,尽可能多地获利,因此积极地讨价还价。而"合作"性则表现在对彼此的依赖上,谈判各方之间虽然存在着利益的冲突,但彼此只有通过对方才能实现自身的利益,只有合作才能达成对双方都有利的协议,各方利益的获得是互为前提的。因此,谈判是一个既矛盾又统一的结合体,是"冲突"与"合作"的对立统一。

阅读材料1—5

欧美肉鸡大战

20世纪60年代初期,美国掌握了最新的饲养技术,肉禽生产得到迅速发展,对欧共体的鸡肉出口猛增,导致欧共体极为不安。当时德国为保护欧共体的鸡肉销量,联合欧洲大陆的盟友,对从美国进口的鸡肉征收3倍以上的从价税。

美国人对此非常气愤。一方面,向GATT法庭控告欧共体对美国出口的商品征收报复性税金。另一方面,对出口欧洲的全鸡改为鸡块,并开始一年四季向欧洲出口火鸡(过去只是在复活节和圣诞节前才出口)。待欧洲对美国出口的鸡块和火鸡也征收从价税时,美国又改向欧洲出口加料腌制的肉禽。总之,美国人想方设法继续保持在欧共体的肉禽市场份额。

同时,欧共体加强在肉禽生产方面的技术研究,肉禽生产也快速发展起来,并大力向他国家(特别是瑞士、奥地利等国)销售,用补贴出口的办法挤掉了美国在其他国家的部分市场份额。美欧之间在鸡肉市场上的纷争愈演愈烈。但是,美欧双方在政治上是盟友,在经济上又互有需求,保持分歧或扩大矛盾对双方都没有好处。

在这种情况下,美欧双方又回到了谈判桌上,经多轮讨价还价,美国同意欧共体对美国不加作料的整禽及加作料的肉鸡征收差价税,并以此为条件,换取欧共体对其他美国产品的让步。欧洲人则同意对美国加作料的火鸡块实行免税,同时停止针对美国的出口补贴,以此为条件,换取美国将欧洲卡车、大众牌大篷车、马铃薯、淀粉和每加仑超过9美元的白兰地征税恢复到1962年的水平。

【分析】美国和欧共体在肉鸡市场上存在"冲突",谈判是解决冲突的最好方法,而合作是谈判最终成功的关键。

(3)谈判是"互惠"与"绝对平等"妥协的结果。谈判最终的结果是要达成"互惠"的目的。既然谈判是以追求利益为目标,那谈判的双方都能从中获益才有谈的动力。任何一方不顾及对方的利益,甚至是损害对方的利益,这样的谈判即便是胜利,也难维持长久,从长远看最终都会使自己的利益遭受损失。

谈判虽有"互惠"性,但是这种互惠却不是绝对平等的。这是由于谈判双方需求有差异,无法顾及双方真正的利益诉求,而且谈判双方对利益的认识、分析和评价的标准也不一样。同时,谈判双方的实力、地位和谈判能力的不同,也会使谈判的结果更倾向于某一方。总之,谈判的结果不会"绝对平等",但各方都能从中受惠,达到自己的目标,便是成功的谈判。

(二)商务谈判的概念

1. 商务谈判的含义

商务谈判是谈判的一种,是目前国际事务中发生频率最高、范围最广、与人们日常生活联系最密切的活动。商务谈判是指不同利益群体之间,以经济利益为目的,就各方在商务交往中相互的权利和义务而进行协商的行为和过程。具体包括货物买卖、工程承包、技术转让、融资谈判与其他涉及群体或个人利益的经济事务。

商务谈判的全过程充满着魅力,也隐藏着对手设置的种种"陷阱"。企业要想在激烈的市场竞争中谋得一席之地,就必须重视商务谈判。美国前总统克林顿的首席谈判顾问说:"全世界最快的赚钱方式就是谈判,谈判省下的钱都是实实在在的纯利润。"

2. 商务谈判的特点

商务谈判作为谈判的一种,既有一般谈判的特征,也有其特殊性。

(1)经济利益是商务谈判的目的和主要评价指标。与外交谈判、政治谈判、军事谈判等谈判相比,商务谈判更加重视经济利益,在满足经济利益的前提下才涉及其他非经济利益。在商务谈判中,谈判者都比较注意谈判所涉及的产品或技术的成本、效率和效益。所以,人们通常以获取经济效益的多少来评价一项商务谈判的成功与否。如果不追求经济效益,那商务谈判就失去了其价值和意义。

阅读材料1-6

集体工资谈判

集体工资谈判的过程是一系列建议和反建议对峙的过程。最初由工会方面提出高于期望值的工资要求,而雇主方面则提出低于期望值的工资承诺。在以后的谈判中,工会不断降低要求,而雇主则提高承诺。这一理论由皮古提出,它揭示了工资谈判乃至一般商务谈判的实质。其内容包括以下方面:双方达成协议的可能界限;双方的谈判实力与技巧对谈判结果的影响;谈判桌外一系列社会经济因素对谈判过程的制约等。

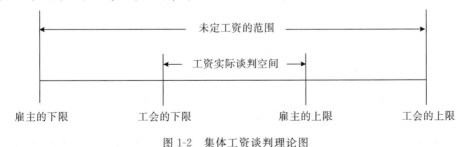

图1-2 集体工资谈判理论图

【分析】集体工资谈判属于商务谈判,双方利益的核心不同:工会的利益核心是工人的工资,雇主的利益核心是生产的劳动力成本。

(2)价值谈判是商务谈判的核心。商务谈判涉及的因素很多,谈判者的需求和利益表现在众多方面,但价值则几乎是所有商务谈判的核心内容。这是因为在商务谈判中价值的表现形式——价格,可以直接地反映谈判双方的利益。谈判双方在其他利益上的得与失,在很多情况下或多或少都可以折算为一定的价格,通过价格升降体现。需要指出的是,在商务谈判中,我们一方面要以价格为中心,坚持自己的利益,另一方面又不能仅仅局限于价格,应该拓宽思路,设法从其他利益因素上争取应得的利益。这是因为,与其在价格上与对手争执不休,还不如在其他利益因素上使对方在不知不觉中让步。

阅读材料1-7

国际贸易中的价格

  国际贸易中价格条款是核心条款,但这并不意味着那些阿拉伯数字就是谈判的核心。国际贸易涉及运输、保险、包装、付款、验收、合同期限等,虽然我方在谈判中压低了对方产品的价格,但是我方可能会在运输、包装、付款等方面受损。以付款方式为例,对方虽然降低价格,但提出了对我方更不利的付款方式,造成我方资金融通成本的提升,反而没有享受到价格降低的好处。

阅读材料1-8

低价出境游的陷阱

  近几年,各种"零团费"及"超低价"的出境旅游广告铺天盖地,竞相争夺顾客的眼球。价格是低了,品质不能保证不说,可能最后的花费会更高!航班陷阱:6日游变5日游,待游客登机后加钱,逗留时间长、花高价买假货;自费陷阱:往往无明确标价,隐形消费不提前告知,等等。

  【分析】价格是商务谈判的重要条款,但不是唯一,不能唯价格论。

  (3)合同条款是商务谈判的关键。商务谈判要符合法律法规,这样才能使谈判及谈判结果受法律保护。商务谈判的结果经由各方协商一致的协议或合同来体现。合同条款实质上反映了各方的权利和义务,合同条款的严密性与准确性是保障谈判获利的重要前提。因此,在商务谈判中,谈判者不仅要重视口头上的承诺,更要重视合同条款的准确和严密。

阅读材料1-9

合作中法律的选择

  浙江奥康集团是国内知名鞋业生产企业,GEOX公司是意大利排名第一的运动鞋厂商、世界鞋业巨头之一。2003年浙江奥康集团与意大利GEOX公司进行了一场成功的谈判。在谈判中,奥康集团的谈判人员发现,GEOX公司是有备而来的,拟订了长达几十页的协议文本,每一条都相当苛刻。为了达成合作,双方都作出了让步,但在两个重要的条款上出现了重大分歧。一是在对担保银行的确认上,奥康一方提出以中国银行为担保银行,但对方不同意。经过权衡,双方本着利益均沾的原则,最后以香港银行为担保行达成妥协;二是关于双方适用哪国法律解决日后争端的问题,此问题使谈判一度陷入破裂的边缘。GEOX公司提出必须以意大利法律为准绳,因中方对意大利法律一无所知,所以坚决反对。当中方提议用中国法律时,对方也因对中国法律一窍不通而坚决反对。眼看谈判即将前功尽弃,最后双方各让了一步,以第三国法律(英国)为解决争端的法律依据而达成了协议。

【分析】法律对企业的行为起到保护作用,同时也起到约束作用。合理利用法律手段保护己方利益是每个企业国际化必备的基础能力。

(三)国际商务谈判的概念

1. 国际商务谈判的含义

在经济发展日益全球化的今天,越来越多的中国人和企业正在走出国门、从事跨国交易。在国际商务活动中,处于不同国家和地区的当事人为了达成某笔交易,彼此通过信息交流,就交易的各项要件进行协商的行为过程就是国际商务谈判。国际商务谈判是国际商务活动的重要组成部分,是国际商务交易中讨论、洽谈等商务活动的总称。其商务活动的主体分属于不同的主权国家,是国内商务活动的延伸和拓展。

2. 国际商务谈判的特殊性

国际商务谈判既具有一般商务谈判的特点,又具有国际经济活动的特殊性,其特殊性表现在:

(1)具有明显的跨国性。在国际商务谈判中,谈判利益主体的一方,通常是外国政府、企业或公民,另一方是中国政府、企业或公民。国际商务谈判的结果会导致资产的跨国转移,必然涉及国际贸易、国际结算、国际保险、国际运输、国际招投标等一系列问题。因此,在国际商务谈判中要以国际商法为准则,并以国际惯例为基础。

(2)具有较强的政策约束性。国际商务谈判既是经济活动,又是涉外活动。国际商务谈判参与各方处于不同国家的政治、经济环境中,涉及两国间的政治关系和外交关系,因此政府常会干预和影响谈判的进程与结果。国际商务谈判必须贯彻执行国家的有关方针和外交政策,同时还应注意别国政策及执行对外经济贸易的一系列法律和规章制度。

(3)具有文化差异性。谈判各方来自不同的社会文化、政治经济背景,处于不同的地理、宗教环境中,具有不同的价值观、道德观、思维方式、行为方式,在语言表达及风俗习惯等方面也大相径庭。与谈判对手在语言、沟通方式、时间和空间概念、决策结构、法律制度、谈判认识上的差异等都会影响谈判进程。

阅读材料1—10

哈里的商务之旅

设想一下,有一位美国销售人员哈里·斯里克开始了他的海外商务旅行。在他的旅程中发生了下列事件:在英格兰,他打电话给一位长期客户,约他早餐时进行商务会面,这样他就可以在中午飞往巴黎。在巴黎,他邀请一位潜在商业客户在银塔餐馆吃晚饭,并且这样说:"叫我哈里就行了,加奎斯。"在德国出席一次重要会议时,他迟到了10分钟。在日本,他接过客户的名片,看也没看就放进了口袋。哈里·斯里克哪些地方做得不妥?

【分析】在英国,不流行邀请对方在早餐时谈生意;在法国,不能以名来称呼对方,一般称对方的姓氏,并加上尊称;在德国,千万要守时;在日本,递送和接收名片是一种重要礼仪,随身携带名片,要用双手递上和接过名片,这样才符合礼仪。

(4)具有高素质的谈判人员。国际商务谈判的上述特殊性决定了谈判的复杂性和困难性,这就要求商务谈判人员在掌握知识、理解政策法律、运用谈判策略及技巧、防范风险等方面都有更高的水准。

阅读材料 1—11

龙永图简介

龙永图(1943 年 5 月生),湖南长沙人,在贵州贵阳长大。他是中国复关及"入世"谈判的首席谈判代表。原国家外经贸部副部长,原博鳌亚洲论坛理事、秘书长。他曾就读于贵州大学外语系。1965 年毕业后到外交部工作。1973 年到英国伦敦政治经济学院攻读国际经济学专业。1992 年 1 月龙永图出任外经贸部国际司长,开始参加中国的复关谈判。1995 年 1 月至 2001 年 9 月期间,他作为首席谈判代表,站在第一线领导并最终成功结束了长达 15 年的中国加入世贸组织谈判。

图 1-3　龙永图

经典语录:

"世贸组织好比一个党支部,美国现在是书记,中国是一个要求入党的积极分子,美国担心中国以后会跟他作对,于是趁你要求入党时好好考验一番。"

"我的英文名字是 Mr. Long,所以外国人说,可能你做的事注定是个漫长的过程。"

"中国越开放,就越安全,越开放,综合国力就越强。中国'入世'后,综合国力增强了,与世界上最重要的国家形成了一种'你中有我,我中有你'的利益格局,这个时候最安全。"

二、国际商务谈判的构成要素

一场完整的谈判,其构成要素包括谈判主体、谈判客体、谈判信息、谈判时间和谈判地点,以及其他物质条件。其中,最基本的构成要素是谈判主体、谈判客体和谈判信息三项。

(一)谈判主体

所谓谈判主体,即参与谈判的双方或多方当事人。谈判主体必须是具有民事行为能力的自然人、企业或社会组织团体等,分为关系主体和行为主体。

1. 关系主体和行为主体

(1)关系主体。谈判的关系主体是指有资格参加谈判,并能承担谈判后果的国家、组织、自然人及能够在谈判或在履约中享有权利、承担义务的各种实体等。其主要特征为:

①关系主体必须是谈判关系的构成者,谈判的代理人不能成为谈判主体的构成者。②关系主体必须具有谈判资格和行为能力。③关系主体必须能够直接承担谈判后果,谈判的代理人不承担谈判后果。

(2)行为主体。谈判的行为主体是指有权参与谈判并通过自己的行为实际完成谈判任务的人。其特征是:①行为主体是以自然人的身份亲自参加谈判,经济组织或法人实体不是自然人,不能成为行为主体。②行为主体必须通过自己的行为来直接完成谈判任务。③行为主体受关系主体的委托参加谈判时,必须正确反映关系主体的意愿,并在关系主体授权的范围内行事,由此产生的谈判后果,关系主体才能承担。

(3)关系主体与行为主体的关系。①二者的联系。无论何种性质的谈判,关系主体的意志和行为必须借助于谈判的行为主体来表示或进行,仅有关系主体而无行为主体的谈判无法进行。如中国某进出口公司和美国某公司就一笔进出口贸易业务进行谈判,谈判关系主体是两家公司,而行为主体则是两家公司派出的谈判小组。当谈判的关系主体是自然人并亲自参加谈判时,二者是完全吻合一致的,即谈判的后果由自己承担;当二者不一致时,即谈判的关系主体不在现场,而委托行为主体代表时,行为主体必须正确反映关系主体的意愿,并在关系主体授权的范围内行事,由此产生的谈判后果,关系主体才能承担。②二者的区别。关系主体可以是自然人,也可以是国家、组织或其他社会实体;而谈判的行为主体则必须是有行为能力的自然人。关系主体对谈判的后果承担主要责任;而行为主体只出席谈判活动,不一定承担谈判责任。

阅读材料1—12

代理律师

甲乙原为夫妻,因感情不和协商离婚。乙委托丙为自己的代理律师,无论谈判结果如何,最终的结果都要甲和乙来承担。在这个谈判过程中,甲和乙是相关的关系主体,甲和丙是行为主体,甲同时有关系主体和行为主体的双重身份。

2.谈判主体的资格审定

谈判前,对谈判主体的谈判资格进行审定是非常有必要的。如果谈判一方或多方不具备合法有效的主体资格,那任何谈判都是徒劳而无效的,甚至会遭受不必要的利益损失。

对谈判关系主体的资格审定应注意:谈判关系主体必须以自己的名称参加谈判并能够承担谈判责任,要审查其是否有法人资格,以及与法人资格相应的签约、履约能力;审查注册公司的详细情况诚信程度等;审查对方的主体资格,可要求对方提供谈判资格审定的有关资料、证件,如自然人的身份证、护照等,以及资信和代理权方面的证件。在一些合资企业设备技术等项目引进谈判中,则需要外方提供各种设备、技术等证明文件,以及对方履约能力等方面的证明。在一些涉外商务谈判中,还可通过相关委托部门进行考查和了解,如中国国际信托投资公司、中国银行信托处、我国驻外使领馆等。

阅读材料1—13

谈判资格审定

国内某公司(以下称甲方)与香港特区某承建有限公司(以下称乙方)经过若干轮谈判,于1981年5月18日正式签约,由乙方负责某酒楼的建筑工程。合同规定:该工程总建筑面积1140平方米,预算总造价为1247万元;按甲方建筑工程设计院设计图纸施工,建筑质量须符合抗8级地震标准。同年9月25日第一期工程完工,甲方验收时,发现已完工的部分质量不合格,甲方就工程质量问题与乙方发生激烈的争执,甲方被迫向当地法院起诉。法院受理此案后,通过香港某律师行的协助,对乙方的资信作了调查,结果发现乙方确实是在香港特区注册的有限责任公司,但注册资金仅有2000元港币。

甲方得知该情况后,不得不放弃赔偿要求,转而要求解除合同。最后,法院依照甲方的要求,以被告的权利能力和行为能力不足为由,终止了合同,甲方只追回了已付给乙方的全部定金,其他损失只有自己承受。

【分析】资格审定主要是为了规避风险,进行必要的资信调查是国际商务谈判所必需的准备工作。

(二)谈判客体

谈判客体是指谈判的议题和各种物质要素结合而成的内容,是谈判双方利益要求的体现。在商务谈判中,"一切都可谈判",任何涉及当事人利益和共同关心的内容都可成为谈判议题。具体而言谈判客体具有以下几点共性:

(1)共同性。议题涉及双方的利害关系,是谈判双方都关心并希望得到解决的。

(2)可谈性。时机要成熟。如果时机不成熟,即使是双方都关心并希望解决的问题,也不能使双方坐到谈判桌前。例如两伊战争自1980年爆发,其间许多国家都呼吁双方不要诉诸武力而应采取和平谈判的方式解决争端,然而直到交战8年后,双方代表才真正坐到谈判桌前。

(3)合法性。议题应符合有关法律规定。有些贸易活动是各国法律明文禁止的,如走私弹药、毒品、国家保护文物等,无法作为议题进行谈判。

(三)谈判时间和地点

1. 谈判的时间

对于谈判活动来说,时间的掌握和控制是很重要的。充分利用谈判中的时间因素可以对谈判者的认知、行为和谈判结果起到影响和支配作用,是高明的谈判者的一项技能。谈判时间的选择可从以下三个方面予以考虑:

(1)规定谈判期限。在谈判中"最后期限"有时能产生令人惊喜的效果。很多谈判,尤其是复杂的谈判,都是在谈判期限即将截止前达成的协议。很多优秀的谈判者,会巧妙地设定一个谈判期限,利用"最后期限"给对方施压,使谈判过程中纠缠不清、难以达成的问题得以尽快解决。

阅读材料1—14

美越战争

美国20世纪60年代陷于越战中,在从越南撤军前,不断与越南进行谈判。越南深知美国国内厌战反战,急思撤退,时间不允许美国在谈判中有过长的拖延。于是越南当局对美国的提议毫不让步。

事实上,越南不是不希望早日结束战争,但因掌握时间的先机,可以向美国摆出姿态,表示越南可以再打一二十年。直到1972年美国大选之前,越南才同意在巴黎举行会谈。美方即刻任命哈里曼为谈判代表。哈里曼在巴黎市中心租下里兹旅馆,租期以周计;而越南谈判代表却在巴黎近郊租了一栋别墅,租期两年半,准备长期谈判。结果越南的姿态无疑影响了谈判的结果。依照《巴黎和约》的规定,美国自越南撤兵,而越南并未作出任何使美国满意的让步。

【分析】时间对谈判至关重要,可能成为谈判的筹码,也可能成为对方制约自己的把柄。美方急于缩短谈判时间,越方则无限期拉长谈判时间,成为自己在谈判中获胜的优势。

(2)选择有利的谈判时机。很多谈判专家取得谈判的成功,有时更得益于对时机的把握得当。在报价、还价以及让步的过程中,一定要审时度势,抓住转瞬即逝的好时机。有利的时机就是我们经常讲的"天时",可以是政治事件、经济事件、社会事件等。

(3)选择适当的谈判时间。一般谈判者都会避免选择于己不利的谈判时间,如酒足饭饱之后、颠簸劳累之时、情绪低落时,谈判效果都会大打折扣。同时也避免在节假日对方不便的时间进行谈判,以免影响谈判的效率。

2. 谈判的地点

谈判地点的选择往往涉及谈判人员的心理环境,力争获得"地利"之便。在地点的选择上主要有主座谈判、客座谈判、第三地谈判和主客座轮流谈判几种模式。

(1)主座谈判。主座谈判也叫主场谈判,即在自己一方所在地,由自己一方组织的谈判。在各种因素和条件都具备的情况下,应力求主场谈判,同时兼顾对方利益。这是因为主场谈判有很大优势,如谈判人员在家门口谈判,有较好的心理状态,自信心比较强;谈判人员不需要耗费精力去适应新的地理环境、社会环境和人际关系,从而可以把精力集中在谈判上;"台上"人员与"台下"人员的沟通联系比较方便,谈判队伍可以非常便捷地随时与高层领导联络,获取所需资料和指示,谈判人员心理压力相对比较小;谈判人员免去车马劳顿,可以以饱满的精神和充沛的体力去参加谈判,而且可以节省去外地谈判的差旅费用,提高经济效益。当然主场作战也会受到一些不利因素的影响,如经常会由于公司事务需要解决而受到干扰,分散注意力;谈判人员会产生依赖心理,一些问题不能自主决断而频繁地请示领导,也会造成失误和被动,等等。

(2)客座谈判。客座谈判也叫客场谈判,即在对方所在地举行的谈判。客场谈判优势有:谈判人员可以全身心地投入谈判,更有利于发挥其主观能动性,减少谈判人员对领导的依赖性;可以实地考察对方公司,获取直接信息资料等。劣势主要体现在谈判人员对当地环境、气候、风俗、饮食等方面可能会出现不适应,再加上旅途劳累、时差不适应等因素,会使谈判人员身体状况受到不利影响;谈判中出现情况在请示和汇报中容易出现偏差和不便。因此客场谈判时应充分考虑这些不利因素,做好充分的准备和计划,包括如何撤出谈判的计划等;同时利用客场谈判的一些优势,增加己方的谈判竞争力。

(3)第三地谈判。第三地谈判也叫中立地谈判,即在谈判双方(或多方)所在地以外的地点进行谈判。第三地谈判可以避免主、客场对谈判的影响,为谈判提供良好的环境与平等的气氛。第三地谈判常常是相互关系不融洽、信任度不高的谈判双方所选用。需要注意的是在第三地谈判也可能引起第三方介入从而使谈判各方的关系发生微妙的变化。

阅读材料1-15

第二次"金特会"的地点之谜

2019年2月27日晚,朝鲜最高领导人金正恩与美国总统唐纳德·特朗普的会晤正式开始,会晤持续至28日。这次谈判的地点是越南河内。为何选择越南而非其他国家?原因是多方面的。越南与美国和朝鲜都有外交关系,美、朝在越南均设有大使馆。众所周知,越南与美国在历史上有段不怎么愉快的过往,但两国在1995年已实现邦交关系正常化,如今更是发展成为战略盟友和贸易伙伴。同时,越南和朝鲜都是社会主义国家,两国友谊也源远流长。1958年11月、1964年10月,金日成还曾两次访问河内,并与越南社会主义共和国的首任国家主席胡志明举行会晤。从实际操作层面看,越南的地理位置适宜,朝鲜领导人乘坐的飞机可以从首都平壤直飞越南而无需经停第三地。此次选择越南作为会晤地点,或显示美朝有意参照美越关系演变模式来塑造美朝关系的未来。

【分析】"金特会"的谈判地点是典型的第三地谈判。虽然这次谈判是外交性质,但也能看出一般选择第三地谈判的原因不外乎政治、经济、地理等。

(4)主客座轮流谈判。主客座轮流谈判是指依据协商,依次在谈判双方所在地轮流举行的谈判。对于一些大型的、较复杂的谈判,往往很难一次达成协议,可以协商依次在双方(或相关各方)所在地轮流进行谈判,以保证谈判的公平性。这种谈判比较适合长期业务关系的贸易伙伴之间,以便相互实地考察加深认识。

三、国际商务谈判的主要类型

由于国际商务活动中可交易的项目、品种极为广泛,涉及的谈判内容不同,谈判的形式也不一而足。因此,其谈判类型按不同的标准,可以划分为很多不同的类型。

(一)按利益主体划分

根据谈判中利益主体的数量,国际商务谈判可以划分为双方谈判和多方谈判。双方谈判指谈判有两个当事方参加的谈判,在国家或地区间进行的双方谈判也叫双边谈判。多方谈判指有3个或3个以上的当事方参加的谈判,在国家或地区间进行的多方谈判也叫多边谈判。如关于朝鲜问题举行的六方会谈就属于多方谈判。双方谈判涉及的责、权、利的划分较简单、明确,因而谈判也比较容易把握;而多方谈判因涉及因素较多,谈判条件错综复杂,需要顾及的方面也多,很难在各方之间寻求利益的平衡,因此谈判的难度相对较大。

（二）按人员规模划分

根据参加谈判的人员规模,国际商务谈判可以划分为小型谈判、中型谈判和大型谈判。以各方台上的谈判人员数量为依据,各方在4人以下为小型谈判,4～12人为中型谈判,12人以上为大型谈判。一般中型谈判和大型谈判的谈判项目及所涉及的谈判背景都比较复杂,谈判的时间一般也比较长,因此须在各方面做好充足的准备。小型谈判因为规模较小,议题明确,所以运用的策略也较简单。

（三）按人员数量划分

根据谈判人员的数量,国际商务谈判可以划分为一对一的个体谈判和多人参加的集体谈判。

(1)个体谈判。一对一的个体谈判是由谈判双方各派一位代表出面谈判的方式,主要适用于非重要或非正式场合,比如简单的业务洽谈、事务性沟通等。谈判形式灵活自由,其优点是谈判人员拥有较大决策权,可以根据情况独自应付出现的各种局面,为协调解决问题提供了便利;而不利因素则是要求谈判人员必须具有较强的处理商务、法律、技术等各方面的综合能力。

(2)集体谈判。多人参加的集体谈判也叫小组谈判,是指每一方都有两个以上的人员参加协商的谈判形式。这种谈判适用于正式的、较大规模的谈判场合;各成员之间分工明确、各司其职。有主谈人,也有辅谈人;有专门负责商务、工程、法律事务的专家,也有专职的翻译人员。世界上较大规模的谈判活动,如WTO谈判、国与国之间的贸易谈判,都是以谈判小组的形式进行的。

（四）按地点划分

根据谈判所在地,国际商务谈判可以划分为主座谈判、客座谈判、第三地（或中立地）谈判和主客座轮流谈判。详见P13"谈判的地点"。

阅读材料1—16

中国"入世"谈判

1995年1月,WTO取代GATT;同年,中方决定申请"入世",并根据要求与WTO的37个成员开始了拉锯式的双边谈判。从1997年5月与匈牙利最先达成协议,到2001年9月13日与最后一个谈判对手墨西哥达成协议,直至2001年9月17日WTO中国工作组第十八次会议通过中国"入世"法律文件。最难打的硬仗,莫过于中美谈判,其次是中欧谈判,其中中美谈判进行了25轮,中欧谈判进行了15轮。

备受瞩目的中美谈判范围广、内容多、难度大,美国凭借其经济实力,要价非常高,立场非常强硬,谈判又不时受到各种政治因素干扰。对此,党中央、国务院以大局为重,审时度势,运筹帷幄。朱镕基总理等在最后一轮中美谈判中亲临现场,坐镇指挥。我方代表坚持原则,经过6天6夜的艰苦谈判,这场最关键的战役取得双赢的结果,于1999年11月15日签署了双边协议,从而使"入世"谈判取得突破性进展,为谈判的最终成功铺平了道路。

【分析】中国"入世"谈判起伏跌宕,硬仗不断。这期间有中国与贸易伙伴的双边谈判,也有中国参与的多边谈判;既有小型谈判,也有6天6夜的大型谈判;既有领导人之间的一对一谈判,也有"入世"工作小组团队谈判。

(五)按政府参与程度划分

根据政府参与程度不同,国际商务谈判可以划分为民间谈判、官方谈判和半官半民谈判。民间谈判是指谈判各方的代表由私营企业、群众团体或组织指派。其谈判的灵活性较大,更加重视私交的程度。官方谈判是指谈判各方的代表是由有关政府或有关政府下属的企、事业委派,所涉及的内容具有官方性质。官方谈判具有内容重大、谈判人员职级较高、保密性强、节奏快、用语正式等特点。半官半民谈判是指谈判人员所负担的谈判任务涉及官方和民间两个方面的利益,或由官方人员和民间人士共同参加的谈判,或受官方委托以民间名义组织的谈判。民间活动主要是涉外经济贸易活动。这类谈判制约因素较多,弹性也较大。

阅读材料1—17

亚太经合组织

亚太经济合作组织是一个地区性经济论坛和磋商机构。因其英文缩写为APEC,也简称为亚佩克。亚太经合组织的建立是亚太地区经济合作进程中的一个历史性事件。此前,亚太地区已有了若干民间或半官方性质的组织,其发起者和领导成员多为学术界、企业界知名人士、前政府官员等,虽然他们也得到政府的支持,但毕竟难于就地区经济合作的重大问题开展实质性工作。1989年1月,澳大利亚前总理霍克提出召开亚太地区国家部长级会议,以讨论加强相互间经济合作的倡议,获得美国、加拿大、日本和东盟的积极响应。同年11月,澳、美、加、日、韩、新西兰和东盟6国在堪培拉举行首届部长级会议,宣告亚太经济合作组织成立。翌年7月在新加坡举行了第二届部长级会议。

【分析】亚太经合组织是由民间学术界和企业界发起的,政府后续的支持给活动的实质性工作的开展带来动力。

(六)按谈判态度划分

根据谈判双方所采取的态度,可以划分为让步型谈判、立场型谈判和原则式谈判。

(1)让步型谈判。让步型谈判也称软式谈判、关系型谈判或友好型谈判。这种谈判不把对方当成对头,而是当作朋友,强调的不是我方压倒你方,而是要建立和维持良好的关系,随时准备为达成协议而让步。让步型谈判区别于立场型谈判的最明显之处在于前者的主要目的是达成协议,后者是获取胜利。

(2)立场型谈判。立场型谈判也称硬式谈判,是指谈判者把谈判看作一场意志力的竞争和搏斗,认为在这样的竞赛中,立场越强硬者,最后收获得就越多。谈判诸方都以各自的实力为后盾,提出自己的条件;各方强调各自的意愿,表明自己的观点和立场不能改变。由于立场型谈判者的注意力都集中在维护立场方面,往往会忽视对方的真正需要,不利于形成两全兼顾的解决方案,甚至造成双方的激烈冲突,更甚者会导致谈判破裂。

(3)原则型谈判。原则型谈判也称价值型谈判,要求谈判双方首先将对方作为自己并肩合作的同事对待,而不是作为敌人来对待。谈判的出发点和落脚点均建立在共同的利益目标上,以友好而高效的方式取得各方均感满意的谈判结果。原则型谈判反映了谈判活动的基本特点,即在合作的基础上进行利益分配。

(七)按谈判内容划分

根据谈判的内容,国际商务谈判可以划分为货物买卖谈判、投资谈判、租赁谈判、服务贸易谈判、技术贸易谈判、损害及违约赔偿谈判六种类型。

(1)货物买卖谈判。货物买卖谈判是就一般商品的买卖进行的谈判。具体来说是买卖双方就买卖商品本身的有关数量、质量、货物的运输方式、时间、买卖的价格条件、支付方式,以及交易过程中谈判各方的权利、义务和责任等所进行的谈判。

(2)投资谈判。投资谈判主要是指针对利用一方资金进行合作的商务谈判。

(3)租赁谈判。租赁谈判是指出租人按照协议将物件交付给承租人临时占有或使用,并在租期内向承租人收取租金的一种商业行为。

(4)服务贸易谈判。服务贸易又称劳务贸易,是国与国之间就互相提供服务的经济交换活动。服务贸易谈判包括运输、咨询、广告、劳务等方面的商务合作谈判。

(5)技术贸易谈判。技术贸易谈判是指技术的转让方与技术的接受方就转让技术的形式、内容、质量规定、使用范围、价格条件、支付方式,以及双方转让过程中所承担的一些权利、责任和义务等问题所进行的谈判。

(6)损害及违约赔偿谈判。损害及违约赔偿谈判中损害指在商务活动中,由于一方当事人的过失给另一方造成的损失;违约是指在商务活动中,合同一方的当事人不愿履行或违反合同的行为。

(八)按交易地位划分

根据谈判双方的交易地位,国际商务谈判可以划分为买方谈判、卖方谈判和代理谈判。以购买者的身份参加的谈判即为买方谈判,而以供应者的身份参与谈判即为卖方谈判。当谈判者是受某方当事人委托参与某项交易或合作的谈判,则为代理谈判。代理分为全权代理资格和只有谈判权、无签约权两种情况。代理谈判的谈判人员权限观念强,一般都谨慎而准确地在自己授权范围内行事;由于不是交易的所有者,一般态度超脱而客观;由于受人之托,为表现其能力或取得较高的酬金,积极主动性较强。

(九)按谈判方式划分

根据谈判议题进行的方式,谈判可划分为横向谈判和纵向谈判。

(1)横向谈判。横向谈判指在确定谈判所涉及的主要问题后,逐个讨论,周而复始,直到所有问题都谈妥为止。该方式的优点是议程灵活;缺点则是谈判人员容易纠缠在细节问题上,而忽略了主要问题。

(2)纵向谈判。纵向谈判是在确定了谈判的主要问题后,逐个讨论每一个问题和条款,讨论一个,解决一个,一直到谈判结束。此方式的优点是程序性、简单化,单个问题的讨论和解决彻底、避免多头牵制。

(十)按双方接触方式划分

根据谈判双方接触的方式,国际商务谈判可以划分为面对面的口头谈判和间接的书面谈判。

(1)口头谈判。口头谈判是指买卖双方面对面地直接用口头语言交流信息、协商条件。一般是企业派出业务员登门谈判或者邀请客户到本企业谈判或到第三地谈判等。口头谈判是各种谈判运用最多的一种形式。这种谈判方式便于利用感情成交,便于调整策略。

(2)书面谈判。书面谈判指买卖双方利用文字或图表等书面语言交流信息、协商条件。书面谈判一般通过信函、电报、传真、电子信息符号等方式就有关问题进行蹉商,达成一致意见。这种谈判方式表达准确、郑重,有充分的时间思考和审慎决策,费用低,有利于提高谈判的经济效益。

四、国际商务谈判的基本程序

谈判的基本程序指人们在谈判过程中如何有计划地安排、组织、实施谈判。国际商务谈判可分为以下三个基本环节:准备阶段、正式谈判阶段和善后(协议的履行)阶段。在整个过程中,谈判双方就谈判议题开价议价,双方克服各种障碍、化解各种矛盾,尽量将各自的利益最大化,直至最后达成协议。

(一)准备阶段

谈判的准备阶段从双方有意合作的第一次接触就开始了。双方开始了解各自的需求,声明价值,预估进入这次谈判所能获得的各项利益。这个阶段通常比国际商务关系中正规的面对面谈判还要重要。谈判者之间各种正式或非正式的社会关系、彼此的信任及信心都会对谈判有很大的影响。在这个阶段,双方也开始制订面对面谈判的策略,预测各种可能发生的情况,并对此采取积极的预防措施。在谈判前做好充分的准备,谈判者应重点考虑谈判队伍的组成、信息的获取以及谈判方案的制订等问题。

(二)正式谈判阶段

1. 开局摸底

开局阶段的主要任务是为谈判营造良好的气氛、建立双方信任的基础;在双方寒暄时,初步试探对方的谈判诚意和成交的意向和底线。

开局阶段虽然时间不长,所涉及的内容可能与整个谈判的主题关系不大,但它的作用却非常重要。因为开局阶段往往关系到双方谈判的诚意和积极性,关系到谈判的格调和发展趋势。一个良好的开局将为谈判的成功奠定良好的基础。

2. 磋商阶段

这一阶段谈判双方就实质性议题进行沟通、协商和妥协,是谈判的中心环节,也是谈判最关键的阶段,我们称之为"克服障碍以达成协议阶段"。谈判双方也是在这一阶段作出让步、获得利益,把彼此的利益冲突降到最低点,因而也是价值创造的阶段。

(1) 报价。此阶段是谈判的初级阶段,谈判双方彼此沟通各自的利益需求,明确表达交易条件、成交的意愿。一般情况下,双方所报的价格都是为谈判所设定的最高目标,一般都高于或超出自己真正的利益诉求,给后面过程中的妥协留下空间。

(2) 讨价还价。在此阶段,谈判双方彼此充分沟通各自的利益需要,确定初步的议价空间。这一阶段的关键在于通过各种手段摸清对方的真正需求,而最主要的技巧就是注意倾听对方的阐述,与谈判前搜集整理的资料作比对,从而判断对方成交的诚意、报价中的水分以及对方暴露出的弱点,有理有据地争取自己的最大利益。另一方面,这一阶段坦诚地交换各自的意愿,也有助于双方共同设法寻求最佳方案,实现双赢。

(3) 让步妥协。谈判中讨价还价的过程就是让步的过程,其实质就是条件换条件,用己方手上的筹码换取自己更想要获得的利益。在这一过程中谨记所有的妥协都是有条件的,并且不要太早妥协,妥协的幅度不应过大。经验丰富的谈判人员往往用很小的让步就可以换来对方更大的让步。

3. 成交阶段

随着磋商的深入,双方在越来越多的问题上达成共识,交易条件的最终确立已经成为双方的共同需要,谈判也就进入了成交阶段。成交阶段是指完成正式谈判后,谈判双方最终缔结协议的特定时期。这一阶段包括达成协议及合同的签署。谈判者要把握时机,作出最后的让步,进入谈判的收尾阶段。当双方对所有交易条件都达成共识时,即可准备签订合同。通常由主谈方准备合同,另一方对合同的措辞等予以修订,使其更符合谈判实际。在这一过程中,要认真审核合同文件(两种文字时)的一致性或文本与谈判协议条件的一致性。核对各种批件,包括项目批文、许可证、用汇证明、订货卡等是否完备以及合同内容与批件内容是否一致等问题。最后进行签约仪式。

(三) 善后阶段

书面协议的签订标志着谈判完成了最艰难的部分,但谈判并未真正结束。对双方来说,还应继续做好谈判的善后工作,主要包括整理归档谈判资料、经验教训总结,做好履约的充分准备;努力维护双方已经形成的良好关系。

第二节　国际商务谈判礼仪概述

"礼仪"来源于"礼",礼仪是礼的实践方式和表现手段。我国传统文化中的"礼"囊括了政治、社会、家庭等几乎人类社会一切领域的文化现象,具有中华文化原初性和普遍意义。著名的礼仪大师金正昆指出:礼仪是一门综合性较强的行为科学,指在人际交往中,自始至终地以一定的、约定俗成的程序、方式来表现律己、敬人的完整行为,是人们在漫长的社会实践中逐步地形成、演变和发展而来的。无论是东方还是西方,礼仪最初的形成和出现都源自对神灵和大自然不可知力量的膜拜。

在现代社会,礼仪就是保障和谐社会的基础和重要的内容,它既是一个人思想道德水平、文化修养、交往能力的外在表现,又是一个国家文明程度、道德风尚的集中体现。讲道德、懂礼仪、重礼节,已成为现代文明的重要标志。新常态下,经济全球化进一步发展,"一带一路"倡议的推进,特别是"一带一路"沿线各国间商务活动越来越频繁、交流合作越来越密切,商务礼仪普及化、大众化、实用化越来越明显。

阅读材料1—18

不学礼,无以立。——孔子(中国思想家)

人无礼则不立,事无礼则不成,国无礼则不宁。——荀子(中国思想家)

善气迎人,亲如弟兄;恶气迎人,害于戈兵。——管仲(中国思想家)

在宴席上最让人开胃的就是主人的礼节。——莎士比亚(英国文学家)

没有良好的礼仪,其余的一切成就都会被人看成骄傲、自负、无用和愚蠢。——约翰·洛克(英国哲学家)

礼仪周全能息事宁人。——儒贝尔(法国文人)

生命是短促的,然而尽管如此,人们还是有时间讲究礼仪。——爱默生(美国思想家)

【分析】从这几句名言可以看出,无论是东方还是西方,礼仪都是非常重要的,是人的一种基本素质。

礼仪也是人们在社会交往中的一种自我保护或者说是对外界的戒备。人际交往之初,人们相互之间并不了解,为了消除不必要的冲突,"以礼相待"便可以消除彼此间的隔阂,拉近距离。久而久之便有了一系列约定俗成的规范。例如,人类的祖先以捕猎为生,周围的世界对他们是充满危险的。陌生人相见时,如果想表达善意,伸开右手,掌心向上,以表示自己手里没有石头和武器,是安全的。双方走近,互相摸摸右手,以示友好,久而久之便形成了握手礼。

礼仪的核心是尊重。尊重是礼仪之本,也是运用社会礼仪时的首要原则。尊重分自尊和尊他。自尊就是要自尊自爱,爱护自己的形象,珍惜自己的名誉。自尊是尊敬他人的前提。自尊既要尊重自己的家庭,也要热爱自己的职业和企业,更要在国际事务中维护自己祖国的尊严。尊重他人是与他人建立良好互动关系的根本。这包括:①接受对方,不让对方难堪。由于生活环境、文化理念的差异,人人生而有别,不可能每个人都和我们一样。遇到与我们行为习惯、观点态度不同的人,要接受他们对事务的处理方式,对一些无伤大雅的问题不要吹毛求疵。为他人保全了颜面,才能得到别人的信赖和支持。②重视对方,欣赏对方,多看对方的优点。尺有所短,寸有所长。一个懂得欣赏对方优点的人,才能习得别人的长处,取长补短,不断进步。相反,一个只看到别人缺点的人,很难跟别人有心灵上的共鸣,生活肯定也会缺少阳光和快乐。③赞美对方。对别人的尊重要表达出来,喜欢也要大声说出来。所以,尊重他人,就要对他人的优点表达由衷的肯定。任何人得到别人的认可都会很高兴,自然就会容易成为朋友。

一、商务礼仪与国际商务谈判礼仪

(一)商务礼仪的含义

商务礼仪是礼仪的重要组成部分,是指商务人员为了树立良好的个人和企业形象在从事商品流通的各种经济行为中应当遵守的社会公认的礼仪规范,主要泛指商业社交行为间的一种约定俗成的礼仪,亦指商务人员在自己的工作岗位上应当严格遵守的行为规范。在商务活动中,为了体现相互尊重,需要通过一些行为准则去约束人们在商务活动中的方方面面,这其中包括仪表、言谈举止、书信来往、电话沟通等,按商务活动的场合又可以分为办公礼仪、宴会礼仪、迎宾礼仪等。

商务礼仪不仅是企业行为规范之一,而且成为企业在现在商业竞争中脱颖而出的核心竞争力。商务礼仪是商务活动成功的前提,是促进合作意向的基础,是商务活动的重要手段。商务礼仪讲究诚信为本、得体大方、和谐愉快、注重细节等。

阅读材料1-19

商务礼仪之"送花"

当一幢大厦落成之时,送上一盆万年青、松、柏等,寓意四季常青、吉祥平安。而新公司开业则应该送上一些花期较长、花朵比较茂盛的花卉,比如月季、紫薇,寓意兴旺发达、财源茂盛。同时在数目的挑选上也有着很多讲究,比如新居入住、新店开业应该送8枝,寓意开张大吉、发财致富。送花忌讳的数字有3、4、5、7等,以免引起误会,得不偿失。

(二)国际商务礼仪

国际商务礼仪顾名思义就是人们在国际交往过程中遵守的共同礼仪规范。也可以这样说,国际商务礼仪就是人们在国际交往中要遵守的"规则"。

目前国际商务场合一般遵循的是以欧美国家为主的西方商务礼仪。究其原因,一方面是由于欧美国家经济实力强劲,文化价值观在当代世界占主流地位。另一方面更深层次的原因则是宗教传统的影响,尤其是基督教的广泛社会基础,使得西方的文化价值观较为统一。国际商务礼仪作为礼仪的一种,体现礼仪的共同性、继承性和简易性,但国际商务礼仪也有自身特点,即涉外性、商务性和正规性。涉外性是指国际商务礼仪中遵循的规则既是统一认可的,也要尊重不同地区的风俗习惯;商务性是指国际商务礼仪是为其商业目的服务的,围绕经济利益的;正规性是指国际商务礼仪在不同国家和地区有着严苛的文化和礼仪禁忌,不容触犯。国际商务礼仪属于涉外礼仪的一种,涉外礼仪的范围更为广泛;涉外礼仪更加强调全面性、综合性和原则性;国际商务礼仪更多地体现灵活性和经济性。

阅读资料 1—20

细节决定成败

王先生是国内一家大型外贸公司的总经理,为一批机械设备的出口事宜,携秘书韩小姐一行赴伊朗参加最后的商务洽谈。王先生一行抵达伊朗的当天下午就到交易方的公司进行拜访,然而正巧遇上他们的祷告时间。主人示意他们稍作等候再进行会谈,以办事效率高而闻名的王先生对这样的安排表示不满。东道主为表示对王先生一行的欢迎,特意举行了欢迎会。秘书韩小姐希望以自己简洁、脱俗的服饰向众人展示中国女性的精明能干、美丽大方的一面。她上身穿白色无袖紧身衣,下身穿蓝色短裙,在众人略显异样的眼光中步入会场。为表示敬意,主人向每位中国来宾递上饮料,当习惯用左手的韩小姐很自然地伸出左手接饮料时,主人立即变了脸色,并很不礼貌地将饮料放在了餐桌上。令王先生一行不解的是,在接下来的会谈中,一向很有合作诚意的东道主没有再和他们进行任何实质性的会谈。

【分析】在国际商务交往中,社交礼仪有时对商务活动的成败起着关键性的作用。国际商务人员的一言一行都体现国家、公司、企业形象,也关乎企业对外交流与合作的成败。我们不仅要讲礼仪,更要懂礼仪,要掌握国际通行的商务礼仪,也要了解一些特殊地区和民族的禁忌。从事国际商务的人员要以国际商务礼仪原则,规范自身的行为。在材料中,伊朗女性的社会地位很低,一般不参与商务活动,另外伊朗人忌讳左手递送物品,把左手称为"肮脏之手""下贱之手"。

(三)国际商务谈判礼仪

国际商务谈判是国际商务活动的一种,其遵循的礼仪都属于国际商务礼仪的范畴。国际商务谈判礼仪是指在国际商务谈判中更具针对性、更细节化的礼仪;国际商务谈判是最直接展示礼仪素养的窗口,在谈判活动中,凡正规、正式的谈判都是很注重礼仪的。

绝大多数正式的谈判本身就是按照一系列约定俗成的既定程序进行的庄重的仪式。在商务谈判中,懂得必要的礼节与礼仪,是谈判人员必须具备的基本素质。如果违反礼仪规范,不仅会影响双方融洽关系的形成,而且还会影响对方对自己在修养、身份、能力等方面的评价,甚至影响谈判的成败。因此,谈判人员的礼仪修养与谈判技巧一样重要,它贯穿整个谈判过程,并且对谈判的发展施加影响,最终使双方达成一致。国际商务谈判与礼仪相互成就,一次成功的国际商务谈判离不开得体大方的商务礼仪,一次成功的国际商务谈判也是谈判人员及其公司礼仪文化的重要体现。

阅读材料 1-21

"一口痰"毁掉的生意

国内某医疗设备厂家准备和国外客商签约长期合作。在双方的业务洽谈中,厂长通晓生产线行情、考虑问题缜密,给外商留下精明能干的良好印象,双方决定第二天正式签约。由于时间充裕,厂长请外商到车间参观。车间秩序井然,外商也感到满意。不料,就在这时,厂长突然感到喉咙不适,本能地咳了一下,并到车间的墙角吐了一口痰,然后连忙用鞋擦去,在地上留下一片痰迹。第二天一早,翻译送来了外商的一封信,信中写道:"尊敬的厂长先生,我十分佩服您的才智和精明,但是您在车间吐痰的一幕让我彻夜难眠。恕我直言,一位厂长的卫生习惯可以反映一个工厂的管理素质。况且,我们今后生产的是用于治病的输液管。贵国的成语说得好:'人命关天!'请原谅我的不辞而别。否则,上帝会惩罚我的……"

【分析】这个材料告诉我们,礼仪无小事,特别是在国际性商务活动中,一言一行都体现国家、企业形象,也关乎对外交流与合作的成败。清初著名思想家颜元曾就礼仪做过如下描述:"国尚礼则国昌,家尚礼则家大,身尚礼则身修,心尚礼则心泰。"从事国际商务的人员要以国际商务礼仪原则,规范自身行为。

阅读材料 1-22

餐桌上的谈判

众所周知,不论在任何年代、任何国家,饮食都是生活中不可或缺的重要部分。在人类文明中,餐饮文化也占据着重要位置;同时,餐饮作为社交的一部分在人际交往中发挥着巨大作用。基于此,餐饮礼仪已形成一整套完整的体系。在中国,人们最重要的社交活动就是请客吃饭,大家非常享受宴饮的热闹气氛。"同夹一盘菜,共饮一碗汤"的群享模式触发了欢乐气氛。中国人有句古话:生意都是酒桌上谈成的,中国酒场文化源远流长,在中国几千年的历史中,很多的大场面都是需要借酒助兴。在酒桌上谈生意,也成了一种惯例。而法国人则将"吃"视为人生一大乐事,他们认为美食不仅是一种享受,更是一种艺术,在享受美食时谈生意是一件煞风景的事。

【分析】餐桌上是否可以谈生意,各个国家差异比较大。商务谈判人员应注意这点。

二、国际商务谈判礼仪的种类

礼仪贯穿整个谈判始终,有些礼仪在不同的谈判阶段多次使用。本教材将国际商务谈判中涉及的礼仪按照谈判进程划分为谈判准备阶段礼仪、谈判进行阶段礼仪以及谈判完成阶段礼仪三个部分。

(一)谈判准备阶段礼仪

1. 形象礼仪

人际交往中,特别是初次交往中,给人的第一印象很重要。因此,在商务交流中保持良好的个人形象,不仅体现了个人的修养,也是企业良好形象的代表。商务礼仪中形象礼仪包括四大方面:仪容、仪表、仪态和谈吐。对于国际商务活动中的形象礼仪,总的指导原则是整洁干净、简约朴实、得体自然,符合自己的职业和岗位。形象礼仪主要涉及个人仪表和仪容等,静态形象礼仪和动态形象礼仪。

阅读材料1—23

"职业假笑"

2019年,浙江宁波某高速收费站的一名男收费员的一张所谓"职业假笑"照走红网络。随即,网上嘲讽的声音和理解的声音源源不断。虽然嘲讽的声音觉得"职业假笑"影响了驾驶员的消费体验,但是更多人觉得这样的微笑很不容易,毕竟一整天都要保持微笑服务,不是个容易的活。该收费员"职业假笑"照的背后是他过硬的职业素质。

图1-4 "职业假笑"

【分析】"职业假笑"是职业规范和职业素质的较量,该收费员职业素质过硬,就是职业规范上不妥。由此可以看出,形象礼仪尤其是动态形象礼仪是一个企业形象设计的重要组成部分。

2. 迎送礼仪

迎接是整个谈判的序幕,事关谈判氛围的走向。在见面伊始,给对方周到、温馨的迎接安排,能先入为主地为谈判准备好恰当氛围及情感基础。利益较为协调的双方,也完全可能因迎接不热情、不得当,导致双方情绪对立,谈判氛围恶化,使谈判搁浅。迎接礼仪主要包括乘车礼仪、陪同礼仪、引导礼仪、电梯礼仪、招待礼仪等。

而在谈判结束之后,送别仪式也同样重要。不可因事情解决了,合同到手了,就在送别客户时有所怠慢。送别客人时可适当赠送礼品或纪念品等,等客人上车、上船或登机后,方可转身离开。迎送均应善始善终,不可虎头蛇尾。

阅读材料1—24

乘车礼仪

有一次国外某公司经理来华,该经理是一名女性,国内公司就安排了一名女职员去接她。当她们一起乘坐轿车回来时,女职员竟无所顾忌地与经理肩并肩地坐在后排的位置上。国外经理很愕然,这位女职员闹了个混淆上下级关系的大笑话。其实接待的工作人员应该坐在司机旁边的位置上,才是对职位高的人的礼貌。

【分析】乘车礼仪是接待礼仪中的一部分,乘车座次安排是有一定规范要求的。在比较正规的场合,乘坐轿车时一定要分清座次的主次,而在非正式场合,则不必过分拘礼。一般工作人员坐在前排,后排是宾客的位置。

3. 宴请礼仪

餐桌作为社交活动的舞台,一直都被中西方商务人士当作极具潜力的商业工具,通过宴请协调关系、联络感情、消除隔阂、增进友谊、求得支持、加强合作等。商务宴请以"宴"的形式达到"谈"的目的,可以说商务宴请是商务公关活动的一种重要手段,因此宴请活动的整个组织安排(包括宴请的规格、方式、标准、范围等)应该始终贯穿公关活动的宗旨,又要合乎礼仪的规范。因为多数西方商务人士不习惯使用中式餐具,所以国际商务宴请多选择西餐,西餐桌也主要选择常规化的长桌,讲究精美的菜单、和谐的氛围、优美的音乐与优雅的进餐礼仪。用餐时应穿着得体,注意举止优雅,并对女士表示出充分的尊重。此外,还应注意自身行为举止,做到落落大方,避免出现不文明或不礼貌的行为。宴请礼仪主要涉及座次安排、餐饮安排、用餐礼仪、饮酒礼仪等。

阅读材料1—25

埃及人的饮食礼节

埃及人对饮食极为讲究。在通常环境下,他们以一种称为"耶素"的不用酵母菌的平圆形面包为主食,并且喜欢将它同"富尔""克布奈""莫酪赫亚"一并食用。"富尔"即煮豆,"克不奈"即白乳酪,"莫酪赫亚"则为汤类。埃及人很爱吃羊肉、鸡肉、鸭肉、马铃薯、豌豆、西葫芦、洋葱、茄子和胡萝卜。他们口味较淡,不喜油腻,爱吃又甜又香的东西。埃及人尤其喜欢吃甜点。在他们举行的正式宴席上,最后一道菜必为甜点。埃及人按照回教教规不饮酒,酷爱酸奶、茶和咖啡。他们忌食的食物有:猪肉、狗肉、驴肉、骡肉、龟、鳖、虾、蟹、鳝、动物的内脏、动物的血、未诵安拉之名的宰杀之物。整条的鱼和带刺的鱼埃及人也不喜欢吃。埃及人在用餐时,有两点禁忌:其一,忌用左手取食;其二,忌在用餐时与旁人交谈。他们认为那样会浪费食粮,是对真主的大不敬。

【分析】每个国家的餐饮习惯不同,宴请外宾的时候既要尊重其本国习惯,也可以适当体现中国特色风俗。但有一点必须谨记:不能触犯禁忌。

4. 会议礼仪

组织召开会议是开展涉外活动和商务谈判的重要形式,商务谈判的主要内容也是以会议的形式呈现的,因此会议礼仪对谈判的影响很大。出色的会议礼仪能够保证谈判在友好的氛围下进行,是促成谈判成功的隐形利器。会议礼仪主要涉及会务准备、会场安排、引导礼仪、茶水礼仪等。

阅读材料1—26

第七轮中美贸易磋商会议场所的微妙变化[①]

---

① 资料来源:第七轮中美贸易磋商开启 开会地点图片让人深思[EB/OL].中宏网,2019—02—22.

在第六轮谈判之后,应特朗普邀请,中方代表刘鹤特使在2019年2月21日赴华盛顿展开第七次谈判。在磋商开始不久后,一张现场照片就开始在网上疯传。从照片中能够看到,双方代表面带微笑,会场气氛轻松。

根据图片显示的信息,第七轮中美贸易高级别磋商会议还是在美国白宫艾森豪威尔行政办公楼举行,这与1月份开会的地点一样。中方代表刘鹤、美方代表莱特希泽和姆努钦,还有多位官员参加了开幕式。

图1-5　第七轮中美经贸磋商开幕

虽然此次依然在同一个办公楼开会,但是与1月份那次相比,此次美国更注重细节,安排的会议室也更大了。因为会谈场所挪到了艾森豪威尔行政办公楼四楼东侧的印第安人条约厅。在开幕式前,莱特希泽和姆努钦在印度条约厅门口迎候刘鹤副总理。见面会时,中美双方代表未向媒体表明任何态度。据在场参与者表示,虽然按照彼此约定没有发言,但气氛比上次要轻松不少,一向表情严肃的莱特希泽,这次表情轻松、面带微笑。刘鹤副总理和莱特希泽还饶有兴致地一起抬头,打量伸过来的麦克风。会谈场所是个有趣的视角,也是判断两边对谈判态度及谈判进展的风向标。

安排上的微妙变化,能看出中美两边对细节的重视正在不断提升。从现场流出的照片看,磋商开了个好头。

【分析】中美新一轮贸易谈判引起了人们广泛关注,很多人认为,这场谈判会充满火药味,双方必然会为各自的利益进行一番你来我往的唇枪舌剑。但是让人意想不到的是,中美双方的谈判代表却在非常和气的氛围内展开了友好磋商。

5.馈赠礼仪

礼品馈赠是国际商务谈判中的另一重要环节,礼品馈赠得体,可有效加强双方的情感交流,促进谈判的顺利进行;若不得体,则可能会起反作用,影响谈判的继续。

商务活动中有时为了表示热情友好、巩固合作关系表达谢意,都可以送礼。礼不在厚,赠送得当便会给对方留下深刻印象。礼物馈赠可以在谈判之前也可以在谈判之后,视谈判对象而定。对于馈赠的礼物,欧美国家的人更重视礼物的意义,而不是很在意礼物的价值,若选择较为贵重的礼物,反而会让人感觉是在贿赂;而对于亚非拉国家来说,所馈赠的礼物越贵重就表明送礼方越重视双方关系。因此,在选择礼品时,可依不同国家的文化背景选择恰当的礼品,选择具有民族特色、地域特色或一定纪念意义的礼品,如手工艺品、瓷器、书法等。

阅读材料1-27

日本客商的收礼禁忌

笔者听过一则故事,负责接待日本客户的外贸业务员给其安排了合肥一日游,当时去了合肥名片景点,日本客户对包公祠和清风阁风景赞赏有加。游览结束后,在纪念品店里,日本客商饶有兴趣地观赏,业务员为了加深感情,就买了一套中国古代兵器的小模型,包括刀、矛、枪等,送给日本客户。看到礼物,客户当场脸色就变了。

【分析】在日本,刀是不能拿来送礼的,日本人被送刀有逼其切腹自尽的意思。

6.信函礼仪

商务信函在实际应用中可以起到跟进工作和见证双方交流的作用,同时它也会影响贸易伙伴对本公司的评价。现代商务中电子邮件因其方便快捷,使用非常普及,基本取代了纸质信函,因而应着重注意电子邮件的传送礼仪。一般业务员与外商进行沟通的时候都使用公司邮箱,所谓"公事公办";熟悉的客户之间可以使用私人邮箱进行沟通交流。虽然纸质信函由于周期长、效率低等原因在现代商务交流中不常用,但许多外商还是比较青睐手写信函,因为这让他们感到亲切和温馨。

(二)谈判进行阶段的礼仪

1.问候礼仪

与人打招呼是尊重他人的表现。见面问候虽然只是打招呼、寒暄或是简单的三言两语,但却是最基本的礼仪。合乎礼仪的问候,可以帮我们结识新朋友、带来新机遇、拉近人与人之间的距离。问候的基本顺序是:晚辈应先向长辈问候,地位低者应先向地位高者问候,男士应先向女士问候,主人应先向客人问候。问候语应简单应时,可以加以点头、鞠躬、握手、拥抱、亲吻、拱手等。在涉外交往中,根据交往对象、场合的不同,问候动作也不同。

阅读材料1-28

中德问候礼仪的差异[①]

中国人之间互致问候,自然是中式的,德国人要么感到好奇,要么未置可否,但有些

[①] 资料来源:周薇.德国人眼中的中国言语礼仪文化[J].长春教育学院学报,2013(2):65.

中式的问候被一些懂点德语的中国人套用到德国人身上,德国人连叫"受不了"。试举几例:①"Hallo!"(哈喽!)这一带有俗语性质的问候被随意滥用。在德国人看来,这一问候形式的使用要受语境、交际的正式程度、交际双方的熟悉程度、年龄、性别、相对社会地位及其身份等语用因素的制约,如学生对老师、晚辈对长辈、下级对上级、对互不熟悉或者素不相识的人是不宜使用的。即便是彼此很熟悉的人,在庄重的正式交际场合亦切忌使用,否则会被视为一种缺乏教养、极不礼貌的言语行为。②"Haben Sie schon gegessen?"(您吃了吗?)这一问候形式曾在中国盛行多年,现在仍然时有所见。德国人听到这一问候,先是迷惑不解:想请我吃饭吗? 有的德国人听多了这一问候,开始生厌:难道我饿着肚子? 难道我没钱吃饭?"民以食为天",填饱肚子是中国几代人的梦想。如今这一梦想虽已成为现实,但这一问候却未完全成为"过去时",只是成为一句与"吃饭"无关、没有任何实际意义的寒暄语,已渐渐地被"您好"所取代,在知识层次较高的人中间更不多见。③"Gehen Sie zum Unterricht?"(您去上课啊?)德国人听了此类话会觉得反感:这不是明摆着吗? 明知故问,是什么意思? 这种明知故问的中国式问候俯拾皆是,比如"上市场买菜啊?""下班啦?",等等。在这种情况下,如果真要与德国人寒暄、"套近乎",有两种方法可供参考:一是改换成祝愿,如"Viel Glueck!"(祝你好运!)、"Alles Gute!"(一切安好!)等;二是改换成赞许,如"Gut!""OK!"等。④"Who hin gehen Sie?""Was machen Sie?"(您去哪儿? 您忙什么啊?)德国人一听到这话往往不高兴,心里犯嘀咕:关你什么事? 我爱去哪就去哪儿,我爱干什么就干什么! 误以为中国人多事多疑,喜欢过问别人的私事。实际上,在中国人看来,这不过是一句随意的口头禅,并不意味着打探别人隐私或者干涉他人自由。

2. 介绍礼仪

介绍是商务交往中经常使用的方式,是商务活动开始的标志。心理学家研究发现,第一印象的形成非常短暂,却是最深刻、最鲜明、最牢固的。

介绍分自我介绍、他人介绍和集体介绍。自我介绍的目的是为了结识某人或大家;为他人作介绍就是介绍不认识的人相互认识,或是把某人引见给其他人;而集体介绍常常是在大型会议或庆典时将领导介绍给大家。介绍时要遵循"朝廷莫如爵,乡党莫如齿,辅世长民莫如德"中所体现的介绍顺序,还应注意介绍的时机、介绍的基本规范、介绍时的称呼等事宜。

阅读材料1—29

介绍礼仪

"朝廷莫如爵,乡党莫如齿,辅世长民莫如德"(出自《孟子》)指在朝廷里地位的高低按官爵的大小排序,在乡里民间地位的高低按年龄的大小排序,辅佐朝廷管理天下以恩德为上。

3. 称呼礼仪

称呼是商务交往的重要组成部分。得体的称呼,有时不仅可以处理好与同事、上司之间的关系,还能在营造良好谈判氛围的同时有效地增进工作伙伴之间的亲密度。反之,则可能产生不快,导致尴尬情形。称呼要求庄重、正式和规范,一般通用的称呼有:行政职务称呼、学位头衔、行业称呼、泛尊称和姓名。

随着社会发展、人际交往的深入,逐渐涌现很多新称呼,这些称呼存在模糊认识,甚至错误认为"社会化"称呼亲切、时尚,利于拉近彼此距离、增进感情,比如"亲""亲爱的"等。这些称呼一是表达不得体,二是信息模糊,三是表达不规范,容易造成不良影响。

4. 名片礼仪

名片是现代商务交往中的一种经济实用的交际工具,是一种自我的"介绍信"和"联谊卡"。在国际交往中,如果没有名片,别人会怀疑你职位的真假。名片不仅要有,且要随身携带。商务人员应对名片的选用和使用的礼节有所了解。

阅读材料 1-30

日本人的名片礼仪[①]

日本人对商务交往中交换名片中的礼仪非常重视。名片在商务交往中扮演着重要的角色,是双方初次交流中互相介绍和体现友好与敬意的方式。互换名片是日本人初次与他人见面时首先要做的。在交换名片中,日本商务礼仪强调递送与接收名片都要用双手,名片需要日英双语制作,接到别人名片时要认真阅读并小心存放。名片制作上需要注意的禁忌也是日本商务礼仪的一部分。日本商务礼仪中强调名片不可随意涂改,不宜留私人电话,不宜印制两个以上头衔。

5. 参观礼仪

参观礼仪是指导参观者在进行正式的、有组织的参观时所作所为的原则性规范。在进行商务谈判之前或谈判中断、休息的过程中,主方邀请客方进行商务参观游览也是常见的商务活动,这有利于增进双方的了解。商务参观安排合理,也是促进商务谈判顺利完成的有效手段。参观礼仪主要包括做好参观行程计划、优选参观项目、精选陪同人议案、参观中的介绍和参观的组织工作等。

6. 洽谈礼仪

在进行洽谈的过程当中,商务人员也应遵守一定礼仪。第一是语言礼仪。在进行谈判时,商务人员应使用规范、得体、准确的语言,并体现礼貌性。所使用的语言须满足谈判所需,若要使用明确语言,就要做到准确表示本方立场,避免模棱两可;若要进行模糊表达,就应避免讲得太过具体。坚持有理、有节、有礼,不说粗话,不说侮辱性语言,保持谦逊的态度,尊重对方,营造一种和谐、友善的谈判氛围。第二是非语言礼仪,包括目光、手势、面部表情等,这也需要遵守一定的礼仪,且受文化差异的影响,与不同国家客户进行洽谈时,所遵守的礼仪会有所不同。

---

① 资料来源:杨嘉然.从日本文化角度分析日本商务礼仪[J].度假旅游,2018(10):17~19.

阅读材料 1—31

非语言礼仪

点头这一非语言性的交流,在中国、加拿大、美国等国家是表示同意,但是在尼泊尔、保加利亚等国家却是表示不同意,而在日本仅表示理解而并不代表同意。再如正视对方眼睛这一行为,在中国或日本,进行洽谈的过程当中正视对方眼睛是一种不礼貌的行为,而在美国却是代表着对方的真诚。

(三)谈判完成阶段的礼仪

1. 签约礼仪

签约仪式虽然往往时间不长,但由于它涉及各方面关系,往往是谈判成功的重要标志。商务签约涉及的环节较多,礼仪的讲究也就会比较多,因此,商务签约礼仪被称为是商务礼仪的综合规范。签约礼仪主要涉及以下几个方面:第一,合同草拟阶段的注意事项。草拟合同必须遵守法律、国际惯例、基础常识和谈判结果,这是一种更高层次、更具有震撼力的礼仪规范,是最高礼仪规范。第二,签署合同前的准备事项。包括布置好签约地点、安排好签约时的座次,准备好待签的合同文本、规范好签约人员的服饰和行为规范等。第三,签署合同的正式程序。签约仪式正式开始,签约人正式签署合同文本,签约人正式交换有关各方正式签署的合同文本,握手表示恭贺,共饮香槟酒互相道贺。

阅读材料 1—32

中国"入世"签约仪式

2001年11月11日,在卡塔尔首都多哈的喜来登酒店会议大厅举行了中国加入世贸组织议定书签字仪式。

图1-6 中国代表在中国加入世贸组织的议定书上签字

图1-7 与会各国的贸易代表举杯庆贺签约

中国"入世"的签约仪式,中国代表团做了细致精准的准备工作。中国加入WTO议定书签字仪式在多哈喜来登酒店WTO会议中心 AL MAJLIS(马佳利斯大厅)举行。为了准备这个签字仪式,中国代表团的几位成员忙了几乎一天。

签约仪式的具体细节安排,从代表团进场安排、部长休息室在哪儿、记者区在哪儿、签字的桌子如何摆放、安全线在哪儿,到部长何时步入大厅、何时上香槟酒、由几名服务人员送上香槟,等等,考虑得极其周详。仪式上中国代表团44人加上外方人员6人共50人,如何站队,后排站多少人?大家有胖有瘦,工作组按照歌咏比赛的要求,侧身在主席台互相倒着从主席台这一端排到另一端,一一比对。

【分析】中国"入世"签约不仅是中国经济全球化的里程碑性标志,也展示了不断强大的中国精神风貌。签约仪式是这一风貌的综合体现。

2.电话礼仪

谈判结束后,很多扫尾工作都需要进一步确认和沟通,电话是最常用的方式,国际商务活动离不开电话这一便捷的通讯工具。电话已成为现代商务活动中最基础的交流工具。电话通话与当面交谈不同,它不能将"表情""态度"等一些非语言行为传达给对方。所以,在完全缺少感知信息的情况下进行电话会话,势必要比面对面沟通困难得多。由此一来,使用电话进行商务交际时需要集中更高的注意力。

现代的企业、机关及商务人员都更加注重电话形象。电话形象主要包括时间和地点的选择、通话的态度和通话内容三个部分;而接听电话也讲究相应的礼仪。现在移动电话得到了普及,就有了针对移动电话的礼仪需要大家共同遵守。电话礼仪一般包括:电话前的准备工作、自我介绍、确认对方信息、客气寒暄、沟通重要事宜、礼貌道别挂机等。接电话和打电话的电话礼仪存在明显的差异,要区别对待。

三、国际商务谈判礼仪的原则

中华民族是礼仪之邦,几千年的文化传承和演变形成了内容丰富而庞杂的礼仪体系,而西方文明融合了古代几大文明,在资本主义的蓬勃发展中催生了现代文明。中国的传统礼仪与西方截然不同。随着中国改革开放步伐的加快,中国的企业家和商界人士在更深、更广的领域参与到国际分工和合作中,中华礼仪也在国际化的大潮中与西方礼仪发生着激烈的碰撞。在中西文化差异明显的情况下,掌握国际商务谈判礼仪的基本原则,可以有助于我们化解国际商务谈判活动中礼仪的冲突,合理得体地进行国际商务沟通和交流,保证国际商务谈判活动的顺利进行。

(一)尊重国格,维护形象

在国际商务活动中,个人和企业不仅是商务活动的主体,也是国家形象的代表。在进行对外贸易的过程中,一定要严格自律,注意自己的言行,时刻注意维护个人形象、企业形象和国家形象。坚持爱国主义,反对狭隘的民族主义,反对自私自利,提倡国际主义,尊重世界上一切国家的独立自主原则,反对霸权主义、维护世界和平是当代人们的共同任务。热爱人民、遵守法纪、保守国家机密都是爱国主义的具体表现。在礼仪修养中,时时处处以自己的良好形象为祖国争光也是爱国主义的重要内容之一。在保证自己国格受到尊重的同时,也对对方的人格、国格表示应有的尊敬,不非议他国政事、习俗,不做有辱对方国格的事。

阅读材料1—33

中国铁娘子吴仪

1991年底,出任对外经济贸易部副部长不到4个月的吴仪,即将面对中美之间因知识产权而可能爆发的一场贸易大战。她临时上阵,参与中美知识产权谈判。美国代表一开头就说:"我们是在和小偷谈判。"吴仪立即针锋相对:"我们是在和强盗谈判,请看看你们博物馆的展品,有多少是从中国抢来的。"美国代表立即对这位女子刮目相看。吴仪在谈判中代表的不仅是她个人,而且代表的是中国。她通过巧妙的回击美国代表的刁难和侮辱来维护人格尊严和国家的尊严,也赢得了对手的尊敬。美国《华尔街日报》就曾专门撰文"贸易谈判考验中国铁娘子",对吴仪果断强硬的谈判作风予以盛赞。

(二)不卑不亢,热情有度

这是对外商务活动的一项基本原则。商务活动的参与者在进行活动的过程中,不管对方来自什么国家,也不管对方实力强弱或谈判风格的软硬,其言行应当从容得体、堂堂正正,不应畏惧自卑,要以自尊、自重、自爱和自信为基础,表现得坦诚乐观、豁达开朗、从容不迫;但在商务活动中,要根据环境背景的不同和接触对象有别保持适当的分寸。这包括关心有度、批评有度、举止有度、距离有度。若不了解与人交流时的安全距离在不同国家有所不同,则会引起别人反感。

阅读材料1—34

周总理的一次握手

周总理有一次与外国元首进行会晤的时候,外国元首伸出一只戴着手套的手准备与总理相握。总理此时是握也不是,不握也不是。与他握手吧,说明我们中国人太弱、太贫穷,别人戴着手套,还与之相握;不握吧,又显得太过小气。这时,总理想出一个办法。只见他伸手与之相握,但马上从口袋里拿出一块手帕,擦擦手,并把手绢扔到废纸篓里。这样不但显示出中国人不畏强权的气节,而且把中国人对外采取谦逊友好的方式展露在世人面前。

【分析】周总理面对强权,用一块洁白的手帕,捍卫了祖国了尊严,维护了民族形象。

(三)严于律己,宽以待人

中国人做事一直讲究"己所不欲,勿施于人"。在国际商务场合,这也一样适用。学习、应用商务礼仪时,首先需要自我要求、自我约束、自我控制、自我反省,这就是所谓的自律原则。若是没有对自己的严格要求,只求诸人,不求诸己,不讲慎独与克己,遵守商务礼仪就无从谈起,就是一种蒙骗他人的大话、假话、空话。

国际商务谈判活动中,既要做到严于律己,更要做到宽以待人。国际商务谈判桌上有来自五湖四海的商务人员,代表着完全不同的利益方,习惯和文化上的差异以及观点上的对抗是很普遍的。古人云:"君子尚宽。"因此,要多容忍他人,多体谅他人,多理解他人,而千万不要求全责备,斤斤计较,咄咄逼人。对不同于己、不同于众的行为要耐心容忍,不必苛求他人处处效法自身,与自己完全保持一致。此种心态,实际上也是尊重对方的一种主要表现,而你对别人的宽容和理解,更容易赢得对手的尊重和帮助。

(四)尊敬他人,真诚至上

敬人是商务礼仪的灵魂,在国际商务场合当然也不例外。在与人交往时要互谦互让、互尊互敬、友好相待、和睦共处,将对交往对象的重视、恭敬、友善置于第一位,务必待人以诚,言行一致。对别人的尊重仅有外在的形式是不够的,礼由心生,外乎其表。真正的礼来自内心的尊重,仪只是外化的形式。

在国际商务交往中遇到礼仪冲突造成的误会在所难免,但只要我们抱着一颗真诚的心,一些礼仪上的差异则都会融化,达到真诚交往的目的。孟子曾说过一句名言:"诚者,天之道也;思诚者,人之道也。"真诚是对虚伪的否定,若仅把运用商务礼仪作为一种道具或伪装,在具体操作商务礼仪规范时口是心非,言行不一,或是有求于人时一个样,被人所求时另外一个样,则有悖于商务礼仪的基本宗旨。将商务礼仪等同于"厚黑学",肯定是行不通的。

(五)平等对待,适度为准

在具体运用商务礼仪时,允许因人而异,根据不同的交往对象,采取不同的具体方法。但是,与此同时必须强调商务礼仪的核心点,即尊重交往对象、以礼相待,对任何交往对象都必须一视同仁,给予同等程度的礼遇。不因交往对象彼此之间在年龄、性别、种族、文化、职业、身份、地位、财富以及与自己关系的亲疏远近等方面有所不同,而厚此薄彼、区别对待,给予不同待遇。这便是商务礼仪中平等原则的基本要求。

适度原则主要是要求应用商务礼仪时,为保证取得成效,必须注意技巧、合乎规范,特别是要注意做到把握分寸,认真得体。运用商务礼仪时,假如做得过了头,或者做得不到位,都不能正确地表达自己的自律、敬人之意。当然,运用商务礼仪要真正做到恰到好处,只有勤学多练,积极实践,此外别无他途。

(六)入乡随俗,求同存异

"十里不同风,百里不同俗"。当我们跨出国门时,遇到的更是各国风格迥异的民风民俗。"知同明异,求同存异"是基本准则。尽管随着世界交流的日渐频繁,世界文化也在不断交汇,但是在对外交流中还是会存在巨大的文化差异。

面对差异,在不违背总体原则,不伤害双方感情,不危及各方利益的前提下,我们应入乡随俗,尊重对方的风俗习惯。如果交往中出现差异比较大的情况,一般的处理原则是:以我为主,兼顾他方,求同存异。也就是以我方的礼仪为主,同时尊重或适度接纳对方的礼仪,允许双方采取不同的处理方法。对于不同的信仰、习惯、爱好、价值观念、需求、理想等都应该给予尊重。

阅读材料 1—35

美人之美、美美与共

2019年5月15日,亚洲文明对话大会在北京国家会议中心隆重开幕。国家主席习近平出席开幕式并发表主旨演讲。主席说道:"坚持美人之美、美美与共。每一种文明都是美的结晶,都彰显着创造之美。一切美好的事物都是相通的。人们对美好事物的向往,是任何力量都无法阻挡的! 各种文明本没有冲突,只是需要欣赏所有文明之美的眼睛。我们既要让本国文明充满勃勃生机,又要为他国文明发展创造条件,让世界文明的百花园群芳竞艳。"

【分析】习近平主席为促进不同文明交流互鉴贡献了中国方案,这在当下充满不确定性的世界里尤其重要。不同国家、不同民族、不同文化之间的友好交往非常有必要。习主席的这句话包涵了对不同文明、习俗和礼仪的包容之美,万紫千红才是春。尊重和理解不同的风俗礼仪,是文明共同体建设的基础。

(七)遵守时间,信守承诺

《论语》有言:言必信,行必果。在国际社会交往中,倘若言而无信,不仅有可能失去所有的朋友,而且还有可能因此而使自己在工作上一事无成。与外国朋友打交道,小到约会的时间,大到生意往来,都要讲信用、守承诺,不随便许诺,不失信于人。遵守时间就是信守承诺的具体体现,一个不懂得遵守时间的人,在人际交往中是难以遵守其个人承诺的。目前遵守时间在国际社会里已成为衡量、评价一个人文明程度的重要标准之一。商务人士对于时间的概念越来越重视,正所谓时间就是金钱、时间就是胜利、时间就是效率。在这样的情况下,人们必须珍惜时间,养成守时的好习惯,这也是国际通行的一个普遍惯例。守时成为当代人的基本素质,也是最基础的商务礼仪。

(八)尊重女士,以右为尊

在国际事务中的"女士优先"已经成为绅士的重要标志之一,特别是在西方世界里,公共场合中的礼仪要处处贯彻"女士优先"原则。当然,在东方世界里,从传统文化观念上来说,男尊女卑的历史烙印很深。但是,现在的情况比以前有了很大的改进,从阿拉伯到南亚、东南亚及东亚的广大地区,越来越多的人认识到男女平等的重要性。女性应该受到尊重。男士们要尊重、照顾、体谅、关心、保护女性,这既是礼仪修养的要求,也是人类进步和文明的标志。而在方位的排序中,西方则讲究"以右为尊",这与中国"以左为尊"的传统文化正好相反,在国际交流中一定要记牢。

阅读材料 1—36

"女士优先"的起源[①]

第一种说法,骑士说。"女士优先"发源于西方,是中世纪欧洲骑士的遗风。西方国

---

① 资料来源:周海茹.浅谈西方的女士优先礼仪[J].中国科技信息,2013(05):81.

家中世纪时期,骑士尊崇贵妇人为偶像,并以保护她为己任。对心爱的女人极尽尊敬、爱慕和服从之能事,不惜为她遭受苦难,甚至付出生命。这种"骑士风度"对社会风尚的影响延续至今。

第二种说法,宗教说。这种说法来自西方宗教,因对尊贵贞洁的圣母玛利亚的尊敬而形成的习惯。基督教文明以敬仰女性、崇拜女性为高尚情操,进而对社会风尚产生影响。

第三种说法,敬母说。这种说法推及对母亲的感恩,但似乎并不贴切。抛开宗教的角度,毕竟对母亲的爱戴和感恩是内在情感的体现,而"女士优先"则是外在礼节性的表现。

第四种说法,男权说。有人说,妇女属于弱者,值得怜悯、同情,男士对女士的礼貌是出于对她们的保护。也有人说,随着妇女在选举、就业、工资待遇和接受高等教育等方面获得了与男人平等的权利,人们在对待女士的礼遇方面已不如从前,也许男士们认为她们不再需要以往的那种照顾了。近年来,西方国家的一些女权主义者,对"女士优先"并不认同,甚至上街游行,公开反对,要求男女绝对平等,认为提倡"女士优先",非但不能提高女性地位,反而更加弱化了女性,是歧视女性的一种不道德行为。

阅读材料 1—37

中西文化中"左右为尊"的差异[①]

欧美国家认为太阳是从东边升起,朝气蓬勃。按照他们的思想,东边就是右侧。而日落西山,所以西边是不吉利的。英文有一句话:"伸出吉利的那只脚!"实际上就是右脚。其实来看看"right"这个词的用法就可以知道西方文化对"右"的青睐了。"Right"除了译为"右,右边"之外,最常使用的意思则为"适当的,对的,正确的"。在英语里有"Right this way"的说法,中文意思为"这边请",并且在为客人引路的时候,都是抬起右手以示方向。"Right"没有特定说明是"右边的路",这里只是对尊贵客人的一种礼貌。

中国的文化礼仪讲究"以左为尊"。其实,在几千年的文化中也有朝代认为"以右为尊",但大多数人认为中国的传统就是"以左为尊",实际上与"男左女右""男尊女卑"的说法不无关联。在国内会议活动中,常常是遵循着这样的原则。主席台前排中央者为尊,其他按左右次序排列。若台上只安排两人,正职在左,副职在右,依此类推。在日常生活中,我们都知道中国人有石狮镇宅的习俗,其实在石狮的摆放方面,也遵循这"左尊右卑"的观念,公狮在左,母狮在右。

(九)注重沟通,积极互动

在国际商务谈判中,通常有接触才会了解,有了解才会沟通,有沟通才会互动。因此,可将沟通视为商务交往中人与人之间的互动之桥。在商务礼仪中,沟通的原则要求商务人员在其商务交往中,既要了解交往对象,更要为交往对象所了解。礼仪的主旨在

---

① 资料来源:曲阔.小议商务谈判礼仪中的"以左为尊"和"以右为尊"[J]消费导刊,2010(01):226.

于"尊重",而欲尊重他人,就必须首先了解他人,并令自己为对方所了解。只有这样做,才能实现有效的沟通。所谓"互动",在此具体含义有二:一是要求商务人员在其商务往来中必须主动进行换位思考、善解人意。换位思考的基本支点就是要求商务人员必须善于体谅交往对象的感受。二是要求商务人员在其商务活动中要时时、处处努力做到"交往以对方为中心"。也就是说,不允许无条件的"自我中心"。具体运用商务礼仪时,互动的原则永远都不容许被忽略。

阅读材料1-38

"入乡随俗"

据说,哈佛商学院的一位教授去给非洲原住民讲课。为了表示对原住民的尊敬,他西装革履,可一上讲台便直冒汗,是天热吗?不是。原来原住民为了表示对教授的尊敬,以他们的最高礼仪在听课——不论男女全部一丝不挂,只戴着项圈,凡私处只用树叶遮挡。

第二天,为了"入乡随俗",教授只好一丝不挂地走上讲台,只戴了个项圈,私处也用树叶遮挡。可这一天也让他直冒汗。原来原住民为了照顾教授的感情,吸取了头一天的教训,全部都是西装革履。只有教授一个人光着身子在台上讲课。

直到第三天,双方才做了很好的沟通,台上台下全穿上西装,教授在台上才没再冒汗。

【分析】本材料说明了在地域文化差异极大的场合,信息沟通的重要意义。商务谈判本身就是相互沟通的过程。在国际交往中,因为差异的元素更多也更复杂,为使商务活动不受其影响,也就更加需要双方有效的沟通。而要尊敬人,就必须要了解人,也要让自己为对方所了解。沟通的过程必须无条件遵守互动的原则。

(十)尊重隐私,公私分明

在国际交往中,人们普遍讲究尊重个人隐私,并且把是不是尊重个人隐私,看成一个人在待人接物方面有没有教养、能不能尊重和体谅交往对象的重要标志。所谓隐私,就是为了维护自己的尊严或出于其他方面的考虑,而不愿意告诉别人的事情。

对个人隐私和商业隐私问题要主动回避。要尊重别人的隐私,也要注意保护自己的隐私,还要尊重和保守与自己相关的人的隐私。在很多国家,工作和个人生活是要严格分开的。在工作场合,不要探讨与工作无关的个人问题,在个人交往的场合,也尽量不要谈业务。同时,不要在节假日或休息日打电话、谈工作或登门拜访,这会被认为打扰到对方的个人生活和正常的休息,是不礼貌的行为。

阅读材料1-39

商务礼仪之尊重隐私

在国际交往中,按照常规如下问题均被外方人士看作"不可告人"的"绝对隐私":收入支出、年龄大小、恋爱婚姻、健康状态、个人经历、生活习惯、所忙何事、家庭住址,上述八个不宜直接打听的私人问题通常被称为"个人隐私八不问"。在国际社会交往中必须牢记在心。保护隐私,特指在国际社会交往中应尽力不传播、不泄露隐私问题。换言之,就是要主动采取必要的措施去维护个人隐私。就具体内容而论,要做到保护隐私,需要兼顾保护自己的个人隐私、保护外方人士的隐私与保护其他人士的隐私这三方面的内容。

本章小结

随着经济的快速发展,现代社会中每时每刻都发生着商务活动,其中存在很多的机遇和挑战,也存在很多的利益诱惑。这些机遇可能让企业突飞猛进,也可能让企业遭遇灭顶之灾,让企业一蹶不振甚至破产;也可能让企业或个人走上违法乱纪的不归之路。为了抓住企业发展的机遇、迎接面临的挑战,而不受利益的蛊惑,就必须有成功的商务谈判。谈判者必须遵守基本的谈判原则,进行有益谈判各方、有益国家、有益社会的谈判,这样的谈判才是最完美的。

国际商务谈判人员来自不同国家,有着各自的地域文化、经济背景,其价值观、立场、风俗习惯、礼仪禁忌各不相同,表现为不同的谈判风格。一个称职的国际商务谈判人员应该既了解对方的谈判风格又了解自己的谈判风格,能够灵活机动、随机应变、因势利导,以取得谈判成功。

练习题

一、名词解释

1. 谈判
2. 主场谈判
3. 国际商务谈判
4. 礼仪
5. 国际商务礼仪

二、简答

1. 国际商务谈判的特点有哪些?
2. 国际商务谈判的基本程序有哪些?
3. 谈判的关系主体与行为主体的关系是什么?
4. 在国际商务活动中,应在哪些方面注意自己的礼仪?
5. 国际商务谈判礼仪的基本原则有哪些?

第二章 国际商务谈判的理论基础

学习目标

(一)知识目标
1. 掌握心理学理论、黑箱理论、需求理论和博弈论的内容;
2. 了解公平理论、信息论和结构理论的产生及内容。

(二)技能目标
1. 能够熟练运用心理学理论分析谈判对方人员的心理,有针对性地制订谈判策略;
2. 能够根据谈判过程中所遇到的"黑箱""白箱"和"灰箱"情境分别采取相应措施,以促进谈判进行;
3. 能够通过满足谈判对方不同层次的需求推动谈判活动的进程;
4. 能够正确利用博弈论分析谈判各方之间的关系,建立有效的合作机制,最终实现各方共赢的谈判结果。

开篇案例

我国铁矿石资源国际合作战略的博弈分析[①]

在全球铁矿石市场上,卖方垄断已经形成,由澳大利亚力拓、必和必拓和巴西淡水河谷三大巨头垄断,但买方却在不断变化,日本的新日铁、韩国的浦项制铁、印度的米塔尔和塔塔、中国宝钢等都是主要的铁矿石买家,由于共同利益基础薄弱,买方垄断无法形成。韩国浦项制铁跟随日本新日铁、印度的米塔尔和塔塔铁矿石自给程度增加,国外购买力下降。因此铁矿石市场上买家简化为日本新日铁和中国宝钢两家。对于我国钢企来说,与日本钢企合作形成买方垄断争取谈判话语权,获取较低的铁矿石进口价是最优策略。即使日本钢企不合作,我国钢企还可以按照涨价后的价格购买铁矿石,但如果我国钢企不合作,日本钢企只能从现货市场上付出更多的代价来购买铁矿石。对于日本钢企来说,其最优策略要取决于我国钢企的购买量。如果我国钢企购买量大于日本钢企购买量,日本钢企会选择不合作,而与铁矿石出口商合谋提升价格,依靠自己所占的股份来获取更多的收益。这也解释了为什么日本钢企在多年长期协议价格谈判中会

[①] 资料来源:朱延福、陈芳.《我国铁矿石资源国际合作战略的博弈分析》[J].开发研究,2014(3):55~58.

多次获得首发定价权,同意矿商的大幅度涨价,因为我国铁矿石巨大的进口量使日本按照股份获得的收益远远大于其涨价所支出的成本。如果我国钢企购买量小于日本钢企购买量,日本钢企会选择合作,经过谈判获取一个较低的铁矿石进口价,这个时候整个博弈存在唯一均衡解:(合作,合作)。

【分析】我国钢企最优策略是选择合作,而日本钢企的最优策略取决于其股份收益和低价带来的收益的比较,这个差额则取决于我国铁矿石的进口量。目前我国铁矿石巨大的进口量使得日本作出最优选择——宁愿接受涨价,获取股份带来的更大收益。

第一节　心理学理论与国际商务谈判

心理学是一门主要研究人类心理现象与规律的学科,原来属于哲学范畴,19世纪下半叶逐渐脱离哲学范畴成为一门独立的学科。经过100多年的发展,心理学体系逐渐趋于完善。20世纪60~70年代,谈判是社会心理学研究中一个非常活跃的领域,到了70年代后期,认知心理学的兴起使人们的兴趣由人际过程转向认识过程,谈判研究受到冷落。到了80年代早期,谈判在心理学研究中再度兴起,并在20世纪80~90年代向谈判的行为决定研究方向发展,并成为这一时期谈判心理研究的主流。

一、商务谈判心理的内涵及特点

(一)商务谈判心理的内涵

商务谈判心理是指商务谈判活动中谈判者的各种心理活动,是谈判者在谈判活动中对各种情况、条件等客观现实的主观能动的反映。谈判的早期社会心理学研究主要集中在谈判者的个体差异和情景特点上。简单的个体差异对谈判结果的预测作用是非常有限的,而且个体差异很难为谈判者所控制。谈判中的情境变量包括支持者在场、其他谈判参与者的鼓励、谈判各方力量对比、谈判各方的人数、谈判的最后期限和第三方在场等,往往也是个体谈判者所无法控制的。

20世纪70年代后期的认知革命,使谈判的行为研究逐渐展开,谈判研究开始向行为决定研究(behavioral decision research,简称BDR)发展。BDR的核心观点之一就是人的决策依赖于认知启发。尽管认知启发是帮助谈判者有效决策的一条相当有用的途径,但它有时也会导致谈判者决策错误。而正是这些在谈判中出现的决策错误,引起了研究者们很大的兴趣。随着谈判社会心理学的复兴,谈判中的社会关系、自我中心、积极错觉、情绪等新的社会因素丰富了谈判行为决定观的研究。更重要的是,由于这些最近的研究以对谈判者决策的理性最优化情境的评价为基础,它指明了个体在决策中产生偏向的可能方式,以及谈判对手在不同的谈判情境中可能产生的行为,因而对谈判者的实际操作具有指导意义。

(二)商务谈判心理的特点

1. 内隐性

内隐性指谈判者的心理藏之于脑、存之于心,别人无法直接观察到。但是人的心理会影响人的行为,行为与心理有密切的联系,通过外在行为可以推测出其内在心理。无论是语言、行为等,在仔细认真观察和领悟后,都能洞察谈判对手的真实心理。

阅读材料2-1

非语言透视出的谈判心理[①]

2010年,日本某知名企业与客户的谈判进行到最后一天,双方争执不下,都不让步。及至中午用餐时间,谈判依旧在进行。日方注意到对方谈判人员不停地摩擦椅子把手,并不自觉地碰撞水杯。此时尽管午餐已准备好,日方却不急不躁,采用消磨时间的谈判方法,一旦对方不同意自己的条件,便以"慢慢谈"回应,最终对方答应了本不愿答应的条件,日方取得完胜。

【分析】本材料中,手摩擦椅子或不自觉碰撞水杯这样的小动作在行为心理学上被视为一种想要赶快离开、难耐的心理情绪的外在表现。当谈判对手有这样的行为表现时,日方谈判者通过观察与推测即可知对方是急于结束谈判去用餐,进而采取拖延的做法,加剧对方的急躁感,使其迫于自身心理情绪而答应日方条件。

2. 相对稳定性

相对稳定性指人的某种谈判心理现象产生后,往往具有一定的稳定性。正是由于商务谈判心理具有相对稳定性,我们才可以通过观察分析去认识它,而且可以运用一定的心理方法和手段去改变它,使其利于商务谈判的开展。

3. 个体差异性

个体差异性指因谈判者个体的主客观情况的不同,谈判者个体之间的心理状态存在一定的差异。商务谈判心理的个体差异性要求人们在研究商务谈判心理时,既要注重探索商务谈判心理的共同特点和规律,又要注意把握不同个体心理的独特之处,以有效地为商务谈判服务。

阅读材料2-2

谈判风格的定义

所谓谈判风格,主要是指在谈判过程中,谈判人员所表现出来的言谈举止、处事方式以及习惯爱好等特点。由于文化背景不一样,不同国家、地区的谈判者具有不同的谈判风格。由于谈判者心理具有相对稳定性和个体差异性,世界上不同国家的商人都形成了自己独特的谈判风格和谈判习惯。

---

① 资料来源:潘苗.行为心理学在国际商务谈判中的应用与分析.[J].现代经济信息.2012(16):243.

二、心理学理论的主要内容

(一)行为心理学和认知心理学

1.行为心理学

1913年,美国著名心理学家华生创立了行为主义心理学派,和研究意识等内部心理过程的科学家有所不同,华生更加注重用客观的研究方法研究人的外显行为。首先,他认为行为是刺激和反应联结的过程,其中联结的是外部条件而不是内部因素,也就是说人的一切行为都是以反射作为发生方式,人的意识或潜意识会在人处于特定环境时发生变化。表层现象会由于这些内在的意识及潜意识的变化发生反射并暴露出来。其次,行为心理学家认为学习是他们研究的核心内容,因为学习可以引起行为的变化,也可以塑造行为,同时将研究行为的实验结果和实验方法直接作用于学习理论之中。对于教学法而言,比较典型的如听说法和视听法就主张学生通过反复操练,形成语言习惯,并使用现代化教学手段(例如多媒体等),加以强化。

2.认知心理学

认知心理学于20世纪60年代在美国兴起,其标志是1967年出版的《认知心理学》一书,研究对象主要是人类心理现象中的认知过程。广义的认知心理学包括结构主义心理学、心理主义和信息加工心理学,核心是信息加工心理学,也就是狭义认知心理学。

认知心理学的基本观点可以概括为以下几点:首先,认知心理学承认人的意识存在和其他内部活动的存在,且认为意识和行为同等重要;其次,认知心理学强调人所掌握的知识对其心理活动和行为的决定作用,人可以和计算机一样,加工信息,将信息从输入到解决问题的过程分解为一系列信息;最后,认知心理学强调实验室试验的重要性,常用的方法是自我观察法。

(二)心理模型

1.心理模型的起源

1943年苏格兰心理学家肯尼恩·克雷克首先提出心理模型,他认为人们能将错综复杂的外部事件转化为内部模型,同时能根据模型对未知事件进行解释、推论和预测。心理模型研究在之后的20世纪70年代末到80年代中期发展很快。

2.心理模型的类型

(1)个体心理模型。对于在个体层面上的心理模型理论,一些学者认为外部世界的内容可以通过内部心理模型反映出来,他们更注重短时记忆,并且在工作记忆中形成一定的心理模型。在社会情境中遇到的多为此类心理模型,即人们在社会互动过程中通过对社会众多信息的感知与回忆,逐渐形成了知识系统。例如管理者普遍拥有竞争的心理模型,这种心理模型建立在管理者具有的经验和对企业管理的预期基础之上,指引着管理者在社会中表现出感知和竞争行为;而另一些学者认为心理模型应该在长时记忆中形成,是人们与外界环境交互作用时形成的对各种物体和事件的感知。此类心理模型多应用在解决问题过程中,此时心理模型是认知内部因果关系所形成的,它有助于人们理解预测和解决内部的问题,其准确性常与问题解决的质量有一定关系。

(2)团队心理模型。团队层面的心理模型也可称为团队共享心理模型,其最早在工业与组织心理学研究中出现,是指团队中成员对于情境和现象具有相似的认知,团队可以通过整合个体的技能,进行有效沟通与协作及高效的管理,这样有利于共同实现团队的最终目标。根据研究发现,许多团队的成功得益于团队中具有的一种流畅、内隐的交互特征,团队成员使用共同语言,相互协调以满足完成任务的需要,并且团队绩效大小与团队成员对于任务具有相似预期的程度大小有很大的关系。根据胡琳丽的研究,团队共享心理模型一般可以分为三类:团队成员模型、团队任务模型、团队过程模型。团队成员模型是指成员对自己或其他成员所形成的共享心理模型,主要涉及成员的责任、能力、角色等内容;团队任务模型是指团队形成的关于团队任务知识的共享心理模型,涉及完成任务所需的知识、规则以及需要运用的策略等内容;团队过程模型是关于团队开展工作所涉及程序的一些知识,即团队工作的步骤、交流方式等。

三、心理学理论在国际商务谈判中的应用

国际商务谈判是一项艰巨的任务,要求谈判人员具备广博的商务、法律、技术等专业知识,心理学知识就是其中一个重要的知识分支。要成为一名优秀的谈判人员,必须能够准确抓住对方人员的心理,正确运用谈判策略,从而达到双赢的效果。

从心理学原理来看,在个体心理模型层面,参与国际商务谈判的人员如何看待谈判情境决定了他们在谈判过程中将实施何种策略及如何实施该策略,而他们的心理模型又决定了如何理解谈判情境。所以在国际商务谈判中,我们要充分理解和掌握谈判者的实际心理模型及内心偏好,然后正确判断谈判者对情境的理解,进而根据其所采取的谈判策略给出合理的谈判建议,这样才有利于谈判方达到预期的结果,即双赢协议。

在团队心理模型层面,国际商务谈判也存在共享心理模型。谈判前双方都有各自团队建立的共享心理模型,使团队成员同心协力,为企业争取最大的利益。问题在于双方的目标或者利益点可能不相同,所以各自建立的心理模型也不尽相同,甚至相互对立,但是这个问题会随着谈判的进行逐渐消失,因为双方对谈判情境、规则等会逐渐产生相似的理解,最终发展成为双方团队的共享心理模型。在这种模型下,谈判可以圆满结束,达成双赢的结果。所以一个能够获得可观经济收益的谈判一般会伴随着较高水平共享心理模型的建立,而双方没有达成共享心理模型时,就容易导致谈判陷入僵局。

我们需要注意的是,首先,共享心理模型与双赢合作并不是绝对的正相关,也就是说并不是谈判双方达成共享心理模型就一定会实现"双赢"。其次,个体层次的心理模型是团队层次心理模型建立的基础,但后者不是前者简单的相加,我们可以看出,在国际

商务谈判中,双方谈判者如果能够积极沟通,各自作出合理让步,最终能够形成有效的团队心理模型,达成"双赢"协议,这使各方获益之和远大于让步带来的损失,可见积极的沟通对国际商务谈判有着举足轻重的作用。

阅读材料 2－3

跨文化谈判提升的四个阶段[①]

美国伊利诺伊大学社会心理学家哈里·特里安迪斯被视为跨文化心理学的先驱,他的研究侧重不同文化中态度、规范、角色和价值观的认知方面。他在一本跨文化读本收录的一篇文章里阐述了跨文化谈判能力提升的四个阶段。

第一个阶段:无能不自知阶段(Unconscious Incompetence)。无能不自知阶段持续的时间最长,危害最大。在这个阶段,你总觉得你是人,对方也是人,我们应该想的是一样的。第二阶段:无能自知阶段(Conscious Incompetence)。在这个阶段发现自己无能,这个发现最有价值。发现不足等于成功了一半。当一个人碰到南墙以后他才意识到,原来自己有盲点。第三个阶段:有能自知阶段(Conscious Competence)。在这个阶段自己感到最有压力。生活在动态多元环境里,需要不断地观察环境变化,保持清醒头脑和不断地挑战自己,维护和提升自己的跨文化能力的情商和智商。第四阶段:有能不自知阶段(Unconscious Competence)。在这个阶段自我处在最危险的状态。在当今瞬息变幻的多元现实中不存在一成不变的、完美的跨文化能力。你也许已经很习惯多元文化环境,但这个阶段是非常危险的,我经常告诫自己不要进入有能不自知阶段而不能自拔。个人认为,任何一个具有这方面能力的人,必须有意识地把自己维持在第三阶段和第四阶段之间,而不是掉进了第四阶段,最后犯很严重的错误而不自知。尤其在美国,有很多反性歧视、种族歧视等法律,而且这些法律是真正得到严格执行的。

【分析】在本材料中,跨文化谈判的四个提升阶段是谈判者心理变化的四个阶段,随着谈判经验的积累,谈判心理也会不断完善。谈判能力和谈判心理是互相成就,谈判就是这两者不断提升完善的过程。

在实际的国际商务谈判中,心理学理论的应用很广泛,谈判人员的心理活动会通过他们的行为表现出来,而主要表现出来的心理模式有排斥心理、转移心理和文饰心理。

(1)排斥心理。排斥心理是人们与周围环境事务接触时产生的不相容的心理倾向,下意识地拒绝使他们感到不舒适或者厌烦的事务。心理学家认为排斥心理是下意识控制思维而产生的行为,能够暂时回避本人厌烦的事情。排斥心理在国际商务谈判中的应用主要表现在谈判人员对于某些问题的回避态度。例如,我方人员说想去参观对方产品的生产线及生产车间环境时,对方却一直以各种原因婉拒,之后也不会主动提起,这时我们就要注意其产品是否在生产过程中有违法违规的行为、生产车间卫生情况是否达标或者产品是否有质量问题。

(2)转移心理。转移心理是将不满意的情绪发泄到危险较小的对象身上,其表现一

---

① 资料来源:贾文山:如何打造均衡对等的中美谈判模式?[EB/OL].中国贸易金融网,2019－7－28.

般是从情绪产生的源头转移到另一事物上。如学生受了老师的批评或家长的指责后,容易把怒气发泄到其他同学身上,例如突然发火或者扔东西。这种心理是人们正常的发泄需要。在国际商务谈判中,有时谈判对方会莫名其妙地发火,甚至抓住一些鸡毛蒜皮的小事不放,通常又没有充分的理由,我们就要注意考虑下是不是所发生的一些事情影响了他们的心情,比如住宿条件不够优越、不适应当地饮食习惯等。如果我们可以观察到这些细微的事情,有可能会扭转谈判的局面,使原本可能搁浅的谈判顺利进行。

(3)文饰心理。文饰心理是人们为了维护个人尊严、掩饰自己的真实反应,用一些看似合乎逻辑的理由将自我从紧张的情绪中解脱,从而恢复心理平衡,达到自我慰藉的作用。文饰心理实际上是"自欺欺人"的编造,容易使人产生嫉妒之心,甚至诋毁他人。在国际商务谈判中,有些谈判人员对于他人获得成就只字不提,好像从来不知道似的,而对自己取得的微小成就进行夸张描述,吹嘘自己得到的利益何其多,结识了很多业务伙伴等。我们要注意防范这种"自欺欺人"的文饰心理,要正视己方的成就与失败之处,积极吸取经验教训,对于他人取得的成就加以赞赏。

阅读材料 2—4

"空城计"

三国时期,魏蜀之战,魏平西都督司马懿夺取了要塞街亭。诸葛亮因马谡大意失街亭正自责用人不当。此时司马懿大军逼近西城,不巧诸葛亮已将兵马调遣在外,一时难以回来,城中只有一些老弱兵丁。危机之中,诸葛亮自坐城头饮酒抚琴,一副悠闲自在的样子。司马懿兵临城下,见城门大开,几个老兵在扫地,耳听诸葛亮琴声镇定不乱,心中疑惑,不敢贸然进城,自退二十里路观察。及至探明实情时,赵云率大军已到,司马懿中了诸葛亮的"空城"之计。

【分析】"空城计"是一种心理战术,是一场心理博弈,运用这一战术的关键是要清楚地了解和把握对手的性格特点以及心理状态。司马懿深知诸葛亮为人谨慎,看到他这种做法,知道诸葛亮不会过于冒险,诸葛亮成功躲过一劫,正是因为他十分了解司马懿小心多疑的性格。

阅读材料 2—5

酸葡萄效应

酸葡萄效应,即酸葡萄心理,它是文饰心理的一种,是因为自己真正的需求无法得到满足产生挫折感时,为了解除内心不安,编造一些"理由"自我安慰,以消除紧张,减轻压力,使自己从不满、不安等消极心理状态中解脱出来,保护自己免受伤害。

在《伊索寓言》中有个"狐狸与葡萄"的故事,说的是那狐狸本来是很想得到已经熟透了的葡萄,它跳起来,未够高,又跳起来,再跳起来……想吃葡萄而又跳得不够高,这也算是一种"挫折"或"心理压力"了,此时此刻那狐狸该怎么办呢?若是一个劲地跳下去,就是累死也还是够不到葡萄。于是,那狐狸说:"反正这葡萄是酸的。"言外之意是反正那葡萄也不能吃,即使跳得够高,摘得到也还是"不能吃"。这样,狐狸也就"心安理得"地走开,去寻找其他好吃的食物去了。

在日常生活中像这样的例子很多。例如,一个体育能力差的学生说只有四肢发达、头脑简单的人,才会喜欢体育;容貌平凡的女子特别爱说"自古红颜多薄命""红颜是祸水";追不到女朋友的男孩说"这种女人品行不端、水性杨花,嫁给我,我都不要"。

【分析】酸葡萄心理产生原因:第一,生活中我们不免遇到那只狐狸的境遇,当受到挫折时,就找理由丑化得不到的东西。第二,酸葡萄心理是因为自己真正的需求无法得到满足产生挫折感时,为了解除内心不安,编造一些"理由"自我安慰,以消除紧张,减轻压力,使自己从不满、不安等消极心理状态中解脱出来,保护自己免受伤害。第三,"百年人生,逆境十之八九"。心理防卫功能的确能够帮助我们更好地适应生活、适应社会。第四,从心理健康的角度看有一定意义,在某种程度上可以起到缓解消极情绪的作用。但真正应对挫折不能只停留在自圆其说。当情绪稳定后,应该冷静地、客观地分析达不到目标的原因,重新选择目标,或改进努力方式。

以上几种心理模式只是比较常见的几类,实际的国际商务谈判很复杂,优秀的谈判人员应该根据自己积累的经验准确识别对方的心理,以便做出合理的判断,同时积极采取应对措施。内心的活动复杂又隐蔽,通常难以捉摸,在谈判中,谈判人员通过认真观察对方,能够在一定程度上明白行为背后的心理原因。这就要求谈判人员不仅要注意对手的言语、语气、表情等,更要注意观察对手的一举一动,因为细小的肢体语言往往能暴露出真实信息,如一个人在愤怒或沮丧时会习惯性地拉一拉衣领,让脖子透气。当谈判对手做此动作,可能意味着他对谈判过程的不满。此外,谈判人员如果能够运用行为心理学进行自我保护或刻意引导,锻炼自己的谈判能力,学会克制自己的情绪,减少易暴露自己情绪的行为,就能够有效地降低自身陷入被动的几率。

阅读材料 2—6

抓住对方心理的买家和卖家

刘某要在出国定居前将私房出售,经过几次磋商,他终于同外地到本城经商的张某达成意向:20 万元,一次付清。后来,张某看到了刘某不小心从皮包中掉出来的护照等文件,他突然改变了态度,一会儿说房子的结构不理想,一会儿说他的计划还没有最后确定,总之,他不太想买房了,除非刘某愿意在价格上作大的让步。刘某不肯,双方相持不下。当时,刘某的行期日益逼近,另寻买主已不大可能,但是他不动声色。当对方再一次上门试探时,刘某说:"现在没有心思跟你讨价还价,过半年再说吧,如果那时你还想要我的房子,你再来找我。"说着还拿出了自己的飞机票让对方看。张某沉不住气了,当场拿出他准备好的 20 万元现金。其实,刘某也是最后一搏了,他作了最坏的准备,以 15 万元成交。

【分析】其实张某是抓住刘某行期紧迫,急于出国和需要金钱的心理来迫使刘某在价格上作出大的让步。刘某是抓住张某不愿意久等的心理而发出最后通牒,迫使对方让步。刘某采用了欲擒故纵的策略,既很好地掩饰了自己,又逼迫对方妥协,从而取得谈判的胜利。

阅读材料 2—7

如何利用心理战术

谈判技巧,存乎一心,不断实战,方可得其妙处。很多时候,当你不再刻意运用心理战术时,你的心理战术就运用成功了。第一,心理战的基石:谈判背后情势的考量。对于现实中的大多数谈判,单纯依靠心理战术而不考虑其他背后情势因素往往会使心理战术失效,造成谈判失败或达不到预期的谈判目的和效果。在谈判前综合收集各方面信息,着重收集"隐性信息",搞清楚各方利益关系和当前情势,这样才能在谈判中有的放矢,再合理运用心理战术达到谈判预期目的。第二,心理战的两翼:时间约束和地域人文特点。不同的时间、同样的谈判会产生不同的结果;在不同的地域、面对不同的人文情况,谈判的结果也会大不一样。时空因素是谈判者必须要认真考虑的因素。有的时候,因为时间约束,谈判要求快,以期快速达成交易,不然就会有损失;有的时候,面对对方的时间约束和压力点,要合理把控谈判速度,宜慢不宜快,以获得更多的利益。第三,心理战的主要关注点:谈判对手的性格和心理特点。人在不同的情势下,短期内的举止表现都会不同,所以不可仅仅依据上面的大背景、时空因素片面地对谈判对手设定印象,因为他可能在谈判压力下不会表现真实的自己。这就要求你多观察细节,多从对方的言谈举止上琢磨他的心理变化和性格特点,某一个细小的动作可能就会帮助你在后续谈判运用心理战术的胜算上增加砝码。

第二节 "黑箱"理论与国际商务谈判

一、"黑箱"理论的主要内容

20 世纪中叶,美国科学家维纳创立了一门新兴学科——控制论,后来被运用到谈判领域,形成谈判"黑箱"理论。将控制论运用于谈判领域,有助于谈判者将谈判活动程序化,能够应用最佳模式产生最佳效果,达到理想境界。

"黑箱"一般被视为人们对其一无所知的领域或者系统,是我们未知的和需要探索的世界。例如我们所用的手机,它给我们的生活带来了极大便利,但是在通话过程中我们只会关心自己所说的话能否清晰地被对方听到或者手机信号的好坏,并不在意也无需在意自己的声音究竟是如何传到对方的耳朵里,对我们而言,手机的内部构造和原理就是"黑箱"部分。如果我们拆解手机,可以轻易看到其内部结构,但是与此同时我们也对内部结构的完整性造成了破坏。手机对于我们而言就像一个黑箱子,实际上我们无法在不破坏内部结构的情况下打开黑箱,但是可以根据输入信息和输出信息的关系寻找到规律性的东西,进而实现对黑箱内部的控制,这就是"黑箱"方法。例如,谈判一方的信息如报价等。

"白箱"则是全知道的领域或系统,我们对于输入、输出实现确定变数及相互关系,之后对系统内部结构深入探索,了解清楚后,可以把这种结构的内部关系以确切的形式表现出来,所以"白箱"的输入过程、内部运作过程和输出过程都清晰地呈现在我们面前,例如己方的谈判方案的拟订。

"灰箱"则是部分可察的,介于"黑箱"和"白箱"之间,对系统或者领域的知识有局部的认识。由于信息不对称,卖方只会向买方提供一部分商品信息,同样买方也不会告诉卖方自己的购买力究竟有多大,所以我们在现实生活中遇到的很多情况属于"灰箱",即只能掌握一部分信息,剩余部分要用多种方法根据已有信息推测。例如,一家厂商表明5%的折扣是他们所能给出的最优惠条件,此时谈判对手就面临"灰箱"问题,必须通过调查以往成交情况判断情况是否如实,最后决定接受还是拒绝此折扣。

二、"黑箱"理论在国际商务谈判中的应用

谈判是人与人之间比较特殊的沟通方式,纵观一场普通的国际商务谈判过程,既有"黑箱"部分,也有"灰箱"和"白箱"部分。2005年,英国谈判专家珍妮·霍奇森倡导国际商务谈判要从系统论的角度出发,运用"黑箱—灰箱—白箱"策略,强调成功的国际商务谈判控制取决于正确识别不同系统模型的运作模式,并且灵活运用相应的谈判谋略和技巧。该策略全面系统地阐述了如何根据身边已有的信息作出合理推断,进而克服对未知事物的恐惧心理,逐渐解开谈判中的"黑箱"情境背后的内容,以及如何适当利用"白箱"扩大谈判的成果,促进双方得到更多的共同利益。同时,针对国际商务谈判实践中最为常见的"灰箱",提出了运用模糊数学的方法淡化"灰箱"的"灰度",使其逐渐显现出来,建立国际商务谈判的"准白箱",试图为谈判实战提供更多可供选择的策略。

(一)"黑箱"策略

在国际商务谈判中,当对谈判对手的真实目的、谈判习惯及其真实性格等情况一无所知的时候,就形成了商务谈判中的"黑箱"。相比"白箱"和"灰箱","黑箱"最不利于双方谈判的顺利进行,对"双赢"局面的形成造成了不小的阻力。当谈判人员遇到此类问题时,可以从以下几个方面将"黑箱"的影响降到较低水平:

(1)克服畏惧心理。我们需要注意的是谈判人员要想有效处理商务谈判中的"黑箱",必须克服心理和情绪上的畏惧感,能够充分认识到"黑箱"这种系统模型在现实生活中广泛存在,如同上文讲述过的手机一样普遍。倒如日常使用的一系列家电,冰箱、洗衣机、电视机等物品,我们不需要知道它们的工作原理,只要会使用,定期给予维修即可,其复杂的内部结构就是"黑箱"部分。所以说"黑箱"并非神秘莫测,不可获得,我们可以通过科学方法的合理运用加以有效控制。

(2)利用长篇登记法破解"黑箱"。这种破解"黑箱"的方法关键在于不打破其内部结构,认真观察、记录、归纳和总结"黑箱"的外部输入和输出过程。长篇登记法是揭示"黑箱"的常用策略,首先以"确定而又可以重现"的方式对"黑箱"进行一系列的外界刺激,即

系统输入,然后观察"黑箱"的反馈信息,即系统输出,并实时记录下输入和输出的过程,最终通过科学的方法归纳并分析和总结这些记录结果,建立输入和输出的规律性联系,从而间接实现对"黑箱"的控制。

阅读材料2—8

长篇登记法破解"黑箱"

美国谈判专家尼伦伯格租用了某办公大楼,但是大楼的主人欲将大楼拆除重建。因为此时租期未到,还剩余两年时间,所以在双方就毁约事宜展开谈判的过程中,尼伦伯格拥有绝对的主动权和明显优势。欲使尼伦伯格搬迁,楼主必须赔偿一定的违约金,而尼伦伯格不清楚楼主所能支付的违约金的最高额度,这个限度就是"黑箱"。

对于以上"黑箱",尼伦伯格采取了非常直接而简便的方法,那就是拒绝对方的每次加价。谈判初始,楼主问:"你要多少违约金才会搬走?"尼伦伯格答:"这个租约还有两年,我不想搬走。"此后,楼主表示愿意支付一定数额的搬迁费和补贴房租费,尼伦伯格拒绝了,并在之后楼主每次加价后都以几乎同样的态度作答,甚至对方从2.5万美元加价至5万美元时仍是如此。实际上,尼伦伯格就是在采用长篇登记的方法,记录下每次信息"输入"和"输出"的状态——己方每次以"拒绝式"的"输入"都导致了对方"加价"的"输出"。尼伦伯格由此推断对方仍有加价空间,还没有到达极限,因而继续以拒绝的方式进行谈判。直到谈判终局,价钱节节攀升,以尼伦伯格成功使用策略为结局。

【分析】这个材料很好地诠释了长篇登记法的应用过程,看似简单的方法,实则承担着巨大的风险,因为并非所有的"黑箱"都可以从它的"输入"和"输出"信息中完全确定其结构和性质,特别是当谈判对手也使用相同的策略或者已经看出己方的策略时,随时有可能被迫接受对方的条件。因此,在国际商务谈判中运用"黑箱"策略时,应谨慎小心、合理适度,切勿草率从事、漫天要价,否则只能落个草草收场,一无所获的结局。

(二)"灰箱"策略

在国际商务谈判中,当谈判人员对谈判对手的真实目的、谈判风格及性格等信息作一定了解时,就形成了"灰箱"。事实上,谈判人员遇到的大多数情况为"灰箱",此时如何搜集、汇总、分析和预测各类信息,以及如何运用这些信息采取相应的谈判策略来解决各种"灰箱"问题是推动国际商务谈判顺利进行的关键。

一般我们用"灰箱"的灰度来表示谈判人员掌握各类谈判相关信息的准确度和全面性,如谈判人员对谈判对方和谈判环境等知之甚少,即形成"深度灰箱",意味着谈判人员无法掌握对谈判有用的信息,无法有针对性地制订谈判方案和谈判策略,因此谈判的盲目性和随意性较强;相应地,"浅度灰箱"是指谈判人员能够获取绝大多数有关谈判对手谈判策略或方法等的谈判信息,并能够有针对性地制订谈判方针及有效应对突发状况,最终顺利结束整个谈判过程。可以看出"浅度灰箱"比较有利于谈判人员掌控谈判局势,争取主动地位。

在国际商务谈判中,谈判人员可以获得围绕谈判现场发生的各类信息,如谈判实际展开的进程中谈判策略的实施及变更、谈判意向的变更以及涉及谈判双方政治、经济状况、社会环境、市场行情等具体情况所含干扰因素的变更。与谈判背景等较为固定的信息相比,这类信息的获得要靠谈判人员积累的经验和随机应变能力,如谈判对手的即兴反应,有时对手在谈判现场故意制造假象来掩饰弱点;有时带有突发性,事先根本无法预测,让人措手不及;有时带有隐蔽性,如某些不宜公开的真实谈判需求或者谈判对手故意隐瞒的信息等,诸如此类有关"灰箱"问题的处理较大程度上依赖于谈判人员在谈判现场耐心地倾听、巧妙地提问、仔细地观察和认真地总结。

(三)"白箱"策略

随着谈判的展开,双方在谈判过程中逐渐掌握越来越多关于产品和市场的信息,最终会达成交易价格,有可能是某一方或者双方的最低报价,也就是"白箱"。在国际商务谈判中,经过"黑箱"和"灰箱"阶段后,双方谈判人员心中已经初步形成谈判结构信息,这些信息通过一定的方式表达出来,进而形成"白箱网络",利用此网络对谈判控制和预测,可以有效促进双方的合作关系。

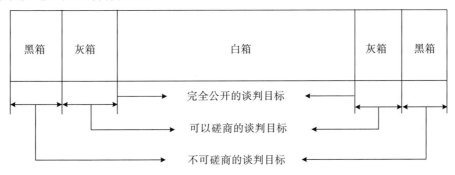

图 2-1 "黑箱"理论下的谈判目标

根据上面的图可以看出,国际商务谈判的"白箱网络"一般可以分为三个区域:①完全公开的谈判目标,即图中的中央区。在这个区域中,双方有着几乎一致的谈判目标,这种情况下谈判进展十分顺利,不需要花费太多时间和精力。②可以磋商的谈判目标。在这个区域中,双方的谈判目标会存在些许差异,但是双方均可以作出一些让步,它与中央区共同组成了共同区,即双方能够经过谈判达成一致的所有目标范围。这个阶段主要依靠双方相互体谅和让步,最终使得各自作出的牺牲以最终共同利益弥补,获得"双赢"结果。比如一方将商品价格下调一定的百分比,另一方将商品采购的数量上调一定百分比,既能保证商品价格具有竞争力,又能保证较大的采购数量,薄利多销,进而能够用数量的上升弥补价格的下降,保证双方的利益最大化。③不可磋商的谈判目标,即图中处在两边的区域。双方在这个区域中的目标有很大的不同,甚至是对立的目标,即使经过辛苦谈判,相互让步也并不能达成协议。谈判在这个阶段很容易搁浅,这就要求谈判人员根据之前的结果更改或者重新制订谈判策略。

经过艰难的"黑箱"和"灰箱"阶段后,到达"白箱"阶段的谈判双方都十分希望能够达成双赢合作,因此可以针对"白箱网络"中不同区域所具有的特点采取相应策略,其中最主要的是让步策略。谈判人员将之前谈判阶段所掌握的信息经过梳理、汇总及分析,得出对方的谈判目标,然后将己方的谈判目标与对方的谈判目标进行比较,若发现双方完全一致的目标时,就属于完全公开的谈判目标,要及时确定协作关系,为之后的谈判营造积极的氛围,也为双方能够顺利合作作出积极暗示;若发现双方具有严重冲突且不易协调的谈判目标时,应首先考虑采取让步策略来打破谈判僵局,即说服对方放弃冲突性较强或者严重损害己方利益的谈判目标,己方以某些相应的让步作为交换,或者接受对方冲突性的谈判目标,而相应要求对方做某些其他方面的让步作为交换。例如谈判中,买卖双方在这场价格谈判中,谈判目标价格分别为8万元和3万元,即卖方想以8万元成交,而买方想以3万元成交,同时买卖双方在这场价格谈判中能够承受的最低限分别为6万元和5万元,即卖方愿意卖出的最低价是6万元,买方愿意报出的最高价是5万元。在这种价格态势下,双方在价格上明显不存在交叉区,此笔交易一般无成交的可能。这就要求一方主动打破僵局,改变谈判策略,可以要求卖方放弃6万元的最低售价,在价格上作出适当让步,而买方以增加订货数量的让步作为交换;或是买方放弃5万元的最高出价,而卖方以廉价搭售或赠送其他物品的方式作为交换。这样就可以在很大程度上促进谈判进行。

阅读材料 2—9

价格中的"黑箱"

某公司公关部与某装修公司商谈会议室装修问题,对方报价30万。公关部认为这个价钱还算是个老实价,但是并不清楚对方最终会以什么样的价格成交。而装修公司也并不清楚公关部最终会接受什么样的价格。成交价对双方而言,是"黑箱",为了确保各自利益,双方都不抢先打开"黑箱"。公关部看到对方的报价单,只回了一句:价格太高,难以接受。装修公司又发了一纸传真:您能接受什么样的价格呢?公关部回应只能接受最优惠的价格。装修公司调整了价格后回复:28万。公关部再提出要求:据我所知,这不是最优惠价格。装修公司再问:您所指的最优惠价格是多少?公关部终于亮出接受点:多于22万免谈……装修公司回复:22万我们亏本,少于24万这笔生意就不能做了。公关部见好就收:23万,立刻成交!装修公司:好吧,希望以后常合作!

【**分析**】本材料中的公关部和装修公司都是"黑箱"策略的实践者,这种策略技巧是商务谈判中应用最普遍、效果最显著的方法。谈判双方依据各自对"黑箱"的猜测,努力防备对方攻破"黑箱"从而占领上风,惜字如金,各不相让,最终达成妥协,完成了接受点由"黑箱"(未知)、"灰箱"(30万、28万、22万)到"白箱"(23万)的谈判过程。在谈判中,对"黑箱"的控制能力决定着谈判的胜负。

阅读材料 2—10

保险索赔中的"黑箱"理论[①]

一位有经验的谈判专家替他的委托人与保险公司的业务员商谈理赔事宜。对于保险公司能赔多少,专家心里也没有底,这就是我们通常认为的"黑箱",于是专家决定少说话多观察,不露声色。保险公司的理赔员先说话:"先生,这种情况按照惯例,我们只能赔偿100美元,怎么样?"专家表情严肃,根本不说话,沉默了一会,理赔员又说:"要不再加100美元如何?"专家又是沉默,良久后说:"抱歉,无法接受。"理赔员继续说:"好吧,那么就再加100美元。"专家还是不说话,继而摇摇头。理赔员显得有些慌了:"那就400美元吧。"专家还是不说话,但明显是不满意的样子。就这样专家重复着他的沉默,理赔员不断加码他的赔款,最后的谈判结果是以保险公司赔偿950美元而告终,而他的委托人原本只希望要300美元。

【分析】本材料中,专家的高明之处就在于不断地探知黑箱中的未知数,知道何时不能松口,紧紧抓住利益,也知道何时该停止,放弃利益,所以,他为雇主争取了最大的利益。

第三节 需求理论与国际商务谈判

一、需求理论的内容

由于人类的欲望是无限的,每一种行为的产生都是为了满足某种需求,所以当谈判双方任意一方存在未满足的需求,而另一方能够满足这种需求时,不论谈判主体以何种方式表达需求,谈判都很容易进行。1943年在《人的动机理论》一文中,心理学家马斯洛提出需求理论,他把人的需求分成生理、安全、社交、尊重以及自我实现五个层次。他认为人们的需求层次由低级到高级逐层出现,当某一层次的需求得到满足时,会激发更高层次的需求,就像人类无法满足的欲望一样,这些都反映了人类在不同文化环境中的特点。

马斯洛的需求理论认为,国际商务谈判从各方谈判前的积极准备阶段到艰难的谈判过程以及最后的达成协议阶段,是一个谈判人员耗费体力、脑力同时承受巨大心理压力的活动。当最基本的生理需求都无法得到满足时,就会严重影响谈判人员的体力和精力,进而影响他们的情绪,造成他们无心应对谈判,给整个谈判氛围带来不利影响,最终阻碍谈判目标的实现。所以各方谈判人员,尤其是主方人员要特别注意尽可能考虑各方人员的基本需求,给他们营造良好的谈判环境,促进双方合作。

[①] 资料来源:李爽,于湛波.商务谈判.[M].北京:清华大学出版社,2012.

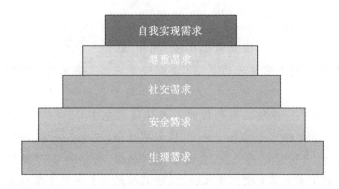

图 2-2 马斯洛需求理论

生理需求主要表现在谈判人员对衣食住行的需求,例如整洁的衣着、营养丰富的餐饮、舒适的住宿条件和便捷的交通等。对于安全需要层次而言,谈判人员最需要的是人身和财产安全。由于许多谈判人员要到其他不熟悉的国家或地区参与谈判,他们对谈判地的风俗习惯、社会治安状况以及交通情况等不是十分了解,这会给他们带来不安全感,分散谈判精力。因此主方应该充分重视谈判客方的安全问题,如派专人接送、提前查看谈判地区的治安状况等。对于社交需求层次而言,一般来说,参与国际商务谈判的双方都希望能够建立互利友好的关系,彼此能够感受到谈判对方给予的关爱,这样有利于营造温馨的环境。因此主谈判方应该摆正心态,不能把对手当作敌人看待,而是以友好合作的心态面对谈判,尽量与对方建立良好的人际关系,友善地沟通交流,这对于随后的谈判目标实现具有积极推动作用。国际商务谈判参与者都希望能够得到他人的尊重,实现自我价值。因此在谈判过程中,双方要充分尊重对方,例如使用文明用语,重视谈判对方可能拥有的特殊习惯等。而自我价值的实现一般通过谈判利益获得,所以双方不能只以自己的利益为中心,而要多站在对方角度看待问题,同时采取"双赢"的合作态度,最终实现合作,获得各自应有的利益。

阅读材料 2—11

《西游记》中的马斯洛需求理论[①]

生理需求——猪八戒,个人生存的基本需求,比如吃、喝、住、行,是婴儿级的需求,包括生长繁殖之理、养生之理、为人之道等。《西游记》第二十四回写了猪八戒垂涎人参果,囫囵吞下后不知滋味还想吃的馋相;第五十七回,八戒道:"师父左使了人也。行者打杀人,还该教他去烧埋,怎么教老猪做土工?"这些反映了八戒的好吃懒做。此外,八戒还爱贪小便宜,经常被妖精迷住,不分好坏,遇事总是先想到自己,保全自己是最重要的。八戒身上好吃懒做、贪财的特点反映了小市民的意识。

安全需求——沙僧,心理上和物质上的安全保障,如不受盗窃的威胁、预防危险事故、职业保障、社会保险等,是儿童级的需求。《西游记探微》引张易克的话说:"沙僧确

[①] 资料来源:刘颖.以马斯洛层次需求理论品《西游记》[J].语文学刊,2016,(02):80~81.

实经常担起调和与凝聚的任务,沙僧的调和主要表现在止争与顺从两方面。"第四十回"婴儿戏化禅心乱,猿马刀圭木母空"。这一回连悟空都想分行李散了,只有沙僧坚定地等师父。他从不埋怨取经路途的遥远,一路上任劳任怨,他的勤劳稳重常常会使我们忽略他身上逆来顺受、没有主见的弱点。沙僧无论遇到什么事,总是会找八戒或悟空,完全没有自己的想法。

社交需求——白龙马,需要友谊和群体的归宿感,如人际交往需要彼此同情、互助和赞许。白龙本是东海龙王三太子,因犯错被判死刑,后被观音点化,成为唐僧的坐骑。白龙常常被人们忽略,人们总说取经的是师徒四人,而不是五人,白龙尽忠职守,却默默无闻,是被人们忽视的对象。

尊重需求——唐僧,要求受到别人的尊重和自己具有的内在自尊心。唐僧个性懦弱,心怀苍生,却手无缚鸡之力,他屡屡听信八戒和妖怪的挑拨,误会能够识破妖怪诡计的悟空。《西游记》第二十七回"尸魔三戏唐三藏,圣僧恨逐美猴王"。唐僧分辨不了善恶是非,被妖精迷惑,责怪徒弟,还把悟空赶走。唐僧在取经途中扮演着领导者的角色,所以他格外注重他人对自己的看法,悟空出格的行为会让他觉得自尊心受挫。唐僧过分注重自身,他总是以紧箍咒惩罚孙悟空,其实是对悟空的不尊重。

自我实现需求——孙悟空。《西游记》第七回中,孙悟空说:"常言道,皇帝轮流做,明年到我家。只教他搬出去,将天宫让于我,便罢了。"还有高老庄收猪八戒、乌鸡国扫荡妖魔以及车迟国济困扶危等情节,都表现了孙悟空藐视权威的叛逆、爱憎分明和忠心不二,他对遭受苦难的人们有着深厚的感情。悟空很明白能力越大、责任越大的道理,所以他通过保护人们实现自我价值。即使是面对唐僧的怀疑,悟空也始终不改自己的志向,成为我们每个人心中的战神。

阅读材料 2—12

不同需求层次的买家[①]

在比利时的一家画廊里,一个印度人带来了3幅古画,与一个非常喜欢收藏的画商进行谈判。开始时印度人出价250美元,画商嫌贵。双方经过一番讨价还价毫无结果。印度人火了,把其中一幅画付之一炬,画商爱画心切,心中十分悲痛,又问印度人剩下两张画卖多少,印度人仍然要价250美元,画商拒绝这个价格时,印度人竟然又烧了一副,画商只好恳求印度人不要烧了,拿着最后一幅画问印度人要卖多少钱,印度人坚决地告诉画商,还是250美元,最后画商还是以250美元从印度人手上买走了一幅画。

【分析】本材料中印度人很准确地运用了需求层次理论,他把握了画商心理的最高需求层次,画商看重的是收藏古画带给他的艺术满足感,属于自我实现或者美的需求,这超过了他对金钱乃至自尊的需求。另外,在实际谈判中,很多人看重的是尊重,他们往往不在乎放弃一定限度内谈判的经济利益,若对方不能给他们足够的尊重,即使谈判破裂也不愿意与对方合作,而另一些人则将最重要的目标放在经济利益的实现上,为了

---

① 资料来源:仲鑫.国际商务谈判[M].北京:机械工业出版社,2010.

实现利益甚至可以放弃一些自尊的需求,这就要求参加谈判的人员对对方的心理需求有一个准确的把握。

阅读材料 2—13

卡耐基的诀窍[①]

一次,戴尔·卡耐基在纽约的一家邮电局寄信,发现那位管挂号的职员对自己的工作很不耐烦,对顾客也很不礼貌、很不友好。于是卡耐基暗下决心,要使这位职员高兴起来,要他立刻喜欢自己。接着他采用了如下策略:轮到他寄信时,他对这位职员很诚恳地说:"你的头发太漂亮了。"职员抬起头,有点惊讶,但脸上露出了无法掩饰的微笑。然而谦虚地说:"哪里,不如从前了。"卡耐基又接着说,"这是真的,简直像年轻人的头发一样!"这位职员高兴极了。于是,他们愉快地交谈起来。当卡耐基离开时,这位职员的最后一句话是:"许多人都问我用了什么秘方,其实是天生的。"

【分析】一般说来,每个人都有值得我们尊重的地方,作为一个谈判人员应当善于发现这些地方并将其激发出来。我们认为作为一个谈判人员首先应当考虑和研究的是对方的尊重需要,而后才是自尊的问题,因为只有首先尊重他人才能赢得他人对自己的尊重。这是我们谈判人员必须牢记的。

二、需求理论在国际商务谈判中的应用

需求理论在国际商务谈判中的应用主要是尼伦伯格以马斯洛的需求层次理论为基础,结合"相互性原则""交往学习理论"等原理,在他的著作《谈判的艺术》中系统地提出了"谈判需求理论",并成为该理论的代表人物。

谈判需求理论能促使谈判者主动地去发现与谈判各方利益相联系的需要,引导谈判者重视对方的需求,从而针对不同的需求及动机选择不同的方法应对,在此基础上去估计每一种谈判方法的效果。谈判需求理论将适用于不同需要的谈判方法分为六种类型:谈判者尽量满足对方的需要;谈判者使对方满足自己的需要;谈判者同时满足对方和自己的需要;谈判者违背自己的需要;谈判者损害对方的需要;谈判者同时损害对方和自己的需要。尼伦伯格强调,依照人的需要层次,谈判者越是能抓住基本层次的需求,在谈判中获得成功的可能性就越大。实际上,在谈判中往往涉及多种需要,谈判人员应该综合考虑各种需求满足的方法,最终找到一个效率相对较高的方法,以此平衡各种需求,而这里关键在于通过对谈判者问题的判断,了解他们真正的、核心的需求。

[①] 资料来源:燕良轼,需要理论在经贸谈判中的运用[J].黑河学报,1993(02):65~67.

第四节 博弈论与国际商务谈判

一、博弈论的内容

博弈论也被称为"对策论",是微观经济学的重要内容。博弈就是参与者在一定环境中和一定的规则约束下依据所掌握的信息作出策略性决策,并取得相应收益的过程。与一般决策行为的区别是,要在考虑每个其他参与者的行动和反应后才作出的决策。有关博弈的理论就是博弈论。因此,博弈论的一个关键目标是通过利用某种策略,得出每个参与者的最优策略,即参与者要采取什么样的行动或者计划才能获得最大利益。

博弈论产生于19世纪初期,到了20世纪20年代,法国数学家埃费尔·博雷尔用最佳策略的概念研究了很多具体的决策问题,为以后博弈论理论体系的创立作出巨大贡献。1944年,"计算机之父"冯·诺伊曼与经济学家奥斯卡·摩根斯特恩合作出版了《博弈论和经济行为》,他们主要运用一些数学模型阐述经济行为问题,这标志着博弈论的初步建立。20世纪50年代是博弈论巨人出现的年代,在此期间博弈论获得了较快发展,一些耳熟能详的学者如纳什、海萨尼等发表了一些具有影响力的文章,其中纳什在1950年和1951年发表了两篇有关非合作博弈的重要文章,塔克于1950年给"囚徒困境"(Prisoners' Dilemma)下定义,为非合作博弈论奠定了坚实的基石。20世纪70年代之后博弈论逐渐形成一个完整的体系,在经济学中越来越重要,80年代中期以后真正成为主流经济学的一部分。回顾历年诺贝尔经济学奖,1994年诺贝尔经济学奖授予了三位博弈论专家:纳什、泽尔腾和海萨尼。博弈论从此进入急速发展时代。在20世纪80~90年代,博弈论逐步传入我国,其中较有名的有张维迎教授的博弈论与信息经济学,之后掀起了国内博弈论学习研究热潮。现在,博弈论逐渐被运用于经济学、法学、国际关系、外交、管理学、商务谈判等众多领域。要了解博弈论,不仅要知道其发展历史,也要了解其基本构成要素。博弈论的基本要素包括参与者、决策空间、次序、支付等。

(1)参与者。博弈的参与者是指在博弈中选择行动的决策主体。参与者都以最大化自身利益为目标,需要注意的是他们的目标不是完全对立或者完全一致。常见的博弈参与者有自然人、法人和其他社会团体等,国际商务谈判中的参与者一般就是各方企业谈判代表团。

(2)博弈信息。博弈信息是指博弈者在参与博弈,作出决策过程中能够搜集到的对选择策略有帮助的资料,包括己方能够搜集到的关于谈判对手的目标、实力及谈判习惯等信息。可以说博弈的输赢在很大程度上依赖于所获信息的数量和准确度。

(3)决策空间。决策又称为行动,是指博弈参与者根据自身利益及对方决策的情况作出的行为选择。在国际商务谈判中,针对不同的博弈方,采取的策略也不同;同一策略,不同企业实施方法、实施时间也不同,造成的结果也不同。所以要求谈判参与者能够敏锐地观察对方采用的策略,并针对其策略作出合理决策,以便能够获得满意的谈判结果。

(4)博弈的次序。博弈的次序是指博弈双方采取行动的先后顺序。次序很重要,先作决策的一方可以抢占先机,但是后作决策的一方具有后发优势,所以谈判双方要认真决定在什么时候采取什么策略。如先采取行动的一方可以"先发制人",但是其行动会被对手一览无余,因此要提前作应对措施。

(5)博弈的收益。博弈的收益是指参与者从博弈中获得的效用水平,是每个参与者真正关心的事物,也就是各方能够获得的真正利益。需要注意的是,在国际商务谈判中,各方参与者不能只看到眼前利益,只关心自身利益,而是要尽量达成双赢的结果,获得长远利益。

阅读材料 2—14

"智猪博弈"

"智猪博弈"是博弈论中一个著名的例子。假设猪圈里有一头大猪和一头小猪,但只有一个食槽,放在猪圈的一侧,而控制猪食供应的按钮安装在另一侧。如果小猪选择等待,让大猪去按控制按钮,而自己选择搭便车,那么在大猪返回食槽之后,大猪、小猪可以得到近似等量的食物;若小猪和大猪同时行动的话,大猪跑得快,可以获得至少七成食物,而小猪只能获得最多三成食物;在大猪选择等待的前提下,小猪如果行动的话,在返回食槽之前,大猪已吃了近似九成食物,小猪只能吃到仅剩的一成食物;如果大猪和小猪都选择等待的话,那么他们的收益为零,成本也为零,也就是说没有耗费力气同时也得不到食物。因此,在两头猪都有智慧的前提下,从小猪的角度来说等待还是要优于行动。

就像很多风景区都有"农家乐",这些餐馆扮演了小猪的角色,不用花巨资做广告宣传,只需在自家饭馆前放上农家乐的牌子即可。而风景区需要做广告宣传,而且广告费用和门票价格有着密切联系,但是作为小猪角色的农家乐不需要考虑这么多,自然会有游客去体验农家饭的乐趣,沾了大猪扮演者——风景区的光。反过来,如果农家乐不在风景区周围,而是在众多普通饭馆当中,竞争很激烈,这时就要花费大力气宣传,饭菜也要有特色,价格不能太高。

【分析】在商务谈判中,可以用"智猪博弈"的原理对自己和对手进行定位,尤其是在面临多变谈判时,更有指导性。愿意扮演大猪还是小猪的角色?首先从大猪的角度分析,它掌握了整个事情的主动权,自己想吃食物的时候就去按按钮,然后可以吃饱。其次大猪付出劳动得到食物,这是合情合理的,自己也可以享受劳动的快乐。然后从小猪的角度分析,自己只选择等待,搭便车,所以当大猪按按钮的时候小猪就必须进食,不然就都被大猪吃完了,完全处在被动的地位。所以根据自己和谈判对手的实际情况,更好地发挥自己的优势,有效避免劣势。

二、博弈论在国际商务谈判中的应用

通过以上介绍,我们可以看出,国际商务谈判的本质就是博弈。在谈判过程中,双方随着谈判的进行及周围环境的变化及时调整自己的战略或策略,主要是通过严密的分析确定实施策略,从而构建谈判理论的基本框架。

(一)静态博弈、动态博弈及其应用

所谓静态博弈,是指直到博弈结束,各方收益已经计算出来之前,参与者彼此都不知道其他人正在采取什么具体行动,其效果等价于他们同时行动或者虽然非同时行动,但是后者并不知道先行动者采取了什么决策,并且静态博弈要求各方即使在知道其他方策略后也不能改变自己的策略。而动态博弈指的是博弈双方决策有先后顺序,并且后行动的一方可以看到先行动一方的决策,进而可以有机会改变之前作出的决策。

在国际商务谈判领域,投标活动属于静态博弈的范畴。在国际公开招投标活动中,每个竞标者的标书都是密封的,一般都会放置在保险柜中,并由专人看管,而且各方在投标前并不知道对手的标价,只能尽自己的努力报出自己认为最合适的价格,同时尽管投标时间有先后,但是各方在递交标书后,即使知道其他各方的标价也无法改动标书内容。

除了投标活动以外的大部分谈判都属于动态博弈,它们最大的特征就是参与者的行动分先后次序,所以后行动者能够看到先行动者的决策行为,存在信息不对称的影响因素,这对于后行动者是一个很大的优势,能够促使他们有针对性地做出应对决策,而这对先行动者是不利的。动态博弈应用比较广泛的是在报价和讨价还价阶段。例如报价阶段,一方首先根据自己所掌握的信息报出价格,这样先行动的一方可以为整个谈判活动设定一个基调,划定一个谈判价格大致的范围,促使整个谈判过程朝着己方希望的方向进行;而后行动方便可以根据之前对手的报价和自己所掌握的信息制订报价和讨价还价策略,很大程度上减少选择的盲目性,有时会增加成功的几率。

(二)零和博弈、正和博弈及其应用

根据谈判双方获益情况不同,博弈可以分为零和博弈及正和博弈。零和博弈是整个博弈论的起源,是早期博弈论的研究核心,它是指参与博弈的各方收益与损失的总和始终为零。最基本的零和博弈是二人零和博弈,即一方获得正收益,另一方的收益必然为负数,也就是受到损失,同时两者的损益之和为零。零和博弈的特点就是获得收益一方与受到损失一方的数值大小相等,方向相反。这是"损人利己"的做法,双方难以长期合作。在现实生活中,零和博弈很常见,例如赌博、各种竞赛等。而正和博弈是指谈判双方获得的收益之和为正数,他们的目标在于为各方争取最大的利益,着眼点不单是己方利益。其特点是"双赢",在谈判过程中,双方都有可能作出适当让步,暂时受到损失,但是最后达成合作时,会获得比双方损失总和更大的收益,即双方损益之和大于零。

实际上,国际商务谈判具有合作和竞争双重特点。因为一方面双方是为了满足自

身需要而寻求合作,进行协商合作,以便提高自身的实力;另一方面谈判双方通常处于相同或者相近行业,通过相互交换条件满足自己的需求,在交换条件的时候,双方都想以最低的成本换来最大的收益,所以存在一定的竞争性。纵观整个国际商务谈判过程,合作和竞争两者形影不离,合作是为了共同创造更广阔的业务范围,获得更长远的发展,而竞争是为了各自利润的最大化。合作可以使双方实力更强大,竞争可以有效增加各方工作的积极性,促使其寻找合作机会,所以两者相辅相成,不可分割。

零和博弈及正和博弈在国际商务谈判中的应用主要是谈判双方要有"双赢"的态度。按照传统观念,谈判就是竞赛,有输有赢,赢的一方收益为正值,输的一方收益必然为负值,各方都认为作出让步会受到巨大损失。但是,如果谈判双方在适当的时候作出让步,实现合作共赢,就会使得双方总体获得的收益大于个体受到的损失,从而实现"双赢"的谈判结果。这不仅使眼前各方利益都会增加,而且可以有效促进谈判各方长期合作。例如生产商与零售商谈判,这时生产商适当降低产品价格,零售商适当提高商品购入数量,最终可以保证双方的利益。

阅读材料 2—15

中美关系正常化谈判中的博弈[①]

在中美关系建交谈判中,中美在战略上的共同点是对付作为共同敌人的苏联:首先,苏联对中国和美国都构成威胁;其次,对付共同的敌人使中美走到了一起;最后,宏观目标和基本原则方面产生的共识使中美关系正常化谈判有效克服了文化差异和政治制度差异,两国关系过去四十年基本一帆风顺。(基辛格、白鲁恂等国际问题和中国问题专家为此作出了贡献)。同时两国战略利益各取所需:中国摆脱苏联,提高自立自主能力,开启改革开放进程;美国通过削弱苏联的国际共运联盟使美国独霸世界,世界由此进入单极。

【分析】中美关系正常化是一次正和博弈。中美两国有共同战略利益点:牵制住苏联。而两国战略利益又各有所需,中国需要发展的时间和机遇,美国需要维护自己地位。合作才会实现"双赢",双方都获益。

(三)一次性博弈、有限次重复博弈、无限次重复博弈及其应用

根据博弈进行的次数,可以分为一次性博弈、有限次重复博弈和无限次重复博弈。一次性博弈是指双方只有一次博弈行为,即双方仅进行一次策略选择,获得相应地支付后就终止博弈的行为。有限次重复博弈就是由有限次数的若干个一次性博弈组成,相应地无限次重复博弈就是由无限个一次性博弈组成。一般来说,公共物品供给的"囚徒困境"、商家的价格大战等都是一次性博弈,大家都只考虑一次性收益,通常着眼于短期利益,但是长期如此会扰乱经济秩序,最终商家会遭受到损失;而在长期博弈中,各方着眼点应该在长期利益上,同时每一次博弈都对最终效果有很大影响。所以火车站附近

---

① 资料来源:贾文山:如何打造均衡对等的中美谈判模式?[EB/OL].中国贸易金融网,2019-07-28.

餐馆的饭菜普遍价格很高,而且不好吃,但是每天顾客络绎不绝,而学校附近的餐馆如果性价比不高,或者名声不好,就会遭到学生联合抵制,很快就会倒闭。这就是一次性博弈和重复博弈的实例。

在国际商务谈判中,当谈判一方只以一次性博弈为目标,他们的目光短浅,只注重眼前的利益。而双方如果在可能建立长期合作关系的前提下谈判,就有可能建立有限或者无限次重复博弈,进而有效降低欺诈隐瞒行为的出现,因为每一次博弈的结果对最终支付有很大的影响,谈判双方会对每一次谈判结果有所顾忌。

阅读材料2-16

乞丐的博弈

乞丐自古就有,曾经还出现过丐帮这种特殊的群体。在我们看来,乞丐是以乞讨为主要谋生手段的人,他们居无定所,或是在天桥上,或是在马路边,衣不蔽体,过着有上顿没下顿的生活。随着社会的发展,加上乞讨人员流动性大,很多城市特别是发达城市里乞丐的人数也与日俱增。

乞丐中也有充满大智慧的人,网上有题名为"乞丐一次只要1元钱,多了还找零"的文章,大致内容是,呼和浩特市市民在给一个乞丐5元纸币后,该乞丐老爷爷竟然找给施舍女士4元。其实乞丐找零现象已经很普遍,在全国各地都有,但是有些地方市民没有见过此景,专门拿出10元或者更多钱去做试验,这些都吸引了更多好心人将自己多余的一元钱送给乞丐。

【分析】 也许这些乞丐自己并没有意识到行为中包含的大智慧,只是认为如果要一元钱,大家不会太反感,如果要的太多或者缠着别人不走,就会遭到白眼,根本讨不到钱。其实首先这些"一元乞丐"抓住了人们猎奇心理,很多人觉着很新鲜,都去尝试,同时还有很多人来围观,这样就给乞丐带来了"客源";其次乞丐们将一次性博弈变为长期重复博弈。每次只要一元钱,大家不会觉着反感,同时比较容易拿出一元硬币,从而淡化了自己付出的一元钱的事实,所以几乎每一次都不会失手,达到"细水长流"的效果。类比可见,企业愿意履行社会责任,一方面是企业成员素质较高,另一方面很重要的原因就是企业愿意暂时放弃短期利益,树立良好的企业形象,从而争取更多的长期利益,即在长期重复博弈中成为赢家。

(四)合作博弈、非合作博弈及其应用

根据博弈各方之间是否存在合作关系,可以分为合作博弈和非合作博弈。合作博弈是指博弈中存在一个有形或无形的事物,各博弈方可以在其约束力下谈判,即各博弈方能够在外力约束下进行博弈。反之,如果各博弈方无法通过谈判达成一个有约束力的事物来限制各博弈方的行为,那么这个博弈就属于"非合作博弈"。具有约束力的事物可以是有形的合同,也可以是无形的道德约束力。

"囚徒困境"是合作博弈和非合作博弈最典型的例子。这个模型诞生于1950年,是由阿尔伯特·塔克提出的。他当时编了一个故事给心理学家解释什么是博弈论,这个故事就是后来博弈论中最著名的案例——"囚徒困境"。这个故事基本内容是一位富翁在自己家中被害,同时财物被盗。随后警察经过侦察,逮捕了两个嫌疑犯,并从他们的住处搜出了被害人家中丢失的财物,但是他们都拒绝承认杀害了富翁,并说事先发现富翁被杀,然后才进入家中,顺手偷了些东西,很长一段时间内警察都没有任何线索。为了尽早破案,警察将两人隔离审讯,同时向两人提供了可供选择的方案:如果两人都坚持保持沉默,则由于警方证据不足,无法证明他们杀人的事实,但是人赃俱获,两人都将以盗窃罪被判入狱1年。如果一人坦白,则将因为戴罪立功而被无罪释放,而另一人将因为谋杀罪被判入狱10年。如果两人都告发对方,则两人都将因有戴罪立功表现而获得减刑,但是同时都被判故意杀人罪,各判入狱8年。警方审理这个案件的关键在于两名囚徒是被隔开的,并且两者无法联络,所以其中任何一人在作出决策时都不可能知道另一人的决策是什么,即使事后一方知道另一方的决策,也不能修改自己的决策,因此我们可以把他们的决策看作是同时做出的。

根据上文所提到的博弈分类,"囚徒困境"可以被认为是一个静态的、有限次数、正和博弈。在此处,我们需要注意的是在"囚徒困境"中,如果囚徒之间事先有约定,并且这种约定有外界力量保证实施,例如黑社会会对告密者实施惩罚,危害到其家人生命安全,两个人因为害怕黑社会组织都会抵赖,那么这种博弈就是合作博弈,博弈的结局为双方均不坦白,警方只能以盗窃罪起诉,最终双方均只获得1年有期徒刑;如果这种约定没有外界力量帮助实施的话,那么这种博弈就是非合作博弈,即两者中至少有一人告发对方,同时局中人多数是理性人,以自己的利益最大化为目标,这将使各自只为自己着想,博弈的理性结局会是"纳什均衡",即双方均坦白,都被判入狱8年。可见,两个人作出选择的类型都会影响到自己和对方的命运。

在国际商务谈判中,广泛存在上述"囚徒困境"中个人理性与集体理性的冲突。如果参与谈判人员之间的协议并不具有强制约束力,在进行决策时,个人理性推动他们中至少一方只考虑最大限度地追求己方利益,那么就可能导致对方严重受损,己方的获利建立在对方损失的基础上,并且双方的整体利益并不能达到最优,形造成了非合作博弈。在这个过程中各方谈判者为了一个单位的收益,而放弃了共同合作下的万倍收益。如果双方都追求利己的行为,最终结局就是"纳什均衡",这个结果不是最好的,因为双方都不为对方考虑,或者说不顾及整体合作利益。而合作博弈强调的是集体理性,要想得到最优谈判结果,谈判双方首先要替对方着想,相互合作,最终获得最大的共同利益。

第五节　其他理论与国际商务谈判

一、公平理论与国际商务谈判

1976年,美国心理学家约翰·斯塔西·亚当斯提出公平理论。公平理论认为公平其实是一种心理感觉,需要比较自己的付出和所得与他人的付出和所得,才能判断是否获得公平。在此基础上,亚当斯提出了公平理论的基本公式:$Op/Ip=Oo/Io$,$Op/Ip<Oo/Io$,$Op/Ip>Oo/Io$。其中 Op 和 Oo 分别代表了两人的所得量,Ip 和 Io 分别代表了两人的付出量。从公式可以看出当一个人的所得和付出的比值等于比较对象的这一比值时,就会产生公平感;当这两者比值不相等时就容易出现不公平感。

公平理论在国际商务谈判中的应用主要表现在双方谈判人员有时会将己方获得的利益、付出的代价与对方的相应值进行比较。如果付出得多、得到得少,就会有"吃亏感",此时谈判人员的积极性会大受影响;相反,如果付出得多、得到得多,就会有"满足感",这种感觉可以有效促进谈判人员工作积极性。在这里我们需要注意的是上文所说公平与否是心理的感觉,具有很强的主观性,事情发生在这个人身上是公平的,但发生在另外一个人身上可能会被认为是不公平的,也就是说人们选择的角度和内心的判断标准不同,对于公平与否的看法就不同,我们要在谈判中说明应该采取何种分配方式才会对双方都公平。为了正确运用公平理论,我们应该一方面选取合适的比较对象,避免产生持续的不公平感;另一方面,要从长远角度看问题,当我们感到一时不公平时,应该先去考虑对方是否真的有很多付出我方没有注意到,因为人总是会不自觉地高估自己的付出和过高估计对方的获得。此外即便一次谈判获得较少的利益,可以尽量获得可持续性合作的方式,以便在以后的谈判中争取更多的利益,从而弥补之前合作的利益损失,最终使合作过程中总利益较高。

阅读材料 2—17

斯塔西·亚当斯与公平理论

斯塔西·亚当斯是美国管理心理学家、行为科学家,美国北卡罗来纳大学著名的行为学教授。他通过社会比较来探讨个人所作的贡献与所得奖酬之间的平衡关系,着重研究工资报酬分配的合理性、公正性及其对员工士气的影响。亚当斯认为,一个人不仅关心本人的结果与支出,而且还关心别人的结果与支出。也就是说,他不仅关心个人努力所得到的绝对报酬量,而且还关心与别人的报酬量之间的关系,即相对报酬量。在这个基础上,他提出了一个关于公平理论的方程式:$Op/Ip=Oo/Io$。

亚当斯指出,如果这个等式成立,即当一个人感到自己的结果和投入之比和作为比较对象的他人的这项比值相等时,就有了公平感。如果等式不成立,即两者比值不相等时,就会产生不公平感。不同程度的不公平感会造成相应程度的不满情绪。这种不公平感不仅影响个人的行为,还会作用于群体。

二、信息论与国际商务谈判

信息是一种十分重要的资源,尤其是在统计、咨询、预测和决策等领域。它产生于人类互通情报的过程中,人通过获得、识别不同信息来辨别不同事物,借助信息认识和改造世界。在国际商务谈判中,信息的掌握与运用情况往往直接影响谈判的结果。

1948年美国科学家申农发表了文章《通信的数学理论》，标志着信息论的问世，期间他提出信息传递的模型。申农认为，一般信息传递的要素有三个：信源、信道和信宿。信源指发出信息的源头，即信息的发出者；信道指信息传送的通道；信宿指信息最终的接收者。信息从信源发出，经过信道传递到信宿，就完成了整个信息传输的过程，并且在此传输过程中不能改变信息内容。

信息是信息论中最基本、最重要的概念，而信息论是应用近代数理统计方法研究信息的传输、存储与处理的科学。它的基本任务是为设计有效而可靠的通信系统提供理论依据。根据美国心理学家海德的研究，客方与主方的关系能够直接影响到信息传递的效果，进而会影响谈判的进程。主要有以下几种情况：首先，谈判主方与客方建立在相互信赖的基础上，客方对主方的观点表示赞同，则信息的传递效果最佳，客方也会做出积极的响应，此时谈判双方彼此是友善合作的，对谈判目标认识接近甚至一致，谈判将顺利地进行。其次，谈判双方虽然相互信赖，但是客方对主方所传递的信息立场持否定态度。主方凭借其丰富的经验以及德高望重的地位，尽量说服客方改变立场，使双方谈判目标趋于一致或接近，以此促进所传递的信息发挥积极作用。第三，主方的信誉不高，甚至名声有污点，客方对主方也没有好感，但是客方对主方的观点表示赞同。这种情况下，谈判人员可能会由于双方的关系并不融洽，谈判中容易感情用事，造成许多信息被误读或者曲解，因此冲突难以避免。最后，客方不信赖主方，对主方表达的观点持否定态度，此种情况下，双方由于信息传递严重受阻而根本无法沟通，最终导致双方谈判中断或终止，达不到"双赢"的目标，甚至有可能导致关系破裂，今后无法继续谈判。

三、谈判结构理论与国际商务谈判

谈判结构理论可以分为纵向谈判结构理论和横向谈判结构理论，分别由英国谈判学家P.D.V.马什和比尔·斯科特提出。其中马什认为一般的国际商务谈判由6个阶段构成，即谈判准备阶段、开始阶段、僵局阶段、实质性谈判阶段、交易明确阶段和谈判结束阶段。由于谈判是一个复杂的活动，谈判人员需要充分利用所掌握的知识，根据谈判前制订的谈判计划和目标采取相应的对策，进而达成合作协议。斯科特则认为每次谈判的每个阶段都需要谈判人员运用相应的策略或者技巧，显然每个阶段的策略是不同的，而这些技巧是在长期实践中形成的，通过每次谈判的积累，最终形成各方谈判的常规做法。

在实际的国际商务谈判中，许多谈判人员将两种理论结合起来，即将一个谈判活动划分为若干阶段，每个阶段运用相应的策略，通过各阶段目标的实现，最终达成合作协议，获得最终利益。例如如果在谈判前的准备阶段能够充分了解谈判对手的真正目的及谈判目的地具体环境、人文习惯等相关信息，就可以为后面的谈判确定策略方向，并提前做好安全防护措施，以便发生危险时能够及时保障谈判人员的安全。在过渡阶段以何种方针进行谈判、如何正确打破僵局等，这些都会直接影响谈判目标的实现。

本章小结

本章主要介绍国际商务谈判的相关理论,重点介绍了心理学理论、"黑箱"理论、需求理论和博弈论的产生、主要内容及其在国际商务谈判实践中的应用。一名优秀的谈判人员要能够准确抓住对方谈判人员的内心偏好、各层次需求等,正确运用"黑箱""灰箱"和"白箱"策略,最终达到双方利益最大化的合作结果。

练习题

一、名词解释

1. 文饰心理
2. 黑箱
3. 灰箱
4. 博弈
5. 合作博弈

二、简答

1. 列举国际商务谈判中常见的心理模式并阐述其内容。
2. 试列举如何在谈判中将"黑箱"的影响降到较低。
3. 简述"白箱网络"在国际商务谈判中的应用。
4. 简述需求理论的内容。
5. 试列举动态博弈、合作博弈在国际商务谈判中的应用。

第三章 国际商务谈判准备阶段的策略与礼仪

学习目标

(一)知识目标
1. 了解国际商务谈判准备阶段的基本内容;
2. 掌握谈判信息收集的途径、方法;
3. 掌握国际商务谈判的目标、时间和地点的选择以及谈判方案的制订。

(二)技能目标
1. 能够熟练进行国际商务谈判前环境分析和信息的收集准备工作;
2. 能够根据谈判内容组织人员、安排场地、科学拟定谈判方案。

开篇案例

美国在中美知识产权谈判中的目标

美国政府认为由于外国知识产权保护的不良状态,不仅使美国的发明者和制造者遭受巨大经济损失,而且还令美国的经济成本增加。其他国家"坐享其成"的行为导致美国必须采取强有力的措施来保护知识产权。中国就是其中一个美国认定需要重点考察的国家。虽然中国政府采取有力措施加强对知识产权的保护,但是美国政府仍不满意。1994年美国政府对中国进行"特别301条款"调查,随后美国提出价值28亿美元的对华贸易制裁清单。1995年1月中美双方在北京就知识产权问题进行谈判。在此次谈判中,美国基于既定的谈判目标和谈判原则制定了中美知识产权谈判的谈判方案。

方案一的目标是与中国在知识产权方面达成协议,中国政府必须承诺统一对侵害出版权、专利权和商标权的行为进行打击,保护美国在知识产权方面的利益;

方案二的目标是互利共赢,要求中方进一步开放市场,并减少对美国产品进入中国市场的限制,在知识产权得到保护的基础上改善美国的贸易不平衡问题;

方案三的目标是避免贸易战,同时拒绝承认中国发展中国家的身份,进而拒绝中国享受发展中国家在较长时间内逐步削减关税和解除贸易保护性限额的优惠条款。

【分析】本材料中,美方对本次谈判的期望水平,方案一和方案三是最优目标和底线,方案二是可以接受的目标。

第一节　国际商务谈判准备阶段

《礼记·中庸》:"凡事预则立,不预则废。"国际商务谈判是一项复杂的综合性活动,很容易受到主观或客观、可控或不可控因素的影响。为了商务谈判的顺利进行,谈判者必须有效地做好充分的准备工作。这是谈判的基础,也是谈判成功的前提条件。国际商务谈判准备阶段的工作主要包括谈判人员的构成、谈判环境因素分析和信息收集、制订谈判方案。

一、国际商务谈判人员的构成

国际商务谈判内容复杂、涉及面广,单靠一个人的知识、精力、时间是无法胜任的,一般采取集体谈判的方式。所以,谈判人员的组成是一个群体或一个组织。

(一)谈判班子的组成原则

谈判班子由多方面的人员组成,以满足谈判对多学科、多专业的知识需求。但是如果人员过多,就会产生内耗、沟通不畅、增大开支,不利于谈判的顺利进行;人员过少,则难以应对谈判中需要及时处理的问题,丧失时机、失去市场。因此,确定适当的谈判组织规模是组建谈判班子首先要考虑的问题。在筹建谈判班子、选择谈判人员及考虑组织规模时,一般应遵循几个原则:

1. 规模适当

谈判班子应由多少人组成,并没有统一的规定,一般根据谈判项目的性质、对象、内容和目标等因素综合确定。根据组织行为学的研究成果,确保高效率工作的团队规模应为5人、7人或9人,这是由谈判效率、对谈判组织的管理、谈判所需专业知识的范围和对谈判组织成员调换的要求决定的。

2. 知识互补

谈判人员各有所长,在知识能力方面形成补充,有助于发挥谈判小组的整体优势。知识互补有两层含义:一是谈判人员都是处理不同类型问题的专家,在知识方面相互补充,形成整体优势,比如谈判人员分别精通商业、外贸、金融、法律等专业技术知识,组成一支知识全面的谈判队伍;二是谈判人员书本知识与实践经验的互补。谈判队伍中既有高学历的年轻学者,也有身经百战具有丰富实践经验的谈判专家,知识与实践互补,提高谈判队伍的整体竞争力。

3. 性格互补

谈判人员的性格要相互协调,将不同性格的人员的优势充分发挥出来。一般来说,外向型人的特点是性格开朗、善于交际、思维敏捷、处事果断。对于外向型的谈判人员,或安排为主谈,或分派其了解情况或搜集信息等交际性强的工作。内向型人的特点是性格内向、不善交际,善于从事严谨、按部就班的工作,有耐心,做事有条不紊、沉着稳健。对于内向型的谈判人员,或安排为陪谈,或安排其从事内务性工作。把这两类性格的谈判人员组合起来,发挥各自特长、协调作战,可以增强谈判力。

4. 分工明确

在谈判过程中,往往会涉及许多专业性知识,仅靠一个小组负责人是难以胜任的。选择谈判人员时,既要有掌握全面情况的企业经营者,还应考虑各种专业知识的需要,考虑人员的层次结构,而且一定要分工明确。各有分工,各司其职并不意味着"各人自扫门前雪",每个谈判人员都应服从主谈人员或负责人的指挥,相互配合、彼此呼应,形成团队作战的放大效应。

(二)谈判班子人员构成

在一般的商务谈判中,所需的专业知识大致分为四类:一是有关工程技术方面的知识;二是有关价格、交货、支付条件、风险划分等方面的商务知识;三是有关合同权利、义务等方面的法律知识;四是语言翻译方面的知识。

根据专业知识的需要,谈判人员应包括以下几类人员:

1. 主谈人员

主谈人员指谈判小组的领导人或首席代表,是谈判班子的核心,是代表本方利益的主要发言人,整个谈判主要在双方主谈人之间进行。主谈人一方面要根据国家的政策、法令和企业的实际情况,研究确定谈判的内容、规模、程度和策略,力争谈判目标和策略的实现;另一方面,做好谈判成员之间的协调工作,加强内部团结;当谈判陷入僵局时,设法找到解决的办法。

2. 技术人员

熟悉生产技术、产品性能和技术发展动态的技术员、工程师或总工程师,在谈判中可负责对有关产品性能、技术质量标准、产品验收、技术服务等问题的谈判,也可与商务人员紧密配合,为价格决策作技术参谋。

3. 商务人员

商务人员由熟悉贸易惯例和价格谈判条件、了解市场行情、有丰富谈判经验的业务人员或经理担任,负责合同条款以及合同运输、保险等条件的谈判,拟出合同文本,负责对外联络工作,协助做好谈判组成员之间的组织协调工作。

4. 法律人员

律师或法律专业人员通常由特聘律师、企业法律顾问或熟悉有关法律规定的人员担任,以保证合同形式和内容的严密性、合法性以及合同条款不损害己方合法权益。法律人员一般只在谈判签约阶段出现,负责对合同的把关。

5. 财务人员

商务谈判中所涉及的财务问题相当复杂,应由熟悉财务成本、支付方式及金融知识,具有较强的财务核算能力的财务会计人员参加,协助主谈人员制订有关财务条款。

6. 翻译人员

在国际商务谈判中,对于正式场合或主谈人不便或不能直接用外语与对方商谈的场合,要配备高水平的翻译人员,这样可以为谈判人员争取思考的时间。翻译人员是谈判中实际的核心人员,不仅要有熟练的外语翻译和表达能力,还要懂专业技术知识且善于沟通和合作。

7. 其他人员

其他人员是指谈判必需的工作人员,如记录员或打字员,具体职责是准确、完整、及时地记录谈判内容,一般由上述各类人员中的某人兼任,也可委派专人担任。

一般来说,国际商务谈判小组至少包括主谈人员、商务人员、技术人员、法律人员、财务人员。其他一些人员安排视谈判的难易程度而定。

阅读材料 3-1

中美贸易谈判班子

2018年5月中美进行贸易谈判,来华谈判的美方代表主要包括财政部长斯蒂文·姆努钦、贸易代表罗伯特·莱特希泽、国家经济委员会主任拉里·库德洛、白宫贸易顾问彼得·纳瓦罗、商务部长威尔伯·罗斯。其中,商务部负责美国国内商业、国际贸易、进出口管制、专利管理等,几乎涉及了中美贸易战的各个方面,部长罗斯是谈判的领队,姆努钦总揽与中国的谈判,莱特希泽负责与中国贸易谈判的细节,纳瓦罗主要负责提供贸易政策的策略方向,不涉及具体的贸易谈判细节。形象地来说,罗斯带队,库德洛负责"拉",纳瓦罗负责"打",莱特希泽负责谈,姆努钦负责居中调停。

【分析】由于中美贸易谈判主要涉及贸易、知识产权、农业等方面的问题,因此美方谈判小组的领导人由商务部部长罗斯担任,其余人员则分别是财政、贸易、经济等方面的专家。

二、国际商务谈判信息准备

谈判信息是与谈判活动有密切联系的条件、情况及其属性的一种客观描述,是一种特殊的人工信息。现代社会已进入以信息为中心,由人力、物力、财力、信息四大要素构成的"信息时代"。信息已经渗透到人类社会活动的各个层面。

下面将从谈判信息的作用、谈判信息的分类出发,着重介绍谈判信息准备的主要内容,包括市场信息、有关谈判对手的情况资料、科技信息、有关政策法规、金融方面的信息和有关货物样品的准备这六个部分。

(一)谈判信息的作用

1.谈判信息是制订谈判战略的依据

谈判战略是为了实现谈判的战略目标而预先制订的一套纲领性的总体设想。一个好的谈判战略方案应当具有战略目标正确可行、适应性强、灵敏度高的特点,这就必须以大量可靠的信息作为依据。

在商务谈判中,谁能拥有谈判信息上的优势,掌握对方的真正需要和对方谈判的利益界限,谁就有可能制订出正确的谈判方案,掌握谈判的主动权。

2.谈判信息是控制谈判过程的手段

要有效控制谈判过程,就必须掌握"谈判的最终结果是什么"这一谈判信息,依据谈判战略和谈判目标的要求,确定谈判的正确策略。

3.谈判信息是双方相互沟通的中介

在商务谈判活动中,尽管谈判的内容和方式各不相同,但每一场谈判都需要对方的沟通和磋商这一过程。沟通就是通过交流有关谈判信息以便确立双方共同的经济利益和相互关系。没有谈判信息作为沟通中介,谈判就不能排除不确定因素,就无法继续磋商和平衡双方的利益并最终达成协议。

阅读材料 3-2

光大实业公司低价购买矿山车

1983年,光大实业公司董事长王光英收到下属报来的一条信息:南美智利的一家公司破产,现将拍卖公司所有的1500辆大型矿山用车,由于该公司急于偿还债务,估计会以较低的价格卖出。此时,我国矿山建设需要大批卡车,王光英当机立断,马上组织采购人员赶到南美,与智利的矿山公司进行谈判。经过一番磋商后,我方仅以这批新车原价的38%将这批卡车买了回来,为国家节约了8500万美元的外汇。

【分析】本材料中光大实业公司获悉的商业信息,不仅有助于掌握谈判主动权,而且还可以为公司甚至是国家节省大量外汇,争取最大的经济利益。

(二)谈判信息收集的主要内容

1.政治、经济环境

政治、经济形势的变动会对国际商务谈判产生很大的影响。在进行谈判前,应对影响本次交易的政治、经济形势,尤其是双方国家的政治、经济形势的变动情况进行详细的调查。比如会不会发生政治动荡,国家对企业的管理程度以及国家对企业的领导形式与本国是否不同,政府有没有采取一些新的贸易管理措施等。掌握这些信息情报,有助于促成交易或对一些可能出现的问题采取相应的防范措施。

(1)政治环境。主要指国际风云和双方所属国家的政治状况及外交关系。在国际贸易中,谈判双方都非常重视政治环境的分析,特别是对有关国际形势的变化、政局的稳定性及政府之间双边关系变化等方面情况的分析。

①国际形势的变化。国际形势发生变化,如战争、地区关系紧张等,会影响谈判进程。商务活动中,如果商品的运输要经过交战地区,则很可能因为战争的爆发而无法通过。因此,在进行价格、交付、运输、保险等合同条款的谈判时,都应考虑国际形势变动的影响。

②政局稳定性。国家政局的稳定性对谈判的影响重大,如果政局发生动荡或者爆发战争,将迫使谈判中止,或者已达成的协议变成一张废纸,合同无法履行,造成多方面损失。因此,应该对事态的发展趋势及其对合同履行的影响作出分析,然后再决定是否进行谈判或者在谈判中对这些问题提出有针对性的解决方法,以免出现合同无法履行,损失惨重的情况。

阅读材料3—3

政局动荡履约难

20世纪70年代初期,伊朗欲将大量的天然气利用起来,生产化学制品,并选择与日本进行合作开发。日本决定全力投入这项工程,并将其建成中东地区最大的石化生产基地。1973年3月,日本100多家公司与伊朗国营石化公司合资建立了"伊日石化公司"。公司全部资本为7300亿日元。其中,日方出资4300亿日元,伊方出资3000亿日元,日方向伊方提供近900亿日元贷款。经过近3年的准备,1976年1月工程按预定计划顺利开工。

1978年末,伊朗突然爆发动乱,工程陷入瘫痪状态,1979年3月,85%的工程被迫停工。至此,日方已投入1000多亿日元。在伊方政府的请求下,日方同意于1979年11月复工。不巧的是,开工之前,伊朗政局再次陷入混乱,导致工程继续延期。直到1980年3月,日方28亿日元资金到位,5月工程启动,9月全面展开。但是,灾难再次降临,1980年9月末,两伊战争爆发。1个月之内,伊拉克空军5次轰炸造成该工程严重损坏。1981年10月,伊拉克对工程的第六次轰炸使这一工程再无修复可能。

该工程涉及日本800多家企业,直接参与建设的日方管理者、技术专家、作业者3548人,由日方雇佣的韩国、菲律宾等外籍施工人员793人。日方前期为该项目投入3000亿日元,除了在轰炸中摧毁的设备外,大批未运出的安装设备最终也得不到赔偿。日伊双方就工程损失问题进行了艰难的谈判。由于伊方处于战争时期,不可能拿出巨额款项补偿日方。而且,因工程损失是战争造成的,属于不可抗拒的因素,因此日方作为投资人也要承担风险。

【分析】政治环境直接影响合同的顺利履行。材料中,伊朗政局动荡造成工程项目一再搁浅直至无法完成,当事人损失惨重。

③双方政府的关系。双方政府的关系指国际政治间的关系,比如,是否加入国际间的合作组织(如WTO、欧盟等),是否相互给予最惠国待遇,是否已签订双边贸易协定。了解这些信息,有助于在谈判时分析双方合作的前景,正确地核算成本,制订相应的谈判策略。

(2)经济环境。经济环境有大小之分。大环境指的是与谈判内容有关的经济形势的变化情况,如经济周期、国际收支、外贸政策、金融管理等。小环境就是指供求状况。在谈判前应对经济环境及其变化情况认真了解,并分析它对谈判带来的影响。

①经济周期。在谈判前通过对当前经济周期发展状况的了解,有助于客观地分析经济形势和谈判双方的需要,选择不同的谈判策略。比如,如果谈判对手所在国处于经济萧条阶段,国内市场需求不足,此时他们对于购买商品会比较审慎,而对推销自己的商品则非常积极。

②国际收支。一国的国际收支状况会直接影响到该国的国际支付能力。通过对谈判对手国家的国际收支状况进行了解,有助于我们分析该国的对外支付能力,货币的升降趋势和预测该国的汇率波动情况,为谈判中明确支付条件、选择适当的结算货币提供参考。

③对外贸易政策。各国根据国际形势和对外贸易的变化,经常对其外贸政策进行调整。如果不了解这方面的信息,势必会在谈判中处于被动。因此,应了解谈判双方国家与谈判有关的最新的外贸政策,如国别政策、许可证管理、配额管理等,并据此调整谈判方案和策略。

④金融制度。这主要涉及谈判双方国家的货币政策、外汇管理、汇率制度、贴现政策等方面的变化,为谈判时选择结算货币、支付方式提供依据。

(3)法律环境。商务谈判不仅是一种经济行为,而且是一种法律行为,因此在商务谈判中,必须对与谈判内容有关的各国的法律规定进行了解,只有符合法律规定,谈判才能成为合法行为或有效行为,受到国家有关法律的承认和保护。在商务谈判中,只有清楚地了解其法律制度,才能减少商业风险。具体来说,国际商务谈判中需要重点关注的法律环境主要有:

①国际惯例。在国际商务活动中,还经常需要引用国际贸易惯例的有关规定。所以在谈判前应对与谈判内容有关的国际惯例、国际公约的内容及修改变动的情况深入了解,以便双方对合同条款进行谈判时,能参照有关的国际惯例和国际公约、简化双方的讨论。在签约以后,也较容易获得双方政府的批准。

②各国的法律规定。例如,对谈判标的、税收、进口配额、最低限价、许可证管理等方面的法律规定,都会对合同产生法律约束力,在谈判前应了解与本交易有关的法律规定及其变动情况,供谈判时参考。

③本国的政策法规。国际商务谈判中,合法是第一位的。谈判中不仅要考虑双方的利益,还必须要考虑国家的整体利益,否则,即使协议达成,也终究会因为不合法而引起法律纠纷,导致谈判的努力付之东流。

阅读材料 3—4

加蓬劳动法[①]

中国某工程承包公司在加蓬承包了一项工程。当工程的主体建筑完工之后，中方由于不需要大量的劳动力，便将从当地雇用的大批临时工解雇，谁知此举导致被解雇工人持续 40 天的大罢工。中方不得不同当地工人进行了艰苦的谈判，被解雇的工人代表提出让中方按照当地的法律赔偿被解雇工人一大笔损失费，此时中方人员才意识到他们对加蓬的法律太无知了。根据加蓬的劳动法，一个临时工如果持续工作一周以上而未被解雇则自动转成长期工，作为一个长期工，他有权获得足够维持两个妻子和三个孩子的工资（加蓬的许多部族实行一夫多妻制），此外，还有交通费和失业补贴等费用。一个非熟练工人如果连续工作一个月以上则自动转成熟练工，如果连续工作三个月以上则提升为技术工人。工人的工资也应随着技术的提升而提高。而我国公司的管理人员按照国内形成的对临时工、长期工、非熟练工、熟练工以及技工的理解来处理加蓬的情况，结果为自己招来了如此大的麻烦。谈判结果可想而知，公司不得不向被解雇的工人支付了一大笔失业补贴，总数目相当于已向工人支付的工资数额，而且这笔费用属于意外支出，并未包括在工程的预算中，全部损失由公司自行支付。

【分析】中方不了解加蓬劳动法，在工程主体建筑完工后解雇大批临时工，导致需要赔付大量的失业补贴，产生额外费用支出。国际商务活动需要熟悉当地的法律法规，从而避免商业风险，否则即使谈判达成，履约过程中也会产生困难，导致谈判努力付诸东流。

(4) 市场信息。市场信息是反映市场经济活动特征及其发展变化的各种消息、资料、数据、情报的统称。国际商务谈判中主要是指对进出口市场信息的收集。对进口而言，我们要了解国外产品技术的先进程度、工艺程度和使用效能，"货比三家"，挑选出我们最需要和价格最合适的商品；对出口而言，要摸清不同产品品种的市场销售情况，特别是研究市场上畅销商品的特点，以便主动适应市场需求，扩大我们的商品出口。

①市场分布情况。主要有市场的地理位置、运输条件、政治经济条件、市场潜力和容量、与其他市场的经济联系等。

②消费需求方面的信息。消费需求信息包括消费者忠于某一特定品牌的期限、忠于某一品牌的原因；使用者与购买者之间的关系；购买的原因和动机；产品的多种用途；消费者的购买意向和计划；产品的使用周期；消费者喜欢在何处购买；本产品的市场覆盖率和市场占有率；市场竞争对手对本企业产品的影响等。

③产品销售方面的信息。如果是卖方，应调查本企业产品的销售情况，反之则应调查本企业购买产品的情况。包括产品过去几年的销售量、销售总额变动情况；产品的长远发展趋势；消费者对企业的看法等。

---

① 资料来源：白远. 国际商务谈判[M]. 北京：中国人民大学出版社，2002.

④产品竞争方面的信息。包括生产或购买同类产品的竞争者数目、规模及产品种类;生产该类产品的各主要生产厂家的市场占有率及未来变动趋势;各品牌商品推出的形式及售价幅度;消费者偏爱的品牌与价格水平、产品的性能与设计;售后服务情况;经销商的毛利水平;广告投入等。

⑤产品销售渠道信息。包括主要竞争对手采用何种经销路线;各种类型的中间商有无仓储设备;批发商与零售商的数量;销售推广和售后服务情况等。

(5)谈判对手的信息。谈判前应尽可能收集谈判对手的相关信息,比如该企业的发展历史,组织特征,产品技术特点,市场占有率和供需能力,价格水平及付款方式,对手的谈判目标和资信情况,以及参加谈判人员的资历、地位、性格、爱好、谈判风格、谈判作风及模式等。信息收集得越详尽、客观,谈判的战术战略就越容易确定。

①对手的基本情况。一是调查谈判对手的身份;二是调查对方是否具有签订合同的合法资格;三是要调查对方的资本、信用和履约能力。包括对手商业信誉及履行能力情报,如对方的资本积累状况,技术装备水平,产品的品种、质量、数量及市场信誉等。

②对手的谈判权限和谈判时限。主要包括决策权、独立行使权力的权限、让步权限、谈判时间限制等。通过对这些情况的了解,可以更好的设计谈判方案,争取主动权。

③对手的合作欲望情况。这包括对手同我方合作的意图是什么,合作愿望是否真诚,对我方的信赖程度如何,对实现合作成功的迫切程度如何,是否与我国其他地区或企业有过经济往来等。总之,应尽可能多地了解对方的需要、信誉等。

④对手的谈判人员情况。这包括谈判对手的谈判班子由哪些人组成,成员各自的身份、地位、年龄、经历、职业、爱好、性格、谈判经验如何。另外还需了解谁是谈判中的首席代表,其能力、权限、特长及弱点是什么,此人对此次谈判抱何种态度,倾向性意见如何等,这些都是必不可少的情报资料。

阅读材料 3—5

"黄昏症"

有位 A 律师曾代表一家公司参加贸易谈判,对方公司的总经理任主谈。在谈判前,A 律师从自己的信息库里找到了一些关于对方总经理的材料,其中有这样一则笑话:总经理有个毛病,每天一到下午 4~5 时就会心烦意乱,坐立不安,并戏称这种"病"为"黄昏症"。这则笑话使 A 律师灵感顿生,他利用总经理的"黄昏症",制定了谈判的策略,把每天所要谈判的关键内容拖至下午 4~5 时。此举果真使谈判获得了成功。

【分析】谈判中对谈判对手了解得越具体、越深入,预判就越准确,也就越有利于制订恰当的策略,容易取得谈判的成功。

(6)宗教信仰。宗教是社会文化的一个重要组成部分。当前,在世界各地宗教问题无不渗透到社会的各个角落。宗教信仰影响着人们的生活方式、价值观念及消费行为,也影响着人们的商业交往。宗教的有关问题如宗教的信仰和行为准则、宗教活动方式、宗教的禁忌等,会对国际商务活动产生直接的影响,如果把握不当,则会给企业带来致命打击。如麦当劳曾经进入印度失败,当地人讥讽麦当劳"用13个月的时间才发现印度人不吃牛肉"。

(7)商业习俗。世界各国有着不同的文化背景和民族特点,商业习俗也存在较大差别,国际商务谈判人员,需要了解谈判对象的风俗习惯、商业礼节,从而便于我们增强彼此之间的沟通,更好地开展商务活动。

三、制订谈判方案

谈判方案是谈判人员在谈判前预先对谈判目标等具体内容和步骤所作的安排,是谈判者行动的指针和方向。从原则上说,一个好的谈判方案必须简明、灵活,简明便于谈判人员记住主要内容;灵活便于谈判人员在谈判过程中随机应变。

(一)确定谈判目标

所谓谈判目标就是期望通过谈判而达到的目标。它的实现与否,对企业总体目标意义重大,是判定谈判是否成功的标志。任何一场谈判都以谈判目标的实现为导向,因而,谈判准备工作的关键是确立谈判目标。

但是,仅仅列出单一的谈判目标还是不够的,它只是具体的指标,我们还要从总体上综合考虑谈判可能出现的结果,并制订相应的目标,这就是谈判的最高目标、可接受目标和最低目标。因为在实际谈判中,谈判的双方都会遇到这样的问题:我方应该首先报价吗?如果首先报价,开价多少?如果是对方首先报价,我方应还价多少?倘若双方就价格争执不下,那么,在什么最低条件下我方可接受对方的条件?要更好地解决这些问题,就必须认真研究、确定谈判的最高目标、可接受目标和最低目标。

谈判目标的三个层次:

(1)最高目标。最高目标也叫最优期望目标,是本方在商务谈判中所要追求的最高目标,也往往是对方所能忍受的极限程度。例如在资金供求谈判中,需方可能实际只想得到300万元,但谈判一开始,需方可能报价350万元。这350万元就是需方的最优期望目标。这个数字比它实际需要的300万元多50万元。

谈判实践中,最优期望目标带有很大的策略性,往往很难实现,因此,真正较为老练的谈判者在必要时可以放弃这一目标。但这并不是说最优期望目标在谈判桌上没有积极意义,它不仅仅是谈判进程开始时的话题,而且在某种情形下,最优期望目标也不是绝对达不到的。例如,一个信誉度极高的企业和一家资金雄厚、信誉良好的银行之间的谈判,达到最优期望目标的机会是完全可能存在的。正因为如此,美国著名的谈判专家卡洛斯对两千多名谈判人员进行的实际调查表明,一个良好的谈判者必须坚持"喊价要狠"的准则。这个"狠"的尺度往往接近喊价者的最优期望目标。

(2)可接受目标。可接受目标是谈判一方认为是谈判中可努力争取或作出让步的范围,是介于最高目标与最低目标之间的目标。在谈判桌上,一开始往往要价很高,提出自己的最优目标。实际上这是一种谈判策略,其目的完全是为了保护最低目标或可接受目标,这样做的实际效果往往超出了谈判者的最低限度要求,通过双方讨价还价,最终选择一个最低与最高之间的中间值,即可接受目标。

实际业务谈判中,往往双方最后成交值是某一方的可接受目标。可接受目标能够满足谈判一方的某部分需求。它往往是谈判者秘而不宣的内部机密,一般只在谈判过程的某个微妙阶段挑明,因而是谈判者死守的最后防线,如果达不到这一可接受的目标,谈判就可能陷入僵局或暂时休会,以便重新酝酿对策。

(3)最低目标。最低目标是指在谈判中对某一方而言,毫无讨价还价余地,必须达到的目标。换言之,最低目标即对某一方而言,宁愿离开谈判桌,放弃合作项目,也不愿接受比这更少的结果。

阅读材料 3-6

关于睡觉的谈判目标

会计师事务所谭女士的三岁儿子精力旺盛,晚上总不愿意上床睡觉,每晚孩子都像疯子一样在家调皮捣蛋,不到十点钟都毫无睡意。谭女士想要和他谈判,希望他能在九点就上床睡觉。所以谭女士设置了一组四阶递进目标:

1. 我要让儿子九点上床睡觉。
2. 我要让儿子每晚九点上床睡觉。
3. 我要让儿子每晚九点主动上床睡觉。
4. 我要让儿子每晚九点快乐地主动上床睡觉。

【分析】本材料中,谭女士的最高目标就是第四种方案,可接受目标是第二或第三种方案,最低目标则是第一种方案。

(二)确定谈判程序

谈判程序包括所谈事项的次序和主要方法,如谈什么问题、什么时候谈、怎么谈、达到什么目的等。谈判程序的确定对整个谈判结果有着实质性的影响作用。安排合理的谈判程序有助于使我方谈判人员掌握谈判主动权,也有助于交易的迅速达成。

在商务谈判中,议事日程的安排要做到统筹兼顾、全盘考虑。谈判议事日程不是由单方面决定,而是由双方协商决定,它体现了互利性。同时也要注意,在一次谈判中,不要列出太多的问题,议事日程应简洁明确,以保证谈判的总体效益。谈判程序根据议程事项的特点可以分为两种,通则议程和细则议程。

1. 通则议程

通则议程是谈判双方共同遵照使用的日程安排,一般要经过双方协商同意后方能正式生效。在通则议程中,通常应确定以下内容:

①谈判总体时间及各分阶段时间的安排。
②双方谈判讨论的中心议题,尤其是第一阶段谈判的安排。
③列入谈判范围的各种问题及讨论的顺序。
④谈判中各种人员的安排。

⑤谈判地点及招待事宜。

2. 细则议程

细则议程是对己方参加谈判的策略的具体安排,只供己方人员使用,具有保密性。其内容一般包括以下内容:

①谈判中的统一口径,如发言的观点、文件资料的说明等。

②对谈判过程中可能出现的各种情况的对策安排。

③己方谈判的顺序,包括何时提出问题、提什么问题、向何人提问、谁来提问、谁来补充、谁来回答对方问题、谁来反驳对方提问、什么情况下要求暂时停止谈判等。

④谈判人员更换的预先安排。

⑤己方谈判时间的策略安排、谈判时间期限。

3. 谈判时间

谈判总是在一定的时间内进行的。这里所讲的谈判时间指一场谈判从正式开始到签订合同时所花费的时间。一场谈判中,时间有三个关键变数:开局时间、间隔时间和截止时间。

(1)开局时间。开局时间意味着选择什么时间来进行这场谈判。它得当与否,有时会对谈判结果产生很大影响。例如,如果一个谈判小组在长途跋涉、喘息未定之时,马上投入到紧张的谈判中去,就很容易因为舟车劳顿而导致精神难以集中,记忆和思维能力下降而误入对方圈套。所以,我们应对选择开局时间给予足够的重视。

一般说来,我们在选择开局时间时,要考虑以下几个方面的因素:

①准备的充分程度。俗话说:"不打无准备之仗",在安排谈判开局时间时也要注意给谈判人员留有充分的准备时间,以免到时仓促上阵。

②谈判人员的身体和情绪状况。谈判是一项精神高度集中,体力和脑力消耗都比较大的工作,要尽量避免在身体不适、情绪不佳时进行谈判。

③谈判的紧迫程度。尽量不要在自己急于买进或卖出某种商品时才进行谈判,如果避免不了,应采取适当的方法规避这种紧迫性。

④考虑谈判对手的情况。不要把谈判安排在让对方明显不利的时间进行,因为这样会招致对方的反对,引起对方的反感。

(2)间隔时间。一般情况下,大多数的谈判都要经历数次,极少是一次磋商就能完成的,甚至十数次的磋商洽谈才能达成协议。在经过多次磋商没有结果,但双方又都不想中止谈判的时候,一般都会安排一段暂停时间,让双方谈判人员暂作休息,这就是谈判的间隔时间。

谈判间隔时间的安排,往往会对舒缓紧张气氛、打破僵局具有很明显的作用。常常有这样的情况:在谈判双方出现了互不相让,紧张对峙的时候,双方宣布暂停谈判两天,由东道主安排旅游和娱乐节目,在友好、轻松的气氛中,双方的态度和主张都会有所改变,在重新开始谈判以后,就容易互相让步,达成协议。

当然,也有这样的情况:谈判的某一方经过慎重的审时度势,利用对方要达成协议的迫切愿望,有意拖延间隔时间,迫使对方主动做出让步。可见,间隔时间是时间因素在谈判中又一个关键变数。

(3)截止时间。一般来说,每一场谈判总不可能没完没了地进行下去,总有一个结束谈判的具体时间。而谈判的结果却又往往是在结束谈判的前一点点时间里才能出现。所以,如何把握截止时间从而获取谈判的成果,是谈判中的艺术。

截止时间是谈判的一个重要因素,它往往决定着谈判的战略。谈判时间的长短,往往迫使谈判者决定选择克制性策略还是速决性策略。同时,截止时间还构成对谈判者本身的压力。由于必须在规定的期限内出决定,这给谈判者本身带来一定的压力。谈判中处于劣势的一方,往往在限期到来之前,对达成协议承担着较大的压力。他往往必须在限期到来之前,在作出让步、达成协议、中止谈判或交易不成之间做出选择。一般说来,大多数的谈判者总是想达成协议的,为此,他们唯有作出让步。

第二节　国际商务谈判准备阶段的策略

一、组建谈判队伍的策略与技巧

(一)谈判人员的素质结构

谈判人员的素质结构分为三个层次。核心层——识,中间层——学,外围层——才。古人有云:"学如弓弩,才如箭镞,识以领之,方能中鹄",形象地说明了三个层次间的关系。因此,在组建谈判队伍时,应注意从"才、学、识"三方面选拔合适的谈判人员。

(二)谈判人员的配合

谈判人员的配合就是指谈判中成员之间的语言和动作的互相协调、互相呼应。谈判人员之间的支持可以是口头上的附和,如"绝对正确""没错,正是这样"等;也可以是姿态上的赞同,如眼睛注视正在发言的主谈人不住地点头等。谈判人员的这种附和、赞同对发言人是一种有力的支持,会大大增强发言人说话的分量和可信的程度。谈判小组内部人员之间的配合不是一朝一夕能够协调起来的,需要长期的磨合。

总之,一支谈判队伍,其成员素质良好且相互配合协调,是成功谈判的基础。

阅读材料3—7

相互配合

买卖双方就交货问题进行谈判。卖方主谈人说:"两个月内交货很困难,因为两个月内的订单都满了。"这时,他的一个辅谈人员接话说:"别说两个月,三个月都难以保证,我手上还有一把订单呢!"

阅读材料 3－8

分歧

买卖双方就买卖机床的价格问题进行谈判。买方主谈人说:"好吧,如果你们实在要坚持这个价格,我们只好不买了。"而这时他的一个辅谈人立即以提醒的口吻说道:"这不行啊,厂里正等着用呢!"

【分析】第一个材料中辅谈人对主谈人发言的附和与强调无疑强化和支持本方主谈人讲话的力量,增加主谈人讲话的分量,谈判对手这时会慎重考虑交货的时间问题并充分考虑卖方的要求。第二个材料中辅谈人反驳主谈人的观点,这样的做法大大削弱了主谈人的讲话力量,给谈判对手留下可乘之机。

二、收集谈判信息的技巧

(一)谈判信息收集的途径

在日常的经贸往来中,企业都力求利用各种方式搜集大量的信息资料,为谈判所用,这些方法及其途径主要包括:

1. 各类专门机构

社会上有很多的经济和非经济机构,他们掌握大量的企业所需的宏观、微观信息。这些机构包括银行、保险公司、经济研究所、商品检验局、专利局、海关、行业主管部门及各类的信息中心。涉外商务谈判还可以到驻外使馆商务处查找资料或咨询。

2. 会议

会议往往是收集信息的一条很有用的渠道。企业可以从各类商品交易会、展览会、订货会、博览会等有关可以直接进行商务谈判的会议以及商务报告会、讨论会,甚至一些行政性会议中,有效地调查商品的生产、流通、消费、市场趋势及发展前景等资料。

阅读材料 3－9

枫叶旗

1985年加拿大会议通过决议将"枫叶旗"定为国旗。中国台湾地区和日本的一些企业一直对加拿大可能通过的决议进行大量的信息收集工作,所以在决议通过后第三天,这些企业赶制的枫叶小国旗和带有枫叶标志的各种玩具送到加拿大,赢得了一系列谈判的成功。

【分析】材料中中国台湾地区和日本的企业通过对加拿大会议的信息收集,成功预测枫叶产品的市场趋势,取得谈判的胜利,这充分说明会议也是谈判信息收集的重要途径。

3. 各种信息载体

企业为了扩大自己的经营,提高市场竞争力,总是通过各种途径进行宣传,这些都可以为我们提供大量的信息。如企业的文献资料、统计数据和报表、企业内部报刊和杂志、各类文件、广告、广播宣传资料、产品说明和样品等。我们从对这些公开情报的搜集和研究当中,就可能获得所需要的情报资料。因此,平时应尽可能地多订阅有关报刊杂志,并由专人保管、收集、剪辑和汇总,以备企业所需。

阅读材料 3—10

大庆油田[①]

1959年9月26日,中国在黑龙江省松嫩平原打出第一口油井,取名大庆油田。然而,由于当时国际环境复杂多变,中国并没有向外界公布大庆油田的地理位置和产量。

日本深知中国开发石油需要大量的石油设备,却又苦于信息不足。善于收集资料的日本商人广泛地收集了中国的有关报纸、杂志进行一系列的分析研究。他们从刊登在《人民日报》封面上的"大庆创业者王铁人"的照片分析,依据王铁人身穿的大棉袄和漫天大雪的背景,判断大庆油田必定在中国东北地区;又从《王进喜到了马家窑》的报道推断大庆油田所在的大体方位;又从电影《创业》中分析出大庆油田附近有铁路且道路泥泞;根据《人民日报》刊登的一副钻井机的照片推算出油井直径的大小,再根据中国政府工作报告计算出了油田的大致产量;又将王进喜的照片放大至与本人1∶1的比例(通过王进喜与毛泽东、周恩来等国家领导人的合影)判断其身高,然后对照片中王进喜身后的井架进行分析,推断出其井架的高度、井架间的密度,据此进一步推测中国对石油设备的需求量。在此基础上,日本人设计适合大庆油田操作的设备。当我国突然宣布在国际上征求石油设备设计方案时,日本人参加方案投标并一举成功。

【分析】在材料中,日方从中国公开的刊物中收集大量有关的信息,并对所采集的信息进行严格的定性与定量处理后得出大庆油田的位置、规模等准确情报。企业可以借助公开的资料分析与研究谈判对手特点或产品特性,获取商业利益。

4. 实地考察

在对外商务谈判中,如果涉及交易标的比较复杂、交易金额较大、履行周期长的情况下,可以直接派人到对方企业实地考察和了解信息,以获取第一手资料,缩短准备时间。如苏联在与波音飞机制造公司洽谈生意期间,曾派技术人员去公司实地考察,这些人员穿的是一双特制的鞋子,能粘住稀有金属。通过这次参观,苏联掌握了波音公司一直引以为豪并视为机密的某个零件的原料构成,省下一大笔购买费用。但是采用这种方法要注意两个问题:一是该方法成本较高,事先应认真核算;二是派出国的人员结构要合理,避免出现出国人员只有领导、缺少或没有技术人员和商务人员的情况,同时要熟练掌握当地语言,以免落入对方故意设置的陷阱里。

5. 网络查询

对于所在国经济法规比较完善的企业,其注册资金、经营范围、信用等级、财务状况等信息,一般都可以在网络上查到,而且这些信息相当客观、准确,这是收集信息的途径

---

① 资料来源:方明亮,刘华.商务谈判与礼仪[M].北京:科学出版社,2011.

比较便捷。

(二)信息的整理与筛选

通过信息搜集工作,我们获得了大量来自各方面的信息,要使这些原始信息情报为我所用,发挥其作用,还必须经过信息的整理和筛选。

整理和筛选的目的在于,一方面是为了鉴别信息的真实性与可靠性,去伪存真。在商务谈判前,有些企业和组织故意提供虚假信息,掩盖自己的真实意图。另外,由于各种原因,有时搜集到的信息可能是片面的、不完全的,这就需要通过对信息的整理和筛选得以辨别。另一方面,在保证真实、可靠的基础上,结合谈判项目的具体内容,对各种信息进行分类和排队,以确定哪些信息对此次谈判是重要的,哪些是次要的,并在此基础上制订出具体的谈判方案和对策。信息资料的整理一般分为4个阶段:

1. 对信息资料的评价

对信息资料的评价是信息资料整理的第一步。现实中,收集的信息资料重要程度各不相同,有的马上可以使用,有的可能到后面才有用,而有些信息资料可能自始至终都没有作用。如果对搜集的信息资料不加区分的积累起来,便会使信息资料的使用变得困难和缺乏效率。因此,必须要对搜集的信息资料进行评价,没有价值的就应毫不犹豫地抛弃。对有价值的资料,也要根据重要性依次分为可立即使用的、将来肯定能用上的和将来可能用上的信息资料。只有如此,才能为信息资料的筛选奠定基础。

2. 对信息资料的筛选

由于谈判信息的搜集费时费力,所以往往人们不舍得丢弃,但是如果不加筛选全部保留,不仅不利于找寻有用的信息资料,又因占用空间而耗费大量的费用。因此,应对搜集的信息资料进行筛选,筛选的方法大体有4种。

(1)查重法。这是筛选信息资料最简便的方法。目的是剔除重复资料,选出有用的信息资料。

(2)时序法。即逐一分析按时间顺序排列的信息资料,在同一时期内,较新的取,较旧的弃,这样可能使信息资料在时效上更有价值。

(3)类比法。将信息资料按市场营销业务或按空间、地区、产品层次,分类对比,接近实质的保留,其余的舍弃。

(4)评估法。这种方法需要信息资料搜集人员有比较扎实的市场学专业知识,即对自己所熟悉的业务范围,仅凭市场信息资料的题目就能决定取舍。

阅读材料 3—11

技术引进谈判[①]

1986年秋,我国一家仪表公司同原西德仪表行业的一家颇有名气的公司进行一项

---

① 资料来源:百度文库.

技术引进谈判。对方报价40万美元向我方转让时间继电器的生产技术。德方靠技术实力和名牌,在转让价格上不肯让步,谈判陷入僵局。我方对德商有关技术的信息从前到后再次梳理,发现德商提供的技术明细表中包括了一种时间继电器元件石英振子技术,而这一技术国内厂家已引进并消化吸收。因此,在下一轮谈判中,我方提出不再引进石英振子技术,将技术转让费由40万美元降至25万美元。这样,靠一条技术信息,避免了重复引进并节省了15万美元。

【分析】本材料中,仪表公司通过时间顺序法,对技术的有关信息认真梳理,发现一种零部件的技术国内已引进,无需重复引进,既顺利达成谈判目标又节省了费用。

(三) 对信息资料的分类

在信息资料整理阶段,最耗费时间、最重要的环节就是对筛选后的资料进行认真分类。可以说,不做好分类,就不能很有效地利用资料。分类的方法有两种。第一种是项目分类法。这种方法既可以和工作相联系,按不同的使用目的分类,如可以分为商务开发资料、销售计划资料、市场预测资料等,也可按内容分为市场信息资料、技术信息资料、金融信息资料、交易对象的情况信息、有关政策法规等。第二种是从大到小分类法,即从设定大的分类项目开始,大项目数不要超过10项,经过一段时间的使用后,若觉得有必要再细分,可以把大项目再进行细分,但不要分得过细,以免出现重复。以上两种方法可以根据工作需要交叉使用,一般是以第一种为基本分类法,再把后者渗透进去。

(四) 对信息资料的保存

把分类好的信息资料保存起来,即使是经常使用的资料也不宜随便放置,要与分类相适应,单独保存,以便随时查找该类资料或续放同类资料。

三、制订谈判方案的技巧

(一) 保护谈判目标

对谈判目标底数要严格保密,绝不能透露给他人。做好谈判目标的保密工作,可从以下三个方面入手:第一,尽量缩小谈判目标知晓范围,知晓的人越多,有意或无意泄密的可能性就越大,就越容易被对方获悉;第二,提高谈判人员的保密意识,减少无意识泄密的可能性;第三,有关目标的文件资料要收藏好,废弃无用的文件资料尽可能销毁,不要让其成为泄密的根源。

除此之外,还要从以下几方面加强对谈判目标的保护措施。

①不要给对方造成窃密机会,如文件调阅、保管、复印、打字等。

②不要随便托人代发电报、电传等。

③不要随意乱放文件。

④不要在公共场所,如餐厅、机舱、车厢、过道等地方谈论有关谈判业务问题。

⑤不要过分信任临时代理人或服务人员。

⑥最后的底牌只能让关键人物知道。

⑦在谈判达成协议前,不应对外公布。

⑧必要时使用暗语。

(二)谈判时间安排技巧

首先,在谈判过程中合理安排好己方各谈判人员发言的顺序和时间,尤其是关键人物的重要问题的提出,应选择最佳时机,使己方掌握主动权。当然也要给对方人员留出足够的时间以表达意向和提出问题。其次,对于谈判中双方容易达成一致意见的议题,尽量在较短的时间达成协议,以避免浪费时间和无谓的争辩。而对于主要议题或争执较大的议题,最好安排在谈判期限的3/5时提出来,这样双方可以充分协商、交换意见,有利于问题解决。最后,在时间安排上,要注意留有机动余地,以防意外情况发生,也可以适当安排一些文艺活动,以活跃气氛。

(三)制订谈判策略

谈判策略是选择能够达到和实现己方谈判目标的基本途径和方法。国际商务谈判的双方都希望能通过谈判实现自己的既定目标。这就需要认真分析和研究谈判双方的优劣势,即对比双方的谈判"筹码",在掌握双方的基本情况之后,如果想最大限度发挥自身优势,争取最佳结果,就要借助于谈判策略。在制订谈判策略时,要考虑以下影响因素:双方实力的大小、对方的谈判作用和主谈人员的性格特点、双方以往的关系、对方和己方的优势所在、交易本身的重要性、谈判的时间限制以及是否有建立持久、友好关系的必要性,等等。

(四)确定谈判风格

谈判风格就是在谈判过程中谈判人员表现出来的自身的特点,比如谈吐、行为动作、处理事务方法等。谈判风格因人而异、因地区而异、因文化而异,没有人的谈判风格是完全一样的。基本的谈判风格主要有合作型、妥协型、控制型与逃避型等。

(1)合作型。这种类型的谈判风格是通过创造性的合作来确保双方目标的达成,能倾听别人的想法并且表达自己的感觉和愿望,即使放弃了一些利益也会通过另外的方式让对方知道,在保证自己的利益前提下,达到双方都满意的结果。

(2)妥协型。这种类型的谈判风格主要表现为喜欢折中,哪怕内心有不同的意见或者不赞成的想法也不会直说,自己会作出一些让步,不喜欢据理力争。既考虑己方谈判目标,又考虑与对方关系。

(3)控制型。这种类型的谈判风格主要表现为不顾双方关系,把己方谈判目标放在第一位,以自我为中心,喜欢反驳对手,不让步,轻视对手,爱指责别人,防御心理重,手段狠辣。更极端的情况下玩弄阴谋诡计,甚至采用暴力手段。

(4)逃避型。这种类型的谈判风格主要表现为不与对手交手,面对冲突选择回避、后退,避免与对方发生正面的激烈的冲突。这一类型的谈判人员更倾向于隐藏自己的真实情感与想法,能够克制自己不去谈论某件事,比较内敛。

四、谈判地点选择技巧

(一)谈判地点的选择

谈判地点是影响谈判最终结果的重要因素,它能够为谈判的顺利进行创造有利环境。谈判者应充分利用地点的选择,使其有利因素为自己所用。

(1)主场谈判。主场谈判有助于谈判者心理上形成安全感和优越感,方便随时咨询专家和顾问,获取各种信息资料。但主场谈判也存在弊端,比如在谈判关键时刻,客方借故资料不全或准备不足为由中止谈判。

阅读材料 3—12

主场优势[①]

日本的钢铁和煤炭资源缺乏,渴望购买煤和铁。澳大利亚生产煤和铁,并且在国际贸易中不愁找不到买主。按理来说,日本人的谈判者应该到澳大利亚去谈生意。但日本人总是想尽办法把澳大利亚人请到日本去谈生意。澳大利亚人一般都比较谨慎,讲究礼仪,而不会过分侵犯东道主的权益。澳大利亚人到了日本,使日本方面和澳大利亚方面在谈判桌上的相互地位就发生了显著的变化。澳大利亚人过惯了富裕的舒适生活,他们的谈判代表到了日本之后不几天,就急于想回到故乡别墅的游泳池、海滨和妻儿身旁去,在谈判桌上常常表现出急躁的情绪;而作为东道主的日本谈判代表则不慌不忙地讨价还价,他们掌握了谈判桌上的主动权。

【分析】本材料中,日本人在了解了澳大利亚人恋家的特点之后,宁可多花招待费用,也要把谈判争取到自己的主场进行,并充分利用主场优势掌握谈判的主动权,使谈判的结果最大限度地对己方有利。

(2)客场谈判。选择客场谈判是谈判者自信心的一种表现,谈判者充分发挥主观能动性,专心应对谈判过程。但是这要求谈判者保持清醒头脑,不要被接待或宴请迷惑,丧失戒备,泄露机密。

阅读材料 3—13

被动变主动

美国总统克林顿到东京,与日本天皇商量美国在日本驻军的事情。日本人把谈判安排在一个封闭的小房间,然后在里面抽烟,意图让美国人感觉不习惯。美国人也不含糊,要求总统身边必须有媒体跟随,因为美国人习惯与媒体打交道。然而,克林顿一下飞机,日本人告诉他,天皇从来不见媒体,不让美国媒体跟着。这时克林顿几乎没有时间作出反应,因为日本天皇很反感迟到。此时,克林顿的助手向他要了一张纸,然后和日本人说:"这是总统给我的,他让你们用日文写下来,是谁决定不让美国媒体跟着的,我们总统会把这张纸交给天皇,并告诉天皇是谁让他迟到的。"日本人没有办法,只好给

---

① 资料来源:百度文库.

美国媒体放行。

【分析】谈判位于客场,容易造成谈判者心理紧张,材料中克林顿在日本东京参加会谈,面对日本人出其不意的要求不知如何是好,幸好他的助手思维敏捷,对日本人的无理要求予以反击,变被动为主动。

(3)中立地谈判。选择中立地谈判往往是谈判双方不太熟悉、信任度不高的情况下出现的。中立地谈判对双方来说都无东道主优势,有助于谈判双方冷静谈判。

无论是选择主场谈判、客场谈判还是中立地谈判,在选择谈判地点时,都要充分考虑即将进行谈判的双方实力、可选择地点的多少和双方关系等。比如,双方实力相当,并且彼此不熟悉、不信任,可以选择中立地谈判或者主客场交叉进行。

(二)谈判场所的布置

确定好谈判地点以后,需要对谈判场所进行布置,为谈判提供一个良好的环境。较为正规的谈判场所可以有三类房间:一是主谈室,二是密谈室,三是休息室。

(1)主谈室布置。主谈室应当宽大舒适,光线充足,色调柔和,空气流通,温度适宜,使双方能心情愉快,精神饱满地参加谈判。

(2)密谈室布置。密谈室是供谈判双方内部协商机密问题单独使用的房间。它最好靠近主谈室,有较好的隔音性能,室内配备黑板、桌子、笔记本等物品,窗户上要有窗帘,光线不宜太亮。

(3)休息室布置。休息室是供谈判双方在紧张的谈判间隙休息用的,休息室应该布置得轻松、舒适,以便能使双方放松一下紧张的心情。

第三节 国际商务谈判准备阶段的礼仪

孔子曰:"不学礼,无以立。"礼仪是人们在长期的生活中约定俗成的行为规范,随着社会交往的日益频繁,国际商务谈判对礼仪的重视程度也与日俱增。

一、仪容礼仪

仪容是指人的容貌,是个人仪表的组成部分,是一个人精神面貌的外在体现。良好的仪容给人以整洁、端庄的印象。既能体现自身素养,又能表示对他人的尊重。

(一)个人仪容卫生

讲究卫生是个人仪容最基本的要求。个人卫生要做到"五勤":勤洗头、勤洗澡、勤漱口、勤换衣袜、勤剪指甲。女士可因不同的场合适当化妆,但切忌浓妆艳抹。男士不宜蓄长胡须,保持口气清新,特别在公共活动时,避免吃大葱、大蒜等带有异味的食物。

阅读材料 3—14

无声的语言之仪表

小王的口头表达能力不错,对公司产品的介绍也很得体,人既朴实又勤快,在业务人员中学历又最高,老总对他抱有很大希望。可是做销售代表半年多了,业绩总是上不去,问题出在哪里呢?原来他是个不修边幅的人,双手拇指和食指留着长指甲,白色衣领经常是酱黑色,有时候手上还记着电话号码,喜欢吃大饼卷大葱,吃完了也不知道去除异味……

【分析】仪表是一种无声的语言,在一定意义上能反映一个人的修养、性格等特征。材料中,小王虽然资历和能力皆好,但是作为销售代表不注重仪容仪表,个人形象差,给顾客留下的第一印象不会太好,因此,小王工作业绩提升不了也是情理之中的事情。

(二)发型

头发整洁、发型大方是个人礼仪对发型的最基本要求。男士发型的基本要求是前发不附额,侧发不掩耳,后发不及领。相对男士,女士的发型可选择空间要大一些,但是要考虑自身的年龄、脸型和体型等个体因素,还要因时间、场合作适当的打理。

二、着装礼仪

俗话说:"人靠衣裳马靠鞍。"与人交往,我们首先注重的是着装。商务人士在着装时应遵循以下几个原则:

(一)着装应与自身条件相适应

选择服装首先应该与自己的年龄、身份、体形、五官、性格和谐统一。就形体条件而言,一般来说,身材矮胖、颈粗脸圆的人,宜穿深色低V或大U型领套装,浅色高领服装则不适合;而身材瘦长、颈细长、长脸形的人宜穿浅色、高领或圆形领服装;方脸形者则宜穿小圆领或双翻领服装;身材匀称,形体条件好的人,着装范围则较广。

(二)着装应与职业、场合、交往目的和对象相协调

着装要与职业、场合相宜,这是不可忽视的原则。正式社交场合,着装宜庄重大方,不宜过于浮华;参加晚会或喜庆场合,服饰则可明亮、艳丽些;节假日休闲时间着装应随意、轻便些。

(三)女士着装原则

众所周知,目前女装款式中,裙式套装已被公认为职业女性最适当的职业装。一般来说,在国际商务谈判中,女士着装要注意以下要点:

1. 避免过分前卫或极度保守的服饰

在国际商务谈判中,女士要显得稳重大方,不穿花哨、夸张的服装,也不要过于追求流行的服饰,尤其是怪异的装扮,而太过保守的着装又会使人显得呆板,因此,可以在套装上配首饰、点缀一些丝巾或小饰物,使其免于呆板之感;也可以将几组套装作巧妙的

搭配,这样既不显得呆板,又符合经济节约的原则。

2. 坚持"品质第一"的原则

"品质第一"就是说职业女性在选择套装时质料要讲究,所谓质料讲究指服装采用的面料、裁剪、做工和外形轮廓等条件精良与否。

3. 注意"整体美"

职业女性还必须注意,除了穿着考究以外,从头至脚的整体装扮也应强调"整体美",比如发型、佩饰、鞋袜、挎包等要与服装相协调,颜色要搭配。一般来说,着装配色和谐的保险做法有三种:一是上下装同色,即套装,以饰物点缀;二是同色系配色,利用同色系中深浅、明暗度不同的颜色搭配,整体效果比较协调;三是利用对比色搭配,即运用明亮度对比或相互排斥的颜色对比,会产生相映生辉、令人耳目一新的效果。

(四)男士着装原则

在国际商务谈判中,西装是男士最理想的职业装,穿起来稳重、潇洒,因此,男士在国际商务谈判中一般应穿西装。西装是一种国际性服装,在穿着上有一套约定俗成的规范和要求,若穿着不当,不仅影响自己的形象,对别人也是一种失礼行为。男士穿西装时必须注意以下问题:

1. 西装的长度

西装的上衣长度包括衣长和袖长。衣长应该在垂下臂时衣服下沿与虎口处相齐,袖长应在距于腕处1—2厘米为宜。西装穿着后,其前襟和后背下面不能吊起,应与地面平行。裤子长度以裤脚接触脚背为宜。

2. 巧配衬衣

正式场合穿西装,内应穿单色衬衣,最好是白色衬衣。衬衣的领子大小要合适,领头要挺括、洁净,衬衣的下摆要塞在裤子里;领口的扣子要扣好,若不系领带时应不扣。衬衣内一般不穿内衣,若要穿,也应注意从衬衣外看不出穿了内衣。

3. 选配领带

穿西装在正式场合一定要打领带,佩戴领带时,除了要注意选择质地、款式、色彩、图案等几个要点外,还要掌握领带的系法。领带系好后,领带结大小要适中,造型要漂亮。领带的长短要得当,其最佳长度是,领带的大箭头,应正好抵达腰带扣,过短、过长都不雅观。另外,领带的颜色不宜太艳,应尽量与衬衣和西服颜色协调。如果是多色领带,尽量不要超过三种颜色。

4. 袜子和鞋

袜子的颜色应以深色为主,也可与裤子或鞋的颜色相同,不宜穿白袜子,最好穿纯棉袜,无光感,不宜穿尼龙丝袜。要穿皮鞋,休闲鞋不适合与西装配套;皮鞋的颜色最好为黑色,棕色皮鞋往往不太适合;在正式场合穿的皮鞋,应当没有任何图案和装饰;打孔皮鞋、拼图皮鞋、带有文字或金属扣的皮鞋均不应考虑。

总的来说,谈判人员谈判前应整理好自己的仪容仪表,穿着整洁正式、庄重。

阅读材料 3—15

商务谈判中的服装礼仪

中国某企业与德国一公司洽谈割草机出口事宜。按礼节,中方提前五分钟到达了公司会议室。客人到后,中方人员全体起立,鼓掌欢迎。不料,德方人员脸上不但没有出现期待的笑容,反而均表露出一丝不快的表情。更令人不解的是,按计划一上午的谈判日程,德方半小时便草草结束,匆匆离去。事后中方了解到,德方之所以提前离开,是因为中方谈判人员的穿着。德方谈判人员中男士个个西装革履,女士个个都穿职业套装,而中方人员除经理和翻译穿西装外,其他人有穿夹克衫的,有穿牛仔服的,有一位工程师甚至穿着工作服。德国是个重礼仪的国家,德国人素以办事认真而闻名于世。在德国人眼里,商务谈判是一件极其正式和重大的活动,中国人穿着太随便说明了两个问题:一是不尊重他人;二是不重视此活动。既然对方既不尊重人,又不重视事,那就没有必要谈了。

【**分析**】在国际商务谈判的最初阶段,服饰往往是最能引起对方注意的,因此在商务谈判中着装服饰要规范、得体。

三、座次礼仪

举行正式谈判时,谈判现场的座次有严格要求。排列座次根据谈判的类型双边谈判和多边谈判有所不同。

1. 双边谈判

(1)横桌式。若谈判桌横放,则正面对门为上座,应属于客方,背面对门为下座,属于主方。

(2)竖桌式。若谈判桌竖放,则应以进门方向为准,右侧为上,属客方,左侧为下,属主方。

(3)马蹄式。将桌子链接摆成长方形,但空出一个短边,椅子摆在桌子外围。

2. 多边谈判

(1)圆桌。多边谈判一般采用圆形谈判桌,国际惯例上称为"圆桌会议"。

(2)自由式。各方人士在谈判时自由就座,而无须事先正式安排座次。

(3)主席式。在谈判室内面向正门设置一个主席之位,由各方代表发言时使用。其他各方人士,则一律背对正门、面对主席之位分别就座。各方代表发言后,亦须下台就座。

3. 小型谈判

小型的谈判,也可不设谈判桌,直接在会客室沙发上进行,双方主谈人在中间长沙发就座,主左客右,译员在主谈人后面,双方其余人员分坐两边。

四、迎送礼仪

迎送礼仪是商务谈判中最基本的礼仪之一,迎来送往是一种很常见的社会交往活动。这一礼仪包含两方面:一方面,对应邀前来参加商务谈判的人士——无论是官方人士、专业代表团,还是民间团体、友好人士,在他们抵达时,一般都要安排相应身份的人员前去迎接;另一方面,谈判结束后,要安排专人欢送。

1. 迎送原则

一般来说,主要迎送人的身份和地位通常应与来者相差不多,以对口对等为宜,也可以稍低一些(如副职),即基本对等原则。例如对方是董事长或总经理,我方亦安排董事长或总经理迎送。

如果相应身份的迎送人因特殊情况无法到场,那么应指派职位相当人士或副职代表前去,并向对方解释,适当表示歉意,即灵活变通原则。只有当对方与我方关系特别密切,或者我方出于某种特殊需要时,方可破格接待。除此之外,均应按常规接待。

如果双方的合作项目取得成功,双方派出最高层人士前来参加签字仪式,这时我方也应把规格作适当提高。但如果仅仅是前来洽谈,就该按常规办理,否则对方会误认为我方是急于求成而故意取悦,造成被动,即实际需求原则。

2. 迎送礼仪

(1)安排专人提前准备迎送。在掌握来宾抵达时间的基础上,迎候人员应当提前到达机场、车站,以示对对方的尊重。同样,送别人员亦应事先了解对方离开的准确时间,提前到达来宾住宿的宾馆,陪同来宾一同前往机场、码头或车站,亦可直接前往机场、码头或车站恭候来宾,与来宾道别。在来宾临上飞机、轮船或火车之前,送行人员应按一定顺序同来宾一一握手话别。飞机起飞或轮船、火车开动之后,送行人员应向来宾挥手致意,直至飞机、轮船或火车在视野里消失,送行人员方可离去。

(2)问候与欢迎。外宾走下飞机(车、船)后,我方即应上前表示欢迎与慰问,双方互作介绍。通常,先由我方人员或接待翻译人员,将前往欢迎的人员按其身份依次一一介绍给来宾,亦可由我方中身份最高者或熟悉来宾的人员出面介绍。有的国家(如日本)的客人习惯以交换名片来介绍自己的姓名和身份,如果双方是初次见面,应首先将自己的名片递给对方,使对方一目了然,也是一种有效的介绍方式。

(3)行礼习俗。双方见面互相介绍后,按国际惯例一般行握手礼,此时应注意握手的顺序和基本礼仪,并注意再次点头致意。行握手礼后,对方由于国籍、习俗的不同,可能还要对我方再行不同的拥抱礼、亲吻礼、鞠躬礼、吻手礼等,我方均应作相应表示。

(4)引导客人。迎送车辆都应事先安排好,不可临阵调遣,给人以仓促之感。客人抵达或迎送仪式结束后,从抵达地到住处,以及访问结束后,由住地前往机场、车站、码头,一般都应安排迎送人员陪同乘车。如果陪客人同乘一辆车,要首先为客人打开轿车的右侧后门,并以手掌挡住车篷上沿,提醒客人不要碰头,等客人坐好后,方可关门。最后,公关人员应绕过车尾从左侧后门上车。如果客人已先上车并坐在了主人位置上,则不宜再请客人挪换座位。

抵达目的地时,接待人员要先下车,从车尾绕过去为客人打开车门,以手挡住车篷上沿,协助其下车。

(5)提取、托运行礼。如果来宾行李较多,应安排专门工作人员,负责清点、运送行李并协助来宾办理行李的提取或拖运手续。提取行李时如需等候,应让迎宾车队按时离开,留下有关人员及行李车装运行李;送行时,如果来宾需交付托运的行李较多,有关人员应随行李车先行,提前办理好托运手续,以避免主宾及送行人员在候机(车、船)厅等候过久。

(6)注意与宾馆(饭店)的协调。来宾下榻在宾馆(饭店),生活安排是否周到、方便,与宾馆(饭店)的服务水平密切相关。来宾抵离宾馆(饭店)时,具体事务较多,更应做好有关事项的协调衔接。来宾入住客房,以便捷、迅速为原则,主动联系,密切配合,进行详细的安排。

(7)迎送中的其他事项。迎送时要注意与客人商议活动日程,商议的目的是看主人的安排是否符合客人的要求,有无需增减的内容和项目。若有,须及时通知有关单位和部门。整个迎送活动应安排得热情、周到、有条不紊,使客人有"宾至如归"的感觉,不能出现冷淡、粗心或怠慢客人的情况。

本章小结

国际商务谈判是一项复杂的综合性活动,容易出现错综复杂的情况,谈判是否有效,取决于谈判者是否做好充分的准备工作,这是谈判过程的前提和基础。本章首先介绍国际商务谈判准备阶段的主要内容,包括谈判人员构成、谈判信息准备、谈判方案制订等,其次分析搭建谈判班子、收集谈判信息、制订谈判方案时可以使用的一些技巧以及在国际商务谈判准备阶段需要注意的个人礼仪、座次礼仪等。

练习题

一、名词解释

1. 谈判方案
2. 谈判目标
3. 通则议程
4. 谈判程序
5. 谈判策略

二、简答

1. 国际商务谈判人员的构成原则是什么?
2. 什么是谈判目标?谈判目标可以分为几个层次?
3. 信息情报的收集有哪几种途径?

三、案例分析

苏州某公司听说南非是一个诱人的市场,希望自己的产品打入南非市场。为了摸清合作伙伴的情况,公司决定组团到南非进行实地考察。到达南非后对方立即安排他们与公司的总经理会面,地点在一个富丽堂皇的大饭店里。总经理的下属举止得体,总经理派头十足,谈话时充满激情。他对公司的情况、经营方略以及未来的发展侃侃而谈。对方的这些安排深深打动了考察团,他们深信这是一个财力雄厚、可靠的合作伙伴,回国后马上发去了100多万美元的货物。然而,该批货物再也没有了音信。公司再派人前去调查,才发现掉进了一个精心设计的圈套里。那位总经理原来是当地的一个演员,陈设精良的接待室是临时租来的房间,而公司已宣告破产。

思考:
1. 简述该案例失败的原因,以及给你的启示。
2. 在该案例的商务活动中,你认为谈判人员在谈判之前应该做好哪些工作?

实训·情景模拟

实训目标:通过实训帮助学生掌握国际商务谈判准备阶段的相关程序、技巧和礼仪。从实训情景中捕捉信息,完成实训过程。

实训组织:1.将学生分成若干小组,每组成员2~4人;
2. 可以直接由小组成员表演完成,也可以由队员进行解说;
3. 请各小组自行准备情景相关的道具、服饰。

实训内容:请根据以下场景,2~4人为一组进行情景模拟。
1. 你和夫人去参加一位美国客户的晚宴,晚宴在客户家里举行。
2. 你和客户进行商务磋商,地点在高尔夫球场。
3. 你要去见一个客户,在对方的办公室。

实训思考:在商务谈判之前需要做哪些准备?礼仪方面需要注意哪些事项?

第四章　国际商务谈判开局阶段的策略、技巧与礼仪

学习目标

(一)知识目标

1. 了解开局的重要性;
2. 熟悉开局的常用方式;
3. 掌握营造开局气氛的策略;
4. 掌握开局阶段的常用策略。

(二)技能目标

1. 能够营造良好的商务谈判开局气氛;
2. 能够熟练运用开局阶段的基本策略。

开篇案例

2019年中美贸易第一场谈判

新年伊始,中美2019年第一次贸易磋商拉开大幕。1月7～8日,美国贸易代表团抵达中国商务部,为期两天的中美之间副部级经贸磋商正式开始。中美磋商当天以分组形式举行,包括非关税措施、知识产权、农业和工业采购等方面。

谈判前,特朗普总统表示,他对美中达成协议、结束长达数月的贸易争端抱有信心。美国正与中国进行最高级别谈判,而且情况良好。中国商务部在消息稿中透露"双方将进行积极和建设性讨论"。

双方在第一轮谈判中主要是摸清对方底线,为下一轮谈判实现突破打基础。通过此次谈判双方对谈判的目标和意图有了更清晰的认识,而且达成一致的共识比以往更为迫切。

【分析】本案例中,谈判开局中美双方都在某种程度上释放积极信号,传递了中美贸易谈判前景的乐观基调,营造良好的谈判氛围。同时,中美双方都表达了各自的观点和立场,为下一轮谈判作准备。

第一节　国际商务谈判开局阶段

一、开局阶段的定义

谈判的开局阶段指谈判双方见面后,在进入具体交易内容之前,相互介绍、寒暄及对谈判内容以外的话题或非实质性问题进行交谈的一段时间和过程。这一阶段属于国际商务谈判的破冰期和探测期。

谈判的开局是整个商务谈判的起点,开局效果在很大程度上决定着整个谈判的走向和发展趋势。因此,良好的开局将为谈判成功奠定坚实的基础,谈判人员应给予高度重视。在开局阶段,谈判人员的主要任务有三:其一,双方彼此熟悉,建立和维持良好气氛;其二,双方就谈判的议程,包括谈判目标、计划安排、进度和参加人员等问题交换意见并讨论,以尽量取得一致;其三,开场陈述,就本次谈判方案和内容分别发表各自的陈述。通过开局阶段的商谈,为接下来的实质性议题磋商奠定基础。

二、开局阶段的内容

(一)营造良好的谈判气氛

1. 谈判气氛的含义

谈判气氛是谈判双方通过各自所表现的态度、作风而建立起来的洽谈环境。谈判气氛的形成与变化,直接关系到谈判的成败得失,影响整个谈判的根本利益和前途。因此,成功的谈判者都很重视在谈判的开局阶段营造良好的谈判气氛。

2. 开局气氛的作用

良好的开局气氛是谈判双方所追求的,对谈判协议的达成是有益的。总的来说,轻松和谐的开局气氛有几方面作用:

(1)为即将开始的谈判奠定良好的基础。
(2)传达友好合作的信息。
(3)能降低双方的防范意识。
(4)有利于协调双方的思想和行动。
(5)能显示主谈人的文化修养和谈判诚意。

这些要点说明在谈判之初建立一种和谐、融洽、合作的谈判气氛无疑是非常重要的。如果商务谈判一开始就形成了良好的气氛,双方就容易沟通,便于协商,所以谈判者都愿意在一个良好的气氛中进行谈判。

阅读材料 4－1

舒适的 17.8℃

日本前首相田中角荣在 20 世纪 70 年代为恢复中日邦交到达北京,他怀着等待中日间最高首脑会谈的紧张心情,在迎宾馆休息。迎宾馆内气温舒适,田中角荣的心情也十分舒畅,与随从的陪同人员谈笑风生。他的秘书仔细看了一下房间的温度计,是"17.8℃",这让他对中方的接待工作十分钦佩。

在东京出发前,中方曾问及对爱出汗的田中适宜的室温,秘书明确地回答"17.8℃"。这舒适的温度使得田中角荣心情舒畅,也为以后谈判的顺利进行创造了良好的条件。

【分析】本材料说明在谈判之初建立一种和谐、融洽、合作的谈判气氛无疑是非常重要的。如果国际商务谈判一开始就形成良好的开局气氛,双方就容易沟通,便于协商。因此,谈判人员要重视开局阶段气氛的营造。

3. 谈判气氛的类型

一般来说,每一次商务谈判都有独特的谈判气氛。国际商务谈判气氛大体有以下几种类型:

(1)冷淡、对立、紧张的谈判气氛。在冷淡、对立、紧张的谈判气氛下,谈判双方见面互不关心、不热情;目光不相遇;相见不抬头;相近不握手,以衣着、言语等方面企图压倒对方;交谈时语气带双关,甚至带讥讽口吻等。双方处于对立情绪之中,整个开局呈剑拔弩张的局面。这种谈判气氛给整个开局蒙上了一层阴影。这一类型谈判气氛通常是在法院调解、双方利益对立的情况下发生。

(2)松弛、缓慢、死气沉沉的谈判气氛。商务谈判中不乏持续性、分阶段性的洽谈。在松弛、缓慢、死气沉沉的谈判气氛下,双方人员已感厌倦,谈判人员进入谈判会场姗姗来迟、衣冠不整、精神不振。相见时握手例行公事、不紧不松;面部表情麻木、眼视他方;或入座时左顾右盼,显出一种可谈可不谈的无所谓的态度。对双方谈判的目标不表示信心,对对方的谈话不认真倾听,甚至以轻视的口吻发问,双方谈判不断转换话题,处于一种打持久战的气氛之中。

(3)热烈、积极、友好的谈判气氛。在热烈、积极、友好的谈判气氛下,谈判双方态度诚恳、真挚,彼此适应对方需要;见面时话题活跃,口气轻松;情感愉快,常有幽默感。双方显得精力充沛,兴致勃勃;谈判人员服装整洁,举止大方,目光和善。见面互相让座,欣然落座,互相问候等。双方为谈判的成功充满热情,充满信心,把谈判成功看成友谊的象征。这样一种谈判气氛无疑对开局即谈判的开展起一种积极促进作用。

(4)平静、严肃、严谨的谈判气氛。出现这一类型的谈判气氛,通常谈判双方已不是谈判生手,也不是初次见面,而是处于一定的形势和受到一定条件的制约。因此谈判双方见面时并不热情,握手一触即弃,入座并不相让,抽烟喝茶并不互请。讲话时语言主动,句子简练,音质清晰,语速适中。双方目光对视,面带微笑只一闪而过。双方自信而平静。进入谈判场所速度适中,默默缓缓而行,处于一种相互提防、似有成见的气氛之中。

阅读材料 4-2

诸葛亮舌战群儒①

东汉末期,曹操挟天子以令诸侯,较有实力的军阀大都被他消灭了,唯独刘备和孙权还有发展壮大的可能,曹操自知一下子吞并这两股势力还比较难,于是曹操就派人拿着他的书信去东吴,想和孙权联手消灭刘备。

孙权手下的谋士大都主张降曹自保,只有鲁肃主张联刘抗曹。但鲁肃自知难以说服孙权和东吴的文臣,特意请诸葛亮来当说客。"(鲁)肃乃引孔明至幕下。早见张昭、顾雍等一班文武二十余人,峨冠博带,整衣端坐。孔明逐一相见,各问姓名。施礼已毕,坐于客位。"当张昭一语道破诸葛亮此行之游说目的时,诸葛亮没有否认,明确坦诚:"今我主屯兵江夏,别有良图,非等闲可知也。"

【分析】材料中诸葛亮见到江东众多谋士时,表现得很有耐心、很谦逊,尊重每一个人,营造出和谐的谈判气氛。此次谈判刘备没到场,孙权躲在幕后,诸葛亮只是代理人而已,原本属于间接谈判,但是诸葛亮对此行之游的目的坦白承认,使得谈判的性质变为直接谈判,谈判的气氛也因此严肃、庄重、规范起来。

不同的谈判气氛,对于商务谈判是有影响的。首先,它可影响商务谈判的发展方向。一种谈判气氛可以在不知不觉中把商务谈判朝着某种方向推进。如热烈、积极、合作的谈判气氛,会把商务谈判朝达成一致的协议方向推动;而冷淡、对立、紧张的谈判气氛,则会把商务谈判推向更为严峻的境地,甚至导致谈判失败。其次,它会影响谈判人员心理、情绪和感觉,从而引起相应的反应。如不加以调整和改变,就会强化这种气氛,影响商务谈判的成败。

阅读材料 4-3

毛泽东接见刘斐②

1949 年 4 月国共和谈期间,毛泽东接见了国民党方面的代表刘斐先生。刘斐起先非常紧张。见面后,毛泽东和刘斐客套起来:"你是湖南人吧?"刘斐说我是醴陵人,醴陵与毛泽东的家乡是相邻的。毛泽东高兴地说:"老乡见老乡,两眼泪汪汪哩。"听了这话,刘斐原本紧张的心情立刻就放松下来,拘束感完全消失了。

【分析】和谐、友好的谈话气氛,容易得到对方的认同,消除对方紧张戒备的心理。毛泽东通过老乡关系向刘斐传达彼此友好的信息,为后续的国共和谈营造一个好的开端。

4. 合理运用影响开局气氛的各种因素

谈判应是互惠的,一般情况下双方都会谋求一致,为了达到这一目的,洽谈的气氛

---

① 资料来源:百度文库.
② 资料来源:豆丁网.

必须具有诚挚、合作、轻松和认真的特点。要想取得这样一种洽谈气氛,需要有一定的时间,不能在洽谈刚开始不久就进入实质性谈判。因此,要花足够的时间,利用各种因素,协调双方的思想或行动。

(1)表情、眼神。人的表情可以表明谈判人员的心情,是信心十足还是满腹狐疑,是轻松愉快还是剑拔弩张,是精力充沛还是疲惫不堪,这些都可以在人的表情上反映出来。反映表情最敏感的器官是头部、背部和肩膀。通过观察这些部位表情的变化,可以窥见谈判人员的心理状况。

谈判人员眼神的交流十分重要,眼睛是人心灵的窗户,谈判人员心理的微小变化都会通过眼神表示出来。双方通过对方眼神的变化,来窥测其心理情况。西方心理学家认为,谈判双方第一次目光交流意义最大,对手是诚实还是狡猾,是活泼还是凝重,一眼就可以看出来。

(2)气质。气质是指人们相当稳定的个性特征、风格和气度。良好的气质,是以人的文化素养、文明程度、思想品质和生活态度为基础的。在现实中,有相当多的人只注意穿着打扮,并不注意文化素养和思想品质,所以,往往精心打扮却不能给人以美感,倒显得庸俗做作。气质美首先应当表现在丰富的内心世界上,理想则是内心世界的一个重要内容。品德是气质美的又一重要方面,为人诚恳,心地善良是不可缺少的。文化水平在一定程度上对气质起着很大的影响作用。气质美看似无形,实为有形。它通过一个人的态度、个性、言语和行为等表现出来,举手投足、待人接物皆属此列。

(3)风度。风度是气质、知识及素质的外在表现。风度美包括以下几个方面的内容:

①饱满的精神状态。一入场就神采奕奕、精力充沛、自信而富有活力,这样能激发对方的兴趣,活跃会场的气氛。

②诚恳的待人态度。不管是谁,一入场就应对所有的对手表现出诚恳而坦率的态度。应端庄而不矜持冷漠,谦逊而不矫饰作伪,热情而不轻佻。

③受欢迎的性格。性格是表现人的态度和行为方面较稳定的心理特征。性格是通过行为表现出来的,与风度密切相关,要使自己的风度得到别人的赞美,就应当加强自身性格的修养。要大方、自重、认真、活泼和直爽,尽量克服性格中的弱点,诸如轻佻、傲慢及幼稚等,千万不要因小失大。

④幽默文雅的谈吐。美的风度在语言上体现为:言之有据,言之有理,言之有物,言之有味。语言是风度的窗口,出言不逊,满口粗话,就一点风度也谈不上了。

⑤洒脱的仪表礼节。一个人仪表秀美整洁,俊逸潇洒,就能使人乐于亲近。这种魅力不仅在于长相和衣着方面,更在于人的气质和仪态,这是人的内在品格的自然流露。

阅读材料 4—4

谈判专家的实验

美国有位谈判专家做过一个实验,他本人以不同的打扮出现在同一地点。当他身穿西服以绅士模样出现时,无论是向他问路或问时间的人,大多彬彬有礼,而且本身看来基本上是绅士阶层的人;当他打扮成无业游民时,接近他的多半是流浪汉,或者是找火借烟的。

【分析】同样一个人,穿着打扮不同,给人留下的印象也完全不同,对谈判对手也会产生不同的影响。开局阶注重外表风度,也是表明对谈判的尊重。

(4)中性话题。在谈判进入正式话题之前该谈些什么问题呢?一般来说,选择中性话题最为合适,这些话题轻松而具有非业务性,容易引起双方共鸣,有利于创造和谐气氛。中性话题的内容通常有以下几种:第一,各自的旅途经历,如游览活动、旅游胜地及著名人士等;第二,文体新闻,如电影、球赛等;第三,私人问候,如骑马、钓鱼等业余爱好;第四,对于彼此有过交往的老客户,可以叙谈双方以往的合作经历和取得的成功。

(5)传播媒介。利用传播媒介制造谈判舆论或气氛,是指谈判的主体通过传播媒介向对方传递意图,施加心理影响,制造有利于自己的谈判气氛或启动谈判的背景。在现代社会,许多谈判在没有正式开始以前,舆论的准备往往就已经开始了,并发挥相当大的作用。有效地制造谈判舆论气氛,可以引导谈判双方如何走到谈判桌前,如何开始谈判。

制造谈判舆论气氛,通常涉及谈判主体,即由谁来从事这一工作,可以是谈判者,也可为是其他人;采用的工具,即采用哪种传播媒介;接受对象,即我们所造就的舆论和气氛要影响和感染哪些人;采用的方式,即结合我方谈判目的及谈判对象的特点,确定以什么形式、什么内容,来最有效地影响谈判对象,为谈判的正式开始作好铺垫。在这四个要素中,前三者构成了制造谈判舆论气氛的基本条件,最后一个要素是必要条件,四者缺一不可。

(二)交换意见

谈判人员在谈判最初几分钟,通过愉快、轻松的话题,建立谋求一致的谈判气氛,接着双方将就本次谈判交换意见,这意味着谈判的正式开始。一般来说,谈判双方将话题集中在谈判的目标、计划、进度和人员四个方面。

1. 谈判目标

谈判目标是双方需要达成的共识、原则、总体目的或阶段性目的。谈判目标因各方出发点不同而有不同类型,例如,探测型(意在了解对方的动机)、创造型(旨在发掘互利互惠的合作机会)、论证型(旨在说明某些问题)、达成原则协定型、达成具体协定型、批准草签的协定型、回顾与展望型、处理纷争型等,目标既可以上述的一种,也可以是其中的几种。

2. 谈判计划

计划是谈判的议程安排表,具体包含在整场谈判活动中,双方要涉及的议题以及双方必须遵守的规程。其中,议题的排序需要认真研究,双方共同点或者己方优势点安排在前期,双方差异点或己方劣势点安排在后期。谈判中所有的议题要明确具体、避免含糊。己方的目标和底线以及让步的幅度与频率都要明确化、数据化,并且在计划中形成文字,不要出现模棱两可、一词多义的情况。

3. 谈判进度

这里谈判的进度指会谈的速度或会谈前预计的洽谈速度。谈判进度根据谈判内容的复杂性针对性安排,每个议题留出充足的讨论时间。

4. 谈判人员

谈判人员指每个谈判小组成员的具体情况,包括姓名、职务、地位及在此次谈判中的权力、地位和作用。

上述问题也许在谈判前双方就已经讨论过了,但在谈判开始前,仍有必要再就这些问题协商一次。最为理想的方式是以轻松、愉快的预期先谈双方容易达成一致意见的话题。比如:"咱们先确定一下今天的议题,如何?""先商量一下今天的大致安排,怎么样?"这些话,从表面上看,好像无足轻重,分量不大,但这些要求往往最容易引起对方肯定的答复,因此比较容易产生一种比较一致的感觉。如果对方急于求成,一开局就喋喋不休地大谈实质性问题,己方应巧妙地避开对方肯定的答复,把对方引到谈判目的、议程上来。如对方一开始就说:"来,咱们雷厉风行,先谈价格条款。"我方可以接着说:"好,马上谈,不过咱们先把会谈的程序和进度统一一下,这样谈起来效率更高。"这也是防止谈判因彼此追求的目标、对策想去甚远而在开局之初就陷入僵局的有效策略。

阅读材料4—5

中日韩自贸区第十二轮谈判

2017年4月13日,中日韩自贸区第十二轮谈判首席谈判代表会议在日本东京的椿山庄酒店举行。中国商务部副部长王受文、日本外务省外务审议官片上庆一、韩国产业通商资源部部长李相珍分别率各方代表团参加本轮谈判。三方就如何推动货物贸易、服务贸易、投资等重要议题取得更大进展深入交换意见。

【分析】本材料中,中日韩三方就中日韩自贸区的主要谈判议题交换意见,对谈判的内容、计划达成共识,为即将开始的正式谈判做准备。

(三)开场陈述

在报价和磋商之前,为了摸清对方的原则和态度,可作开场陈述和倡议。所谓开场陈述指谈判的参与方分别就己方的基本立场、观点和利益向对方进行阐述,让谈判对手了解己方的谈判期望、谈判风格和表达方式的过程。开场陈述只作原则性、方向性的阐述,不涉及具体内容。

陈述的内容通常包括:己方对问题的理解,即己方认为这次应涉及的问题;己方的利益,即己方希望通过谈判获得的利益;阐明哪些方面对己方来讲是至关重要的;己方可想对方作出的让步和商谈事项;己方可以采取何种方式为双方共同获得利益作出贡献;己方的原则,包括双方以前合作的结果,己方在对方心中享有的信誉,今后双方合作中可能出现的良好机会和障碍等。

陈述的时间应尽量各占一半,切忌出现独霸会场的局面。发言内容要简短而突出重点,恰如其分地把意图、感情倾向表示出来即可。例如,"希望有关技术方面问题的讨论结果,能使我们双方都满意。"开场陈述的方式一般有三种:书面陈述、口头陈述或书面结合口头陈述。但是要注意不管采取哪种方式,在用词和态度上,尽量轻松愉快、具有幽默感,以减少引起对方焦虑、不满和气愤的可能。

结束语需要特别斟酌,其要求是应表明己方陈述,只是为了使对方明白己方的意图,而不是向对方挑战或强加给对方接受。例如,"我是否说清楚了?""这是我们的初步意见。"等都是比较好的语句。陈述完毕后,要留出一定的时间让对方表示一下意见。同时,注意对方对自己的陈述有何反应,并寻找出对方的目的和动机与己方的差别。

阅读材料 4—6

大米出口谈判

我国某公司的一位经理在与外商谈一笔大米出口业务时,是这样陈述发言的:"诸位先生,我们已约定首先由我向各位介绍我方对这笔大米交易的看法。我们对这笔出口买卖比较感兴趣。在此之前,我们已经收到了其他几位买主的递盘,但我们与贵方是老朋友了,彼此有着很愉快的合作经历。因此我们首先与贵方进行实质性接触。这笔大米生意我们希望贵方能以现汇支付,并且通过这次合作的机会加深我们的友谊。"

作为回复,外商也作了一段简短的陈述:"根据双方确定的程序,轮到我了。我与贵方的想法一样,也希望把这笔买卖做成。我们认为最好的支付方式是用我们的橡胶,这在贵国也很需要。当然了,如果贵方的大米在价格上很有竞争力,我们也可以考虑用现汇支付。不多谈了,有需要澄清的吗?"

【**分析**】开场陈述简明扼要,表面己方立场。本材料中经理对本次谈判我方的利益、立场进行明确阐述。外商的回答也非常清晰,表明己方观点的同时保留余地,为后续的磋商、报价阶段创造了良好氛围。

第二节 国际商务谈判开局阶段的策略

一、开局阶段策略需要考虑的因素

不同内容和类型的谈判,需要有不同的开局策略与之对应。一般来说,确定恰当的开局策略需要考虑以下几个因素。

1. 考虑谈判双方之间的关系

谈判双方之间的关系,主要有以下几种情况:双方过去有过业务往来,且关系很好;双方过去有业务往来,关系一般;双方过去有业务往来,但己方对对方印象不佳;双方过去没有业务往来。

(1)双方过去有过业务往来,且关系很好。这种友好的关系应作为双方谈判的基础。在这种情况下,开局阶段的气氛就应是热烈、真诚、友好和愉快的。开局时,己方谈判人员在语言上应该是热情洋溢的,内容上可以畅谈双方过去的友好合作关系或双方之间的人员交往,亦可恰当地称赞对方企业的进步与发展,态度要比较自由、放松、亲切。在寒暄结束后,可以将话题切入实质性谈判:"过去我们双方一直合作得很愉快,我想这次我们仍然会合作愉快"。

(2)双方过去有过业务往来,关系一般。开局的目标是要争取营造一个比较好的和谐气氛,但是己方谈判人员在语言的热情程度上要有所控制;在内容上,可以简单回忆双方过去的业务往来及人员交往,亦可交流双方人员在日常生活中的兴趣和爱好。寒暄结束后,可以这样把话题切入实质性谈判:"过去我们双方一直保持着业务往来关系,我们希望通过这一次的交易磋商,将我们双方的关系推到一个新的高度"。

(3)双方过去有过业务往来,但我方对对方印象不佳。开局阶段的气氛应该是严肃、凝重的。己方人员在开局时,语言上注意礼貌的同时,应该比较严谨,甚至可以带一点冷峻。内容上可以就过去双方的关系表示不满和遗憾,以及表示通过磋商以改变这种状况的愿望。在态度上应该充满正气,与对方保持一定的距离。寒暄结束后,可以这样切入实质性谈判:"过去我们双方有过一段合作关系,但遗憾的是并不那么令人愉快,千里之行,始于足下,让我们从这里开始吧。"

(4)双方过去没有过业务往来。第一次交往应努力创造一种真诚、友好的气氛,以淡化和消除双方的陌生感以及由此带来的防备,为后面的实质性谈判奠定良好的基础。因此,己方谈判人员应表现出礼貌友好,又不失身份;内容上多以天气情况、途中见闻、个人爱好等比较轻松的话题为主,也可就个人在公司的任职时间、负责的范围、专业经历等进行一般性询问和交谈。态度上应不卑不亢,沉稳中不失热情,自信但不傲气。寒暄结束后,可以这样切入实质性谈判:"这笔交易是我们双方的第一次业务交往,希望它能成为我们双方发展长期友好合作关系的一个良好开端。我们都是带着希望来的,我想只要我们共同努力,我们一定会满意而归。"

2. 考虑双方的实力

就双方的实力而言,有以下三种情况:

(1)双方谈判实力相当,为了防止一开始就强化对手的戒备心理和激起对方的对立情绪,以致影响实质性谈判,在开局阶段,仍然要营造友好、轻松、和谐的气氛。己方谈判人员在语言和姿态上要做到轻松又不失严谨、礼貌又不失自信、热情又不乏沉稳。

(2)如果我方谈判实力明显强于对方,为了使对方能够清醒地意识到这一点,并且在谈判中不抱过高的期望值,可显示某些威慑作用,同时又不至于将对方吓跑,在开局阶段,在语言和姿态上,既要表现得礼貌友好,又要充分显示出本方的自信和气势。

(3)如果我方谈判实力弱于对方,为了不使对方在气势上占上风,从而影响后面的实质性谈判,开局阶段在语言和姿态上,一方面要表示出友好,积极合作;另一方面也要充满自信,举止沉稳,谈吐大方,使对方不至于轻视我方。

二、开局阶段策略

1. 一致式开局策略

一致式开局策略指以协商、肯定的语言进行陈述,使对方对己方产生好感,产生双方对谈判的理解充满"一致性"的感觉,从而使谈判双方在友好、愉快的气氛中展开谈判工作。比如,"咱们先确定一下今天的议题如何呢?""张总,要不你们先说说你们的想法?"

一致式开局策略比较适用于谈判双方实力比较接近,双方过去没有商务往来的情况。第一次接触,双方都希望有一个好的开端。因此,要多用外交礼节性语言、中性话题,使双方在平等、合作的气氛中开局。

一致式开局策略还有一种途径,就是在谈判开始时以问询的方式或者补充方式使对手走入己方的既定安排,从而使双方达成一致和共识。

阅读材料 4—7

美丽的亚美利加[①]

1972年2月,美国总统尼克松访华,中美双方将要进行一场具有重大历史意义的国际谈判。为了营造一种融洽和谐的谈判环境和气氛,我方在周恩来总理的亲自领导下,对谈判过程中的各种环境都作了精心而又周密的准备和安排,甚至对宴会上要演奏的中美两国民间乐曲都进行了精心地挑选。在欢迎尼克松一行的国宴上,当军乐队熟练地演奏起由周总理亲自选定的《美丽的亚美利加》时,尼克松总统简直听呆了,他没有想到能在中国北京听到如此熟悉的歌曲。因为,这是他平生最喜欢的并且是曾在他的就职典礼上演奏的家乡乐曲。敬酒时,他特地到乐队前表示感谢,此时,国宴达到了高潮,而融洽而热烈的气氛也同时感染了美国客人。一个小小的精心安排,赢得了和谐、融洽的谈判气氛,这不能不说是一种高超的谈判艺术。

【分析】 本材料中,周恩来总理精心布置的谈判环境使尼克松总统在陌生的国度获得熟悉感,从而对中方谈判人员产生好感,双方对谈判的容易形成一致性理解,也为后续谈判创造良好开端。

2. 保留式开局策略

保留式开局策略指在谈判开始时,对谈判对手提出的关键性问题不作彻底的、确切的回答,而是有所保留,从而给对手造成神秘感,以吸引对手步入谈判。

需要注意的是在采取保留式开局策略时不要违反商务谈判的道德原则,即以诚信为本,向对方传递的信息可以是模糊信息,但不能是虚假信息;否则,会使自己陷入非常

[①] 资料来源:方其.商务谈判:理论、技巧、案例[M].北京:中国人民大学出版社,2005.

难堪的局面之中。

阅读材料4—8

天下第一雕刻[①]

国内某工艺雕刻厂原是一家濒临倒闭的小厂，经过几年的努力，其产品打入了日本市场，被誉为"天下第一雕刻"。有一年，日本三家株式会社的老板同一天到该厂订货。其中一家资本雄厚的大商社，要求原价包销该厂的佛坛产品。这虽说是好消息，但该厂想到，这几家原来都是经销韩国、中国台湾地区产品的商社，为什么争先恐后、不约而同到本厂订货呢？他们查阅了日本市场的资料，得出的结论是本厂的木材质量上乘、技艺高超，这是吸引外商订货的主要原因。于是该厂采用了"待价而沽""欲擒故纵"的谈判策略。先不理会那家大商社，而是积极抓住两家小商社求货心切的心理，把佛坛的梁、柱等分别与其他国家的产品作比较。在此基础上，该厂将产品当金条一样争价钱、论成色，使其价格达到理想的高度。首先与小商社拍板成交，造成那家大客商产生失落货源的危机感。那家大客商不但更急于订货，而且想垄断货源，于是大批订货，以致订货数量超过该厂现有生产能力的好几倍。

【分析】本材料中该厂谋略成功的关键在于其策略不是盲目的、消极的。首先，该厂产品确实好；其次几家客商求货心切，在货比货后让客商折服；最后是巧于审势、布阵。先与小客商谈，并非疏远大客商，而是牵制大客商，促其产生失去货源的危机感，这样订货数量和价格才有大幅度增加。

（三）坦诚式开局策略

坦诚式开局策略指以开诚布公的方式向谈判对手陈述自己的观点或想法，从而为谈判打开局面。坦诚式开局策略比较适合有长期的合作关系的双方，以往的合作双方都比较满意，双方彼此比较了解，不用太多的客套，减少了很多外交辞令，节省时间，直接坦率地提出自己的观点、要求，反而更能使对方对己方产生信任感。采用这种策略时，要综合考虑多种因素，例如自己的身份、与对方的关系、当时的谈判形势等。坦诚式开局策略有时也可用于谈判力弱的一方。当我方的谈判力明显不如对方，并为双方所共知时，坦率地表明己方的弱点，让对方加以考虑，更表明己方对谈判的真诚，同时也表明对谈判的信心和能力。

阅读材料4—9

汽车配件合资项目[②]

江苏北方的一个城市曾与美籍华侨洽谈一个合资的汽车配件项目。开始时，这个华侨对这个项目兴趣不大，只是在亲友的一再劝说下，才答应与之进行接触。这个城市

---

① 资料来源：道客巴巴.
② 资料来源：吴晓红.气氛营造对商务英语谈判的影响——以开局阶段为例[J].长沙大学学报，2016(03)：98～100.

的洽谈小组在会谈中对这位华侨态度十分友好,而且非常坦率,他们把自己的实际情况,包括这个项目的目的、项目对当地汽车发展的重要性、独资兴办该项目存在的困难以及他们对华侨的期望等和盘托出。这位华侨为其的坦率深受感动,提出了建议。最后,双方签订了意向书。

【分析】本材料中江苏北方城市的谈判小组以其诚恳的态度、坦诚相待的做法,让华侨在心理防卫上放松了警惕,彼此之间感情加深,为谈判最终成功创造条件。

(四)进攻式开局策略

进攻式开局策略指通过语言或行为来表达己方强硬的姿态,从而获得对方必要的尊重,并借以制造心理优势,使得谈判顺利地进行下去。采用进攻式开局策略一定要谨慎,因为在谈判开局阶段就设法显示自己的实力,使谈判开局就处于剑拔弩张的气氛中,对谈判进一步发展极为不利。

进攻式开局策略通常只在这种情况下使用:发现谈判对手在刻意制造低调气氛,这种气氛对己方的讨价还价十分不利,如果不把这种气氛扭转过来,将损害己方的切身利益。

5. 挑剔式开局策略

挑剔式开局策略指开局时,对对手的某项错误或礼仪失误严加指责,使其感到内疚,从而达到营造低调气氛,迫使对方让步的目的。

阅读材料 4—10

成套设备采购谈判

巴西一家公司到美国去采购成套设备,巴西谈判小组成员因为上街购物耽误了时间。当他们到达谈判地点时,比预定时间晚了 45 分钟。美方代表对此极为不满,花了很长时间来指责巴西代表不遵守时间,没有信用。对此巴西代表感到理亏,只好不停地向美方代表道歉。谈判开始以后美方似乎还对巴西代表来迟一事耿耿于怀,一时间弄得巴西代表手足无措,说话处处被动。无心与美方代表讨价还价,对美方提出的许多要求也没有静下心来认真考虑,匆匆忙忙就签订了合同。等到合同签订以后,巴西代表平静下来,头脑不再发热时才发现自己吃了大亏,上了美方的当,但已经晚了。

【分析】本材料中美国公司谈判代表在谈判开局采用的是挑剔式开局策略。美方代表抓住巴方代表迟到的把柄死死不放,连续指责,目的就是让巴方感到内疚,开局就处于被动地位,而美方能够借助自己的有利地位,在谈判中尽可能多地得到利益。

第三节 国际商务谈判开局阶段的技巧

良好的谈判氛围是诚挚、合作、轻松、友好而又认真的。良好的谈判气氛是保证谈判平等互利的基础,创造积极而热烈的气氛可以选用以下几种技巧。

一、感情攻击法

通过某一特殊事件来引发普遍存在于人们心中的感情因素,使这种感情迸发出来,从而达到营造气氛的目的。运用这种方法的前提是了解对方谈判人员的个人情况,尽可能了解和掌握谈判对手的性格、爱好、兴趣、专长、职业、经历以及处理问题的风格、方式等,投其所好会取得意想不到的成功。

阅读材料 4-11

里根访问复旦大学

美国前总统里根访问复旦大学,面对100多名初次见面的学生,他的开场白一下拉近了双方关系:"其实,我和你们学校有着密切的关系,你们的谢希德校长同我夫人都是史密斯学院的校友,照此看来,我和各位自然也就都是朋友了!"此话一出,全场鼓掌,接下去的交流十分热烈。

阅读材料 4-12

拉第埃的情感"促销"

法国空中客车当年推销相当艰难,因为正值世界经济衰退,公司派了销售部贝尔那·拉第埃去印度航空公司谈飞机销售,谈判对手是印航主席拉尔少将。

拉第埃见到拉尔少将时说:"是你使我有计划回到我的出生地。"然后介绍自己的身世,最后拿出一张相片,是圣·甘地和一个小孩。他告诉拉尔:"那个孩子是我,当年父母带我去欧洲时与甘地同乘一条船。"

拉第埃首先通过介绍自己与印航主席同是印度人拉近感情距离,再利用印度人都很崇拜甘地与拉尔产生感情共鸣,结果谈判非常成功。

【分析】在两段材料中,里根借助自己夫人与谢希德校长是校友、拉第埃凭借自己与拉尔同为印度人以及印度人对甘地的崇拜之情引发对方的感情共鸣,从而营造轻松、友好的开局气氛。

二、称赞法

通过称赞对方来削弱对方的心理防线,从而调动对方的谈判热情,调节对方的情绪,营造热烈的气氛。出自肺腑的赞美,总是能产生意想不到的效果。人一旦被认可其价值时,总是喜不自胜。选择这种方法时要注意以下几点:

(1)选择恰当的称赞目标。选择称赞目标的基本原则是投其所好。即选择那些对方最引以为豪的,并希望己方注意的目标。

(2)选择恰当的称赞时机。如果时机选择得不好,称赞法往往适得其反。

(3)选择恰当的称赞方式。称赞方式一定要自然,不要让对方认为自己是在刻意奉承他,否则会引起其反感。

阅读材料 4—13

亚当森的称赞技巧

美国著名的柯达公司创始人乔治·伊斯曼捐赠巨款在罗彻斯特建造一座音乐厅、一座纪念馆和一座戏院。为承接这些建筑物内的座椅,许多制造商展开激烈的竞争。但是,找伊斯曼谈生意的商人无不乘兴而来,败兴而归。正是在这样的情况下,美国优美座位公司的经理亚当森前来会见伊斯曼,希望能够得到这笔价值 9 万美元的生意。

伊斯曼的秘书在引见亚当森前,就对亚当森说:"我知道您急于想得到这批订货,但我现在可以告诉您,伊斯曼先生是一个很严厉的大忙人,如果您占用了他 5 分钟以上的时间,您就完啦。"亚当森微笑着点头称是。

亚当森被引进伊斯曼的办公室后,看见伊斯曼正埋头于桌上的一堆文件,于是静静地站在那里仔细地打量起这间办公室来。过了一会,伊斯曼抬起头,发现亚当森,便问道:"先生有何见教?"这时,亚当森没有谈生意,而是说:"伊斯曼先生,在等您的时候,我仔细地观察了您的这间办公室。我本人长期从事室内的木工装修,但从来没见过装修得这么精致的办公室。"

伊斯曼回答说:"哎呀!您提醒了我,这间办公室是我亲手设计的。"伊斯曼心情极好,便带着亚当森仔细地参观起办公室来了,他把办公室内所有的装饰一件件向亚当森作介绍。亚当森看到伊斯曼谈兴正浓,便好奇地询问起他的经历。伊斯曼便向他讲述了自己苦难的青少年时代的生活,母子俩如何在贫困中挣扎的情景,自己发明柯达相机的经历,以及自己打算为社会所做的巨额的捐赠……

亚当森由衷地赞扬他对公益事业的热心。结果,亚当森和伊斯曼谈了一上午。最后,亚当森不但得到了大批的订单,而且和伊斯曼结下了终生的友谊。

【分析】在本材料中,亚当森进入伊斯曼的办公室并没有直接讨论座椅的交易,而是夸赞办公室的装修,恰好这间办公室的设计是伊斯曼亲手操作的,激发了伊斯曼的喜悦和自豪感,双方感情拉近,交易达成也就顺理成章了。

三、幽默法

幽默是一门高超的语言艺术,在紧锣密鼓的商务谈判中,若能把幽默运用得当,可以增进双方之间的感情,强化信任感,消除对方的戒备心理,从而建立起良好的谈判开局气氛。但是也要注意,采取幽默法要选择恰当的时机以及采取适当的方式,要收发有度。

阅读材料 4—14

幽默的回答[①]

李厂长与王经理相约晚上 7 点在生态园吃饭和谈生意,可是李厂长却迟到了一个

---

① 资料来源:吴晓红.气氛营造对商务英语谈判的影响——以开局阶段为例[J].长沙大学学报,2016.5.

小时,他非常抱歉地说:"对不起,我来晚了,让你饿了这么久。""没关系,我已经饱餐了美食的香气和绿色的空气。"王经理答道。

【分析】在此材料中,王经理巧妙地用幽默的手法来委婉含蓄地表达自己的不满,这样既可以表达自己的不满,又不让李厂长感到尴尬,而李厂长会在王经理的幽默中更愧疚。高调气氛通常会促进谈判的开局及谈判的顺利进行,谈判对手在这种谈判气氛中,常常会以积极乐观的态度往对自己有利的方面进行谈判,因此高调气氛易于促进交易的达成。

四、问题引诱法

这种方法是指提出一些尖锐问题诱使对方与自己争论,通过争论使对方逐渐进入谈判角色。这种方法通常在对方谈判热情不高时采用,有些类似于"激将法"。但是,这种方法很难把握好火候,在使用时应慎重一些,选择好退路。

第四节　国际商务谈判开局阶段的礼仪

一、问候礼仪

问候,亦称问好、打招呼。一般来说,它是人们与他人相见时以语言向对方进行致意的一种方式。现今城市生活节奏紧张,大家各忙各的,对他人关心少了,人际关系趋于淡薄,问候礼节常被忽视,造成彼此关系不协调和误会,提醒、强调一下问候礼节,很有必要。

(一)问候的次序

1. 一人对应一人问候

一个人与另外一个人之间的问候,通常应为"位低者先行"。即双方之间身份较低者首先问候身份较高者,才是适当的。

2. 一人对应多人问候

一个人向多人问候时,既可以笼统地问候,也可以逐个问候。在逐一问候多人时,可以由尊而卑地依次而行,也可以由近而远地依次而行。

(二)问候的态度

问候,是敬意的一种表现。问候他人时,在态度上需要注意:

(1)主动。问候他人,理应积极、主动。当他人首先问候自己之后,亦应立即予以呼应,不要不理不睬、摆架子。

(2)热情。在问候他人时,要主动、热情、友好。毫无表情或者表情冷漠的问候不如不问候。

(3)自然。问候他人时主动、热情的态度,必须表现得自然而大方。矫揉造作、神态夸张或者扭扭捏捏,反而给人留下虚情假意的印象。

(4)专注。问候的时候,双目注视对方的两眼,以示口到、眼到、意到。不要在问候对方的时候,眼睛看到别处,让对方不知所措。

(三)问候的内容

问候他人,在具体内容上大致有两种形式,它们各有自己适用的不同范围。

1. 直接式问候

直接式问候即是直截了当地以问好作为问候的主要内容。它适用于正式的人际交往,尤其是宾主双方初次相见。

2. 间接式问候

间接式问候是以某些约定俗成的问候语,或者在当时条件下可以引起的话题,诸如"忙什么呢?""您去哪里?",来替代直接问好。它主要适用于非正式交往,尤其是经常见面的老熟人之间。

问候他人时,除了具体内容应依据其适用范围的不同而加以区别外,还须避免采用下述一些不合常规的内容:

(1)令人不快的内容。假定问候他人"你有病吗?""最近在吃什么药?",显然都有可能令对方感到不满。

(2)打探隐私的内容。凡有可能涉及个人隐私的问候,如"年薪多少"等,通常不宜采用。对美国人而言,年龄是非常敏感的问题,特别是对年过三十的女人更是如此,她们最不愿意被人问及的问题就是:"你多大了?"因此,在问候时要避免涉及婚姻、信仰、体重、年龄、收入等话题。

(3)易被误解的内容。有些约定俗成的问候内容,仅适用于某一特定的区域。例如,"您吃过饭没有?"就在北京地区广为应用。但若不分对象地推而广之,有时就难免被人误会。

(四)问候的方式

1. 文字问候

采用文字问候,是因距离远,或虽距离近,而不便见面的时候。不论给父母或朋友写信,开头总会写上:"你(您)好!""身体好吗!""工作忙吗!"等问候语。电报问候形式郑重,对外交往使用较多,祝贺(节日、生日、就职等)、慰问(灾害、生病、遇险等)、吊唁等都属于这一类。现在通讯发达,电脑、手机普及,电子邮件、短信以及视频等形式问候渐成时尚。

2. 言语问候

言语问候,又分当面和电话两种方式,以当面问候更为直接、亲切。问候语言简明扼要,内容贴近人们的身体健康、日常生活,如"身体好吗?""忙吗?"等。过去北京常以"吃了吗?"其他国家也有类似这种"词不达意"的问候语言,如在阿拉伯游牧国家,人们见面常用的问候语是"牲口好吗?"等。不了解当地风俗,猛一听到这种问候,肯定会不知所措。不过,时代在发展,各国人民交往日益广泛、紧密,问候语言互相借鉴,国际间正在形成某些通用的问候语言,如"您好!""大家好!""早晨好!""晚上好!"等。但是,这并不妨碍保持民族传统,中华民族问候语言丰富,如"久仰!""幸会!"等,这些问候语文雅、富有表现力。

3. 肢体问候

以肢体动作问候人,主要是手的动作,如招手、拱手、握手等。以头部动作和脸部表情问候人,也很常见。公共场合,在较远的地方看到熟人,可举手问候,方法是抬起右臂,掌心向前方伸直,左右摆动手掌,或摘下帽子,向其摆动。近距离问候人时,多以右手或双手与其相握。当然,老友好久不见,相互拥抱、拍打背部,则是热情的问候方式。至于以亲吻对方脸部来表达的问候,我国比较少见。点头会意,互致问候,适用于安静或嘈杂等不宜交谈的场合。以鞠躬问候人,适合于少对老,个人对众人。以微笑问候人,适用于对不相识、初相识者,也适用于在同一场地的不同场合,多次见到的熟人。

二、介绍礼仪

心理学家研究发现,第一印象的形成非常短暂,却是最深刻、最鲜明、最牢固的。所以国际商务谈判中应了解并掌握介绍礼仪。介绍是指通过一定的方式使交往双方互相认识,并对对方有一定程度的了解。介绍可分为自我介绍和他人介绍两种。

(一)自我介绍

自我介绍是指主动向他人介绍自己,或是应他人的要求而对自己的情况进行一定程度的介绍。自我介绍的基本格式:问候语+我是×××+对名字的说明+我的兴趣(可以是工作或爱好)+结束语。例如:"我来到这里之前既没勇气也不够聪明,来到这里以后,发现自己既有智慧又勇敢了,大家好,我是刘智勇,爱好旅游,很开心和你们一起学习成长。"如果你的工作专业性比较强,或者你想在介绍中植入广告,那么你就要提前准备好介绍词。例如你是做有机蔬菜销售的,对素食者或西餐爱好者,你可以这样介绍:"人们最喜欢用我提供的蔬菜做蔬菜沙拉,不仅安全健康,口感也超好。"如果你希望成为大家的好朋友,在自我介绍时,多加一句,"朋友们都叫我 Lily,Lily 希望和大家也能成为好朋友。"进行自我介绍需要注意以下三点:

1. 介绍简短

自我介绍时,一定要掌握好时间。介绍的时间不宜过长,一般以半分钟左右为佳,最多不超过一分钟。为了节约时间,作自我介绍时,还可以利用名片、介绍信加以辅助。

2. 内容真实完整

自我介绍要实事求是,不要夸大其词。在不同的场合,自我介绍的内容有一定的区别,在应酬式的自我介绍中,只需介绍自己的姓名。正式的自我介绍中,本人的姓名、工作单位、所在部门、具体职务要作介绍全面。

3. 态度诚恳

进行自我介绍时,态度一定要亲切随和、彬彬有礼,不能虚张声势、轻浮夸张、矫揉造作。自我介绍时的态度一定要亲切、大方、自然、不卑不亢,不可忸怩、左顾右盼,要勇于展示自己,树立自信,让别人产生希望与你交往的意愿。要把握好用词的分寸,切忌一开始便炫耀自己的身份、门第、学识,而故意贬低自己,也会让人觉得虚假、不诚实。

(二)介绍他人

介绍他人指由某人为彼此不认识的双方互相介绍和引见的一种认识方式。介绍他人最能展示一个人的社交影响力。商业场合介绍语的一般格式为姓名＋公司名＋职务,例如:"刘董,这是凯旋公司的李总。""李总,这位就是锋利公司的刘董。"社交场合介绍语的一般格式为姓名＋爱好。例如:"这是李跃进先生,他对茶颇有研究。""这是刘一欢先生,他刚从南极回来。"在介绍时要注意以下几点:

1. 了解双方是否有结交的愿望

介绍者为被介绍者介绍之前,首先要先征求被介绍双方的个人意愿,不要贸然行事,让被介绍者措手不及。为了增进相互信任和了解,可以先说明被介绍人与自己的关系。

2. 介绍时要遵循一定的顺序

为他人做介绍时,遵守"尊者优先了解情况"的原则。一般是先介绍身份低、年纪轻的一方,后介绍身份高、年龄大的一方;先介绍男士后介绍女士;先介绍职务低的,后介绍职务高的;介绍来宾与主人认识时,先介绍主人,后介绍来宾;介绍同事、朋友与家人认识时,应先介绍家人,后介绍同事、朋友。这样可以使位尊者优先了解对方的情况,在交际应酬中掌握主动权,以示对地位高者的尊重。介绍时一般应起立,向对方点头示意。但在餐桌上或会谈时也可以不起立,被介绍者只要微笑点头即可。

介绍的语言宜简不宜繁。较正规的介绍,使用敬辞,如:"××女士,请允许我向您介绍,这位是……"较随便的介绍,如"××先生,我来介绍一下,这位是……"

作为介绍人,在为他人作介绍时,态度要热情、友好、认真,切忌敷衍了事和油腔滑调。介绍双方时,要一视同仁,不可以详细介绍一方,粗略介绍另一方。在社交、商务和政务场合,所介绍的内容也应加入自己的信息,它反映了介绍人对被介绍人的评价和看法。在介绍中要避免过分赞扬某个人,不要给人留下厚此薄彼的感觉。在介绍别人时,最好使用双方全名,或是用姓氏加头衔,以示郑重。

作为被介绍人,如果介绍人说错了你的姓名,不要急于纠正介绍人。等介绍人介绍完双方,你们握手时,你再说一遍自己的姓名即可,这是风度;还有一种情况,介绍人介绍到你的时候,突然忘记你的名字:"这位是……"你要立即接过话茬儿:"锋利公司刘一欢。"

阅读材料4—15

尴尬的介绍[①]

小顾有心让朋友老张和自己的新朋友小朱认识,正好小朱陪小顾看展览,遇到了老张。小顾马上热情地招呼老张。小顾先对小朱说:"这就是我常和你提起的老张,是泥塑高手。"随即对老张说:"老张,这是我新认识的朋友小朱,对泥塑挺有研究的。"人到中年的老张见小朱只是个20多岁的普通青年,打个哈哈就走了,不仅没接受小朱这个朋友,把小顾也被冷落到一边儿去了。

【分析】介绍他人要注意"尊者为先""尊者享有优先知情权"。本材料中老张比小朱年长,应该先将小朱介绍给老张,小顾显然违反这一原则,所以小顾此番介绍以失败而告终。

三、名片礼仪

名片是现代商务交往中经济实用的交际工具。它是一种自我的"介绍信"和"联谊卡"。名片的规格一般为工作单位在名片的正面上方,中间有姓名、职务,下方是邮政编码、地址、电话、电子邮箱等联系方式。名片的背面可以是相同内容的外文,也可以说明业务范围。

(一)名片的递接

1. 交换名片的顺序

一般来说,地位低者、晚辈或客人先向地位高者、长辈或主人递上名片,然后再由后者予以回赠;递名片顺序要先职务高后职务低,由近而远,圆桌上按顺时针方向开始。

2. 名片的递送

向他人递名片时,最好是起身站立,面带微笑,将名片正面面向对方,调整到最适合对方看的位置,不必提职务、头衔,只要把名字重复一下即可,用双手或右手递给对方。不要把名片举得高于胸部,不要用手指夹着给人。递名片的同时可以说些友好、礼貌的话,比如"认识您真高兴""请多指教"或"今后保持联系"等。

3. 名片的接受

接过名片后应致谢,并认真地看一遍。如有疑问,应主动向对方请教,表示对对方的重视;看完后要妥善地收好名片(放入上衣口袋或放名片夹里);接受名片后,一般不宜随手置于桌上。如果暂放在桌面上,切忌在名片上放其他物品,也不可在手上摆弄,更不要在离开时漏带名片。

[①] 资料来源:百度文库.

(二)名片使用的注意事项

1.名片的放置

名片应该放在精致的名片夹中,保持整洁,并要妥善保管。一个没有名片的人,将被视为没有社会地位的人。因此要随身携带,并保证自己带着足够的名片。另外,最好将自己的名片夹和别人的名片夹分开。否则,一旦慌乱中弄错,是很糟糕的事情。

2.名片使用"三不准"

(1)名片不随意涂改。名片被喻为一个人的"颜面",随意涂改只能表明其为人处世敷衍了事、马马虎虎。因此,名片的格式和语言的选择一定要规范。准备要与外商合作的时候要充分考虑到对方的国籍及语言,最好在名片的背面用对方使用的语言,如果是与多个国家的外商合作时,背面当然就要使用国际标准语言——英文。

(2)不提供私宅电话,只提供办公电话和移动电话,保护隐私。

(3)名片上一般不提供两个以上的头衔。"闻道有先后,术业有专攻"。如果一个名片上有多个头衔,有三心二意、用心不专、蒙人之嫌。因此很多有身份、有地位的外国客人,身上会有好几种名片,对不同的交往对象,强调自己不同的身份,使用不同的名片。

阅读材料4-16

如何礼貌索要名片[①]

春季商品交易会,各方厂家云集,企业家们济济一堂。华新公司的徐总经理在交易会上听说衡诚集团的崔董事长也来了,想利用这个机会认识这位素未谋面而又久仰大名的商界名人。午餐会上他们终于见面了,徐总彬彬有礼地走上前去:"崔董事长,您好,我是华新公司的总经理,我叫徐刚,这是我的名片。"说着,便从随身带的公文包里拿出名片,递给对方。崔董事长显然还沉浸在与人交谈中,他顺手接过徐刚的名片,说了一声"你好",草草地看过,放在一边的桌子上。徐总在一旁等了一会儿,并未见崔董事长有交换名片的意思,便失望地走开了。

【分析】本材料中崔董事长接过名片后既没有认真看名片的内容,也没有把名片放置在合适的位置,随手放在桌子上,这些都是非常失礼的行为,在商务活动中应避免出现这样不礼貌的举动。

四、通信礼仪

前面主要讲的是面对面的礼仪,这部分就来讲讲通信礼仪。通信礼仪通常分为:手机电话礼仪、短信礼仪、电子邮件礼仪、社交软件(微信、QQ)礼仪。

(一)手机电话礼仪

对于刚刚认识的朋友,打电话可以参考类似"称呼——你好——自我介绍——抱歉

[①] 资料来源:豆丁网.

占用对方时间——请教提问"这样的说话顺序。例如,"李总,你好。我是昨天在经济论坛上和你面谈过的顺达运输公司的陈东。""哦,陈总,你好!""李总啊,抱歉占用你一点时间,昨天你对明年经济趋势的观点非常棒,我深受启发。不知道李总下午有空吗?我想当面向你请教一下。"

公共场合的电话礼仪很多人都不太在意,比如餐桌上:吃饭时不能埋头玩手机;手机最好调成振动模式;手机铃声不要选择怪异声音;手机不要摆在桌面上;有电话来了或者要接电话,可以向其他人说"抱歉,我出去一下。"然后离开餐桌去打电话;如果你的电话来电太频繁,那么要把手机调成静音或者干脆关机,饭后再回复。

(二)短信礼仪

由于微信的出现,短信的使用频率越来越低了,但仍有很多人认为,短信还是稍显正式一些,所以重要事情建议还是短信通知,然后电话确认比较合适。写短信与写信或者电子邮件一样建议正式一些,当然,既然叫短信,最好还是简短地表达自己的意思。参考格式"称呼——事情——署名",例如,"李总:看你平时日理万机,要注意保重身体。今天是元旦,祝你节日快乐,身体健康! 顺达运输陈东。"

(三)邮件礼仪

电子文件属于重要文档,电子邮件通常被人们看作信件的代替品,也可以成为法律上的证据,因而电子邮件的重要性不容小觑。一封好的电子邮件需使用和现代书信一样的格式"敬语称呼(顶格写)冒号——问好(另起一行缩二格)——正文——此致、顺祝、恭祝(结尾空二格写)——安好、商祺等(另起一行顶格写)——署名——日期"。电子邮件发完,建议打对方手机来确认是否收到邮件。

(四)社交软件礼仪

微信、QQ是普及性很高的社交软件,和其他通信方式比,其特点是可以使用表情符号。遇到一些不好回答、一下子不知道如何回应的情况时,可以用一些有意思的表情符号展示你的幽默与亲近。现在很多人通过微信来问候,微信的问候内容比短信可以稍长一些,格式相似。别人转发的问候语只能借鉴,不要完全复制转发,那样显得很没诚意。

本章小结

本章内容主要包括国际商务谈判开局阶段的含义、技巧以及策略。商务谈判开局是谈判双方真正开始接触的阶段,这一阶段时间虽然短暂,但是它对谈判能否顺利进行起到重要的影响作用。良好的开局将为谈判成功奠定坚实的基础,因此谈判人员应高度重视开局阶段,熟练运用技巧与策略,为顺利进入下一阶段作准备。

练习题

一、名词解释
1. 开局阶段
2. 谈判气氛
3. 谈判进度
4. 坦诚式开局策略

二、简答
1. 国际商务谈判开局阶段的任务有哪些？
2. 国际商务谈判开局阶段的策略有哪些？
3. 名片使用中的注意事项有哪些？

三、案例分析
一中国谈判小组赴中东某国进行一项工程承包谈判。在闲聊中，中方负责商务条款的成员无意中评论了中东盛行的伊斯兰教，引起对方成员的不悦。当谈及实质性问题时，对方较为激进的商务谈判人员丝毫不让步，并一再流露撤出谈判的意图。

思考：
1. 案例中沟通出现的障碍主要表现在什么方面？
2. 这种障碍导致谈判出现了什么局面？
3. 应采取那些措施克服这一障碍？
4. 从这一案例中，中方谈判人员要吸取什么教训？

实训·情景模拟

实训目标：通过实训帮助学生掌握国际商务谈判开局阶段的相关程序、技巧和礼仪。从实训情景中捕捉信息完成实训过程。

实训组织：1. 将学生分成若干小组，每组成员 2～4 人；
2. 可以直接由小组成员表演完成，也可以由队员进行解说；
3. 请各小组自行准备情景相关道具、服饰。

实训内容：请根据以下场景，2～4 人为一组进行情景模拟。

1. 在产品展销会上，客商云集，王经理见到了业务伙伴李经理，王经理被李经理介绍给其客户张厂长，这时王经理想要得到张厂长的名片，请问该怎么办？
2. 在产品展销会上，客商云集，王经理见到了业务伙伴李经理，王经理被李经理介绍给其客户张厂长，这时王经理想要得到张厂长的名片，将自己的名片递给张厂长,但张厂长却没有交换自己的名片给王经理,请问王经理该怎么办?

3.在产品展销会上,客商云集,业务员小王遇到了自己久仰的企业家,小王想获得对方的名片,请问该怎么处理?

4.某高校校长、副校长和办公室主任一行三人应邀去某公司参加座谈会,在公司大厅迎接的是公司董事长、总经理和办公室人员,双方见面,应分别由谁来介绍?介绍的顺序是怎样的?

实训思考: 名片使用中的注意事项有哪些?如何进行相互介绍?

第五章　国际商务谈判报价阶段的策略、技巧与礼仪

学习目标

(一)知识目标

1. 了解报价阶段的基本内容；
2. 掌握报价阶段的策略和技巧；
3. 能够熟知报价阶段的礼仪。

(二)技能目标

1. 会运用报价阶段的策略和技巧；
2. 熟练运用礼仪实现成功报价。

开篇案例

撒切尔夫人的高报价①

　　1975年12月，在柏林召开的欧洲共同体各国首脑会议就削减英国支付共同体用费的问题进行谈判。各国首脑们原以为英国政府可能希望削减3亿英镑，从谈判的惯例出发，撒切尔夫人会提议削减3.5亿英镑，这样他们就在谈判中提议可以考虑同意削减2.5亿英镑。这样讨价还价谈判下来，各方会在3亿英镑左右的数目上达成协议。

　　然而，令各国首脑们始料未及的是，撒切尔夫人狮子大开口，报出了10亿英镑的高价，首脑们对此瞠目结舌，一致坚决地反对。可撒切尔夫人坚持己见，在谈判桌上始终表现出不与他国妥协的姿态，共同体各国首脑——这些绅士们，简直拿这位"铁娘子"没有任何办法，不得不迁就撒切尔夫人。谈判结果不是在3.5亿英镑，也不是在2.5和10亿英镑的中间数——6.25亿英镑，而是在8亿英镑的数目上达成一致，即同意英国对欧洲共同体每年负担的经费减少8亿英镑。

　　撒切尔夫人用报高价的手法获得了谈判的巨大成功。

　　【分析】此案例中，撒切尔夫人熟练地运用先报价的优势，将先报的10亿英镑作为讨价还价的界限，超出对手的期望值，打破了对方原有的部署，迫使对方改变计划，并最

---

① 资料来源：撒切尔夫人的强硬智慧[EB/OL].中国服务贸易指南网，2018—01—10.

终接受了8亿英镑的价格。其蕴含的谈判策略是：先报价如果超出对方的设想，往往可以打破对方原有的部署，甚至动摇对方原来的期望值，使其失去信心。

第一节　商务谈判报价阶段

在国际商务谈判中，谈判双方在结束了非实质性的交谈之后，要将话题转向交易的正题，即开始报价。报价及报价后的磋商阶段是整个商务谈判的核心。国际商务谈判中的报价，不仅仅包含产品的价格要求，还包括产品的其他一系列要求，例如商品的数量、质量、包装、运输、保险、支付方式，以及检验检疫、索赔、仲裁等各种交易条件。其中，价格谈判是商务谈判的重中之重。

一、报价的定义

狭义的报价，是指商务谈判议题的核心——价格，而广义的报价，不仅仅局限于商品的价格，还泛指谈判一方向谈判对手提出的有关整个交易的所有要求，包括商品的质量、数量、价格、包装、运输、保险、支付、商检、索赔、仲裁等各项交易条件。其中价格条款最为显著，地位最为重要。如果报价得当，则会在以后的谈判中占据主动；如果报价不当，则会在以后的谈判中处于被动。因此，报价策略的有效运用对于实现谈判目标具有十分重要的意义。

阅读材料5—1

外贸函电中的报价

在外贸函电中，狭义的报价就是报价，广义的报价是报盘。两者英语翻译差异比较明显。报价翻译成quotation，指某一商品的单价；报盘翻译成offer，除单价外，还包括数量、交货期、付款方式等。

阅读材料5—2

FOB报价

如果采用的是FOB报价，商品的价格构成主要包含三部分：不含税的采购成本、国内费用和预期利润。其中不含税的采购成本又等于含税的采购成本减去出口退税。因此FOB价格核算公式如下。

FOB＝含税的采购成本－出口退税＋国内费用＋预期利润
　　＝[含税的采购成本×(1＋增值税税率－出口退税率)/(1＋增值税税率)＋国内费用]./(1－利润率)

上述公式即是FOB条件下商品价格核算的基础，唯一的未知数是利润率。利润率的设定既不能太高，也不能太低，要依据市场行情而定。利润率的选取应该在所获利润大小和对方接受该价格的可能性之间权衡,在留有足够让步空间的前提下,保证不至于失去潜在交易对象。依据此公式,根据设定的利润率,即可以实现合情合理的报价。

二、报价的类型

(一)按照提出报价的方式划分

1. 书面报价

书面报价是指谈判的一方提前准备了比较详细的资料,以文字、数据、图表等形式表述产品或项目的价格。内容主要包括商品介绍、价格、运输、包装、支付等核心条款,有时还包括己方愿意承担的责任等。书面报价内容全面、表达准确、有条理、不易产生遗漏和误解,形式相对正式,容易给对方信任感。在实际业务操作中,书面报价多以报价单的形式出现,还能以形式发票(预开发票)的形式给出。当对方面对这种形式的报价单时,会觉得产品价格可变动的幅度较小,讨价还价的余地也较小。书面报价过于确定,灵活性较小,报价后,如果在谈判过程中价格变化幅度过大,会令对方怀疑价格有较大水分。

2. 口头报价

口头报价是指谈判双方通过电话或面对面以口头的方式对价格进行描述。口头报价和书面报价在内容上都一致,但采用口头报价的谈判者可以借助感情因素和语言技巧等方式,根据自己的需要掌握谈判的进程,随时调整自己的谈判策略,以赢得对方好感。口头报价对于谈判双方责任的约束感较小,比较轻松。口头报价的要求是:严肃、明确、不附加评论。

(1)严肃。严肃是指报价人态度要严肃、坚决果断,自信心要强、不动摇、不迟疑,这样才会使对方相信。

(2)明确。明确是指报价人表达要清楚、概念要准确、数字要清晰,避免口误或音误。当语言交流出现障碍时,可以将报价写在纸上传送给对方。

(3)不附加评论。不附加评论是指报价时,不必主动解释和评论。报价人主动解释、评论报价,反而会使对方怀疑抓住漏洞,结果弄巧成拙。

口头报价的缺点在于确定性和准确性较低,谈判条款繁杂时容易让谈判者理不清头绪;谈判中双方在某些条款的理解上会产生歧义;有些复杂图表、参数等很难口头表达清楚;口头报价还不利于谈判中的保密,容易出现口误而让对方发现突破口。

书面报价和口头报价各有利弊,使用的时候要视具体情况而定。一般来说,将两种报价方式相结合,以书面为主,口头为辅,会有更好的效果。如果谈判的产品种类繁多成分复杂,报价中涉及很多数据、资料、图表,那么在口头报价容易出错时的情况下,尽量使用书面报价。

阅读材料 5—3

邮件报价

目前,商务谈判中,邮件报价由于其便利性而变得越来越普及,邮件报价结合了书面报价和口头报价的优点,却有效规避了两者的缺点,是目前业务员报价的主要方式。

Dear Gavin,

DEADLINE – ETE2020 SAMPLES TO BE SENT: MAY 20, 2019
DEADLINE – ETE2020 QUOTATION: MAY 20, 2019
Price validity: Please keep the price to the end of December, 2019.
Factory in Bangladesh without taxes.
Awaiting prices from Bangladesh factory

Send catalogue

JZ CG001 (NO MOQ)
36 41 USD 1.75
40 46 USD 1.90

Stripe white navy (NO MOQ)
36 41 USD 1.80
40 46 USD 1.95

Blue jeans (MOQ 2000)
36 41 USD 2
40 46 USD 2.1

(二)按照报价战术划分

1. 高价报价(西欧式报价)

西欧式报价是先提出一个较高的价格,留有较大的余地,然后经过几轮讨价还价,直到成交。一般的模式是,首先提出留有较大余地的价格,然后根据买卖双方的实力对比和该笔交易的外部竞争状况,通过给予各种优惠,如数量折扣、价格折扣、佣金和支付条件上的优惠(如延长支付期限、提供优惠信贷等)来逐步软化和接近买方的市场和条件,最终达到成交。

2. 低价报价(日式报价)

日式报价是卖方报出最低价格,以引起买方兴趣,并列出对卖方最有利的结算条件的报价方式。在这种低价格条件下各方面很难满足买方的需要,如果买方要求改变有关条件,那么卖方就会相应提高价格,因此买卖双方最后成交的价格往往高于最初报价。以一个低于己方实际要求的谈判起点吸引对方,击败参与竞争的同类对手,然后再与被引诱上钩的一方进行真正的谈判,迫使其让步,达到自己的目的。谈判者面对日式报价,要把对方的报价内容与其他同类报价内容——进行比较和计算,并直截了当地提出异议。不为对方的小利所迷惑,自己报出一个一揽子交易的价格。

阅读材料 5—4

西欧式报价和日式报价的区别

① 战术不同。目的都是一致的。

② 谈判风格不同。西欧式报价以高价示人,日式报价以低价示人,反映出两类商人谈判的基本风格。

③ 还价方式不同。西欧式报价是现有交易条件下,不断压低价格;日式报价是不断改变交易条件,价格自然水涨船高。

④ 效果不同。日式报价有利于初期击败竞争对手,西欧式报价则比较符合人们价格由高到低的心理。

⑤ 西欧式报价中的条件比较宽松,留有余地,日式报价中的条件相对苛刻,不留余地。

⑥ 结果不同。西欧式报价成交价格低于最初报价,日式报价的成交价格高于最初报价。

(三) 按照报价的内容划分

总价报价和明细报价主要是运用于国际工程承包和一些大型机械设备的进出口业务。前者是对价格进行整体性的谈判;后者是将整个交易进行分解,进行单项价格的磋商,易打破僵局,并使价格合理化。

1. 总价报价

总价报价是综合性价格,即全部的价格,包括与该项目和产品相关的所有价格。国际工程承包中,总价报价往往采用成本报价法,即根据施工方案包含的人工费用、设备费用、材料费用等计算出总成本,然后得到报价金额。报价取决于承包商对于实施方案的规划和分析,预测工程实际成本,并由决策层根据项目综合信息展开全面分析,结合自身情况及多年经验,获得报价最佳决策。

2. 明细报价

明细报价是指将总价格进行分解,注意列出每一项的报价,供对方进行参考。为了刺激对方选择总价报价,一般总价报价要比明细报价优惠。

三、报价的内容及影响因素

(一) 报价的内容

报价不单指价格方面,而是泛指谈判一方向另一方提出的所有要求,包括商品的价格、品质规格、包装、数量、交货期、装运条款、付款方式、保险条款等。在影响成交的因素中,价格只占其一,如果能结合其他要件和客户商谈,价格的灵活性就要大一些。例如,对于印度、巴基斯坦等国或地区的客户来说,有时候30天或60天远期付款信用证条件或许更具有吸引力。

1. 价格

在国际商务谈判中,价格指的是买卖双方交易商品的单价。相对于国内贸易而言,国际商务谈判中的价格构成更加复杂,它包括四个部分:计价货币、单位价格金额、计量单位和贸易术语。四个部分缺一不可,而且顺序不能随意颠倒。

阅读材料 5—5

国际贸易中的报价

USD560 PER L/T CIF NEWYORK,其中"USD"为计价货币,"560"为单位价格金额,"L/T"为计量单位,"CIF NEWYORK"为贸易术语。

(1)计价货币。在选择计价货币时应选用可以自由兑换的、双方同意的货币。目前在国际贸易中经常使用的计价货币有美元、英镑、欧元、日元、加拿大元、港元等,随着"一带一路"建设的全面展开,以及人民币国际货币的功能不断提升,加之境外投资者到境内投资债市和股市的渠道拓宽,人民币国际化又开始了新一轮的加速。

阅读材料 5—6

人民币的国际地位[①]

2017年7月14日全国金融工作会议强调,稳步推进人民币国际化,稳步实现资本项目可兑换。"一带一路"倡议和成立"亚投行"的举措,为中国实现人民币国际化提供良好机遇。人民币正式加入SDR后,国际地位得到显著提升。2017年上半年,欧洲央行共增加等值5亿欧元的人民币外汇储备。新加坡、俄罗斯等60多个国家和地区将人民币纳入外汇储备。人民币汇率形成机制不断完善,跨境人民币业务政策框架不断优化,配合"一带一路"倡议,人民币使用也将稳步扩大。人民币成为全球第六大支付货币,市场占有率为1.68%。

(2)计量单位。商品的数量是以一定的度量衡来表示商品的重量、个数、长度、面积、体积和容积的量。在确定商品的数量和报价时,必须明确采用什么计量单位。由于谈判商品的种类、特性和各国度量衡制度不同,采用的计量单位也不同。

各国的度量衡制度不同,当前国际常用的度量衡制度有四种:英制(The British System)、美制(The U.S. System)、公制或米制(The Metric System)、国际单位制(The International System of Units,简称国际制)。同一计量单位代表的数量也不一样,以表示重量的"吨"为例,实行公制的国家采用公吨,每公吨1000公斤;实行英制的国家采用

---

① 资料来源:张晓莉,李倩云.人民币国际地位、汇率波动与境外中国金融资产持有量——基于PVAR的实证研究[J].国际金融研究,2018(7):42~52.

长吨,每长吨1016公斤;实行美制的国家采用短吨,每短吨907公斤。

(3)贸易术语。贸易术语又称价格术语,用来表示价格的构成和交货条件,说明交货地点,明确买卖双方有关费用、风险和责任划分等问题的专门用语。贸易术语是外贸的基本语言,简化交易手续、缩短洽谈时间、节约费用开支,有利于交易的达成,促进贸易的发展。出口商在拟就一份报价前,除尽量满足客户的要求外,自己也要充分了解各种价格术语的真正内涵并认真选择,然后根据已选择的价格术语进行报价。目前现行的国际贸易术语惯例有:《1932年华沙—牛津规则》($Warsaw-Oxford\ Rules\ 1932$)、《1941年美国对外贸易定义修订本》($Revised\ American\ Foreign\ Trade\ Definitions\ 1941$)、《1990年国际贸易术语解释通则》($International\ Rules\ for\ the\ Interpretation\ of\ Trade\ Terms$)、《2000年国际贸易术语解释通则》($International\ Rules\ for\ the\ Interpretation\ of\ Trade\ Terms\ 2000$)、《2010年国际贸易术语解释通则》($International\ Rules\ for\ the\ Interpretation\ of\ Trade\ Terms\ 2010$)。

2.装运条款

一般来说,合同的交付条款主要包括装运时间、装运港/目的港、是否允许转船与分批、装运通知以及滞期等。

(1)装运时间。装运时间指在买卖合同中规定的卖方在起运地装运货物的期限。在象征性交货方式下,例如在FOB、CFR、CIF、FCA、CPT以及CIP等贸易术语下,第一,要明确规定具体的装运期;第二,规定收到信用证后若干天装运;第三,笼统规定近期装运。

阅读材料5—7

装运期规定示例

Latest date of shipment: Sep. 30, 2019. 最迟装运期:2019年9月30日

Shipment: On or before May 31, 2019. 装运期:在2019年5月31日或之前

Shipment: During Dec. 2018 and Jan. 2019. 装运期:在2018年12月~2019年1月之间

Shipment to be effected within 30 days upon receipt of the relative L/C. 卖方在收到相关信用证30天内办理装运

Make shipment as soon as possible 尽快装运

(2)装运港/目的港。在通常情况下,只规定一个装运港和一个目的港,列明港口名称。在大宗商品交易条件下,可视情况规定两个或两个以上的装运港和目的港;在商定合同时,如因其他原因无法明确一个或几个装运港和目的港,可以采用"选择港"的规定方法。

(3)分批装运/转运。分批装运指一个合同项下的货物先后分若干期或若干批装运。转运是指海运货物装运后允许在中途港口转换其他船舶,然后再驶往目的港。按照《跟单信用证统一惯例》规定,若信用证条款中未明确规定不准分批装运和转运的,应视为可以分批装运和转运。

3. 付款方式

出口方应力争选用硬货币,进口方应力争选用软货币,如已采用不利货币,则可考虑在外汇市场进行套期保值操作。国际贸易操作中常见的支付方式有三种:汇付、托收和信用证。由于每种支付方式的特点、操作方法、风险、难易程度都不同,在谈判中要根据双方的信用情况、熟悉程度、操作难度等方面进行选择。一般来说,汇付和托收使用简单但是风险较大;信用证使用复杂、费用较高但是风险较小;采用何种支付方式主要取决于国际经贸活动的内容、融资需求、风险保障程度以及银行服务范围等因素。

大致来说,当前中、小企业运用较多的国际结算方式是"汇款",就是 T/T,约占整个国际贸易量的六成以上,目前仍呈上升趋势。在国际贸易中,常用的支付工具主要有货币和金融票据,但是在实际中货币的支付有很大限制,因此多以金融票据作为支付工具。票据作为可流通转让的债权凭证,是国际通行的结算和信贷工具,常用的票据有支票、本票、汇票,其中主要以汇票为主。

阅读材料 5—8

移动支付平台

随着移动互联网的发展,支付方式层出不穷,如支付宝支付、微信支付、移动银行支付、NFC、PayPal 等。各家平台相互竞争,在各种大小型商户中推广,促使消费者去使用它们的移动支付服务。从目前中国移动支付市场来看,占较大市场价额的还是支付宝和微信。随着中国对外旅游业和贸易的发展,海外也在积极扩展移动支付平台。

据悉,专注于非洲市场的移动支付创业公司 SimbaPay 和肯尼亚家庭银行(Family Bank)联手推出了一项即时支付服务,用户可以通过微信在东非和中国之间进行即时转账,试图在非洲和中国数字经济之间搭起又一座桥梁。借助二维码,SimbaPay 开发出了第三方支付聚合器,可以将资金交付到微信十亿多用户网络中。

相比于传统国际支付方式,微信支付速度更快,因此对于一些比较小的订单来说,微信支付是更好的选择。但是在国际贸易支付中,信用证支付方式仍然是相对比较安全的一种支付方式。

(二)报价的影响因素

1. 交货地点和交货条件

在国际贸易中,由于交货地点和交货条件不同,买卖双方承担的责任、费用和风险也不同,在确定进出口商品价格时,必须首先考虑这一因素。例如,在同一距离内成交的同一商品,按 CIF 与 DES(目的港船上交货)两种不同条件成交,其价格应当不同。这里主要涉及贸易术语的选择问题。

2. 运输成本

国际商品买卖一般都要经过长途运输,运输距离的远近关系到运费和保险费的开支,从而影响到商品价格。因此,在确定商品价格时,必须核算运输成本,作好比价工作。

阅读材料 5-9

铁矿价格中的海运费

国际铁矿石贸易大多数都是通过海上运输完成的,海运费自然成为了进口铁矿石价格的重要组成部分。近几年随着国际铁矿石定价机制"长协—季度协—现货价"的演变,铁矿石价格的波动幅度明显加大,海运费在铁矿石价格中占比已有所下降。粗略估算,2007年西澳至中国海运费全年均价占澳大利亚铁矿石海关进口均价的25.4%,巴西为53.5%,印度为26%。2013年,西澳至中国海运费全年均价占澳大利亚铁矿石海关进口均价的5.5%,巴西为13%,印度为10.2%。

2018年受中美贸易摩擦等因素影响,人民币处于高位波动。由于进口铁矿石以美元来计算价格,人民币贬值相应地造成铁矿石进口成本的增加。另外,虽然海运持续波动幅度较大,但是海运费整体处于上涨趋势,同时也提高了我国钢厂进口铁矿石的成本。截止到2019年8月份,波罗的海干散货指数为1788左右,虽然有所回落,但依旧保持高位运行。

【分析】从材料中可以看出,铁矿石价格中海运费占比较高,不同国家地理位置的差距,造成运输成本差异较大。因此运输距离是国际贸易价格的重要影响因素。

3. 交货期

在商务谈判中,卖方可能因为市场价格下降而急于脱手,买方也可能面临很大的需求而"等米下锅",在这种情况下双方可能会忽略价格高低;值得注意的是,不能只注重价格高低,不仅要考虑交货期,还要考虑自己的备货、生产库存及运输情况。

阅读材料 5-10

交货期影响收益

某远洋公司向外商购一条旧船,外商开价1000万美元,该公司要求降低到800万美元。经过双方谈判,外商同意了800万美元的价格,但提出延期交货三个月;该公司认为价格合适,便答应了对方的要求。结果外商又利用这三个月跑了运输,营运收入360万美元,大大超过了船价少获得的200万美元。显然,该远洋公司并没有在谈判中赢得价格优势。

4. 商品的品质和档次

在国际市场上,商品一般都按质论价,即优质高价,劣质低价。产品结构和性能越复杂,制造技术和工艺要求越高越精细,成本、价格及其价值就会越高。而且,该产品的成本核算和价格估算也越难,同时可以参照的同类产品也越少,价格刚性越强。

5. 季节因素

季节性变动通常由多种原因引起,气候是直接影响因素。除此之外,社会制度以及风俗习惯也会引起季节性变动。例如,在国际市场上,对于有些季节性比较强的商品,销售的时机非常重要,若赶在节令前到货,抢行应市,就能卖上好价。过了节令商品往往售价很低,甚至以低于成本的"出血价""跳楼价"出售。应充分利用节令因素,争取按有利的价格成交。

阅读材料 5—11

农产品进出口贸易的季节性因素①

农业生产依赖于自然环境,农产品的市场供给在一年内是不均衡的,产品市场供给和贸易表现出季节特征。在国际贸易中,参与者是处于不同纬度和气候带、拥有各类土地资源条件的国家,农业生产能力差异悬殊,加之各国经济发展水平不尽相同,供需不平衡性明显,贸易的季节特征就明显表现出来,此外,产品存储成本、对农产品鲜活性的要求都会强化贸易的季节性。对于一国来说,农产品进出口贸易的季节性有 4 层含义:一是本国和其他国家都能生产,但产品上市时间不同,本国在生产旺季时出口,淡季时从他国进口;二是本国自然条件不适宜生产,贸易取决于其他地区生产的季节性;三是本国全年都能生产,但不同季节的生产成本差异较大,当买入的价格低于地区生产价格时,进口的农产品增多,故季节性被表达为一种"资源禀赋";四是一些农产品生产的季节性不明显,但消费具有明显的季节特征,形成了特定的进出口时序规律,例如我国在春节时猪肉的消费量增大会导致出口减少。

6. 成交量

按国际贸易的习惯做法,成交量的大小直接影响价格。成交量大,在价格上应予以适当优惠,或采用数量折扣办法。反之,成交量小,可适当提价。

7. 支付条件和汇率变动的风险

支付条件是否有利和汇率变动风险的大小,都会影响商品的价格。例如,在其他条件相同的情况下,采取预付货款同采取凭信用证付款方式相比,其价格应有区别。此外,在确定商品价格时,应采用对自身有利的货币成交。如采用不利货币成交,应把汇率风险考虑到商品价格中去,即适当提高价格降低买价。

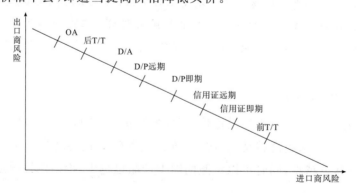

图 5-1 不同支付方式的出口商和进口商风险关系图

---

① 资料来源:韩洁等.农产品进出口贸易的季节特征识别[J].中国农业大学学报,2016(10):165~171.

四、价格谈判合理范围的确定

影响国际商务价格谈判的因素很多,双方可以利用各种价格关系为谈判提供余地,但是,价格谈判毕竟有它的限度,即有它的合理范围。由图 5-2 可以看出,S 为卖方的最低售价,卖方出售其商品受其成本和其他因素的影响,有一个最低的价格下限就是 S 点,这是卖方在谈判中的价格临界点;作为卖方,希望售价越高越好。B 为买方可以接受的最高价,这是买方在谈判中的价格临界点。作为买方,总希望买价越低越好,而这又会受到卖方最低售价的限制。

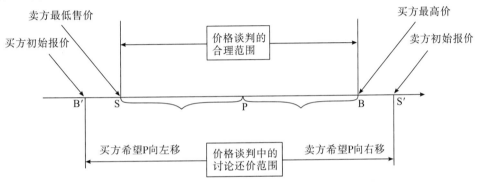

图 5-2　商务谈判中的价格范围

在图中有一个价格谈判前提:B>S,即买方的最高价必须高于卖方的最低售价,只有在这种情况下,双方的谈判才有可能进行。反之,如果 B<S,即买方的最高买价低于卖方的最低售价,价格谈判就无法进行。因此,在 B>S 的条件下,我们把 S—B 这两个临界点所形成的区间,称为价格谈判的合理范围。这是交易双方价格谈判策略运用的客观依据和基础。在价格谈判中,双方均不告知对方的保留价格,因此只能根据谈判准备工作中搜集和整理的各种信息,预判自己的价格临界点 S 或 B,同时估算对方的价格临界点 B 或 S。而价格谈判的依据,只能是双方的初始报价。一般来说,卖方的初始报价总是较高,不但要高于其最低售价,往往也高于买方的最高买价;同样,买方的初始报价总是较低,不但会低于其最高买价,往往也低于卖方的最低售价。交易双方相继报出初始价格即开盘价格后,便在此基础上展开了价格谈判的讨价还价。图中,S′表示卖方的初始报价,B′表示买方的初始,B′—S′区间我们称为价格谈判中的讨价还价范围。

P 表示买卖双方达成协议的成交价格。P 处在 S—B 区间,亦即 S<P<B。交易双方能够达成协议的成交价格,必须处在价格谈判的合理范围之内。尽管必须处在价格谈判的合理范围,但这并不意味着双方的利益分割是均等的,成交价格 P 往往不会在 S—B 区间的中点上,我们把这种情况称为价格谈判中盈余分割的非对称性。造成这种非对称性的因素很多,其中主要有:双方需求的不同,双方地位和实力的不同,尤其是双方价格谈判策略运用的不同等。所有的影响因素将导致双方在价格谈判中让步的不平衡性,从而形成谈判中盈余分割的非对称性。现实表明,价格谈判的合理范围,不仅是交易

双方价格谈判的策略依据,而且也是谈判艺术的舞台。

阅读材料 5—12

中日汽车索赔谈判

1985年9月,中方就日方提供的5800辆三菱载重汽车质量问题,向日方三菱汽车公司提出索赔。日方在无可辩驳的事实面前,同意赔偿,提出赔偿金额为30亿日元。中方在指出日方报价失实后,要求赔偿金额达70亿日元,此言一出,惊得日方谈判代表目瞪口呆。双方要求差额巨大,日方不愿失去中国广阔的市场,在中方晓以利害关系的前提下,同意将赔偿金额提高到40亿日元。中方又提出最低赔偿额为60亿日元,谈判出现了新的转机。经过双方多次的抬价压价,最终以日方赔偿中方50亿日元,并承担另外几项责任而了结了此案。

【分析】在本材料中,日方先提出30亿日元的赔偿金额,接着中方提出索赔的金额为70亿日元,同时观察日方的反应,据理力争,在谈判未果的情况下降价10亿日元,再次晓以利害关系,又无果的情况下再次降价并严守阵地,终于达成了协议。在本次索赔谈判中,30~70亿元是价格谈判的合理范围,在这个合理范围内,双方通过讨价还价将赔偿金额确定下来。

五、报价的基本原则

(一)合理性

(1)合理的价格构成。报价要正确地反映商品的成本和合理的利润,能够代表商品的价值。在谈判时要有理有据地解释所报价格的构成,切勿漫天要价。一旦对方发现报价含有"水分"或者被对方追问到己方不能合理解释报价,那么会使己方在谈判中处于不利地位,甚至给对方不诚实的印象而影响以后的交易。

(2)合理的报价方式。国际商务谈判中报价要符合国际惯例,要使用恰当的贸易术语,准确掌握贸易术语的价格构成、责任风险的划分。

阅读材料 5—13

贸易术语的选用

我国西北某市某出口公司于某年12月向日本出口30吨甘草膏,每吨40箱,共1200箱,每吨售价为1800美元FOB新港,共54000美元,即期信用证,装运期为12月25日前,货物必须装集装箱。该公司在12月上旬便将货物运到天津,并负责订箱装船。不料货物在天津存仓后的第三天,仓库午夜着火,1200箱货物全部被焚。该公司只好要求日商将装运期延长15天,重新发货。中方因此损失较大。

【分析】在本材料中,问题出在贸易术语使用不当上。出口商处于内地,或使用集装箱、滚装船等不适用"船舷为界"划分风险,此时应放弃采用传统的FOB、CFR、CIF术语,而应采用以"货交承运人"为界划分风险的FCA、CPT、CIP术语。本例中出口方因采用了FOB术语,不得不承担货物装船前的一切风险。

（二）专业性

(1) 不同的报价风格。国际商务谈判面对来自不同国家和地区的谈判者,由于社会文化和政治经济背景不同,他们的价值观、思维方式、行为举止、语言及风俗习惯各不相同,因而也就形成了不同的报价风格。

(2) 体现国际惯例。国际商务谈判中的价格以国际商法为准则,以国际惯例为基础。由于国际贸易的谈判结果会导致资产的跨国转移,因而要预算国际贸易、国际结算、国际保险,以及国际运输等一系列问题。

(3) 反映市场动向。影响国际贸易价格的因素很多,排在首位的就是国际市场行情的影响。国际市场风云变幻,这就要求谈判人员必须熟知国际市场的行情,能够随时随地地了解价格变动的最新动态,准确地推测价格的走势和市场动向。

（三）艺术性

(1) 报价有针对性。根据出口的地域特点、买家实力和性格特点、商品特点有针对性地报价。有的客户特别在意价格的高低,订单会下给报价最便宜的卖家,那么报价时就直接报己方所能提供的最低价格。有的客户习惯于讨价还价,对于所报出的价格,如果没有砍就不太甘心,那么报价时可以预留出他希望砍掉的幅度。

(2) 报价要"狠"。报价应该坚定、明确、要有信心。坚定而果断明确,即简洁、明了,所用概念、术语、语言及条件务必严谨、准确。

(3) 利用合同其他要件巧妙报价。合同其他要件主要包括:付款方式、交货期、装运条款、保险条款等。在影响成交的因素中,价格只占其一,如果能结合其他要件和客户商谈,价格的灵活性就要大一些。

阅读材料 5—14

EXW 术语下的包装费用

根据《2000年国际贸易术语解释通则》的规定:在EXW术语中,除非合同中有相反规定,卖方一般无义务提供出口包装,如果签约时已明确该货物是供出口的,并对包装的要求作出了规定,卖方则应按规定提供符合出口需要的包装。在使用EXW报价时,不能只盯住价格,要妥善处理出口包装的价格。如果卖方利用包装这一合同要件,变相抬高价格,进出口就得不偿失了。

第二节　国际商务谈判报价阶段的策略

一、报价的时机

（一）报价先后的利弊

在商务谈判中,谈判双方谁先报价是一个非常微妙的问题,报价的先后顺序可能对谈判结果产生相当大的影响。就现实情况来说,先报价和后报价各有利弊。

(1)先报价。一般来说,先报价可以掌握主动权。先报价的一方通过报价为谈判规定了一个范围,使最终协议有可能在此范围内达成,而且在整个谈判过程中或多或少地支配着对方的期望水平。例如,卖方首先报价某种材料每吨3000美元CIF利物浦,那么双方最终的成交价一定不会超过3000美元。先报价有可能出乎对方的预料,与对方的报价相差甚远,会令对方措手不及,甚至丧失谈判的信心。比如,卖方报价某种材料每吨2000美元,而买方能承受的价格是每吨1200美元,即使经过磋商也难以达到买方的预期,谈判容易出现僵局。因此,先报价对于整个谈判的过程影响非常大,要慎重选择。

先报价的不利之处在于当没有足够了解市场行情及对手的意图时,贸然先报价,往往起到限制自身期望值的作用。先报价的一方处于明处,过早地暴露了自己手里的牌,容易遭对方暗中进攻,逼迫先报价一方沿着他们设定的道路走下去。

(2)后报价。后报价的有利之处在于先报价的一方在明处,首先摊出底牌,后报价的一方在暗处可以隐藏自己的心理价格,重点攻击先报价一方的价格,使用一切手段迫使先报价方一次次降价,使先报价方完全陷入被动,以争取最大的利益。后报价的不利之处是被对方占据了主动,而且必须在对方划定的范围内谈判。

阅读材料 5-15

爱迪生的报价

爱迪生在做某公司电气技师时,他的一项发明获得了专利。一天,公司经理派人把爱迪生叫到办公室,表示愿意购买爱迪生的发明专利,让他出个价。爱迪生想了想,回答道:"我的发明对公司有怎样的价值,我不知道,请您先开个价吧。""那好吧,我出40万,怎么样?"经理爽快地先报了价。谈判顺利结束了。

事后爱迪生这样说:"我原来只想卖5000元,因为以后在实验上还要用很多钱,所以再便宜些我也是肯卖的。"让对方先报盘,使爱迪生多获得了30多万的收益。

(二)报价时机的选择

到底先报价还是后报价视具体情况而定,根据己方和对方的实际情况来分析先报价和后报价的利弊,决定"先声夺人"还是"后发制人",以求获得积极的效果。

1. 按照惯例

按照惯例和商业习惯,一般由发起谈判的一方先报价。例如,货物买卖谈判按照习惯多半由卖方先报价,买方还价。卖方先报价是为了谈判的正式开始,是一种义务,当然买方也有还价的义务。

2. 按照双方实力

实力不相当的情况下,实力强的一方先报价。如果对方是有实力的谈判行家,那么应该由对方先报价较为稳妥。如果己方在谈判开始前,通过前期准备,对对方谈判人员有所了解,己方的谈判实力强于对方,或者说己方处于相对有利的地位,那么己方先报价会获得较大收益,尤其是当对方对市场情况、竞争情况或者谈判对手不太了解时,先报价就能牢牢掌握主动,使谈判按照己方希望的方向进行,最终获得比较满意的谈判结果。

如果双方实力相当,那么先下手为强。这样做目的是通过报价来确定谈判起点,并以此来影响以后的谈判进程,从一开始就占据主动。

3. 按照谈判双方关系

如果对方是熟悉的老客户,有过多次愉快的合作经历,那么无论由谁提出报价都可以。若谈判双方不是特别熟悉,谈判局势又比较紧张,则己方应先报价,争取主动权。

阅读材料 5—16

行家之间的报价

如果对方是"行家",自己不是"行家",以后报价为好;如果对方不是"行家",自己是"行家",以先报价为好;双方都是"行家",则先后报价无实质性区别;在高度竞争的场合,先报价有利。

二、报价的起点

报价的起点一般是卖方报最高价,买方报最低价,即"喊价要狠",只要能找到理由加以辩护就尽量提高开盘价。在国际商务谈判中,谈判人员可以根据谈判时的内外环境,结合自己的谈判预期和谈判目标,确定一个谈判中可以接受的产品价格浮动区间,采用从区间一端开始报价的策略。对卖方来说报价时报最高价,而买方则出最低价。在实践中,这是非常行之有效的策略。以卖方为例,卖方可以尽量报高价,只要不至于高到谈判破裂,那么卖方就有可能以比较高的价格成交。

为什么"喊价要狠"? 究其原因,第一,卖方一旦报出了价,就成了一个无法逾越的上限,一旦提出,买方就不可能接受比这个报价更高的价格。同样,买方的报价相当于成交价格的最低限;第二,高报价使得卖方有了一个较大的讨价还价空间。报价中存在一定的空间,卖方与买方谈判和讨价还价的余地就越大。因此,在高报价的基础上,当卖方作出较大让步时,买方会有一种捡了便宜的感觉,至少也能感觉到卖方谈判的诚意,会起到意想不到的效果。对卖方来说,这样的让步并没有触及心理价位,仍然可以有很好的获利空间。第三,报价的高低影响着对方对己方潜力的评价。在谈判中,利用高报价来探听对方的虚实也是一种常用的做法。卖方的高报价会出乎买方的意料,起到出其不意的效果,提升己方在对方心中的实力,使得对方阵脚大乱,从而在谈判中占据主导地位,最终获得满意的结果。同时可以通过买方对待高报价的态度,看出买方对这批货物的需求程度,作为后续谈判的筹码。如对方是老客户,双方有较真诚的友谊和合作关系,可不必把价格报得很高。

阅读材料 5—17

"漫天要价，就地还钱"的犹太人

做生意，从买方角度来看，犹太人有以下三个讨价还价的技巧：①买东西，不管对方出的是什么价格，都要还价。不仅如此，还价还要狠，绝对不能不好意思，或者面慈心软，要不然就很可能会被精明的生意人给骗了。②还价时，要善于挑产品的毛病，也就是说，理由必须充分。不过，这些毛病不能影响质量，不能是太大的毛病，否则就是另一个概念了。③还价不能因为一时得逞而得意忘形，以免心态失衡，在交易时犯错，比如给错钱、算错钱或者拿错货，这几点在日常交易中并不少见，不可疏忽。

当然，高价的分寸不好掌握。在商务谈判中，并不是报价越高越好，离开实际，漫天要价，并不能带来好处，还有可能把对方吓跑。报价的空间必须是合理的，也就是说能说出这样高价的理由。一般来讲，如果产品的市场前景看好，或者对方对产品的需求比较紧迫，再比如可提供同类产品的竞争者较少，那么空间可以高一些。反之，则空间应该小一些。报价空间是为了更好地达到谈判的目的，不能因小失大，引起对方的反感，或者会引来对方的报复，比如来个"漫天杀价"，更有甚者会使己方企业信誉受损。

阅读材料 5—18

失算的"漫天要价"①

深圳一家公司欲从港商处引进一种先进设备，买方得知深圳公司为了更新设备扩大规模，需求急迫，在开盘时爆出了很高的价格，双方展开了激烈的较量，但由于港商态度坚决，谈判进入僵局。对深圳公司而言，如果不更新设备，扩大生产就无法实现，但如果接受港商的价格，必然被狠宰一刀！

这时，深圳公司突然宣布中止谈判，就港商提出的条件向董事会请示，请等待答复。半个月过去了，港商见深圳公司没有回音，感觉不妙，再三要求恢复谈判，深圳公司以董事会成员召集不齐无法召开会议为由婉拒。一个礼拜以后，港商再次催问，得到和上次一样的答复，这才慌了手脚，急忙派人打听，原来深圳公司正在和日本一家企业进行洽谈。

港商眼看要失去一个十分重要的市场，这对自己的产品在内地的竞争十分不利，便马上转变态度，同意用新的价格条件马上开谈，结果，深圳公司掌握主动权，步步紧逼，港商节节退步，最终达成交易，港商在签字时大呼："赚头少得可怜啊！"，当然深圳公司节省了一大笔开支！

【分析】本材料中，港商利用对方需求急迫的心理，在开盘时使用高报价策略，但高报价分寸掌握不好，漫天要价会引起对方反感。眼看深圳公司转而与日本企业洽谈，港商只能妥协，用新的价格开谈，最终只能得到"赚头少得可怜"的谈判结果。

---

① 资料来源：百度文库．

三、价格解评

价格解评包括价格解释和价格评论。价格解释是报价之后的必要补充,价格评论则是讨价之前的必要铺垫。

(一)价格解释

价格解释是指报价方就其商品特点及其报价的价值基础、报价依据、计算方式等所做的介绍、说明或解答。价格解释的内容主要涉及标的物和价格的计算依据,报价方要把价格的各个方面的构成说明清楚,让对方信服。

在进行价格解释时也要遵循一定的原则,即有理、有利、有节。其具体技巧为"有问必答、不问不答、答其所问、能言不书"。

(1)有问必答。报价后,对于对方提出的所有问题,都要一一作答,且回答时要态度诚恳,表达准确,这样会使对方产生信任感;切勿支支吾吾或顾左右而言他。

(2)不问不答。不问不答指的是对方不问的问题不要主动回答。如果对方没有提出的问题,就不要进行任何解释和回答,以免言多必失。

(3)答其所问。对于对方的提问,问什么就答什么,并且对于己方报价中实质的部分要多讲,有水分的部分尽量避开。

(4)能言不书。在价格解释中能用口头表达的就不要书面表达,这样可以为将来修改提供一定的灵活性。但是如果对方非常注重书面表达,不承认口头表达,那么要格外慎重。

阅读材料 5-19

技术价格解释[①]

技术的价格包括技术许可费、技术服务费、技术资料费和技术转让手续费四个方面。

技术许可费是技术许可方利润所在,是技术价格的主要部分,通常占整个技术价格费用的 2/3。它包括两部分内容:一是对该技术在研制开发中投入费用的分摊;二是对许可方因转让技术而在特定范围内失去其技术产品市场利润的补偿。

技术服务费包括许可方派人员到合同现场提供技术指导、调试、安装等各项服务费用,也包括许可方派专家培训引进方人员的费用。

技术资料费为许可方为实施技术转让而向引进方所提供与该技术有关的说明书、图纸和操作手册等资料的费用。一般情况下,技术资料费不超过技术价格的 10%。

技术转让手续费又称技术入门费。指许可方在转让技术过程中涉及通讯、人员接待、商务谈判等项直接费用以及许可方公开其技术设计思想、计算公式和关键数据的补偿,含有定金的性质。

---

① 资料来源:张伟、李永红:技术作价的价格谈判[J].管理与财富,2007(4):74~77。

阅读材料 5—20

价格解释的技巧

(1)强调利益法。销售人员或商务谈判人员在报价的前后,要反复强调产品给客户带来的各种利益、好处,让客户觉得产品价格是合理的。(2)强调原料法。对于生产原料难以获得或生产工艺复杂的产品,商务谈判人员要反复强调原料的独特性或价值高,让客户觉得产品划算,如野山参、野灵芝等。(3)强调使用法。对于价格高的产品,商务谈判人员或销售人员可以强调产品使用期限长,维修费用少,以此来稀释价格的浓度。(4)强调优惠法。商务谈判人员或销售人员也可以通过谈论产品的优惠幅度和补偿价值来让客户觉得物有所值。(5)强调品牌法。品牌不仅是品质的象征更是身份地位的象征,商务谈判中可以通过强调产品的品牌来增强产品的价值感。(6)强调单元法。对于长时间使用的产品或者大规模使用的产品,可以通过分割时间或使用单位来让价格显得低一些,如一个月平均是多少钱。

(二)价格评论

价格评论指的是一方对另一方所报价格的解释、评析和论述。从买方来看,价格评论针对的是卖方价格解释中的不实之词,目的是想指出其报价的不合理之处,在讨价还价之前先压一压"空间"、挤一挤"水分",为之后的价格谈判创造有利条件。从卖方来看,价格评论其实是对报价及其解释的反馈,便于了解买方的需求、交易欲望以及最为关切的问题,为进一步的价格解释和讨价作准备。价格评论的内容,与价格解释的内容应基本对应一致。同时,也应注意根据价格解释的内容,逐一予以评论。

1. 价格评论的方法

(1)比较法。比较法是将对方报价与其他相近的商品进行比较,然后再进行评价,这样做的好处是能够给出更加直观和有说服力的评价,缺点是有时不好获得比较的对象。比较法可以从多方面进行。比如,将对方的商品价格与另一相近商品的价格进行对比,以突出价格差别;将对方产品附加服务与竞争者同类商品附加服务相比较。

(2)分析法。分析法是将对方的报价内容进行逐条、逐点地分析。通过推理判断报价的合理性,并给予评价。这样得到的评论清晰而透彻,可以充分暴露对方的弱点,最大限度地逼迫对方让步,但是难度在于评论前要层层分析,如果不把对方报价和解释的客观性及合理性分析透,不汇总各种分析,就无法作出好评论。

2. 价格评论的原则

(1)有理有据,以理服人。对于卖方价格解释中存在的任何破绽、遗漏和偏误,买方都可以给出反击。反击的武器就是买方谈判前对谈判标的物的掌握情况、专业的知识、敏锐的市场洞察力等。在评价的时候多用数据、事实和确切资料进行解释,切中要害。

(2)进攻有序,有礼有节。买方在评论时要注意评论内容,有次序地进行评论,这样可以防止对方含混过关而漏掉某些内容,还可以以重点突出,集中力量解决最主要的问题。对于评论内容次序的安排,既可以依据对方解释的顺序,也可以按照自己方便、有利的顺序进行。一般来讲,先评论买方认为最不合理的部分,问题较大的次之,以此为序。这样可以有立竿见影的效果,同时还可以提高在谈判中的气势。当然,采用相反的顺序可以先使对手放松警惕,然后逐渐施压,等对方阵脚大乱也会收到意想不到的效果。这种相反的顺序适合针对某些特定对象。

(3)攻守结合,争取阶段性成果。买方进行价格评论时,卖方以进一步的解释予以辩解,这是正常的现象。价格解释和价格评论随时都会转换,因此要注意倾听,随时将对方的回复或表示让步的意见记录在案,随机应变,捕捉新的问题,使评论逐步向纵深发展。同时注意总结记录价格评论中的阶段性成果,反复强调,以促进价格谈判的最终胜利。

阅读材料 5-21

技术价格评论[①]

技术许可费的评论应针对技术许可方的价格解释类型进行。若许可方以销售提成计价为例,那么引进方评论可首先从产品单价开始,产品单价要合理。其次,压低提成年限,理由可为建设工期长、产品寿命短、产品需更新、市场会饱和等。提成年限较技术贸易合同的期限要短,应在技术引进投产后一段时间里开始起算。通常情况下,提成年限多规定为5~8年,最长不超过技术专利的有效期。第三,要审查提成率,提成率以多少为合适,目前在国际上尚无统一标准。在我国技术引进实践中,如以净销售价作为提成基础,提成费就越多。

对于技术服务费的评论,技术引进方要评估许可方提供的服务是否合理;对于从服务单价方面评论,引进方应以劳务市场标准价或习惯价来限制对方。在我国技术引进合同的签订中,有的只规定外方专家的服务单价,而没有具体规定应来的外方专家人数。这种"开口合同"往往会增加中方费用的支出。

四、常见的几种报价策略

(一)中途变价策略

中途变价法即抬价,指在报价中突然改变原来的报价趋势,从而争取洽谈成功的报价方法。比如买方在一路上涨的报价过程中,突然报出一个较低的价格,或者卖方在一路下降的报价过程中,突然报出一个上涨的价格,从而改变了原来的报价趋势,促使对方考虑接受你的价格。中途变价往往会有令人意想不到的收获。当我们在谈判过程中,遇到对方没完没了地要求、再要求,抓住价格不放,一而再再而三地压低价格,诚意明显不足,这时候最有效的应对办法就是"中途变价"。

---

① 资料来源:张伟、李永红:技术作价的价格谈判[J].管理与财富,2007(4):74~77.

阅读材料 5—22

中韩丁苯橡胶出口的中途变价策略[①]

中方某公司向韩国某公司出口丁苯橡胶已满一年,第二年中方公司根据国际市场行情在前一年的成交价基础上每吨价格下调了 120 美元(前一年为 1200 美元/吨)。韩方认为可以接受,建议中方到韩国签约。中方人员一行到了该公司首尔总部,双方谈了不到 20 分钟,韩方说:"贵方价格仍太高,请贵方看看韩国市场的价格,三天以后再谈。"

中方人员通过分析一致认为:韩方意在利用中方人员出国谈判急于拿下合同回国的心理来压价。根据这个分析,中方人员决定在价格条件上做文章。过了一天半,中方人员打电话告诉韩方人员:"调查已结束,得到的结论是:我方来首尔前的报价低了,应涨回去年成交的价格,但为了老朋友的交情可以下调 20 美元,而不再是 120 美元。请贵方研究,有结果再通知我们,若我们不在饭店,则请留言。"

韩方人员接到电话一个小时后,回电话约中方人员到其公司会谈。韩方认为,中方不应把过去的价格再往上调。中方认为,这是韩方给的权力。我们按韩方要求进行了市场调查,结果应该涨价。韩方希望中方多少降些价,中方认为原报价已降到最低。经过几回合的讨论,双方同意按中方来首尔前的报价成交。这样,中方成功地使韩方放弃了压价的要求,按计划拿回合同。

【分析】在本材料中,中方公司首先根据国际市场行情的变化提出降低出口产品的价格,这充分表明了中方的合作诚意。然而当中方的谈判人员到达首尔后面对的都是韩方进一步降价的要求。中方谈判人员面对压力表现出充足的耐心,沉着应战,在调研韩国市场后分析韩方提出继续降价的真正原因。在此基础上中方采取中途变价的策略进行回击,打了韩方一个措手不及。最终,双方相互让步,按照最初中方提出的降价方案达成了协议。

阅读材料 5—23

中途变价带来的买方剩余

美国谈判专家麦科马克有一次代表公司交涉一项购买协议,对方开始的开价是 50 万元,他和公司的成本分析人员都深信,只要用 44 万元就可以完成这笔交易。1 个月后,他开始和对方谈判,但对方却又声明原先的报价有误,现在开价 60 万元,这反倒使麦科马克先生怀疑自己原先的估算是否正确。直到最后以 50 万元的价格与对方成交时,他竟然感到非常满意。究其原因,麦科马克认为他以低于对手要价 10 万之差达成了交易,而对方则成功地遏制了他的进一步要求。

【分析】本材料中,对方开始报价 50 万元,通过中途变价策略,改变原来的报价趋势,最终达成最初目的。美方原本以为 44 万元可以成交,但对方中途变价提出 60 万美元,最终双方以 50 万元成交,结果反而使得美方感到十分满意。这是一次成功运用中

[①] 资料来源:商务谈判技巧案例解析[EB/OL].中国服务贸易指南网,2017-02-64.

途变价策略获得卖方高价成交的案例。

（二）价格分割策略（除法报价）

价格分割是一种心理策略，主要是为了迎合买方的"求廉"心理，将商品的计量单位细化，然后按照最小的计量单位报价的策略。这样报价能给买方心理上带来价格便宜的感觉，容易为买方所接受，激起买方的购买兴趣。价格分割包括两种形式：一是用较小的单位报价。例如，茶叶每公斤400元报成每50克20元，大豆每袋500元报成每公斤5元，等等。一台高档笔记本电脑原价需要12000元，如果连续支付12个月，消费者只要每个月支付1000元就可以买到这台笔记本电脑；这种分期付款的价格策略，看似高额的单价，一经分割，价格立马就下来了。小单位报价相比大单位报价更使人产生价格便宜的感觉，更容易使人接受。二是用较小单位商品的价格进行比较。例如，"每天少抽一支烟，每日就可订一份报纸。""使用这种电冰箱平均每天1元电费，只够吃一根冰棍！""一袋去污粉能把1600个碟子洗得干干净净。"用小商品的价格去类比大商品会给人以亲近感，拉近与消费者之间的距离。

（三）加法报价策略

加法报价策略，是指在商务谈判中为了避免高报价让对方难以接受，从而导致谈判破裂，就把价格分解成若干层次，分若干次的报价，最后加起来仍等于当初想一次性报出的高价。总价格要求被分解成一个一个小要求提出来，容易被对方接受，一旦接受一个要求，就会接受下一个要求。卖方采用加法报价策略，多半是因为所出售的商品具有系列组合性和配套性。而作为买方，谈判中发现卖方"加法报价"的企图，就应该在在谈判前充分考虑到商品的系列化特点，挫败这种"诱招"。

阅读材料 5-24

文具商的加法报价策略

文具商向画家推销一套笔墨纸砚。但文具商先报笔价，要价很低；成交之后再谈墨价，要价也不高；待笔、墨卖出之后，接着谈纸价，再谈砚价，抬高价格。画家已经买了笔和墨，自然想"配套"，不忍放弃纸和砚，在谈判中便很难在价格方面做出让步了。如果他一次报高价，画家可能根本不会买。

（四）差别报价策略

差别报价策略，是指在商务谈判中针对产品、客户性质、购买数量、交易时间、支付方式等方面的不同，采取差异化的定价策略。主要包括：以产品为基础的产品样式定价策略、以顾客为基础的顾客细分定价策略、以地点为基础的地点定价策略和以销售时间为基础的时间定价策略。具体而言，产品式样定价策略是指企业对不同花色、品种、式样的产品制订不同的价格，但这个价格相对于它们各自的成本是不成比例的。顾客细分定价策略是指企业按照不同的价格把同一产品或劳务卖给不同的顾客。地点定价策略是指企业对于处于不同地点的同一商品收取不同的价格，即使在不同地点提供的商品成本是相同的。时间定价策略是指企业对于不同季节、不同时期甚至不同钟点的产品或服务分别制订不同的价格。

这种差异化报价体现了商品交易中的市场需求导向,在报价策略中应重视运用。例如,对老客户或大批量需求的客户,为巩固良好的客户关系或建立稳定的交易联系,可适当实行价格打折;对新客户,有时为开拓市场,亦可给予适当让价;对某些需求弹性较小的商品可适当实行高价策略;对方"等米下锅",价格不宜下降,一次性付款较分期付款价格有优惠等。

阅读材料 5—25

华为的国内外报价差异

北京时间 3 月 29 日晚,华为在法国巴黎发布了 2019 年度旗舰系列手机 P30,国行售价和欧洲报价如下表,国内报价比国外便宜 2000 以上。除 P30 系列以外,华为的 Mate 20 系列手机,国内售价也要比国外要便宜 2000 元以上。

地区/型号	P30 6+128GB	P30 Pro 8+128GB	P30 Pro 8+256GB	P30 Pro 8+512GB
欧洲报价	799 欧元(约合人民币 6056 元)	999 欧元(约合人民币 7572 元)	1099 欧元(约合人民币 8330 元)	1249 欧元(约合人民币 9467 元)
国内报价	3988 元	5588 元	6288 元	6988 元

【分析】针对市场性质、发布地区的不同,华为采取了地点定价策略,对同一商品收取不同。一方面,在欧洲发达地区,消费者对价格的接受度较高;另一方面,华为的芯片是自己的,在国内成本可控度更高,因此在国外报价比国内定价更高。

(五)对比报价策略

对比报价策略是指向对方抛出有利于己方的多个商家同类商品交易的报价单,设立一个价格参照系,然后将所交易的商品与这些商家的同类商品在性能、质量、服务与其他交易条件等方面做出有利于己方的比较,并以此作为己方要价的依据。

在价格谈判中,使用对比报价策略,往往可以增强报价的可信度和说服力。报价对比可以从多方面进行,例如,将本商品的价格与另一可比商品的价格进行对比,以突出相同使用价值的不同价格;将本商品及其附加各种利益后的价格与可比商品不附加各种利益的价格进行对比,以突出不同使用价值的不同价格;将本商品的价格与竞争者同一商品的价格进行对比,以突出相同商品的不同价格。

第三节　国际商务谈判报价阶段的技巧

一、综合报价技巧

（一）准确合理的报价

以产品出口成本价格核算结果为基础，参照国际市场行情和竞争对手价格，针对不同客户的实际需求等，综合考虑各种因素（如商品的质量和档次、运输距离、交货地点和交货条件季节性需求的变化、成交数量、支付条件等）报价，这是国际商务谈判报价的首选方法。

在价格解释的时候，多提及产品和己方的优势，尽量回避劣势；每一次报价前至少检查2遍，并能对自己的报价负责（不允许有大的错误发生）；客户对报价的具体要求发生变化是修正价格的机会，要充分把握此机会；在相同条件下，报价后价格只能下降，不能上涨；数量增加，价格会下降；数量减少，价格会上涨；除非在特殊情况下使用中途变价策略，一般价格是只降不升；同一产品在不同的产品组合中价格要尽可能相同；每一份报价都应在电脑和工作日记中双重记录，尽可能记住3天内报价过的客户姓名及国家。每次对不同客户的报价要有详细准确的记录。

（二）灵活多样的报价方式

国际贸易中海运费是不可回避的成本问题，加之进出口商品中政策性的影响，因此在原材料、海运费、汇率或是出口退税率预期发生大幅度变动的情况下，充分利用价格调整条款，以防因上述原因导致相应亏损。近几年中人民币对美元的汇率有很大的波动，而外贸履行合同期一般都要经历很长时间，一般从成交到出货要1个月左右，那么就要在价格方面签订了关于汇率变动的价格调整条款。要合理采用贸易术语，在报价时除了能掌握自己所销售的产品的品质、数量、交货期外，还要了解价格术语的真正内涵，通过价格术语实现货物从装运港（地）至目的港（地）及货款收取过程中的每一个环节的有效控制，以此来保证物权，实现最终的贸易盈利。如果客户对国际贸易专业知识匮乏，应该选择买方责任相对较小的贸易术语，以防买方漏做某些事情，影响交易的顺利进行，这时可以选择CIF贸易术语，而应放弃FOB贸易术语。

（三）合适便利的报价渠道

常见的报价渠道有电子邮件、传真、即时通讯工具等。要根据当时的实际情况、客户的态度以及客户的类型，选择合适的渠道报价。如果客户要价比较急，卖方可以用电话或即时通讯工具提供报价，以满足客户要求，但不管采取哪种方式，最终一定要客户提供更详细的联系资料，例如对方的电话和邮箱，并告知客户将通过邮件对沟通内容进行再次确认。

(四)吸人眼球的报价优惠

报价优惠常与交易量相关联,卖方为了鼓励买方大量或集中购买,会根据购买数量或金额来确定报价水平。如果购买量(或金额)小,价格可适当报高一点或者是一般价格;如果购买量(或金额)大,价格可适当报低一些,购买数量(或金额)愈大,价格折扣愈大。例如,卖方会定期向客户发出包含新产品报价的振兴信等。

阅读材料 5—26

A Reviver(振兴信)

A Reviver is another kind of business letter which is to retain or regain old customers. It usually contains the following elements:

(a) review previous good cooperation;

(b) add a favourable comment on the goods;

(c) offer a generous discount;

(d) look forward to receiving a new order.

二、心理报价的技巧

(一)"巧布疑阵"

"巧布疑阵"的做法是报价一方虚报底价,针对报价中某个含糊不清而又不太重要的问题加以讨论;将一个本来很简单的问题复杂化,把水搅浑;提供一些详细琐碎的资料,使之成为对方的负担,以此来分散对方的精力。目的都在于干扰对方,打乱对方的阵脚,以便乘虚而入,达到目的。

一般在以下两种情况下使用:

(1)己方处于劣势。故意提出一个完全令对方意想不到的条件,令对方觉得己方的态度与其所掌握的资料相差甚远或完全相反,这时对方就会对自己掌握的资料产生怀疑,如坠雾里,无所适从,己方就获得了反击的机会。

(2)对方对己方意图不甚了解。己方可以先报价,但是要虚报低价,提高自己的价格,目的是从中观察对方的虚实,可以收到良好的效果。谈判人员要注意的是,对所报低价要明确、坚定沉稳,自信让对方自乱阵脚。尤其在进行价格解释和回答对方提问时,要有条不紊,有理有据。另外,己方谈判人员在报价时一定要注意语言的应用,语气要平稳淡定,语音要果断坚决,不能吞吞吐吐,犹豫不决,否则对方会感觉这是胆怯心虚的表现,己方就再难找到反击的机会。

(二)高价和低价技巧

1. 高价技巧

高价技巧也称为"先苦后甜"技巧,是一种先用苛刻的虚假条件使对方产生疑虑、压抑、无望等心态,以大幅度降低其期望值,然后在实际谈判中逐步给予优惠或让步,最终使对方满意地签订合同,己方从中获取较大利益的技巧。生活中人们常用的"漫天要价,就地还钱""减价要狠"等均属于此类手法。在谈判中,人们一经接触便提出许多苛刻条件的做法,恰似先给对方一个苦的信号,后来的优惠或让步,有时尽管一点点,也会使人感到已经占了很大便宜,从而欣然在对方要求的条件上做出较大让步。"先视后兵"技巧的有效性也是有限度的。在决定采用这一手法时应该牢记"过犹不及"。一般而言,开始向对方所提的要求,不能过于苛刻,"苦"海无边,"苦"要苦得有分寸,不能与通行的惯例和做法相距甚远。否则,对方会觉得缺乏诚意,以至中止谈判。

阅读材料 5-27

霍华·休斯买飞机谈判中的"先苦后甜"①

美国大富豪霍华·休斯是一位成功的企业家,但他也是个脾气暴躁、性格执拗的人。一次他要购买一批飞机,由于数额巨大,对飞机制造商来说是一笔好买卖。但霍华·休斯提出要在协议上写明他的具体要求,内容多达三十四项。而其中十一项要求必须得到满足。由于他态度飞扬跋扈,立场强硬,方式简单,拒不考虑对方的面子,因此激起了飞机制造商的愤怒,对方也拒不相让。谈判始终冲突激烈。最后,飞机制造商宣布终止与他进行谈判。霍华·休斯不得不派其私人代表出面洽商,条件是只要能满足他们要求的是一项基本条件,就可以达成他认为十分满意的协议。该代表与飞机制造商洽谈后,竟然取得了霍华·休斯希望载入协议三十四项要求中的三十项,当然那十一项目标也全部达到了。当霍华·休斯问他的私人代表如何取得这样辉煌的战果时,他的代表说:"那很简单,在每次谈不拢时,我就问对方,你到底是希望与我一起解决这个问题,还是留待与霍华·休斯来解决。"结果对方自然愿意与他协商,条款就这样逐项地谈妥了。

【分析】在本材料中,由于霍华·休斯的暴躁脾气、执拗性格给飞机制造商留下了糟糕的谈判印象,一度谈判双方中止谈判。霍华·休斯的私人代表出马后,很容易地争取了几乎大部分要求。纵观整个谈判过程,实际上是一种不经意的"先苦后甜"谈判策略的使用,霍华·休斯与其私人代表分别唱"白脸"与"红脸"利用了飞机制造商既想合作但又不愿与反感的客户打交道的心理,诱导其作出了妥协。

2. 低价技巧

低价技巧又称为"先甜后苦"技巧,此技巧使用时,卖方报低价,而买方则报高价。首先吸引对方注意,让对方感兴趣,给对方一定甜头,从而使对方在内心上有满足感后更专注于与己方的交易。当对方在此基础上提出增加交易或提出其他要求时,己方就可以针对交易内容逐项加价,最后达到自己的目的。使用此技巧时要注意,给予对方的甜头要适量,而且是针对产品某一方面或某些内容的,这样才容易引起对方其他的需求。

---

① 资料来源:罗杰·道森.优势谈判[M].重庆:重庆出版社,2008.

阅读材料 5—28

协商无果起诉，车主获三倍赔偿

2017年2月26日，王女士在奔驰杭州中升之星4S店选购了一辆奔驰CLS车型，双方签订了汽车销售合同，约定以658000元的价格购买。3月15日，王女士在支付了购车款、服务费、押金以及车辆保险费用后，于当天提走了这辆白色的奔驰CLS轿车。近70万元买的进口奔驰CLS轿车，到车管所竟然无法上牌，原来奔驰4S店私自更换了配置，轮胎和轮毂都被换成小一号，而且轮胎也不是新的。车主王女士要求4S店将轮胎和轮毂重新换回原厂件，并赔偿5万元，4S店并不同意。因协商无果，车主决定起诉4S店，要求退一赔三。

法院判决：经过法院一审二审，杭州中升之星奔驰4S店被判赔付270万元，案件受理费用14302元也由4S店承担。

【**分析**】在本材料中，王女士首先提出了更换原厂件和赔偿5万元的诉求，但4S店不同意，协商无果，车主起诉，最终法院判决赔偿270万元。王女士报出低价，希望对方同意，在对方不同意后，走诉手段强硬的讼路径，提出退一赔三，实际上是运用了"先礼后兵"的谈判技巧。

(三) 求廉心理

在报价时，掌握对方心理，使对方获得满足感非常重要，有很多的报价策略就是从迎合对方心理的角度出发，具体来说，有以下几种：

1. 抵消报价

对于商品的高价，谈判人员可以将其构成要素一一列出，然后与可能抵消的价格因素相抵消，高价看起来成为低价。比如，一台计算机报价8000元人民币，买方觉得价格太高，这时候卖方可以说："生产这样一台计算机成本是6500元，配置的外围设备500元，送货和安装费用300元，所以利润只有700元，所以如果只算成本和利润，其实只有7200元，这个价格比其他品牌的计算机还便宜呢。"这样一来，买方也就觉得商品不贵了。

2. 耐用报价

这种报价策略的关键是将价格与商品的使用寿命周期结合起来。比如，一块手表报价10000元人民币，单看价格很昂贵，但是如果把价格和使用寿命结合起来，"可以使用20年，相当于每年500元，每月才不到42元"，这样一来也会让买方产生不贵的感觉。

另外，在报价时要注意说话的技巧。比如，对同一种商品的价格可以有这样两种表达方法：一种是"价格虽然高一点，但是质量很好"；另一种是"质量很好，只是价格稍微高一点"，不同的表达方法，会使对方的注意力集中在不同的地方，带来的效果也会不同。

3. 巧设参照系

巧设参照系指的是向对方提供多个商家交易同类商品的报价单，设立一个价格参照表。当然这样的参照表选择的都是对己方有利的多个商家,然后将自己的产品与这些同类产品在性能、质量、服务等交易条件上进行比较,确定自己的比较优势。使用此技巧的要点是要让自己的价格参照表尽可能地具有可信性,必要时要准备用以证明其真实性的材料来增加说服力,并要事先准备应付对方反驳的方案。在强化自己优势的同时,尽量地弱化自己的劣势。

第四节　国际商务谈判报价阶段的礼仪

一、国际商务谈判中倾听的礼仪

(一)倾听的障碍

在国际商务谈判中,倾听是了解和把握对方立场和观点的最主要手段。只有清楚地了解对方立场和观点之后,我们才能准确地提出己方的观点,合理地评论对方的观点。当然,倾听也是一种重要但是容易被忽视的重要礼仪,当我们专注地倾听时,表示我们对讲话人的观点感兴趣或很重视,从而给对方心理上的满足感和尊重,这样对方在心理上就会对己方产生信赖感。然而在实际谈判中,很多因素会造成倾听障碍。

1. 专业知识与外语水平的限制

国际商务谈判专业性和涉外性较强。首先,商务谈判总是针对专业知识进行的,例如国际贸易知识、国际商法、国际结算等,如果谈判人员对知识掌握有限,一旦在谈判中涉及这方面知识,就会由于知识水平的限制而形成收听障碍。其次是国际商务谈判的语言问题。语言不通,也会造成倾听障碍。国际上通用的语言是英语,就英语来说,不仅有美式发音和英式发音的区别,英语母语国家和非英语母语国家的发音也是千差万别,例如印度,印度曾英国的殖民地,其官方语言为英语,英语在印度的使用和发展已达两个世纪之久,但由于历史及多方面的原因,印度人所说的英语并深深打上了印度本土文化的烙印,形成独特的"印式英语"。

2. 主观性偏误

人们只注意自己感兴趣或者认为与主题有关的讲话内容,从自己的立场对别人的谈话进行判断、评价,根据个人的主观判断做出相应的反应。凭借个人感情、兴趣理解对方讲话内容,从而曲解对方原意:3个1/3(按原意听取、曲解听取、丝毫没有听进去),这就是判断性障碍。另外,带有偏见的听表现在三个方面:一是先把别人要讲的话定个标准或价值估计后,再去听其讲话;二是因讨厌对方的外表而拒绝细听对方讲话;三是假装自己很注意听,尽管心里在想别的事情,为了让对方高兴而假装自己很注意听。

3. 精力分散或劳累

国际商务谈判是一项十分耗费精力的活动,尤其是语言上的障碍,需要紧凑的翻译和全身心的关注,如果日程安排得紧张,而谈判人又得不到休息,特别是谈到中后期,精力消耗更大,即便是精力旺盛的人,也会出现因注意力不集中而少听或漏听。谈判人员的精力和注意力变化有一定规律:在开始时精力比较充沛,但持续时间较短,约在整个谈判时间的8.3%~13.3%;在谈判过程中,精力趋于下降,时间较长,占整个时间的83%;谈判要达成协议时,又出现精力充沛时期,时间也是很短,约占3.7%~8.7%。

4. 环境干扰

环境干扰形成倾听障碍,谈话的环境千差万别,由于环境如天气、噪声等干扰,常会使人注意力分散而形成听力障碍。另外,在听对方讲话时,如果把注意力放在分析、研究对方讲话的内容及根据内容而思考自己的对策上,也会听不全对方的讲话,尤其当对方讲话有隐含意义时更是如此。

相关研究试验表明,人们在倾听对方谈话时,能够记住的部分不到50%,其中1/3被倾听者接受,1/3被倾听者曲解,1/3被倾听者排斥。在商务谈判中,双方在进行频繁、复杂的信息交流。如果其方一时疏忽,就会失去不可再得的信息。为了取得较好的倾听效果,就必须克服倾听障碍。

阅读材料 5—29

关于倾听的名言

① 耳朵是通向心灵的路。——伏尔泰
② 兼听则明,偏听则暗。——《新唐书·魏征传》
③ 倾听着年轻姑娘的歌声,老人的心也变得年轻。——普希金
④ 所谓"耳聪",也就是"倾听"的意思。——艾默生
⑤ 要做一个善于辞令的人,只有一种办法,就是学会听人家说话。——莫里斯
⑥ 只愿说而不愿听,是贪婪的一种形式。——德谟克利特

阅读材料 5—30

科恩谈判制胜的技巧

一位著名的谈判专家科恩代替邻居与保险公司交涉赔偿一事,谈判在这位专家的客厅里进行。理赔员先发表了以下意见:"先生,我知道你是交涉专家,一向都是针对巨额款项谈判,恐怕我无法承受你的要价,我们公司如果只出100美元的赔偿金,你觉得如何?"科恩表情严肃地沉默着。这时理赔员沉不住气地说:"抱歉,请不要介意我刚才的意见。再加一些,200美元怎样?"又一阵沉默后,科恩终于说话了:"抱歉,无法接受。"理赔员继续说:"好吧,那么300美元怎样?"过了好一会儿,科恩说道:"300美元?嗯……我不知道。"这时,理赔员显得有点慌了,他说:"好吧,400美元。"又是踌躇了好一阵子,科恩才缓缓地说道:"400美元? 嗯……我不知道。"就这样,谈判专家只是认真地倾听着对方的表白,然后继续保持沉默,依旧一副痛苦的表情,重复着那句缓慢的话。这件理赔案最终以赔950美元的结果而告终。

【分析】在本材料中,科恩律师认真倾听,一直在等待对方先报价,判断对方口气中

的情报和言外之意,迫使对方提高报价。视对方的态度和报价的虚实程度而重复良久的沉默和严肃的表情,目的是要求对方重新报价,最终获得谈判成功,得到高于期望值三倍多的索赔金额。

阅读材料 5-31

日本"再袭"珍珠港

有一次,日本一家公司与美国一家公司进行一场许可证贸易谈判。谈判伊始,美方代表便滔滔不绝地向日方介绍情况,而日方代表则一言不发,认真倾听,埋头记录。当美方代表讲完后,征求日方代表的意见,日方代表却迷惘地表示"听不明白",只要求"回去研究一下"。

几星期后,日方出现在第二轮谈判桌前的已是全新的阵容,由于他们声称"不了解情况",美方代表只好重复说明了一次,日方代表仍是埋头记录,以"还不明白"为由使谈判不得不暂告休会。

到了第三轮谈判,日方代表团再次易将换兵并故伎重演,只告诉对方回去后一旦有结果便会立即通知美方。

半年多过去了,正当美国代表团因得不到日方任何回音而烦躁不安、破口大骂日方没有诚意时,日方突然派了一个由董事长亲率的代表团飞抵美国,在美国人毫无准备的情况下要求立即谈判,并抛出最后方案,以迅雷不及掩耳之势,催逼美国人讨论全部细节。措手不及的美方代表终于不得不同日本人达成了一个明显有利于日方的协议。

事后,美方首席代表无限感慨地说:"这次谈判,是日本在偷袭珍珠港之后的又一重大胜利!"

【分析】日方一言不发,认真倾听,在美方因得不到日方任何回音而烦躁不安、毫无准备之时,突然要求立即谈判,拿到这场谈判的主动权,最终达成明显有利于日方的协议。本材料中日方利用认真倾听,适时"偷袭"的策略获得这次谈判的成功。

(二)倾听的礼仪

1. 全精力专注

谈判者在会谈中,内心必须时刻保持清醒和精神集中,一般人听与思索的速度大约比讲话快4倍,所以听别人讲话时思想非常容易开小差;同时,根据有关研究资料,正常人最多只能记住他当场听到内容的60%~70%,若不专心,记住的就更少。因此,倾听别人讲话一定要全神贯注,努力排除环境及自身因素的干扰。

2. 全方位观察

主要是指语言的倾听和非语言的倾听。

(1)注意对方的说话方式。对方的措辞、表达方式、语气、语调都传递了某种信息,认真观察可以发现对方一言一语后面隐喻的需要,真正理解对方传递的全部信息。

(2)观察对方表情。察言观色是判断说话者态度及意图的辅助方法。谈判场合的倾听,是"耳到、眼到、心到、脑到"四种综合效应。"听",不仅要用耳朵去听,还要用眼睛去观察,运用自己的心去为对方的话语作设身处地的构想,并用自己的脑子去研究判断对方话语背后的动机。

3. 全心投入

(1)耐心。有时一个普通话题,自己知之甚多,但对方却谈兴很浓,出于对对方的尊重,应保持耐心,尽量让对方把话讲完,不要打断或插话。如果确实需要插话或打断对方谈话时,应先征得对方的同意,用商量的口气说一声:"请等一等,让我插一句""请允许我打断一下"或"我提个问题好吗?"这样,即可以转移话题又不失礼貌。

(2)细心。听人谈话还要有足够的敏感性。注意听清对方话语的内在含义和主要思想观点,不要过多地考虑对方的谈话技巧和语言水平,不要为枝节问题所冲淡。

(3)虚心。最高明的"听众"是善于向别人请教的人。他们能够用一切机会博采众长,丰富自己,而且能够留给别人彬彬有礼的良好印象。为了表明听者对对方所谈内容的关心、理解和重视,可以适时发问,提出一两个对方擅长而自己又不熟悉的问题,请求对方更清晰地说明或解答,这样做往往会令谈话者受到鼓励。但向人请教不能避实就虚,强人所难,对方不愿回答的问题不要追问。

4. 全局性互动

(1)思维的互动。倾听的同时思考说话者应该如何解决自己的问题或筹划自己将要提出的建议,思考由听到的内容而联想起的自己某些相似经历并筹划着如何或是否要告诉说话者自己的经历等等。倾听者还应随时利用听话的间隙将说话人的观点与自己的看法作比较,回味说话人的观点、意图,预想好自己将要阐述的观点和理由。

(2)情绪的互动。对方说得幽默时,回应的笑声会增添说话人的兴趣;当说得紧张时,听者屏住呼吸会强化气氛;当讲到精彩处时可报以掌声。当然听者的表情反应要与谈话者的神情和语调相协调,不可大惊小怪,显得浮躁无知。

(3)行为的互动。专心倾听的同时要有记录的好习惯,在别人在表达意见的时候,记录一方面表示自己全身心投入,一方面表示自己重视对方讲话内容。另外,目光的注视、关切的面部表情、点头称许、前倾的身姿及发出一些表示注意的声音,都是在行为上与说话者的互动和对其的认可。

阅读材料 5—32

善用倾听技巧,巧获对手情报

某年夏天,美国谈判专家荷伯·科恩先生为推销某项产品与某家公司进行谈判。在谈判尚无结果、闲暇之余,他与该公司所辖工厂的一位领班聊天,这位领班随意地告诉科恩说:"我用过各公司的产品,可是只有你们的产品能通过我们的实验,符合我们的规范。"他还不经意地提到:"你说,我们这个月的谈判要到什么时候才能有结果呢?我们厂里的存货快用完了"。

科恩专心倾听,从该公司工厂领班漫不经心的谈话里至少了解到这样两条信息:一是科恩所推销的产品和同类的其他产品相比有明显的优势;二是领班所在工厂的存货快用完了,这家公司会有较大的时间压力。据此,科恩提高谈判条件和要求,不慌不忙地讨价还价,使自己的目标和利益得到最大限度的满足。

【分析】在本材料中,谈判专家通过看似漫不经心的聊天,恰当地运用倾听技巧,巧妙地获取了对方的情报,从而把握了谈判的主动权,获得了谈判成功。

(三)倾听礼仪的禁忌

1. 不要抢话和急于反驳

在倾听的过程中,对方提的问题自己有不同想法,或者你发现对方对某个问题的认识明显不如自己,就中途接过话题,不顾对方的想法而自己发挥一通,是不尊重对方的表现。急于反驳,经常打断对方的讲话,迫不及待地发表自己的意见,实际上往往还没有把对方的意思听懂、听完。

2. 不要急于做出判断

听者往往按照自己的主观思维听取对方讲话,以致信息变形地反映到自己脑中,信息失真,也就容易引起判断失误。也不要急着去判断其对错,这样会分散精力而漏听或误听。另外,要克服先入为主的做法,先入为主的倾听往往会扭曲讲话者的本意,忽视或拒绝与自己本意不相投的意思。

3. 不要不懂装懂和回避难题

谈判中往往会涉及多方面的或自己不专业的问题,这些问题可能会令自己一时回答不上来,这时不能不懂装懂,要适时提问或者先记录后提问。不可以充耳不闻回避对方,恰恰暴露己方的弱点。在遇到这种情况时,我们要有信心、有勇气去迎接对方提出的每一个问题。

4. 不要只听不记

要养成记笔记的习惯,人们保持长时记忆的能力是很有限的,为补救这一不足,倾听时要做大量的笔记。一方面,记笔记可以帮助自己记忆有关问题,在对方讲完后,就有关问题提出质询反问;另一方面,记笔记可以让对方觉得你重视他的讲话。如果全身心的倾听造成记录不上,可以在谈判团队安排上注意记录员的设置。另外,目前录音设备比较便利,在征得对方同意的情况下,可以适当录音留作备案。

二、国际商务谈判中提问的礼仪

(一)国际商务谈判中提问的方式

1. 协商式问法

为使谈判对方同意己方的观点,采用商量的口吻向对方提出问题。例如"你看给我方的交货期放在2019年12月份是否合适?"这种提问方式给对方较大尊重,以协商的语气引导对方接受自己的建议。

2.探索式问法

针对谈判对方答复问题的内容,要求引申或举例说明,以便探索新问题,找出新方法的一种问法。例如"您刚才提到我们的价格和其他公司相比偏高,您能告诉我具体情况吗?""您刚才说我们的合同条款有含混不清之处,请举个例子,好吗?"这种提问是在对方疑问的基础上,引导对方更清晰地描述问题,便于己方获取更多信息。

3.澄清式问法

针对对方的答复重新措辞,以便对方进一步澄清相关问题或使对方补充其原先答复的一种提问方式。例如,"您刚说产品价格您可以接受,是不是我们现在就可以写进合同里了?""您刚才说上述情况没有变动,这是不是说发货就可以如期履约了?""你所表述的意思是不是可以理解为我们不要负担保险相关事宜?"这种提问,目的是用对方的回答进行对自己的观点进一步确认,并得到对方的认可。

4.选择式问法

把问题的两种可能结果告诉对方,使对方在限定范围内选择答案的问法。例如"您认为我们先谈什么好?规格还是品质?""您看交货期是选在在2019年9月份还是10月份?"这种提问将对方的回答限定在自己的给定范围内,其实就是让对方帮助自己选择,貌似对方很多选择权,其实更大选择权在己方。

5.强调式问法

强调自己的观点和立场的一种问法。例如"这个协议不是要经过公证之后才生效吗?""按照贵方要求,我们的观点不是已经阐述清楚了吗?"

6.暗示式问法

问句本身已强烈暗示出预期答案的问法。例如"我们做了前期的调查和了解,对该产品的目前市场行情比较清楚,请您考虑是否把价格再降低一些?""贵方如果违约是应该承担责任的,对不对?""谈判到现在,我看给我方的折扣可以定为4%,如果是我肯定接受了,您呢?"

阅读材料 5—3

步步为营,获得双赢
——看农机设备谈判中的竞争与合作

在上海著名的国际大厦,中日双方围绕进口农业加工机械设备进行了一场竞争与合作、进取与让步的谈判。中方在这场谈判中谋略不凡,使这场谈判一定成为一个成功的范例。

谈判高手总是在科学地分析己方价值构成的基础上,在这个幅度内"筑高台"作为讨价还价的基础。日方深谙此道,首次报价为1000万日元。

这一报价离实际卖价偏高许多。日方这样做,是因为他们以前的确卖过这个价格。如果中方不了解当时的国际行情,就会以此作为谈判基础,日方就可能获得厚利;如果中方不能接受，日方也能自圆其说，可谓进可攻，退可守。由于中方事前已摸清国际行情的变化，深知日方是在放"试探气球"。于是中方直截了当指出，这个报价不能作为谈判的基础。

谈判之前，中方不仅摸清了国际行情，且研究了日方产品的性能、质量、特点及其他同类产品的有关情况。中方运用"明知故问，暗含回击"的发问艺术，不动声色地说："不知贵国生产此种产品的公司有几家？贵公司的产品优于A国、C国的依据是什么？"话未完日方就领会了其中含意，陷入答也不是、不答也不是的境地。其主谈人为避免难堪的局面借故离席，副主谈也装作找材料不语。

【分析】材料中此问貌似请教，实则是点了对方的两点：中方非常了解所有此类产品的有关情况；此类产品绝非你一家独有，中方有选择权。中方点到为止的问话，彻底摧毁了对方"筑高台"的企图。

7. 参照式问法

参照式问法是把第三者意见作为参照提出的问法。例如"我方的委托方希望价格还有2%左右的浮动，您认为如何？""某某先生，对你方能否如期履约关注吗？"

8. 多层次式问法

多层次式问法是在一个问句中包含了多种主题。例如"这次选择的船运公司资质、效率、价格、安全性如何？""您对我们谈判中的价格、运输、保险、仲裁还有什么问题吗？"这种提问主题太多，会给对方咄咄逼人的感觉，一般不常用。如果希望对方的说明在自己的限定范围内，可以在开始的时候用这种方法提问，圈定自己感兴趣的话题。

9. 证明式问法

证明式问法通过己方的提问，使对方对问题作出证明或解释。例如"为什么要更改原已定好的装运计划呢，请说明好吗？"

(二) 提问的礼仪

1. 预先准备好问题

在提问之前，预先准备好问题的范围和内容，最好抓住重点，尽可能地获取我们想要的信息。预先准备的问题是经过思考后提出的，不容易触犯对方的底线，问得合理，容易形成愉快的气氛。

2. 合适的提问方式

提问则是获得对方意图、疑惑、底线等信息的主要方式，根据己方的意图和需要有针对性地提问，选择合适的提问方式。一般而言，综合运用多种提问方式。要想获得确定的回答时，学会运用封闭式的提问方式，例如强调式问法、暗示式问法、选择式问法等，以获得对方确定的答复。要想获取更多信息时，学会运用开放式的提问方式，如证明式问法、探索式问法等，这样可以让对方进行更多的阐述。

3.恰当的提问时机

在谈判的过程中并不是任何时候都适合提问,因此要时刻注意对方的阐述和回答,根据对方的回答和当时谈判内容的走向,可以在对方发言完毕之后提问或者对方发言不利于谈判进行的情况下,在对方发言停顿、间歇时提问,以及自己发言前后提问,避免给对方造成突兀的感觉。在别人发表完观点后再提问,不仅可以摸清对方的观点,给后期的辩驳更充分的依据,同时也可以获得对方的信赖;也可以在自己发言后提问,在自己发言之后提问是一种自问自答的模式,可以更具说服力,也可以争取到谈判的主动权。

4.谦虚的提问态度

提问要秉承"问者谦谦,言者谆谆"的原则,应该态度真诚、有礼貌,让对方感到尊重,使答者产生一种平和而从容的感受,认同提问者的问题并且完整地回答问题,以达到提问者预期的目的。提问时而且应该给对方留有一定的时间来回答问题,避免咄咄逼人,尽量保持问题的完整性。当对方在回答问题时应该耐心倾听,即使有不同的意见和看法也应该等对方说完之后,再进行回答。

阅读材料5-34

提问的时机

在对方发言完毕之后提问:尊重对方。在对方发言停顿和间歇时提问:如果对方发言冗长、不得要领,可在起发言停顿时插问。在议程规定的辩论时间提问:按照谈判进程安排进行。在己方发言前或后提问:承上启下。

5.控制提问频次

谈判中提问不仅可以了解对方的意愿和想法,掌握更多的信息。不懂就问,但要问得切中要害。相反,过多的提问会让人觉得此人很浮躁,缺失洞察力,同时也会在不经意间露出自己的缺陷,给对方抓住反驳的机会,所以提问的最高境界是"精"而不是多。

三、国际商务谈判中回答的礼仪

(一)回答的方式

1.正面回答

在谈判中己方的一些信息是对方必须要了解的,如果对方的提问是为了获得这些必不可少的信息,就必须要正面回答。问什么答什么,直截了当,清楚明确,保证谈判的正常沟通。

2.分项回答

当对方的提问有层次,或问题中有些可以回答,有些需要回避,那么就可以采用分项回答。分解一个问题为几个问题,分别回答,而不要笼统作答。

3.模糊回答

闪烁其词,不作明确的答复,留有较大的收缩余地。回答语言尽量宏大灵活,务虚避实。

4. 狙击式回答

谈判者的主动权被对方掌握,自己处于不利地位的时候,要争取回答问题的主动权,以遏制对方进一步的逼问。一般采用进攻式反问来狙击对方的进一步提问。

5. 引证式回答

引用名人名言、俗语、谚语等,借以表明自己的意思,或佐证自己的观点。增加回答问题的权威性与可信度,省去很多解释和说明,增加语言的艺术性。

(二)回答的礼仪

1. 充分思考后回答

掌握好回答的速度,回答问题并不是越快越好,要给对方留下己方是经过慎重考虑作出的回答。在回答前,可借助于一些动作如调整坐姿、翻开己方笔记甚至喝水来考虑对方问题。如果可以,就回答问题做好提纲和简单草稿,防止回答问题出现偏差。

2. 有针对性地回答

针对提问者的真实动机和目的进行回答,确切判断对方的真实意图。对于确实需要向对方说明的事项,要严谨地回答,把握回答问题的分寸。不需要全部明确回答的,可以回避或者灵活转移话题,也可以模糊作答。模棱两可、灵活却带有无限诱惑力的回答方式也是答复艺术的体现之一。这种回答法有利于给自己留有回旋的余地。对于不知道的问题不作回答,切记不能不懂装懂;对于对方意图不合理的提问,可以礼貌拒绝回答。很多时候,谈判者会无形中受到具有攻击性的提问,或是涉及隐私的提问,这时候我们可以用礼貌的语言面带微笑地拒绝回答其提问,并不是所有的提问都需要我们去回答。尤其是涉及公司机密、利益部分的情况,一定要守口如瓶。

3. 以问带答

有些问题不要完全回答问题,甚至不必回答,可以缩小提问者提问的范围,对己方不愿回答、不必回答的问题可回避。如果实在无法回避,可以实施有效反问,将难以回答或不想回答的问题再抛给对方,以探究对方的想法观点,掌握更多信息。

4. 善用非语言

可以用幽默的语言来回答可以调节气氛,也可以直接回避不想回答的问题。非语言作为回答的方法,有多种表现形式,比如微笑不语表示委婉拒绝,眉头紧锁且表情凝重表示不愿意就此问题做过多的回答。

阅读材料 5—35

面对美方波动,最好的回应是淡定[①]

2019年5月6日,美方在北京时间6日凌晨突然声称,将在星期五把价值2000亿美元的中国输美商品的关税从10%提升到25%,并称对剩余3250亿美元的中国输美商品也将加征25%的关税。中美刚在上周举行了第十轮贸易磋商,双方商定中国代表团本周前往华盛顿继续磋商。美方在新一轮谈判举行之前突然对中国这样强硬施压,似乎可以从以往的做法中得到解释。中国外交部发言人星期一表示,中方团队正在准备赴美磋商。中方理性而淡定的反应似乎表达了这样的态度:专注于谈判本身,而不与美方搞隔空的舆论大战。

中美贸易磋商已经进行了十轮,取得了巨大进展,但谈到最后也是最较劲的时候。美方的表态究竟意味着美方"不想谈了",还是这是美方在谈判的尾声时刻发动新助攻,搞"临门一脚",力争美方利益的最大化,需要后续的事态来验证。

真实的情况是,美方同样希望与中方达成协议,因为贸易战的损害必然是双向的。过去一年多的情况再清楚不过地展示了打贸易战与谈判磋商的不同效果,特别是去年下半年以来,美国经济每出现一个问题,比如苹果的业绩下滑了,福特汽车要关闭在美国的一条生产线,人们都会往贸易战的后果上联想。与贸易谈判有关的悲观信息是美国及全球股市的最大杀手之一,而相关的积极信息是推动全球股市上扬的最有效利好信息之一。虽然美国两党都主张对华强硬,但贸易战一直在美国最大的争议单子上位居前列。

美方极限施压,恰恰表明美方对早点达成协议其实很着急。越是在这种时候,中方越要保持定力。中美贸易战的"发烧"再高一度,多烧一会儿,未必对中国在战略上就是很坏的事。在我方受损失的同时,美方也将在增加损失的过程中多积累一分教训,之后若能达成贸易协议,反而会更稳固。

这种时候,中方最重要的是淡定。客观说,中国公众希望中美达成协议,但也一直对两国贸易磋商的其他结果、包括谈判出现阶段性破裂保持着思想准备。谈判当然要争取好的结果,但如果我们不能承受破裂的可能性,好结果就根本不会出现。把中国自己的事情做得尽量好,这永远应是我们最根本的策略。中国经济的前途应当也必然掌握在我们中国人自己的手中。

本章小结

本章首先介绍了报价的定义、类型、内容以及影响因素等,就如何确定谈判价格的合理空间进行了论述,阐述了报价的三大基础原则。就报价的策略从报价的次序、报价

---

① 资料来源:社评:面对美方波动,最好的回应是淡定[EB/OL].人民网,2019—05—07.

的时机和次数、报价的起点、价格解评进行论述,并介绍了常见的五种报价方式。从综合报价和心理报价两个方面介绍报价的技巧。本章在最后介绍了报价阶段需要注意的谈判礼仪,包括倾听的礼仪、提问的礼仪和回答的礼仪。

练习题

一、名词解释

1. 日式报价
2. 价格分割
3. 价格解释
4. 中途变价
5. 价格评论

二、简答

1. 报价的类型有哪些?
2. 报价阶段的礼仪有哪些?
3. 如何进行价格解释?有哪些注意事项?
4. 简述封闭式提问和开放式提问的优劣势。

三、案例分析

我国某冶金公司要向美国购买一套先进的组合炉,派一高级工程师与美商谈判,为了不负使命,这位高工作了充分的准备工作,他查找了大量有关冶炼组合炉的资料,花了很大的精力对国际市场上组合炉的行情及美国这家公司的历史和现状、经营情况等了解得一清二楚。谈判开始,美商一开口要价150万美元。中方工程师列举各国成交价格,使美商目瞪口呆,终于以80万美元达成协议。当谈判购买冶炼自动设备时,美商报价230万美元,经过讨价还价压到130万美元,中方仍然不同意,坚持出价100万美元。美商表示不愿继续谈下去了,把合同往中方工程师面前一扔,说:"我们已经作了这么大的让步,贵公司仍不能合作,看来你们没有诚意,这笔生意就算了,明天我们回国了。"中方工程师闻言轻轻一笑,把手一伸,做了一个优雅的请的动作。美商真的走了,冶金公司的其他人有些着急,甚至埋怨工程师不该抠得这么紧。工程师说:"放心吧,他们会回来的。同样的设备,去年他们卖给法国只有95万美元,国际市场上这种设备的价格100万美元是正常的。"果然不出所料,一个星期后美方又回来继续谈判了。工程师向美商表明了他们与法国的成交价格,美商又愣住了,没有想到眼前这位中国工程师如此精明,于是不敢再报虚价,只得说:"现在物价上涨得厉害,比不了去年。"工程师说:"每年物价上涨指数没有超过6%。1年时间,你们算算,该涨多少?"美商被问得哑口无言,在事实面前,不得不让步,最终以101万美元达成了这笔交易。

思考:

1. 该案例体现出什么样的报价策略?

2. 如果你遇到类似的报价,如何应对?

实训·情景模拟

实训目标:通过实训帮助学生掌握国际商务谈判报价阶段相关程序、技巧和礼仪。从实训情景中捕捉信息完成实训过程。

实训组织:1. 将学生分成若干小组,每组成员2~4人;每小组从实训案例中选择1项备选方案,并进行情景模拟;

2. 可以直接由小组成员表演完成,也可以由队员进行解说;

3. 请各小组自行准备情景相关道具、服饰;

4. 小组成员依次发言阐明观点,经过自由讨论达成一致意见,最后进行总结陈词。

实训内容:请根据以下场景,2~4人为一组进行情景模拟。

A公司计划与B大学开展合作,提升公司在大学生中的企业形象和影响力。目前,已有几套合作方案备选:

1. 冠名赞助B大学百年校庆,需12万元,届时会有很多知名校友返校参加活动。

2. 赞助校篮球队,需7~8万元,校篮球队实力强劲,多次在各类省级、市级比赛中获奖,具有较高知名度。

3. 赞助专项俱乐部,需3~4万元,专项俱乐部在B大学属于新兴社团,目前知名度一般,但发展势头良好。

4. 设立助学基金,帮助品学兼优的贫困学生20名,需8万元。

5. 赞助"A公司产品创新创意大奖赛",需10万元,获胜的创意可以为公司所用。

6. 帮助学校改善体育馆照明设施,需3~4万元,体育馆照明问题在学生当中一度引起激烈讨论。

假设有20万元的资金预算,请项目组成员通过讨论制订合作方案。

实训思考:如何快速对不同方案进行价格解释和价格评论?谈判过程中有哪些倾听技巧和问答技巧?

第六章 国际商务谈判磋商阶段的策略、技巧与礼仪

学习目标

(一)知识目标

1. 了解磋商阶段的基本内容;
2. 掌握磋商阶段的策略和技巧;
3. 熟知磋商阶段的礼仪。

(二)技能目标

1. 会运用磋商阶段的策略和技巧;
2. 熟练运用礼仪成功完成磋商。

开篇案例

龙永图谈中国"入世"中的讨价还价

让步在贸易谈判中并非一个贬义词,它是双方达成共识、找到利益平衡点的必要手段,没有让步,什么也谈不好。其实我们每个人在日常生活中都有让步的行为,主妇在集贸市场买菜要跟小贩讨价还价,就是一种让步。让步在谈判中是不可缺少的,最主要的得看谈判结果是否对双方都有好处。比如关税问题我们谈了很久,上世纪90年代初中国的关税总水平是46%,要作为WTO的成员是不够格的,我们承诺降低关税,并不断兑现,目前关税总水平已降至15%左右。这些年我们的关税收入没有减少反而大幅增加,关税体制趋于规范,逐渐向国际惯例靠拢,这说明所谓的让步是与对外开放的程度相适应的,降税不是单方面的让步而是我们给自己补课,从某种意义上讲是一种进步。"入世"谈判之前,我国自主决定了一系列优惠政策来吸引外商,难道说那都是让步吗?不要因为在谈判中让了步就加以猜疑、指责。

2003年以来,我国合同利用外资增长率高达30%,没有外商对中国"入世"的预期,新流入的外资就不会增长这么快。外商一是看到"入世"后中国巨大的市场潜力,二是看到"入世"后中国将在WTO框架下完善法律环境,并建立透明的、稳定的、可预见的经贸体制。信心问题是一个核心问题,以前外商反映我们的引资政策缺乏连续性和透明度,政府办事效率低,相关法规不完备,知识产权保护不力,等等,在一定程度上影响

了投资信心。现在我们的投资主体已由中小企业转为跨国公司,这是利用外资的重点,而跨国公司看重的不是这样那样的优惠条件,而是法律环境。"入世"后,我们要在更大的范围和更深的层次上开放市场,WTO以规则为基础的体制将促成国内全面改善投资软环境,吸引更多的跨国公司来中国投资办厂,从而给我们创造更多的就业和税收,带来更多的先进技术和优质产品,带动各地尤其是西部地区的经济发展,如果说这也是让步的话,那它有什么不可以呢?

【分析】价格磋商是谈判的需要,通过讨价还价获得你期望的利益才能有成就感,才能感到物有所值。讨价还价离不开让步,关键是看己方的核心利益是什么,在保障核心利益的基础上作出合理让步是必需的。

第一节 国际商务谈判磋商阶段

在报价阶段,谈判双方各自提出了交易条件。但是在双方的交易条件之间,经常会存在某些分歧和矛盾,有的时候这样的分歧还非常大。谈判双方为了解决这些分歧和矛盾,就需要进行讨价还价,也就是谈判的磋商环节。磋商阶段是整个谈判过程中最困难、最紧张的部分,直接影响最终谈判目标的实现。

一、磋商阶段的定义

磋商是指谈判双方就商品交易的有关条件进行协商以达成交易的过程和行为,实际上就是在报价的基础上进行讨价还价的过程。磋商是签订合同的必经阶段和法定程序,是贸易成立的基础,直接关系到双方的经济利益。谈判双方通过磋商,确定合同条款的具体内容,明确当事人双方的权利和义务。磋商阶段包括讨价和还价,有时候也被简称为讨价还价阶段。

(一)讨价

讨价也称再询盘,是指要求报价方改善报价的行为。在谈判中,一般来说卖方在报价并进行价格解释之后,买方如认为其报价仍超出自己的期望目标,要求对方重新报价或改善报价。讨价预示着磋商阶段的正式开始,其目的是启发、诱导卖方降价,为还价作准备。

1. 讨价的方式

(1)全面讨价。全面讨价即讨价者从所有交易条件入手,要求报价者从整体上改变价格,重新报价。常常用于价格评论后的第一次要价,或者用于较为复杂交易的第一次要价。

(2)分项讨价。分项讨价即讨价者针对分项价格和具体的交易条款要求报价者重新报价。这种还价方式常用于较复杂交易的第一次改善报价后,针对报价中所含水分的大小分别讨价。方法是先从水分最大的部分开始讨价,然后再对水分中等的那块讨价,依次进行。

(3)针对性讨价。针对性讨价即讨价者有针对性地从交易条款中选择某些条款,要求报价者重新报价。常用于在全面讨价和分项讨价的基础上,针对价格仍明显不合理或水分较大的个别部分进一步讨价。常用于对方改善价格后或者不易于采用笼统讨价方式时。

讨价阶段大致做法可分为三个阶段:全面讨价——分项讨价——针对性讨价。通常情况下,首次讨价是全面入手,讨价的次数可以根据情况而定;一般来说,两三次后才转入针对性讨价;而针对性讨价,也不是一点,可针对好几项,也可逐项讨价,依谈判者总体谈判策略而定。

阅读材料6—1

某编织袋厂与日企的商务谈判[①]

1984年,山东某市塑料编织袋厂厂长获悉日本某株式会社准备向我国出售先进的塑料编织袋生产线,立即与日方展开谈判。谈判桌上,日方代表最初开价240万美元,中方厂长立即答复:"据我们掌握的情报,贵国某株式会社所提供的产品与你们完全一样,开价只是贵方一半,我建议你们重新报价。"一夜之间,日方列出详细价目清单,第二天报出总价180万美元。在随后持续9天的谈判中,日方在130万美元的价格上再不妥协。中方厂长有意同另一家公司进行洽谈联系,日方得悉,总价立即降至120万美元。中方厂长仍不签字,日方大为恼火,中方厂长拍案而起:"先生,中国不再是几十年前任人摆布的中国了,你们的价格、你们的态度都是我们不能接受的!"说罢把提包甩在桌上,里面那些西方某公司设备的照片散了出来。日方代表大吃一惊,忙说:"先生,我的权限到此为止,请允许我请示厂方后再商量。"第二天,日方宣布降价为110万美元。中方厂长在拍板成交的同时,提出安装所需费用一概由日方承担,又迫使日方让步。

【分析】日本人在谈判中通常不能坦率地表态,有时报价的水分极大。本材料中的讨价方式各有不同。第一次日方报价240万美元,中方采用全面讨价的方式,要求对方重新报价。在接下来的几次谈判中,中方又通过分项讨价的方式,获得110万美元的报价。最后,通过针对性讨价,提出安装所需费用一概由日方承担。

2.讨价的次数

讨价作为要求改善报价的行为,一般不止一次。从心理因素角度来讲,一般可以进行两次讨价。常言道:"事不过三。"当然,经两次改善后的报价,如果还存在明显的不合理,继续讨价仍完全有必要。水分多的可以多讨几次,水分少的可以少讨。在谈判时要注意:一是,以理服人,见好就收,随时观察,掌握讨价次数;二是,一般还价之前都要进行

---

① 资料来源:余哲,陶雪楠.新编实用谈判案例详解与应用 快速全面提升谈判力完全指南[M].哈尔滨:哈尔滨出版社,2014.

讨价,而且要至少讨价两次才能还价。

3. 讨价的方法

(1)举证法。以市场行情、竞争者提供的价格、对方成本、过去的交易惯例、产品的质量与性能、研究成果、公认的结论等作为讨价的依据。

(2)求疵法。针对对方条款存在的缺漏、差错、失误的地方直接指出,表明对对方价格存在质疑,进行讨价。

(3)假设法。以假设的更优惠条件向对方讨价,如大批量购买、预付全款、长期的合作等。这种方式往往可以摸清对方能承受的大致底价。

(4)多次法。无论是加价还是减价,一般都不可能一步到位,都需要分步实施。

(二)还价

还价也称还盘,是指谈判一方根据对方的重新报价或改善报价作出的反应性报价。还价以讨价为基础。卖方首先报价后,买方通常不会全盘接受,也不至于完全推翻,而是伴随价格评论向卖方讨价。为了促成交易,买方会要求卖方对报价作出合理改善。这样经过几次讨价后,买方可根据自己所掌握的情况作出反应性报价,即作出还价。

1. 还价前的准备工作

对报价和讨价进行分析,了解对方的意图和要求、双方分歧所在及原因、对方的谈判重点,尽量确定价格上下浮动的范围。

2. 还价起点的确定

还价起点是买方的初始报价。确定还价起点要遵循以下原则:还价起点要低,力求使自己的还价给对方造成压力,影响或改变对方的判断;尽管还价起点要低,但不能太低,要尽量接近对方的目标,以增加对方接受的可能性,使得磋商可以顺利进行。

3. 还价的方式

按还价的依据不同,还价可以分为按比例还价、按成本还价和按还价项目的数量还价三类。在具体谈判中,还价方式的选择要结合谈判实际情况和市场状况综合考虑,哪种方式对己方最有利、最容易被人接受,就选用哪种方式。

(1)按比例还价。按这种还价方式要求对方的报价按一定百分比下调。

(2)按成本还价。这种还价方式是以己方产品的成本为基础,加上一定的利润来还价。这种还价方式,成本的计算准确性非常关键,成本计算越准确,还价的信度就越高。

(3)按还价项目的数量还价。这种还价方式还可以细分为三类:总体还价、分组还价和逐项还价。总体还价,又叫一揽子还价,是把谈判的各项条件集中在一起还一个总价。分组还价是把谈判对象划分成若干项目,并按每个项目报价中所含水分的多少分成几档,逐一还价。对价格高的还价时多压一点,价格低的少压一点。逐项还价是对主要商品、设备逐项还价,对技术费、培训费、资料费等分别还价。

二、磋商阶段的原则

经过报价环节后,买方已掌握对方报价的全部内容,接下来就要通过其报价的内容来判断其谈判意图。在磋商前要将双方的意图和要求逐一进行比较,弄清双方分歧之所在,分析如何进行讨价还价才能既符合自己利益,又能被对方接受,判断什么是双方的磋商重点。磋商要遵循以下原则:

(一)区分实质性分歧和非实质性分歧

1. 实质性分歧

实质性分歧是原则性分歧,说明谈判双方在原则性问题上存在真正的分歧。对于这种分歧,往往对方会非常坚持自己的立场,不会退步或者让步的可能性很小。因此在对待实质性分歧上要非常认真,仔细地分析,反复研究对方作出让步的可能性,然后比对己方进行让步的可能性,分析己方让步的可能损失和可接受的范围,作出是否让步的决定。如决定让步,可根据预期的目标制订让步的策略。

2. 非实质性分歧

非实质性分歧并不是原则性分歧,是谈判一方为了达到某种目的而人为设置的难题或障碍。既然是人为设置的,那么就可以通过谈判化解,只要谈判人员细心观察就可以发现。

(二)提要求要注意次序问题

通过分析,己方要制订提出要求的先后顺序,这个顺序要根据实际情况,结合己方的谈判意图和谈判策略而定。例如,若己方还盘,还价的幅度和节奏如何掌握;在其他各项交易条件上所做的有针对性的还盘,哪些可能被对方接受,哪些是对方急于讨论的问题。在此基础上设想双方最终可能签订的合同内容,以此为依据对谈判的方向及范围进行总体把握。

(三)注意讨价还价间的衔接

磋商的实质就是买方向卖方讨价和还价的过程,在很多情况下,买卖双方要进行长时间、很多次的你来我往的讨价还价,此时要注意多次讨价还价间的衔接问题。比如作为买方,在讨价过程中,讨价的次数和内容要前后一致,首尾呼应,这样才能增加说服力,切忌前后矛盾或者脱节。用来进行衔接的手段有很多,可以用评论来给予不同程度的否定或肯定;也可以用提议来引出新一轮的讨价还价。

(四)张弛有度原则

讨价还价要注意力度,也就是在条件要求、态度软硬、谈判时间、场地、人员安排等方面力度适宜。基本要求是:谈判既要让对方感到压力,又要保证己方有一定的韧性,防止谈判破裂。具体来说,可以有以下方法:

(1) 遇虚则紧。如果对方报价虚,水分多,在讨价还价时要步步紧逼,层层挤压,直到达到己方目标为止。

(2) 遇蛮则强。有时面对态度蛮横、不讲道理的对手,在注意基本文明礼貌的同时,要在气势上占据上风,谈判时态度和措辞可以比较强硬。比如,要求严格的交易条件或拒绝让步等。

(3) 遇善则温。对待有诚意、态度积极、愿意为达成交易付出努力的谈判对手要采取温和的态度。对自己可以满足的要求,积极配合对方。当然,这并不代表答应对方的所有条件,温和的做法可以卸下对方的防御,不好意思过分地讨价还价。

(4) 有理必尽。只要己方占理,那么就要继续讨价还价,直到自己的合理要求都被满足为止。

三、磋商阶段要注意的问题

(一) 还价前充分准备

还价前要充分了解对方报价的全部内容,尽可能准确地了解对方提出条件的真实意图;认真计算价格是还价的突破口和基础;通盘考虑,基于价格但不唯价格,不应把目光紧盯在价格上,应将所有因素都尽量考虑在内,综合价格与技术等各方面的资料、数据等;制订相应的还价对策;拟定多种方案以供选择,考虑还价的次数,因此要设计并评估备选最优方案。

(二) 讨价还价的依据

无论是讨价还是还价,都要充分研究三个参照因素。第一,成交预算,这就是双方的预期或者心理成交价格;第二,成交差距,即磋商中的价格与心理价格的差;第三,还价次数。这三点可以决定讨价还价的空间和程度。

(三) 注意讨价还价的尺度

让步的幅度不宜过大,节奏不宜太快,以免提高对方的期望值,使自己处于被动地位;以含蓄委婉的方式采取让步,让对方不易察觉,以免对方判断和了解己方谈判策略和意图;想方设法就重要问题、关键点让对方先作出让步,而己方则利用次要问题作出让步;枝节问题适当纠缠;任何让步都是为了让对方作出更大的让步,以获取本方最大目标,因此一定要避免无休止的让步和无目的的让步。

(四) 理性对待讨价还价

逐项核对对方报价中所提的各项交易条件,探寻其报价依据或弹性幅度,注意倾听对方的解释和说明;如果对方的报价超出己方能够接受的谈判范围,与己方要提出的条件相差太大,应先拒绝对方的报价。

阅读材料 6-2

童装索赔谈判①

1986年元旦,日本一女士带着女儿在一家商店欲购买一套从中国进口的童装。试穿时,不料女孩右手被一根折断了的缝纫针刺伤。女士十分气恼,当即要求商店赔偿。经过交涉,日商赔偿100万日元,并停止出售这批童装。日商对这批童装进行了检测,又发现断针十余枚,于是日商向中方外贸公司提出索赔。中方外贸公司立即组织有关人员到生产工厂了解情况。日商1984年11月向中方订购这批童装,共15万套,合同规定翌年8月交货,童装所需的纽扣、商标、吊牌、胶袋等辅料均由日方提供,辅料于翌年5月底以前运抵上海。中方早在1985年5月以前就备妥了面料,但日本提供的辅料迟迟未到,成衣生产被迫推迟,直到6月底辅料才运抵上海。7月,外贸公司收到日方开出的信用证,信用证规定最迟装运期为8月30日。工厂加班加点,突击生产,终于在8月下旬将15万套童装按时运出。

1986年2月,双方代表举行谈判。日方认为,这次事故的责任全在中方,要求中方改进质量,防止再发生类似问题。日方提出总计索赔金额400万日元。中方代表提出反驳,认为遗留断针固然应由中方工厂负责,但是造成这种情况日方也有责任。日方辅料迟到1个月,使原本3个月的生产周期压缩到不足2个月。为了按时交货,工厂只得加班加点,致使缝纫工和检验员忙中遗漏,发生断针留在成衣中的情况。因此中方认为这次事故日方也有责任,日方重新检验实属必要,但检验费不该由中方负担。中方同意赔偿100万日元,并加强对断针的检测,保证今后不再发生类似的问题。由于中方的分析相当中肯,日方终于同意这个赔偿金额,但仍不信任今后的质量把关。中方决定委托日方代购3台检针机,保证业务量再大也不会发生类似的问题。日方同意继续扩大业务量,并保证按时供应辅料。

【分析】本材料中,发生断针事故应由中方负责,但中方客观地指出因日方辅料未准时到导致中方生产周期被迫压缩,才引发的本次断针事故,据理力争,保护己方合理利益。同时作出赔偿100万日元的让步,双方扩大业务往来,得到共赢的谈判结果。

第二节 国际商务谈判磋商阶段的策略与技巧

一、让步的原则与技巧

(一)让步的原则

1.分清主次、维护大局

在保证己方利益的前提下,可以使用让步来营造更加和谐和互利的谈判氛围,这对

---

① 资料来源:豆丁网.

谈判的成功有着长远意义。谈判不仅是讨价还价的过程,也是双方寻求共赢的合作过程。因此,双方相互体谅,彼此都作出一定的妥协有助于建立稳定长久的合作关系。但是要注意的是,作出的让步要符合己方的谈判方针和目标,可以考虑在次要问题上主动让步,不能因为局部利益而损失整体利益。在谈判时,要分清主次,清楚什么问题可以让步,什么问题不能让步;如果让步,那么底线是什么,让步会对全局造成什么影响等。

2. 不作无谓让步

在谈判中,任何的让步都是为了换取对己方更加有利的条件。如果得不到相应的回报,便没有让步的必要。这就要求谈判人员心中清楚,不论面对怎么样的让步,都不能轻率地下决定,每次让步要体现其价值。因此,在谈判中,对于某一项让步,谈判各方会作出什么反应,不仅仅取决于让步的绝对值的大小,还取决于彼此的让步策略,即怎样作出让步,以及对方是怎样争取到让步的。

3. 选择合适的时机和幅度

每一次的让步都要尽量发挥最大的作用,不到必要的时候不要轻易让步。要让对方觉得让步是"雪中送炭",而非"锦上添花"。当然有时候适当的让步是为了给对方一点"甜头",引起对方的兴趣。

让步应该是分步骤进行的,不能一次性给出己方所有的让步空间,这样会在谈判中陷入被动。一次让步的幅度不能太大,否则会使对方的期望值迅速提高,然后提出更多的要求;节奏也不能太快,这样会让对方觉得轻易就能得到满足,不能引起对方足够的重视。另外还要注意,如果对方的让步要求己方作出同等程度的让步,那么己方没有义务同意,己方的让步幅度要根据自己的谈判策略进行,不要被对方的节奏左右。

阅读材料 6-3

苏先生为什么会失败?[①]

苏先生向客户 A 推销一套环保设备,与客户 A 有接触的共计 8 家供应商。客户 A 最后选中了 3 家(含苏先生所在企业)。其中一家报价高,苏先生并不理会他,而将注意力放到另外一家。因为报价几乎一样,苏先生与经理商量,为了战胜对手,把价格降到最低来增加竞争力,经理同意了。苏先生马上向客户 A 通报了这个消息,对方很高兴,因为苏先生报的价格下降了 13%。同时苏先生了解到,竞争对手报的价格还比他高 5%。苏先生认为这一次肯定会接到订单,因为即使对方再下浮,也不可能比他低。

第二天苏先生接到客户 A 的电话,对方希望他把施工费也算进去,再下浮 4%。苏先生和经理经过商量,认为只能再让 2%(即与客户各承担 50%),这样苏先生的让利下降到 15%。第三天,苏先生得到消息,对手以下浮 12% 价格战胜了他 15% 的让利。他最不明白的是,为什么价格最低却赢不了?

【分析】人们有这样一个共同特征:对经过自己艰苦奋斗而得到的成果总是倍加珍

---

① 资料来源:百度文库.

惜,而对轻易就可获得的东西往往不那么看重。本材料中,苏先生就是对让步的节奏和幅度把握得不好以至于失去了机会。因此,谈判的让步节奏和幅度对谈判结果有重大影响作用。苏先生一步退位到13%,让客户感到仍有让利余地。当客户提出再下浮4%时,苏先生只同意再让2%,让客户觉得被"骗",所以对苏先生失去信心(或心理上不平衡),并将订单转到另一个竞争者手中。客户A根本不在乎那百分之几的让利,而是对苏先生失去信任感。

4. 明确让步的目标、检验让步效果

让步不是目的,而是实现目的的手段,所以任何偏离目标的让步都是浪费。谈判中有必要明确每次让步要实现的目标,并在让步后检验效果如何,及时进行调整和修正。如果让步致使谈判朝着有利于双方的方向发展,可以尝试继续磋商,反之,则可以停止让步。

5. 分散对方的收益、集中对方的损失

分散对方的收益是指在有让步空间的时候,不要一次让掉所有的空间。将一次让步分散成各种小让步,对手会更加满意。也就是说让步要分步骤进行,尽量增加对手的满意次数,甚至给对方意外惊喜的感觉。集中对方的损失是指如果要求对方让步,那么应该一次性提出所有要求而不要分为好几次。如果要向对方展示成本或负担,也应该一次展示出。这样的好处是可以让对方措手不及,另外如果一次次提出要求容易给对方留下"贪得无厌"的印象,对谈判不利。

阅读材料6—4

<h3 style="text-align:center">"生死选择"[①]</h3>

卡曼妮和特沃斯基进行了一个这样的著名实验:假定美国正在为预防一种罕见疾病的爆发作准备,预计这种疾病会使600人死亡。现在有两种方案,采用X方案,可以救200人;采用Y方案,有1/3的可能救600人,2/3的可能一个也救不了。显然,救人是一种获得,人们不愿冒风险,更愿意选择X方案。另外一种描述:假定美国正在为预防一种罕见疾病的爆发作准备,预计这种疾病会使600人死亡。有两种方案,X方案会使400人死亡,而Y方案有1/3的可能性无人死亡,有2/3的可能性600人全部死亡。死亡是一种失去,因此人们更倾向于冒风险,选择B方案。

事实上,两种情况的结果是完全一样的。救活200人等于死亡400人;1/3可能救活600人等于1/3可能一个也没有死亡。可见,不同的表述方式改变的仅仅是参照点——以死亡人数,还是救活人数作参照点,结果就完全不一样了。

【分析】不同表达方式会影响人们对同一事物的判断和选择。使用积极的表达方式可以强调收益,而不是损失,可以强调长期利益,而不是短期利益。

---

① 资料来源:MBA智库百科.

(二)让步的种类

1.按照让步态度划分

按照让步的态度可以分为主动让步和被动让步。主动让步指的是己方为了引起对方的兴趣,或者为了表示诚意和合作的态度,在磋商过程中主动地给予对方一定的优惠或者作出让步。被动让步主要是己方处于劣势,在对方要求下不得不作出让步。

2.按照让步内容划分

按照让步的内容可以分为实质性让步和非实质性让步。实质性让步是针对主要交易条件或者己方的核心利益的让步。非实质性让步的内容是非主要交易条件,让步对己方的核心利益并没有实质性的损失。

3.按照让步的作用划分

按照让步的作用可分为主要让步和次要让步。主要让步是己方为了使得谈判成功、交易达成而作出的让步,让出的是自己的实际利益,主要让步对于整个谈判进程有着非常重要的影响。次要让步可以理解为交易基本达成时,为了再加一把"火"而给对方的"小甜头"。

阅读材料 6—5

以次要让步换取主要让步①

1945年国共两党重庆谈判前夕,毛泽东、周恩来便向全党客观分析了此次谈判中我方让步的必要性,因为不作让步,就不能击破国民党的内战阴谋,不能谋取政治上的主动地位,不能取得国际舆论和国内中间派的同情,不能换得我党的合法地位和和平局面。同时他们又强调:"谈判求得妥协须双方让步。"在随后实际的谈判进程中,周恩来始终坚持了"双方让步"的立场。谈判之初,按照各自提出的谈判原则,双方的利益目标差距甚大。为打破僵局,周恩来在磋商中适时作出让步,表示只要国民党确定和平建国方针,以和平、民主、团结为统一的基础,那么中共就承认蒋介石的领导地位。在此前提下,双方在其他问题上都作出必要的让步。经过努力和斗争,国民党代表接受了我党的和平建国方针,周恩来当即表示在军队数目和政权产生问题上,我方还可作相应的让步。通过这种双向互动,国共两党终于达成了《双十协定》。

【分析】谈判是斗争与合作、进取与让步的辩证统一,没有让步的谈判很难成为真正的谈判。让步是谈判成功的一条必要性原则,但不能作单方面的让步,让步必须是双方的。以己方小的让步来换取对方大的让步,以己方在次要问题上的让步来换取对方在主要问题上的让步,虽有得必有失,但要力求失小而得大。

4.按照让步的幅度划分

(1)最后让步式。在谈判前期,不论对方如何要求,己方要始终坚守,不作让步,直到

---

① 资料来源:中国共产党新闻网—党史频道.

谈判最后一次性让出所有可让利益。由于这种方式给人一种非常强硬的感觉,所以也被称为坚定的让步策略。坚持不让步体现己方态度坚决,可能会打击对方的信心,尤其是面对意志力薄弱的对手时,会动摇对方继续讨价还价的信心,从而获取更大利益。在最后作出让步,对方会认为取得的让步来之不易,因而接受谈判的结果。从谈判开始就寸步不让会给对方没有诚意的印象,如果对方态度也很强硬就可能导致谈判破裂。

(2)一次到位式。在谈判一开始就给出己方全部的让步空间,以后无利可让。开始就作出巨大让步可以表达己方的诚意,并给人坦诚直率的感觉,容易获得对方的信任,有利于长远合作。由于一次性让步到位,提高了谈判效率,双方都可以节约谈判的成本和时间。然而,这种让步方式在开始就作出全部让步会使己方在后续谈判中完全失去灵活性,并且会大大提高对方的期望值,这时因己方已无利可让,使谈判陷入僵局。

(3)均衡让步式。在谈判中,以相等或相近的幅度逐次让步,等额地让出全部可让利益。由于让步的幅度相等,适合于双方价格谈判轮数较多、谈判时间较长的情况。此时每一轮作出的让步虽然较小,但是都有刺激性。所以可以把这种方式称为"刺激型让步"。由于每次让步幅度有限,进度缓慢,所以谈判时间往往很长,令人厌烦;每轮的谈判都让对方获得一定的满足,会导致对方没完没了地提要求,而这些要求一旦得不到满足,容易使谈判破裂;谈判效率较低,需要大量的时间和精力。

(4)递减让步式。递减让步指让步幅度逐轮递减的让步方式。第一次时作出最大让步,然后在后面每一轮中依次递减。这样做的优点是从大到小、从多到少,给对方一种真诚坦率的感觉,认为己方一直在竭尽全力满足其要求。由于可让利益有限,因此合作态度要强硬,但是始终要让对方看来仍有谈判的余地;幅度减小的让步会使得对方的期望和要求随之递减,更加趋向于达成交易。缺点是这样的让步策略在国际商务谈判中经常使用,一般谈判人员都比较熟悉,所以起不到出其不意的效果;逐渐减少的让步让对方能够争取的利益不断减少,会影响协议达成的速度。

(5)间断让步式。在谈判开始时,己方作出较大让步,但是在接下来的谈判过程中坚持立场,丝毫不作让步,己方的态度由骤软转为骤硬,一直坚持到谈判的最后阶段再给出一定让步,态度又从硬变软。谈判开始就让步较大可以获得对方的信任感,较大让步也让对方有继续谈判的动力。中间阶段寸步不让表明己方的态度和立场,打消对方提出更多要求的念头,减小对方想要获得更大好处的期望。最后再作让步避免谈判破裂,既显示了己方的诚意,又会使谈判对手难以提出拒签合约的要求,因此往往能达成较好的结果。总的来说,坚持了互惠互利、以和为贵的谈判态度,所以也可以叫作艺术型让步。其缺点在于:开始时的较大让步可能会让对方变本加厉;对于缺乏耐心的对手,可能在中间己方寸步不让的情况下导致谈判陷入僵局,甚至谈判破裂。这种让步方式巧妙而危险,使用得好可以收到事半功倍的效果。

(6)退中有进式。退中有进,主要是通过巧妙地把控对方心理来达到自己的目标。具体的操作如下:在第一轮先作出一个大的让步,第二轮仍然作较大让步,到第二轮结束,己方几乎已经给出全部可让利益。等到三轮时不降反升,当然一般情况下会引起对方反对,所以到第四轮时再假装被迫让步,实际上第三和第四轮一升一降刚好抵消,结果是第二轮的让步水平,却让对方心理上得到满足。这种方法也可以叫作"欺骗型让步"。这种让步方式对对方心理的影响可以用一个例子来解释:当老板对员工说过节放3天假时,员工会觉得假期时间太短而向老板抗议,这时,老板发布通知,过节加班,不放假,员工虽然不满但是也毫无办法只能接受。当员工们都接受了过节不放假的这个事实时,老板突然通知大家过节放假3天,于是员工们全部欢天喜地地准备过节了。同样是放假3天,员工们的反应截然相反,这就是通过"欺骗"对方的心理使对方满足,从而达成自己的目标。

（7）有减有加式。有减有加的让步策略是一种先高后低,然后再高的让步策略。具体操作是第一轮让步幅度最大,以后逐渐减小幅度,在最后一轮再加大让步幅度。这样做的优点是让步的起点较高,给对方传递盼望合作的信息,引起对方的兴趣;随后逐渐降低的让步幅度让对方明白己方的可让利益已经告罄,从而降低期望,减小谈判陷入僵局的可能;最后阶段让步幅度升高,最大程度地表达己方的诚意,容易取得成功。缺点是这种让步策略富有戏剧性,可能会令对方无所适从,引起对方的反感;此策略技巧性较强,不适合谈判经验不足或者谈判新手使用;另外这种做法可能会给对方出尔反尔的感觉,不适合建立长期合作关系的谈判。

表6—1 7种常见的让步方式(单位:%)

让步方式	第一轮让步比例	第二轮让步比例	第三轮让步比例	第四轮让步比例
最后让步式	0	0	0	100
一次到位式	100	0	0	0
均衡让步式	25	25	25	25
递减让步式	50	35	10	5
间断让步式	60	0	0	40
退中有进式	60	40	−30	30
有减有加式	50	15	5	30

阅读材料6—6

让步的幅度[①]

某市机械进出口公司欲向国外订购一台专用设备。在谈判中,双方集中讨论了价格问题。一开始,我方的出价是10万美元,而对方的报价与报价单开列的价格一样,是20万美元。第一轮报价后,双方都预计最后的成交范围是14万美元到15万美元之间。如何掌握以后的让步幅度和节奏呢?有关人员提出了几种可供选择的方式:

---

① 资料来源:百度文库.

(1)向对方提出:"好吧!我方本希望以10万美元成交,但你方要出价20万美元,差距较大,为了取得一致,双方都应当互谅互让。坦率地说,14万美元这个价格兼顾了双方的利益,比较现实,你方能否考虑接受?"

(2)向对方表示我方愿望考虑的让步不超过5000美元,即由原报价10万美元增加到10.5万美元。

(3)采取稳妥的方式,先由10万美元增加到11.4万美元,然后依次增加,不过增加的幅度越来越小。按此方案双方进行了讨价还价,前四个回合双方出价及让步幅度见下表。

次序	买方报价	卖方报价	买方递增额	卖方递减额
一回	10	20		
二回	11.4	17.5	1.4	2.5
三回	12.7	16	1.3	1.5
四回	13.5	14.7	0.8	1.3

【分析】材料中的双方让步过程是谈判中最普遍的让步方式。当双方都有达成交易的愿望,并希望彼此不伤和气时,大都采用此种方式。每两个相邻的报价之间的差距随着逼近期望值而越来越小,最后可能成交。一般情况下己方如果为卖主,一开始只作较小的让步,其后则始终坚持缓慢让步;己方如果为买主,则一开始所作让步可稍大些,以后再作缓慢让步。买卖双方总体上的让步往往是不对称的,在不形成僵局的情况下,越是能够坚持不让步或缓慢让步的一方,最终的成交价格就会越接近其期望价格。

二、迫使对方让步的策略与技巧

(一)"车轮战"策略

"车轮战"是一种疲劳轰炸策略,指己方通过更换谈判主题,轮流与对方主谈判人员商谈,在体力、智力和精力上拖垮对方,削弱对方的议价能力。这一策略多在谈判形式对己方不利,或与对方有无法解决的分歧时使用。借口自己不能决定或其他理由,转由他人再进行谈判。这里的"他人"或者是上级、领导,或者是同伴、合伙人、委托人、亲属、朋友。

"车轮战"通过更换谈判主体,侦察对手的虚实、耗费对手的精力、削弱对手的议价能力,为自己留有回旋余地,进退有序,从而掌握谈判的主动权。谈判的对手需要重复地向使用"走马换将"策略的这一方陈述情况,阐明观点;面对新更换的谈判对手,需要重新开始谈判。这样会付出加倍的精力、体力和投资,时间一长,难免出现漏洞和差错。这正是运用"车轮战"一方所期望的。但结果不尽如人意,则可由更换的主谈人来补救,可以顺势抓住对方的漏洞发起进攻,最终获得更好的谈判效果。

该策略的对策是:无论对方是否准备采用该策略,都要做好充分的心理准备,有备无患;新手上场后不重复过去的争论,如果新主谈人否定其前任作出的让步,自己也借此否定过去的让步,一切从头开始。用正当的借口使谈判搁浅,直到把原先的对手再换回来。

(二)利用竞争策略

竞争激烈永远是降低价格的最好手段,因此在谈判中制造和利用竞争是迫使对方让步最有效的策略,用"鹬蚌相争,渔翁得利"来形容最贴切不过。在谈判中,我们要有意识地制造和保持竞争局面。即使对方并没有实际的竞争对手,也可以通过制造假象来迷惑对方,迫使对方让步。制造竞争的方法有:可以邀请多家企业参加投标;同时邀请几家主要的合作企业分别展开谈判,把一家的谈判条件作为与另一家谈的筹码;邀请多家企业参与集体谈判。

阅读材料6—7

外行变内行

美国有位谈判专家想在家中建一个游泳池,建筑设计的要求非常简单:长30英尺,宽15英尺,有水过滤设备,并且在6月1日前做好。谈判专家先在报纸上登了个想要建造游泳池的广告,具体写明了建造要求,结果有A、B、C 3位承包商来投标。接下来的事情是约这3位承包商来他家里谈,第一个约好早上9时,第二个约好早上9:15,第三个约好早上9:30。第二天,3位承包商如约而来,他们都没有得到主人的马上接见,只得坐在客厅里彼此交谈着等候。10点钟时,主人请第一个承包商A到书房去商谈。A一进门就宣称他的游泳池一向是造得最好的,顺便告诉主人B通常使用陈旧的过滤网,而C曾丢下许多未完的工程。接着主人同B进行谈话,B说其他人提供的水管都是塑胶管,他所提供的才是真正的铜管。C告诉主人的是,其他人使用的过滤网品质低劣,且不能彻底做完,而他则保质保量。谈判专家通过静静的倾听和旁敲侧击的提问,基本弄清了游泳池的建筑设计要求及3位承包商的基本情况,发现承包商C的价格最低,承包商B的建筑设计质量最好,最后他选中了承包商B建游泳池,但按照承包商C的报价付款。经过一番讨价还价之后,谈判达成一致。

【分析】在本材料中,谈判专家利用承包商爱表现的特点,调动对方配合自己,将其他人的情况都透露给自己,使3个承包商说出了自己的底线,以最低的成本获得最佳设计质量的建筑,善用竞争策略得到相对最佳谈判结果。

(三)既成事实策略

既成事实策略在商务谈判中可以解释为"先成交、后谈判",也就是通过一些方法使得交易成为既成事实,这时再与对方谈。先让对方付出一定代价,此时对方就会比较放弃谈判终止交易的代价与继续谈判作出让步的代价,最后被动让步。造成既成事实的做法主要有:取得对方的预付金,然后寻找理由提价或延期交货;取得对方的预交货物,然后推迟付款。

(四)"踢皮球"策略

"踢皮球"策略是一种形象的比喻,即针对对方的要求,商谈者声称无权决定某一问题,需请求其上司或有关部门审核或研究决定,或以请示委托人批复等为借口,故意使谈判工作搁浅,左推右诿,把对方的"皮球"踢来踢去。对方在万般无奈的情况下,只得妥协让步的一种谈判策略。面对现实,其出路只有两条:一条就是退出商谈,一走了之;另一条是不甘心就此退出商谈,"甘心"降低条件与对方继续商谈,从而使对方"踢皮球"的策略得逞。若遇到谈判形势对己方不利而想中止谈判,或想降低对方条件、避免损失,或想达到降低对方期望和程度而使之自动让步等,都可使用该策略。"踢皮球"策略往往在谈判接近尾声或即将签字时才运用,其手法是转移矛盾,假借上司或委托人等第三者之手去达到各种目的。

(五)"最后通牒"策略

"最后通牒"策略是指当谈判双方因某些问题纠缠不休时,其中处于有利地位的一方向对方提出最后交易条件,要么接受己方的交易条件,要么己方退出谈判,以此迫使对方让步的谈判策略。"最后通牒"策略以极强硬的形象出现,它在打破对方对未来的奢望、击败犹豫中的对手方面起着决定性的作用。使用此策略也必须慎重,因为它实际上是把对方逼到了毫无选择余地的境地,容易引起对方的敌意。一般来说,只有在以下情况下,才可使用:谈判者实力强悍,别的竞争者都不如他的条件优越;谈判者已尝试过其他的方法,但都未取得什么效果;己方将条件降到最低限度,对方经过旷日持久的谈判,已无法承担由于失去这笔交易所造成的损失,非达成协议不可。

使用"最后通牒"策略的注意事项:注意方式和时间要恰当;言辞要委婉,既要达到目的,又不至于锋芒太露,最好拿出一些令人信服的证据,让事实说话;内容应有弹性,要留给对方考虑或请示的时间。

阅读材料6—8

日本人的最后期限策略[①]

在商务谈判中,日本人最善于运用最后期限。德国某大公司应日方邀请去日本进行为期四天的访问,以草签协议的形式洽谈一笔生意。德方派出了由公司总裁带队,财务、律师等部门负责人及其夫人组成的庞大代表团,代表团抵达日本时受到了热烈的欢迎。

在前往宾馆的途中,日方社长夫人询问德方公司总裁夫人:"这是你们第一次来日本吧?一定要好好旅游一番。"总裁夫人回答:"我们对日本文化仰慕已久,真希望有机会领略一下东方悠久的文化、风土人情。但是,实在遗憾,我们已经订了星期五回国的返程机票。"

结果,日方把星期二、星期三全部时间都用来安排德方的旅游观光,星期四开始交易洽谈时,日方又搬出了堆积如山的资料,"诚心诚意"地向德方提供一切信息。尽管德方每个人都竭尽全力寻找不利于己方的条款,但到了正式签约的时候,仍有6%的合同

---

① 资料来源:百度文库.

条款未来得及仔细推敲。德方进退维谷,如果不签约,高规格、大规模的代表团兴师动众来到日本却空手而归,显然名誉扫地;如果签约,仍有许多条款尚未仔细推敲。在这种万般无奈的情况下,德方代表团选择后者,匆忙签订了协议。

【分析】在材料中,日本人充分利用了最后期限获得谈判的成功。通过不经意的交谈,日本人了解了德国代表团回国的日期,从而以安排旅游观光为由挤压谈判的时间,最后在谈判桌上搬出大堆资料的"诚心诚意"仍是为了挤压谈判时间,德国代表团即使想要应对繁琐的谈判,也已经没有时间了,只好匆忙签署协议,损失了可能争取到的谈判利益。

(六)"声东击西"策略

"声东击西"策略指一方为达到某种目的和需要,故作声势地将洽谈的议题引到某些不重要的问题上去,分散对方的注意力。使用此策略的目的,往往是想掩盖真实的企图。比如"围魏"的真正目的是为了"救赵","指桑"的真正用意是为了"骂槐",而"项庄舞剑"则"意在沛公"。之所以要掩盖真实的动机,无非是怕真实的动机一旦暴露,就很难实现目的。只有在对手毫无准备的情况下,才容易实现目标。在运用"声东击西"策略时,往往先和对方纠缠于某些方面,或在某些方面让步让对方轻易满足,转移对方的注意力,从而获得相关的信息和有利的条件,迫使对方在另一些方面作出让步。比如买方知道卖方不能缩短交货期,但他却找出种种理由来说明要求缩短交货期,如不能得到满足,好像就吃了亏一样。如果对方接受了他的理由,就要在价格、运输、包装等条件上作出让步。其实,买方的真正目的就是想通过交货期的协商,来争取改善其他交易条件。

阅读材料 6—9

"声东击西"①

中国某工厂要从日本 A 公司引进收音机生产线,在引进过程中双方需要谈判。谈判之初,日本公司坚持要按过去卖给某厂的价格来定价,丝毫不让步,谈判进入僵局。中方为了占据主动地位,开始与日本 B 公司频频接触,洽谈相同的项目,并有意传播此情报,同时通过有关人员向 A 公司传递价格信息,A 公司信以为真,不愿失去这笔交易,很快接受中方提出的价格,这个价格比过去其他厂商引进的价格低26%。

【分析】在一条路走不通的时候,就应该去探索另一种方法。在材料中,中方运用了传播假情报的"声东击西"的策略,获取了主动权,取得了谈判成功。

(七)"情绪爆发"策略

在谈判过程中,当双方在某一个问题上相持不下时,或者对方的态度、行为欠妥、要求不太合理时,可抓住机会大发脾气,严厉斥责对方无理,有意制造僵局,以震慑对方,令其自责,从而使对方作出让步。情绪的爆发有两种:一种是情不自禁的爆发,另一种是有目的的爆发。前者一般是因为在谈判过程中,一方的态度和行为引起了另一方的反感,

---

① 资料来源:百度文库.

或者一方提出的谈判条件过于苛刻而引起另一方面的愤怒,是一种自然的、真实的情绪表露。后者则是谈判人员为了达到自己的谈判目的而有意识地进行情绪表演,准确地说,这种情绪表演是一种谈判策略。我们这里说的情绪爆发是指后者。

情绪爆发的烈度应该视当时的谈判环境和气氛而定。但不管怎样,烈度应该保持在较高水平上,甚至拂袖而去,这样才能震慑对方,产生足够的作用和影响。在一般情况下,如果对方不是谈判经验丰富的行家,在突如而来的激烈冲突和巨大压力下,往往会手足无措,动摇自己的信心和立场,甚至怀疑和检讨自己是否做得太过分,而重新调整和确定自己的谈判方针和目标,作某些让步。当对方利用情绪爆发向己方发起进攻时,则应泰然处之,冷静处理;或宣布暂时休会,而后指出对方失礼,重新开始谈判。

阅读材料6—10

失算的"情绪爆发"策略[①]

我国某厂与美国某公司谈判设备购买合同时,美商报价218万美元,我方不同意,美方降至128万美元,我方仍不同意。美方诈怒,扬言再降10万美元,118万美元不成交就回国。我方谈判代表因为掌握了美商交易的历史情报,所以不为美方的威胁所动,坚持再降。第二天,美商果真回国,我方毫不吃惊。果然,几天后美方代表又回到中国继续谈判。我方代表亮出在国外获取的情报——美方在两年前以98万美元将同样设备卖给匈牙利客商。情报出示后,美方以物价上涨等理由辩驳了一番,最终降至合理价位。

【分析】 在本材料中,我方因掌握了美商交易的历史情报,没有因为美方的"情绪爆发"策略而让步,获得了交易的合理价格。从某种意义上讲,谈判中的价格竞争也是情报竞争,把握对手的精确情报就能在价格谈判竞争中取胜。

三、阻止对方进攻的策略和技巧

阻止对方进攻是指在谈判中假借某种客观因素或条件的制约而无法满足对方的要求为由,坚定不移地表达己方的立场,从而迫使对方作出让步的一种谈判策略,也叫作限制策略。

(一)阻挡式策略

1. 限制策略

在谈判中,面对对方强有力的进攻,己方无力反驳时,以某种客观因素限制为由,回避对方的锋芒。限制策略的使用有以下几种方式:

(1)权利限制策略。就一般情况而言,参加商务谈判的所有人员,其所拥有的权力都是有限的。这种权力的大小主要取决于3个方面:上司的授权、国家的法律和公司的制度、贸易惯例。在某种意义上讲,一个在权力上受到限制的谈判人员要比大权独揽谈判

[①] 资料来源:豆丁网.

者处于更有利的地位。在谈判者权力受到限制的时候,往往可以使他的立场更加坚定,更能够自然地说出一个"不"字。"该问题很棘手,它超出了我的工作范围。""听起来,贵方的道理似乎很令人信服,但主管部门的领导是否与我感觉一样,我不能代替他们做主,只有等转告他们之后才知道。"因为未授权,对方无法强迫己方超越权限作出决策,而只能根据己方的权限来考虑这笔交易。除此之外,对方可选择中止谈判、交易告吹,或寻找有更大权限的上司重新开始谈判。因此,精于谈判之道的人都信奉这样一句名言:"在谈判中,受了限制的权力才是真正的权力。"

阅读材料 6—11

"有利地位"的权力受限谈判者

尼伦伯格的一位委托人安排了一次会谈,对方及其律师都到了,尼伦伯格作为代理人也到了场,可是委托人自己却失了约,等了好一会儿,也没见他人影。3位到场的人员就开始谈判了。随着谈判的进行,尼伦伯格发现自己正顺顺当当地迫使对方作出一个又一个的承诺,而当对方要求他作出相应的承诺时,他却以委托人未到、权力有限为理由,委婉地拒绝了。结果,他以一个代理人的身份,为他的委托人争取到了对方的许多让步,而他却不向对方作出相应的让步。

【分析】一位受到权力限制的谈判者要比大权独揽的谈判者处于更有利的地位,因为其立场可以更坚定些,可以更果断地对对方说"不"。当对方有力进攻,而己方无理由驳斥时,以受某种客观因素或条件的制约而无法满足对方的要求为由,阻止对方进攻,而对方就只能根据己方所有的权限来考虑这笔交易。

(2)资料限制策略。在商务谈判过程中,当对方要求就某一个问题作进一步解释,或要求己方让步时,可以用抱歉的口气告诉对方:实在对不起,我方手头暂时没有有关这个问题的详细资料,或者资料不备齐,或者这属于本公司方面的商业机密,概不透露,因此暂时还不能作出答复。这就是利用资料限制因素阻止对方进攻的常用策略。当对方听了这番话之后,即可暂时将问题放下,这就很简单地阻止了对方咄咄逼人的攻势,因而化解了对方的进攻。但是,利用资料限制因素来阻止对方进攻的策略也不能经常使用,使用的频率与效率是成反比的,否则对方会怀疑己方的谈判诚意。

(3)成本预算限制策略。以成本和预算为由,阻挡对方的攻势。"我们成本就这么高了,这价格真的是不能再低了,能降我早就给您降了。""我们预算中没有这笔开支。"在预算外,不只是权力限制了,而触及对方的底线了。这是一种比较严厉的阻挡式策略。

阅读材料 6—12

华菱公司和米塔尔公司的合作①

华菱公司是一家缺乏竞争优势的钢铁公司,米塔尔公司是世界上最大的钢铁公司。华菱公司决定和米塔尔公司联手,两家共用采购系统、销售系统。

---

① 资料来源:道客巴巴.

第六章　国际商务谈判磋商阶段的策略、技巧与礼仪

在谈判之初,华菱公司了解到米塔尔公司有进入中国的想法。谈判先后进行了七次,中断了两次,最关键的问题是价格和公司治理结构。中方利用对手想促成谈判的心理,在关键问题上坚决不让步。关于股权结构的安排,华菱公司的目标是两家公司并列第一大股东。因我国政府不想放弃对华菱的控制权,华菱公司在股权问题上坚决不让步。谈判了几次以后,米塔尔公司才同意把股权比例让到最低,双方并列第一大股东。

在关键的时候,华菱公司适当地作出让步。当谈到控制权的问题时,米塔尔公司首先提出,董事长由华菱的现任董事长任命,但总经理和财务总监必须由米塔尔公司任命。华菱公司答复:董事长、财务总监、总经理都应该由华菱集团委派,其他的副总经理由对方委派。

最后米塔尔公司又退一步,说:"总经理、董事长给你们好了,我只要一个财务总监。"华菱表示对方可能无法胜任财务总监,因为在中国办事情是讲究人情关系的,如果和银行的关系不好连贷款都贷不到。谈判到此对方只能同意财务总监由中国人担任。

最后谈判的结果还是总经理由米塔尔公司提名,财务总监、董事长由中方提名,副总双方各提50%。

【分析】适当的让步是谈判成功的必要条件。本材料中,华菱公司以己方在次要问题上的让步换取对方在主要问题上的让步。同时,利用中国办事情讲究人情关系这一特殊情况作为限制对方争夺财务总监的理由,保障中方利益最大化,获得谈判成功。

2. 不开先例策略

占据优势的一方坚持自己提出的交易条件,尤其是价格条件而不愿让步的一种强硬方式。如果买方所提的要求使卖方不能接受时,则卖方谈判者向买方解释说:如果答应了买主这一次的要求,对卖方来说,就等于开了一个交易先例,卖方今后遇到同类型的客户,其他客户发生交易行为时,也必须提供同样的优惠,而这是卖方客观上承担不起的。例如:"你们这个报价,我方实在无法接受,因为我们这种型号产品售价一直都是和市场行情一致的。"又如:"在30%的预付款上可否变通一下,我们购买其他公司的产品一律按20%交预付款。"再如:"××公司是我们十几年的老客户,我们一向给他们的回扣是20%,因此对你们超过20%是不行的。"

当谈判中出现以下情况时,卖方可以选择运用"没有先例"的策略:当谈判内容属保密性交易活动时,如高级生产技术的转让、特殊商品的出口等;当交易商品属于垄断经营时,市场有利于卖方,而买主急于达成交易时;买主提出交易条件难以接受时,这一策略性回答也是退出谈判最有礼貌的托词。

(二)防范式策略

1. 恻隐术

恻隐术也叫"装可怜",是以故作可怜求得对方的同情,争取合作的谈判策略。在一般情况下,人们总是同情弱者,不愿落井下石,不愿置人于死地。这一招日本厂商和港澳商人常用。其影响力不小,有时候很能感动没有经验的对手。在使用这一方法请求合作

时,一定不要丧失人格和尊严,直诉困难时要不卑不亢。与此类似,有的谈判人员"以坦白求得宽容"。当在谈判中被对方逼得招架不住时,干脆把己方对本次谈判的真实希望和要求和盘托出,以求得对方理解和宽容,从而阻止对方进攻。这种策略取决于对方谈判人员的个性以及对示弱者坦白内容的相信程度,因此具有较大的冒险性。

阅读材料6—13

三位日本人与一家美国公司①

日本一家航空公司的三位代表,同美国一家企业的一大帮精明人进行谈判。谈判从上午8时开始,美国公司的谈判人员首先介绍本公司的产品,他们利用图表、图案、报表,并用3个幻灯放映机将其打在屏幕上,图文并茂,持之有据,以此来表示他们的开价合情合理,产品品质优良超群。这一推销性的介绍过程整整持续了两个半小时。在这两个半小时中,三位日本商人一直安静地坐在谈判桌旁,一言不发。介绍结束了,美国方面的一位主管充满期待和自负地打开了房里的电灯开关,转身望着那三位不为所动的日本人说:"你们认为如何?"一位日本人礼貌地笑笑,回答说:"我们不明白。"

那位主管的脸上顿时失去了血色,吃惊地问道:"你们不明白?这是什么意思?你们不明白什么?"另一个日本人也礼貌地笑笑,回答道:"这一切。"那位主管的心脏几乎要停止跳动,他问:"从什么时候开始?"第三个日本人也礼貌地笑笑,回答说:"从电灯关了开始。"那位主管倚墙而立,松开了昂贵的领带,气馁地呻吟道:"那么我们怎么办?"三个日本人一齐回答:"你们可以重放一次吗?"

结果,美国人士气受挫,要价被压到了最低。

【分析】在本材料中,日本人采用了恻隐术,获得了谈判成功。日本人对这一切一无所知,怎么可能出高价购买呢?当美国人问日本人希望他们"怎么办"时,日本人虚心回答:"可以重放一次吗?"这表示:我们虽然不懂,但是我们绝对是认真的,希望能搞懂。如同一个拳击师同一个瘦弱的小孩子对拳,简直没法下手。无奈,美国人只有降价了事。

2.休会策略

休会策略是谈判人员为控制、调节谈判进程,缓和谈判气氛、打破谈判僵局而经常采用的一种基本策略。它使谈判人员有机会恢复体力和精力,并调整对策,以推动谈判顺利进行。谈判中,双方因观点产生差异、出现分歧是常有的事,如果各持己见、互不妥协,往往会出现僵持严重以致谈判无法继续的局面。这时,如果继续进行谈判,其结果往往徒劳无益,有时甚至适得其反,导致以前的成果付诸东流。因此,比较好的做法就是休会,使双方有机会冷静下来。找到时间进行思索,客观地分析形势,统一认识,商量对策。休会后可采用出外游玩、头碰头(双方主谈)等非正式沟通形式。

休会策略应用中应注意的问题:①说明必要性并经对方同意,比如回顾成绩、展望

---

① 资料来源:百度文库.

未来、避免僵局、生理需求等。②确定何时再继续谈判,休会前最好点明何时再继续会谈,防止无限期的休会。③休会前作总结,借休息之便分析讨论这一阶段进展情况,预测下一阶段谈判的发展,也可以对出现的意外情况讨论协商,提出新的处理办法。

阅读材料6—14

休会的时机和作用

某一阶段接近尾声时——回顾成绩,展望未来

谈判出现低潮时——打破低潮,扭转趋势

会谈将要出现僵局时——避免僵局,保持气氛

在一方不满现状时——消除对抗,争取一致

谈判出现疑难问题时——缓冲思考,探求新路

(三)进攻式策略

1. 针锋相对策略

针锋相对策略就是针对谈判对手的论点和论据,毫不客气地逐一予以驳回,进而坚持自己立场的一种做法。对方说什么,你跟着驳什么,并提出新的意见。驳斥对方时,要对准话题,不能"走火",不能跑偏,否则,对方会说:"你没听明白",从而一下子击垮你的话锋。此外,"话锋"的锐利完全在于有理,而不在于声色俱厉。

2. 疲劳轰炸策略

在商务谈判中,有时会遇到锋芒毕露、咄咄逼人的谈判对手。他们以各种方式表现其居高临下、先声夺人的挑战姿态。对于这类谈判者,疲劳战术是一个十分有效的策略。这种战术的目的在于通过多回合的拉锯战,使对方疲劳、生厌,以此逐渐磨去其锐气;同时也扭转了己方在谈判中的不利地位,等到对手筋疲力尽、头昏脑涨之时,己方即可反守为攻,促使对方接受己方条件。

阅读材料6—15

中东企业家的疲劳轰炸策略

中东的企业家最常用的交易战术,就是白天天气酷热时邀请欧洲代表观光,晚上邀请其观赏歌舞表演。到了深夜,不见踪影的中东代表团领队出现了,他们已有充分的休息,神采奕奕地和欧洲代表团展开谈判。欧洲代表经过一天的奔波,早已疲惫不堪,只想休息,那么在谈判中必然让步,想尽快结束谈判。

【分析】使用疲劳轰炸策略的注意事项:

(1)多准备一些合情合理的问题,力图每个问题都能起到疲劳对手的作用。

(2)避免激起对方的对立情绪而致使谈判破裂。

3. "以攻对攻"策略

当对方就某一问题逼己方让步时,己方可以将这个问题与其他问题联系起来加以考虑,在其他问题上要求对方作出让步,作为己方让步的条件。对于那些贪得无厌的对

手,己方别无他法,只有坚持原则,以硬碰硬。须知对方是把僵局当作一种策略使用,并非希望中断谈判。例如,如果买方要求卖方降低价格,卖方就可以要求增加订购数量,或延长交货期限等。结果是要么双方双双让步,要么都不作出让步,从而避免对方的进攻。

第三节 国际商务谈判磋商阶段的礼仪

一、国际商务谈判中"辩"的礼仪

（一）"辩"的方法

1. 归纳法

归纳法是以个别的、特殊的事实推理出一般性结论的逻辑论证方法。例如,与对方谈判人员交谈,了解并推断对方的真实情况,分析对谈判有影响的因素。利用这些相关的信息,准确判断对方的真实意图和谈判态度,制订适宜的报价方案和谈判策略。

2. 类比法

由两个或两类事物在某些属性上相同,推出它们在另一属性上也相同的结论,简称类比或类推。例如,在技术报价上可以用类比法进行辨别,利用历史资料或其他类似技术协议条件,与现有的报价进行对比,找出类比内容或条件的价格水平,也可以得出报价条件优劣和价格高低的一般结论,以此来判断对方报价是否合理。

3. 归谬法

为了反驳对方的观点,充分利用条件假言判断,进行归纳或演绎推理,证明对方的观点是错误的。归谬法一种是接过对方荒谬的说法,表示赞同,再发展、加强,以使这种说法的荒谬性充分显现出来。另一种是暂时把对方的荒谬说法放在一边,自己按照对方的逻辑再营造一个荒谬的说法或结论,等对方急不可待地进攻你的说法或结论时,他自己的谬论也就不攻自破了。

阅读材料 6—16

归谬法两则[①]

有一户人家,母亲刚去世不久,还处于服丧期。有一天,他们家偶然煮了一锅红米饭来吃。这事被一位迂腐的读书人知道了,他特地前去,指责他们不该在服丧期间吃红米。有人问读书人:"为什么不能吃红米饭？"那读书人说:"红是表示喜事的颜色,你们难道不知道吗？"这时主人接上话说:"照你这么说,那些煮白米饭吃的人,他们的家里都有丧事吗？"

---

① 资料来源:林方直.归谬法——《〈管锥编〉艺理引义》之一[J].阴山学刊,2016(01):21～25.

前加拿大外交官郎宁,1882年出生于湖北省襄樊市,靠吃中国奶妈的奶长大,他的父母是美国传教士。他30岁参加加拿大省议员竞选时,有人攻击他"是吃中国人的奶长大的,身上一定有中国血统",他回答说:"你们是喝牛奶长大的,那你们身上一定有牛的血统!"

4. 二难推理法

在谈判中,考虑对方所涉及的事物表现有两种可能性,而每种可能性都会导致对方难以接受的结论时,就可以运用这种方法加以引申,使对方不得不放弃原先的错误观点。

阅读材料6-17

基辛格巧用二难推理[①]

1972年,美苏刚刚签署关于限制战略武器的四个协议,基辛格在莫斯科向随行的美国记者团介绍会谈情况时说:"苏联生产导弹的速度每年大约250枚。"记者们于是马上接着问:"我们的情况呢?我们有多少潜艇导弹在配置分导式多弹头?有多少民兵导弹在配置分导式多弹头?"基辛格:"我不确定正在配置分导式多弹头的民兵导弹有多少。至于潜艇,数目我是知道的,但不知道是不是保密信息?"记者说:"不是保密的。"基辛格说:"不是保密的吗?那你说是多少呢?"记者们无言可答,只好一笑了之。

【分析】基辛格答话的巧妙之处在于,他对记者进行反问,看似对"是否保密"表示疑惑,不能确定,但实际上他已向记者们设下了一个二难推理:如果是保密的,你就不应该问(我不能告诉你);如果不是保密的,那么大家就都应该知道。记者们不管回答"是"或"不是",他都可以拒绝回答。这样,基辛格机智风趣地变被动为主动,化解了尴尬的局面。

(二)国际商务谈判中"辩"的礼仪

1. 观点明确,立场坚定

"辩"的目的就是论证己方观点,反驳对方观点。己方观点要明确,谈判团队对此要坚定不移。通过大量的案例事实、数据资料、图片信息等论证己方观点。在核心条款、焦点问题、根本利益上绝不含糊。

2. "辩"路敏捷,逻辑严密

头脑冷静、思维敏捷、讲辩严密且富有逻辑性的谈判人员是谈判成功的重要保证。国际商务谈判中的"辩"是一个互动的激烈交锋。为了保障己方利益,要时刻保持清醒,对对方的观点及时给予反馈,在反驳的时候要观点清楚,逻辑性强,不能出现明显纰漏,让对方抓住把柄,使己方陷入不利地位。

3. 善于运用技巧

国际商务谈判中"辩"是最激烈的、最紧张的环节,谈判人员适当使用一些技巧,可以

---

① 资料来源:高艳丽.浅析二难推理在口语交际过程中的运用[J].吉林商业高等专业学校学报,2013(01).

缓解紧张气氛、拉近距离,将谈判结果引向有利于双方的方向。例如,用幽默性的语言给对方非实质性的回答,最终达到自己占据主导地位的目的,以取得最佳的交际效果。非语言礼仪,在有些问题上"无声胜有声"。

4. 注意个人举止和风度

不论谈判中双方如何针锋相对,争论多么激烈,谈判双方都必须以客观公正的态度,准确地措辞,切记不可断章取义、强词夺理、恶语伤人,要坚守文明的谈判准则。侮辱诽谤、尖酸刻薄的言语只会损害自己的形象,降低了本方的谈判质量和谈判实力,不会给谈判带来丝毫帮助,反而可能置谈判于破裂的边缘。

5. 大局思维下淡化细节

激烈的"辩"的过程中,要有大局思维,掌握大方向,抓住大问题,不在枝节问题上与对方纠缠不休,对于核心问题一定要集中精力,把握主动。在反驳对方的错误观点时,要能够切中要害,做到有的放矢。

二、国际商务谈判中说服的礼仪

(一)说服的方法

说服是一种交流、沟通的过程,通过口头语言和肢体语言来进行的信息交换,让受众者自愿地改变过去的认识或做法。成功说服别人,首先要建立良好的人际关系,取得对方信任;然后客观分析自己意见可能导致的影响,寻找共同点,争取认同,简化对方接受说服的程序。常用的技巧有以下几种。

(1)下台阶法。如果因为自尊心的问题导致谈判胶着,可以给对方台阶下并委婉地指出其错误。这样,他就会感到没失掉面子,从而很容易地接受你的建议,接受你的说服。如对方一时不能接受,不要急于求成,而是等待时机成熟时再和他交谈,这样往往有比较好的结果。

(2)等待法。对方可能一时难以说服,不妨等待一段时间,对方虽没有当面表示改变看法,但对你的态度和你所讲的话,事后他会加以回忆和思考。必须指出,等待不等于放弃。任何事情,都要给他人留有一定的思考和选择的时间。同样,在说服他人时,也不可急于求成,要等待时机成熟时再和他交谈。

(3)迂回法。当从正面讲道理很难说服谈判对手时,可以避开主题,谈一些对方感兴趣的话题或事情,迂回前进。当发现对方很强势且很难被说服时,要避开正面交锋,在迂回前进中逐渐地发现对方的弱点,据此提出针对性的建议,使对方对你产生信任感,然后再将话题转入正题,讲清道理,阐述利害,对方往往容易被你说服,接受你的建议。

(4)沉默法。当谈判中遇到不讲道理的人时,他们或有意刁难,或提出一些不值得反驳的意见,这时可以假装没听见,不予理睬,沉默应对。要对方感到自己提的问题没什么道理,自己都会感到没趣时,他们就会放弃自己坚持的意见,从而达到说服对方的目的。

阅读材料 6—18

等待法和沉默法的区别

1. 等待是有回应的,沉默不作任何回应。
2. 等待是将主动权给对方,沉默的主动权在自己手上,自己可以决定何时不沉默。
3. 等待是一种行为,暗含将会作出回应的意思,沉默只是一种状态,并没有体现行为人的任何意思。
4. 等待法适用于理性对手的合理条款,沉默法适用于非理性对手的不合理要求。
5. 等待是为了给谈判对手留下的思考和选择的空间和时间,沉默是为了向不讲道理的谈判对手施加压力。
6. 等待让对方感受到轻松缓和或释放压力,沉默让对方感受到自讨没趣或压力倍增。

(二)国际商务谈判中说服的礼仪

1. 同理心取得对方信任

同理心是站在当事人的角度和位置上,客观地理解当事人的内心感受,且把这种理解传达给当事人的一种沟通交流方式。同理心就是将心比心,换位思考。设身处地地去感受、去体谅他人。同理心是沟通的一个重要原则,在说服的时候也非常奏效。对方的信任是你说服成功的关键。现代心理学研究表明,人们对那些与自己想法一致的人往往会产生好感,并会根据那些人的观点和建议调整自己的想法,比如"我知道在这件事情上你会同意我的建议""你一定会对这个问题感兴趣的",等等。以积极、主动的心态鼓励,使对方树立自信心,并最终接受己方的观点。

阅读材料 6—19

"神奇"的同理心

一家公司的总工程师通知西屋公司说,不准备订购他们的发动机了,理由是发动机的温度过高。西屋公司的推销员前去交涉,就是从"是"开始进行说服的。推销员说:"我同意你的意见,如果发动机太热,不应该买它。发动机的温度不应该超过国家规定的标准。"对方答:"是。""有关规定说,发动机的温度可以高出室内温度华氏72度,对吗?"对方说:"对。""厂房有多热?"对方答:"大约华氏75度。75度加上72度是147度,是不是很烫手呢?"对方答:"是的。"结果,推销员就是用这种方式,把自己的意见通过对方的"是"灌输到了对方的头脑中,使对方又接受了订货。

【分析】这种方法实际上就是按对方的思维逻辑去考虑问题,承认对方作决定的依据,再委婉地指出依据不合理或依据的基础不正确。这样,在驳倒对方观点的同时,也使对方接受了你的观点。这种说服方式在经济索赔谈判中尤其有效。

2. 求同构建利益共同体

在商务谈判中,要想成功地说服对方,一方面要想方设法赢得对方的信任,另一方面还要努力寻找双方之间的共同点。比如,寻找双方共同感兴趣的事或话题,以此作为跳板,因势利导地展开说服才能奏效。事实证明,"认同"是人们相互理解与沟通的有效方式,也是说服谈判对手的一种有效方法。认同就是寻找谈判双方的共同点,减少戒心和疑虑,使对方容易接受己方的建议和观点。

寻找双方共同点应该从以下几个方面着手:第一,工作方面的共同点。比如,职业相同、追求相同、目标一致,等等。第二,生活方面的共同点。比如,生活经历类似、信仰相同等。第三,兴趣爱好方面的共同点。比如,都喜欢足球或钓鱼、都爱好书法或旅游,等等。第四,通过双方共同熟悉的中间人,增加认同感。在初次与对方交往时,想得到对方的认同并说服他,可以通过寻找双方都熟悉的第三方,缩短双方之间的距离,便于成功地说服对方。

3. 措辞恰当使人如沐春风

在谈判过程中,如果想说服对手,一定要字斟句酌,仔细推敲说服用语。比如,多用"你方"阐述,少用"我方"口吻阐述;多用肯定的语句,少用否定的语句;措辞尽量不用或少用"愤怒"、"生气"或"恼怒"等等字眼,在表达自己的情绪时,要仔细推敲,用词做到三思而后说,这样才能收到良好的说服效果。

阅读材料 6-20

习近平的语言魅力[①]

习近平同志的语言平实中蕴含着大智慧,通俗中揭示出大道理,不仅让人觉得亲切,而且感到其中蕴含着一种透彻、直指人心的力量,给人一种拨云见日、豁然开朗的感觉,具有很强的亲和力、感染力和震撼力,让人如沐春风。

习近平的语言很有特点。一有"魂"。明确的观点,旗帜鲜明地表明提倡什么,反对什么,绝不含糊其辞。这就是讲话的"魂",直击根本性的问题。他指出"信仰问题是头号问题""丢失共产党人信仰就变成功利主义者""理想信念是共产党人精神上的'钙',精神上'缺钙'就会得'软骨病'"。二有"势"。习近平的讲话,富有气势、摄人心魄。比如,他这样阐述中国梦:"中国梦是历史的、现实的,也是未来的""中国梦是国家的、民族的,也是每一个中国人的""中国梦是我们的更是你们青年一代的"。三有"情"。他的讲话透着真情实感,让人从中感到温暖,增强信心。这种情,一方面表现出澎湃的家国情怀。比如,他寄语各族群众特别是青年一代:"生活在我们伟大的祖国和伟大时代的中国人民,共同享有人生出彩的机会,共同享有梦想成真的机会,共同享有同祖国和时代一起成长与进步的机会,有梦想,有机会,有奋斗,一切美好的东西都能够创造出来。"另一方面表现在他的细致入微上。比如,在与普通群众的交流中,他笑呵呵的一句"你比我大,我叫你大姐"温暖无数人心。四有"趣"。习近平的讲话、文章虽然讲的都是治国理政的大问题、大道理,但却不板着面孔,不搞说教,而是娓娓道来,生动有趣,让人在轻

---

① 资料来源:中国共产党新闻网.

松愉快中茅塞顿开。他用"鞋子合不合脚,只有穿鞋人自己才知道",说明一个国家的发展道路合不合适,只有这个国家的人民最有发言权;用"发扬钉钉子的精神"阐述政贵有恒的道理;要求真正做到"一张好的蓝图一干到底";五有"典"。习近平的讲话,随处可见他用典之巧、用典之活的例子,他在外事活动的多次演讲、发言、会谈和署名文章中,援引了大量的中华古典词句,不仅向世人深刻阐述了中国和平发展、合作共赢的理念,而且充分向全世界展示了大国领袖博学、睿智、包容、亲和的人格魅力。比如,他用"志合者,不以山海为远",阐明中国和澳大利亚虽然远隔大洋,但历史和现实的纽带将两国紧紧连在一起,成为好朋友和战略伙伴;用"兄弟同心,其利断金",倡导中国和新西兰携手合作,谱写中新关系发展新篇章,更好造福两国人民。

4.真凭实据增强说服力

商务谈判中,有些谈判对手由于受个人经历或经验的影响,讲大道理远不如用具体的实际例子或经验更有说服力。如二次世界大战期间,为了遏制法西斯德国的全球扩张战略,一些科学家想说服美国总统罗斯福,重视原子弹的研究和制造。科学家举了拿破仑不使用先进的军舰技术以致失败的案例,促使罗斯福批准研制原子弹计划。

磋商阶段还有非语言的礼仪,本教材将在第九章作详细介绍。

本章小结

本章首先介绍了磋商阶段的定义、原则以及注意事项等。在磋商阶段的策略方面主要介绍了让步的策略、迫使对方让步的策略以及阻止对方进攻的策略。重点解释了让步的类型、逼迫对方让步的七种策略以及阻止对方进攻的三种主要模式。在磋商阶段礼仪中重点介绍了"辩"的礼仪和说服的礼仪。

练习题

一、名词解释
1. 分项讨价
2. 针对性讨价
3. 实质性分歧
4. 均衡让步
5. 同理心

二、简答
1. 让步的类型有哪些?
2. 磋商阶段阶段的礼仪有哪些?

3. 休会策略的作用有哪些？
4. 阻止对方进攻的策略有哪些？使用时有什么注意事项？

三、案例分析

　　一对夫妻在浏览杂志时看到一幅广告背景里的老式座钟，非常喜欢。妻子问丈夫："这钟是不是你见过的最漂亮的钟？如果把它放在我们房间的过道或客厅当中，看起来一定不错吧？"丈夫说："的确不错！我也正想找个这样的钟放在家里，不知道这钟卖多少钱？"随后，他们决定到古董店里找寻这款座钟，并商量预算在500元以内。搜寻三个月后，终于在一家古董店的橱窗里看到了钟，妻子兴奋地叫了起来："快看，就是这个！没错，就是那座钟！"丈夫说："记住，绝对不能超出500元。"他们走进店内。"哦喔！"妻子说："钟上的标价是750元，还是回家算了，我们说过不能超过500元的，记得吗？""我记得，"丈夫说："不过还是谈谈试一试吧，已经找了那么久，不差这一会儿。"夫妻俩商量了一下，由丈夫去谈，争取用500元钱买下这座钟。丈夫鼓起勇气，对售货员说："我看到你们有个座钟要卖，上面已经蒙了不少灰，肯定好久也没人对它有兴趣，卖多少钱啊？"

　　售货员说："价格就贴在座钟上，你没看到吗？"丈夫说："我跟你说我打算出多少钱买吧，我给你出个价，一口价，不然就不买了。我出的价可能会吓你一跳，你准备好了吗？我说了啊！"他停顿了一下来增加效果。然后大声说："你听着——250元。"售货员连眼也没眨一下，说道："卖了，这座钟是你的了。"那个丈夫的第一个反应是什么呢？得意洋洋？"我真的很棒！不但得到了优惠，还得到了我想要的东西。"不！绝不！他的最初反应必然是："我真蠢！我该对那个家伙出价150元才对！"你也能猜出他第二反应："这钟怎么这么便宜？一定有什么问题吧！"他还是把座钟放了客厅里，看起来非常美丽，好像也没什么毛病。但是他和太太却始终感到不安。那晚他们安歇后，半夜曾三度起来，因为他们没有听到时钟的声响。这种情形持续了无数个夜晚，他们紧张过度，健康迅速恶化，并且患上了高血压。

　　思考：

　　1. 这个故事包含哪些谈判技巧？
　　2. 为什么会出现故事最后的结果？实际谈判中应该如何应对？

实训·情景模拟

实训目标：通过实训帮助学生掌握国际商务谈判磋商阶段相关程序、技巧和礼仪。从实训情景中捕捉信息完成实训过程。

实训组织：1. 将学生分成若干小组，每组成员2~4人；
　　　　　　2. 可以直接由小组成员表演完成，也可以由队员进行解说；
　　　　　　3. 请各小组自行准备情景相关道具、服饰。

实训内容：请根据以下场景，2~4人为一组进行情景模拟。

1. 你去九龙街门口小店兼职,对方报价是每小时 10 元。
2. 你在网上代购国外的衣服,对方报价是 350 元人民币。
3. 你去一个新楼盘买房子,看好的房子报价是 90 万人民币。
4. 你去驾校学驾驶,对方报价是 4000 元人民币。

实训思考: 磋商阶段如何有效进行讨价还价?主要从价格解评的角度思考。

第七章　国际商务谈判成交阶段的策略、技巧与礼仪

学习目标

(一)知识目标

1. 了解成交阶段的工作内容；
2. 掌握成交阶段的谈判策略和技巧；
3. 熟知成交阶段的礼仪。

(二)技能目标

1. 面对不同的谈判方能恰当选择成交阶段策略；
2. 能够运用成交阶段技巧促成谈判。

开篇案例

中国与澳大利亚完成自贸协定谈判

　　中国与澳大利亚的自贸协定谈判始于2005年,中间历经缓慢、停滞的阶段,直到2014年4月澳大利亚总理阿博特与李克强总理在三亚会谈时商议加快中澳自贸协定谈判,从此中澳自贸协定谈判开始进入快车道。2014年11月,国家主席习近平在堪培拉同澳大利亚总理阿博特举行会谈,两国领导人决定将中澳关系提升为中澳全面战略伙伴关系,宣布实质性结束中澳自由贸易协定谈判。阿博特表示,习近平主席访问澳大利亚具有历史性意义,两国建立全面战略伙伴关系标志着中澳关系更上一层楼；澳大利亚钦佩中国改革开放成就,愿意在相互尊重、友好互利基础上加强对华合作。习近平强调,中澳近期实质性结束双边自由贸易协定谈判,这是中澳经贸关系中一件可喜可贺的大事；双方务实处理了彼此关切的问题,体现了利益平衡,是高质量、高水平的协议。

　　2015年6月17日,中国商务部部长高虎城与澳大利亚贸易与投资部部长安德鲁·罗布在澳大利亚堪培拉分别代表两国政府正式签署《中华人民共和国政府和澳大利亚政府自由贸易协定》。根据中澳自贸协定,在货物领域,双方各有占出口贸易额85.4%的产品将在协定生效时立即实现零关税。减税过渡期后,澳大利亚最终实现零关税的税目占比和贸易额占比将达到100%；中国实现零关税的税目占比和贸易额占比将分别达到96.8%和97%。

　　【分析】中澳自贸协定谈判历经10年,终于于2015年正式签署。2014年11月习近

平主席访澳期间提出实质性结束中澳自贸协定谈判,这意味着中澳双方谈判的交易条件已经达到各自的成交底线,接下来即可进入谈判成交阶段。于是在2015年6月双方正式签署了自贸协定。

第一节　国际商务谈判成交阶段

一、成交阶段的定义

成交是指谈判双方达成合同,完成交易。成交阶段是指双方处于对全部或绝大部分交易条件没有实质性的分歧,同意签订书面合同的阶段。通常成交分为两个层次,第一个层次为双方对交易条件达成一致意见,第二个层次为双方在第一个层次的基础上,能够达成受法律保护的书面合同。当谈判进入第二个层次时,谈判的成果才能为双方带来现实的利益,这才是真正意义上的成交阶段。

二、成交阶段的判断标准

商务谈判成交阶段是谈判双方最希望达到的阶段,既是本次商务谈判的圆满终结,也是签约履约阶段的开始。商务谈判从开局、磋商到成交之间并没有明显的时间界限,判断商务谈判是否已经进入成交阶段,是谈判者在谈判后期需要完成的一项重要任务。当商务谈判符合进入成交阶段的某些标准时,谈判者就可以认为谈判已经进入成交阶段,并可以着手准备签约事项。

阅读材料 7—1

RCEP 谈判进入冲刺阶段

2019年8月3日,区域全面经济伙伴关系(Regional Comprehensive Economic Partnership,RCEP)部长级会议在北京召开,会议取得了重要进展,各方已就80%的协定文本达成一致,完成金融服务、电信服务、专业服务三个方面的规则谈判,余下规则谈判已接近尾声。

新加坡贸工部部长陈振声会后在脸书(Facebook)上表示:"我们的RCEP谈判取得了良好进展,找到了推进一些悬而未决问题得以解决的方式,使我们更加接近终点。"

中国国务院副总理胡春华在致辞时表示,谈判已进入最后的关键阶段,中方愿与各国成员一道,增强年内结束谈判的信心。

各国部长在会后发表的联合声明中,赞扬谈判委员会在过去三轮谈判中就市场准入和文本的谈判取得的进展,并对电信服务、金融服务和专业服务的附录完成谈判表示欢迎。

【分析】RCEP谈判各方已就80%协定文本达成了一致,且完成了比较难以达成一致的金融服务、电信服务、专业服务规则谈判,说明谈判即将进入最后的收尾阶段,谈判各方对谈判达成有很大信心。

商务谈判的中心任务是交易条件的洽谈,当谈判双方对交易条件达成一致时,谈判即将圆满完成,可以进入签约和履约阶段。一般来说,可以从交易条件的三个方面来判断谈判是否进入成交阶段。

(一)交易条件的数量

任何商务谈判都是对一系列交易条件的谈判,谈判双方可以从交易条件的数量上对谈判阶段是否进入成交阶段进行判断。如果谈判双方已达成一致的交易条件数量占所有谈判条件的绝大多数,则可以判定谈判已进入成交阶段。量变到一定程度通常会引起质变,当谈判双方达成共识的交易条件数量已经大大超过分歧数量时,谈判阶段就从磋商阶段逐渐转变为成交阶段。假设交易双方共同关注的交易条件有 10 个,9 个已经谈妥,只剩 1 个悬而未决时,则可判定谈判即将进入成交阶段。

(二)交易条件的质量

通常情况下,谈判中会涉及多个交易条件的磋商,但交易条件有主次之分,有关键的交易条件,也有次要非关键的交易条件。如果已就交易条件中最重要关键的问题达成一致,仅剩下一些非实质性的问题存在分歧,则可以判定谈判已进入成交阶段。

谈判中关键问题的谈判往往会耗费大量的时间和精力,关键问题是否能达成一致是谈判是否能成功的决定性因素。因此当谈判双方已就关键的交易条件达成一致意见时,谈判可进入成交阶段,例如中方向美方出口箱包,若双方在箱包的品牌、规格、数量、价格、支付条件、装运期等关键交易条件达成一致,则可判定双方谈判即将进入成交阶段。

(三)交易条件是否达到己方成交线

成交线指的是己方可以接受的最低交易条件,是与对方达成交易的最低底线。如果对方认同的交易条件已经进入己方成交范围之内,则己方可判断谈判开始进入成交阶段。例如一个游客在旅游景点看中了一条围巾,他的心里底价是 100 元。当店主开价 200 元时,游客却说这条围巾顶多值 60 元,然后双方进行讨价还价。当店主的报价接近游客的成交底线 100 元时,游客可判定即将进入成交阶段。此时,己方应紧紧抓住这个时机,及时与对方达成契约以结束谈判。但在结束前,双方谈判人员应对所有达成一致意见的问题加以清理,防止出现遗漏或仍存分歧,为最后的成交做准备。当对方的交易条件进入己方底线时,己方有可能还想争取到更好一些的交易条件,此时如果能通过磋商争取到更优惠的条件当然更好,但不可强求最佳结果,以免重新造成双方对立局面,使得成交机会流失。

三、成交阶段包含的内容

（一）成交阶段的目标

成交阶段是所有成功谈判的必经阶段，成交阶段的目标是尽快达成契约以节约谈判成本、提高谈判效率。同时在达成最后契约前，审慎对待己方的得与失，在保证己方基本利益的基础上争取更有利的交易条件，例如作为买方争取一些价格折扣或者更宽裕的支付时间。另外，成交阶段还需与对方建立良好的商务关系，既为本次谈判的履约阶段提供良好的感情支撑，也为日后进一步合作提供可能。

（二）成交阶段的工作内容

成交阶段通常是成功商务谈判的收尾阶段，需要对先前的开局、磋商阶段工作进行总结和整理，同时也要对日后的签约、履约工作进行计划和安排。

1. 对谈判成果进行总结

谈判成交阶段是交易达成的必经阶段，需要对先前谈判取得的成果进行回顾和总结。首先要明确双方计划谈判的条款是否都已经进行谈判，是否还存在一些未谈判的问题，以及这些未谈判问题该如何处理。其次，明确双方是否认可谈判结果，是否需要进一步谈判。最后确定已达成的交易条件是否符合己方的期望，己方对各项交易条款最后让步的幅度以及采取何种策略结束谈判。

2. 对谈判记录进行整理

商务谈判是一个过程，需要对谈判的过程进行记录以免发生重复谈判。可以在谈判过程中进行实时记录，认真记录下每一个已经达成一致意见的交易条款，以防产生混淆不清或者日后再次提出谈判的情况。每日的谈判记录，由一方在当日记录并整理完毕，在第二次谈判时作为议事日程的第一项事宜宣读，由双方确认后，再进行进一步的谈判，这样可以对先前的谈判成果进行很好的总结，也可以使双方对谈判的进度有一个共同的认识。

在谈判结束前对整个谈判过程的记录进行宣读，可以帮助谈判双方明确各项交易条款的谈判情况，谈判记录经谈判双方检查和最后确认后，可以作为后续签订正式的、具有法律效力的书面合同的依据。

阅读材料7—2

谈判记录示例

甲方：日本轻合金科技有限公司

乙方：曲柳实木减震自行车专卖店

甲方谈判员：钟佳佳、董可鑫、胡可

乙方谈判员：杜锐、谭忠玲、文传凤

谈判记录员：甲方胡可

乙方文传凤

第一次谈判时间地点：2015年6月10日早晨8:40于喜来登酒店

甲方欲购买1000辆捷安特康威COWWAY自行车，乙方报价140美元/辆，甲方出价100美元/辆。协议没达成，双方需进一步协商。

第二次谈判时间地点：2015年6月12日早晨8:40于喜来登酒店

协商包装、保险、运输费用等事宜。确定包装为每辆车一个纸箱，海上运输和保险费用由甲方承担，从专卖店至连云港的运输和保险费用由乙方承担。

第三次谈判时间地点：2015年6月15日早晨8:40于曲柳实木减震自行车专卖店

确定交易1000辆捷安特康威COWWAY自行车，价格为FOB连云港105美元/辆，2015年8月15日前从连云港港口起运。

3. 草拟商务谈判合约

成交阶段的最终成果应该是根据双方达成的一致意见，形成初步的商务合约，为日后签订正式的合同提供模板。草拟商务合约不同于签订正式合同，注重的是内容而不是措辞，用简单而明确的词句而不是法律的词句来表达，但是两者也有共同点，即应该详细地记录双方讨论过的价格、规格、仓储及运输、履约及索赔等主要交易事项。草拟商务谈判合约时需注意以下重点问题：

（1）价格方面的问题。价格方面的问题包括价格是否已经确定、价格是否包含各种税款或其他法定费用；在履行合同期间，如果市场行情发生了变化，合同项下产品价格是否也随之变化；在对外贸易中还需考虑币种和汇率，汇率日后发生较大幅度变化对合同项下产品价格的影响；合同价格中不包含的项目，日后发生变化应如何作价等。

（2）规格方面的问题。产品和合同规格方面的问题包括哪些交易条件涉及标准和规格，具体涉及哪些标准和规格，标准和规格的公差限度及测试方法等。

（3）仓储、运输及保险等问题。仓库和运输方面的问题包括谁负责承担运输费用、卸货费用、仓储费用等；保险费用涉及的问题有谁购买保险、购买什么类别的保险以及购买哪家机构的保险等；还有一些长期性或临时性的工作由谁来负责与安排等。

（4）履约问题。合同履行方面的问题包括履约起止日期的确定、对"履约"的明确解释、产品是否存在试用、合同履约是否可以分阶段执行等。

（5）索赔及争议问题。主要包括对违约和免责条件的确定、对一方违约后的处理、如果发生争议采取的解决措施等。

上述问题是大部分商务谈判都会涉及的主要问题，也有一些特殊的商务谈判还包括其他的问题。在正式签订商务合同之前一定要确保谈判双方对各个问题的认知是一致的，否则会给履行合同带来困扰和麻烦，因此在草拟商务合约的时候，就要对这些问题进行一一核对。

阅读材料 7-3

自行车销售合约

甲方:日本轻合金科技有限公司

乙方:曲柳实木减震自行车专卖店

本合同在甲方和乙方之间订立,按照以下规定的条件和条款,甲方同意购买乙方售出下述商品:

1. 商品名称、规格和数量

甲方拟向乙方购买1000辆捷安特康威COWWAY自行车。

2. 价格:每辆自行车FOB连云港105美元。

3. 交货目的地:连云港港口。

4. 交货时间:2015年8月15日前。

5. 包装:每辆自行车一个纸箱包装。

6. 运输和保险费用:自行车运至连云港的运输和保险费用由乙方承担,连云港运至日本的海上运输和保险费用由甲方承担。

7. 交付:

(1)自行车必须在2015年8月15日前到达甲方指定港口仓库,并经甲方验收合格后视为完成。

(2)如果预料发生交货延迟,乙方应立即通知甲方。同时,乙方必须作出相应的补救措施并报告甲方。

(3)如果乙方因不可抗力不能按时交货,甲方有取消合同的权利。

8. 付款:甲方在乙方开出发票之日起90天内支付。

9. 仲裁:凡由执行本合同所发生的与合同有关的一切争执,应通过友好协商解决。如协商无效,则应申请由中国国际经济贸易仲裁委员会进行仲裁,仲裁裁决为终局裁决,对双方均有约束力,仲裁费由败诉一方承担。

甲方名称:日本轻合金科技有限公司	乙方名称:曲柳实木减震自行车专卖店
单位地址:	单位地址:
公司代表:	公司代表:
日　　期:	日　　期:

第二节　国际商务谈判成交阶段的策略

谈判进入成交阶段意味着谈判双方的期望已相当接近,双方都有结束谈判的愿望。这一阶段的主要目标是尽量保证已取得的利益不丧失,在与对方维持良好关系的基础上尽快达成协议。为了达到这些目标,可以采取以下谈判策略。

一、场外交易策略

当谈判进入成交阶段,说明谈判双方已经在绝大多数条款上取得一致意见,仅在少数几个非关键条款上尚存在分歧意见。一直在正式的谈判桌前进行谈判,谈判双方人员往往处于持续紧张状态,即使面对一些非关键的交易条件,双方在紧张激烈的氛围下也会争取己方最大利益,导致难以达成协议。

当在正式谈判场合不能对少数非关键条款达成一致意见时,东道主一方可以安排一些旅游、酒宴、参观等娱乐项目,谈判人员在参加娱乐项目中通常会放松情绪,不会像在正式谈判场合那样剑拔弩张,会比较轻松地协商解决一些非关键问题。

然而,场外交易策略的使用,并不一定适用于所有谈判对手。有些国家的谈判人员忌讳在谈判桌外交流谈判事宜,也有一些国家的谈判人员对于在娱乐场所所谈公事不予认可。因此需要在充分了解谈判对手习惯的前提下,选择双方能够接受的场外交谈地点。同时对于在场外交谈的结论,需要在下一次正式谈判时进行总结和确认,这样才有利于双方尽快签订协议。

阅读材料7—4

北欧冻鱼进入中国市场[①]

北欧深海渔产公司的冻鱼产品质量优良,味道独特,深受各国消费者喜爱,但一直未进入中国市场。深海公司希望能在中国开展冻鱼销售业务,并在我国找到合作伙伴——我国北方某罐头制品厂。该罐头厂在国内有广泛的销售渠道,非常愿意同深海公司合作。初始,谈判气氛非常融洽,但在谈到价格问题时,双方出现了较大的分歧。罐头厂的谈判代表表示深海公司的报价太高,按此价格进入我国市场,很难被我国消费者所接受。深海公司的谈判人员则表示,他们的报价已经比在国际市场上的报价降低了5%,不能再降低。谈判陷入僵局,休会期间,罐头厂公关部组织深海公司代表参观了谈判所在城市的几个大型超市,使深海公司对我国消费者的消费习惯和消费水平有了初步的了解。该罐头厂公关部同时向对方指出,中国人口众多,消费水平稳步提高,市场潜力很大。深海公司代表通过参观超市,见识到了中国大型超市的人流量,认识到中国是一个极有发展前景的新市场。深海公司代表与总部领导反复协商后,为了打开中国市场,决定将冻鱼制品报价降低30%,并向我国经销商提供部分广告费和促销费用。

【分析】本材料说明场外交流能够缓和谈判双方剑拔弩张的紧张局面,有助于化解谈判桌上激烈交锋的种种不快,还能将话题引回到谈判桌上的遗留问题,促成双方达成交易。

---

① 资料来源:吴琼,李昌凰,胡萍.商务谈判[M].清华大学出版社,2017.

二、不遗余"利"策略

不遗余"利"策略指在成交阶段依然不忘为己方争取利益。谈判进入成交阶段,谈判双方对谈判结果都有所期许,精明的一方会利用对方迫切想签订协议的心理,在签约前的最后时刻,为己方争取最后一点利益。由于谈判已进展到签约的阶段,双方都付出了很多的心血,不愿意为了一点点小利益而重新回到磋商阶段,因此往往会很快答应新的请求,以求尽快签约。

不遗余"利"策略适用于谈判对手对谈判志在必得、欲求快速结束谈判的情形。在运用此战略时,还要注意最后要价的分寸,并及时关注对方对己方最后提出要求的态度,以免影响正常的谈判进程,导致谈判失败。

阅读材料7—5

巧妙的谈价

"您这种机器要价750元一台,我们刚才看到同样的机器标价为680元。您对此有什么话说吗?""如果您诚心想买的话,680元可以成交。""如果我是批量购买,总共买35台,难道您也一视同仁吗?"

"不会的,我们每台给予60元的折扣。""我们现在资金较紧张,是不是可以先购20台,3个月以后再购15台?"卖主很犹豫,因为只购买20台,折扣是不会这么高的。但他想到最近几个星期不甚理想的销售状况,还是答应了。"那么,您的意思是以620元的价格卖给我们20台机器。"买主总结性地说。卖主点了点头。

"凑个整儿,600元一台,计算起来都省事。干脆利落,我们马上成交。"卖主想反驳,但"成交"二字对他颇具吸引力,因为几个星期都完不成销售定额的任务可不好受,所以他还是答应了。

【分析】买主不遗余"利"地与卖主讨价还价,最后成功地将价格从750元每台压低至600元每台。

三、最后让步策略

谈判双方在尚未签约之前,都对谈判结果尚留有期待,也正是因为对谈判结果仍有期待,所以迟迟不能签约。此时谈判一方可采取最后让步策略,在最后一两个有分歧的条款上给予让步,使谈判对手感受到己方的诚意,迅速达成协议。

作出最后让步的一方需要把握两方面的问题,一是让步的时间,二是让步的幅度。

1. 让步的时间

让步的时间需要掌握得恰到好处。让步时间过早会使对方认为这是前一阶段讨价还价的结果,并不是为了达成协议而作出的最后让步,己方的让步并不能为对方所理解;让步的时间过晚会削弱对对方的影响和刺激作用,己方的让步并不能促成协议的签订。同时让步的时间问题通常与让步的内容相关联,一般来说,己方作出重大让步的时间要在双方商议的最后期限之前,以便对方有足够的时间来品味,一些小的让步可以安排在即将签约的最后时刻,作为最后的"甜点",让对方心存好感,心满意足地签下协议。

2. 让步的幅度

让步的幅度同样也会对日后的签约产生影响。让步幅度太大,会让对方认为这不是最后的让步,仍会步步紧逼,期望己方作出更大的让步;如果幅度太小,谈判对手会认为此次让步微不足道,并不会因为己方的此次让步而作出决策。

最后让步的幅度不仅与己方的谈判规划相关,有时也与对方的谈判人员相关,尤其是某些国家的谈判人员,其人员构成是变化的,在谈判的最后时刻,对方管理部门的重要高级领导会出面,参加或者主持最后的谈判。此时己方作出的最后让步幅度至少要满足该领导的地位需要,让对方领导感受到己方的尊重,但与此同时让步幅度不能过大,如果幅度过大会让对方领导认为之前的谈判并没有取得理想的结果,会指责对方谈判人员没有做好工作,并要求重新进行谈判。

选择最后让步时间和让步幅度,是一项繁琐而重要的工作,要根据己方的谈判规划和对方的谈判意向进行选择。己方一旦作出最后的让步,就必须保持坚定的态度(立场),因为对方往往会想方设法地验证己方是否已作出最后的让步。

阅读材料 7—6

"陈货"与"新货"的让步

日本某公司与中国某公司商议进口一批红豆。中国公司有相当一部分是前一年的存货,希望先出售陈货,日本公司希望全是新货。

谈判初期,中国公司表明新货库存不足,陈货偏多,新货的价格要高一些。日方则坚持要全部购买新货。第二天,双方再次回到谈判桌,日方拿出一份最新的中国报纸,上面显示中国当年获得了红豆大丰收,因此仍然坚持购买新货。中方则指出:"尽管今年红豆丰收,但是我们国内需求量很大,政府对于红豆的出口量是有一定限制的。你们可以不买陈货,但是如果等到所有旧的库存在我们国内市场上卖完,而新的又不足以供应时,你们再想买就晚了。"日方沉思良久,仍然拿不定主意。为避免再次陷入僵局,中方建议道:"这样吧,我们在供应你们旧货的同时,供应一部分新货,你们看怎么样?"日方再三考虑,也想不出更好的解决办法,终于同意进一部分陈货。但是,究竟订货量为多少?新旧货物的比例如何确定?谈判继续进行。

日方本来计划订货量为 2000 吨,但声称订货量为 3000 吨,并要求新货量为 2000 吨。中方听后连连摇头:"3000 吨我们可以保证,但是其中 2000 吨新货是不可能的,我们至多只能给 800 吨。"日方认为 800 吨太少,希望能再多供应一些。中方诚恳地表示,考虑到你们的订货量较大,才答应供应 800 吨,否则,连 800 吨都是不可能的,我方已尽力了。

日方表示,中方若不能增加新货量,则将订货量降为 2000 吨,中方表示不同意。谈判再次中断。

过了两天,日方又来了,他们没有找到更合适的供应商,而且时间也不允许他们再继续拖下去。这次,日方主动要求把自己的总订货量提高到2200吨,其中800吨新货保持不变。中方的答复是:刚好有一位客户订购了一批红豆,其中包括200吨新货(实际那位客户只买走100吨)。这下,日方沉不住气了,抱怨中方不守信用,中方据理力争:"这之前,我们并没有签订任何协议,你本人也并未要求我们替你保留。"日方自知理亏,也就不再说什么,然后借口出去一下,实际是往总部打电话。回来后,露出一副很沮丧的样子,他对中方说:"如果这件事办不好,那么回去后我将被降职、降薪,这将使我很难堪,希望能考虑我的难处。"考虑到将来可能还有合作的机会,况且刚才所说的卖掉200吨也是谎称,何不拿剩下的100吨作个人情。于是中方很宽容地说:"我们做生意都不容易,这样吧,我再想办法帮你弄到100吨新货。"日方一听喜出望外,连连感谢。最后,双方愉快地在合同上签了字。

【分析】在本材料中,最初中方根据实际情况希望日方购买陈货红豆,但日方拒绝,为了达成此次交易,中方作出一定的让步,即同意提供部分新货。日方也作出相应让步,同意按中方提议购买(即新货、陈货同时购买),并提出3000吨的总购货量,其中有2000吨的新货。中方只同意提供800吨新货。在第二次谈判中,对方迫于形式的压力,作出让步,同意800吨新货,并提出总购货量2200吨。中方告诉日方已售出200吨新货,不能满足800吨新货要求。日方开始表达不满,中方随即答应再找100吨弥补,作出让步。从这过程可看出双方的让步都是谨慎而小心,每次让步对于对方来说都不是轻易得到的。通过这种互惠互利的让步过程使双方得到各自的利益。

四、及时收尾策略

当谈判进入成交阶段,意味着谈判很快就能结束,此时若谈判一方放松警惕、急于求成,则可能功亏一篑、前功尽弃。想结束谈判的谈判方可通过及时收尾策略,向对方传递成交信号,推动对方作出签约决定,达成协议。

谈判者发送成交信号时可以用较少的言辞来表达承诺的意思;提出的建议必须是完整且明确的,并且表明如果提出的建议不被接受,则终止谈判;在表达成交建议的时候,通常用坚定的语气表明自己的立场,表达己方愿意马上达成协议的意愿;在回答对方的问题时,尽可能用简短的词语来回答,并且尽量只说答案不谈论据,表明没有折中的余地;最后告知对方目前达成协议对对方更有利,催促对方尽快签约。发送成交信号的目的就是告知对方己方已准备好达成协议,设法使对方行动起来。在发送信号时要注意分寸,不能过分使用高压政策,这可能会使对方退缩,强行退出谈判;也不能过分表达想要达成协议的意愿,因为这样做会使对方感到自己占上风。

阅读材料7—7

读懂文字背后的信号

2018年8月16日,中国商务部对外发布关于中美谈判的消息,内容非常简短,只有几句话:"应美方邀请,商务部副部长兼国际贸易谈判副代表王受文拟于8月下旬率团访美,与美国财政部副部长马尔帕斯率领的美方代表团就双方各自关注的中美经贸问题进行磋商。中方重申,反对单边主义和贸易保护主义做法,不接受任何单边贸易限制措施。中方欢迎在对等、平等、诚信的基础上,开展对话和沟通。"

虽然消息只有短短的几句话,却释放了3个信号。首先,"应美方邀请",说明美方在调整对于谈判的立场;其次,前几次谈判双方派出多位部长级及以上官员,美方并不履行谈判达成的共识,因此此次谈判双方仅派出副部长接触;最后,"重申"一词表明了中国一贯不接受霸凌主义的态度。

【分析】材料中商务部在发布中美谈判消息时,仅用几句话就释放了中方对中美贸易谈判的信号,即中方要求谈判必须建立在对等、平等、诚信基础之上。

谈判者发送成交信号的时机很重要,时机的选择是一门艺术。一场旷日持久的谈判如果不及时收尾,有可能会一直拖延,最后了了之,因此在恰当的时候促成交易达成是必要的。谈判一方如果觉得谈判在某个时刻可以进入达成协议阶段,此时对己方更有利,则可以在该时刻发出成交信号,促成交易达成。

阅读材料7—8

小张卖书

在畅销书《成功学》的推广中,小张通过激情的解说和颇含哲理的言谈,让在场的许多青年都产生了强烈的购买欲望。然而面对"368元,共五本书"的价格时,很多人都犹疑起来,表示想先买一本回去感受下再决定是否购买全套。而此时,小张依然用煽情的说辞让大家买下全套书,不少顾客因为价格偏高离去,最后购买全套书的人寥寥无几。

【分析】本材料中,虽然购买全套书对小张最有利,但是当顾客因为价格高而犹豫时,小张应该适时改变销售策略,即使对方只愿意购买一本,也应该很高兴地接受,并留下自己的联系方式,让大家在之后愿意购买的时候再联系他。这样的处理方式不会让顾客觉得小张是在刻意卖产品,而是在与大家一起分享读书经验。

五、最后期限策略

谈判中的任何一方都希望谈判会在一个时间点之前结束,这个时间点就是谈判期限。一般谈判开始之前,双方在协商谈判议程的时候,就会为谈判设定期限,要求谈判在期限内完成,若在期限内未完成,则视为谈判破裂。

除了双方约定的谈判期限,受谈判方目标和资源的限制,各谈判方有各自真正的谈判时限,真正的谈判时限或许比双方约定的谈判时限要长,也或许比双方约定的谈判时限要短。谈判方通常经不起谈判无休止的拖延,一旦谈判超出了这个时限,谈判就失去了继续进行的意义,因此当谈判时间接近己方时限的时候,己方可以告知对方已到谈判期限,要么达成协议,要么宣告谈判失败,这样可以节省谈判时间或者催促对方尽快作出决策。

阅读材料 7-9

艾柯卡与银行的谈判

20世纪60年代末期，克莱斯勒汽车曾是美国汽车行业的"三驾马车"之一，自60年代以后，公司经营状况每况愈下，1980年公司亏损16亿美元，在这种情况下艾柯卡出任克莱斯勒的总经理。面对上任后不久就发生的恶性经济大萧条，公司只有两条路可以选择：破产或申请政府贷款，艾柯卡决定选择后者。

经过艰难的谈判，艾柯卡终于说服国会申请了政府贷款，但随后与银行就延期收回到期贷款的谈判同样不顺利（克莱斯勒借多家银行的贷款即将到期），多家银行对艾柯卡所提出方案的意见并不统一。艾柯卡开始时分别找一家家银行进行谈判，后来发现这种办法效率低、效果差，遂把银行家们召集到一起谈，效果虽然好一些，但仍然解决不了实质性问题。

最后，艾柯卡干脆对各家银行说："我给你们一个星期时间考虑，4月1日，也就是下星期二，我们再开会。"有些银行代表威胁说他们不会出席会议了。如果这次会议达不成协议，后果将不堪设想。因为当时全国经济衰退形势已经很严重，克莱斯勒公司宣布破产，可能意味着一个更可怕的经济灾难即将来临。因此，4月1日的会议非同小可。当全体成员都到会时，艾柯卡的开场白引起了全场的震动："先生们，昨天晚上，克莱斯勒公司董事会举行了紧急会议，鉴于目前的经济衰退、公司的严重亏损和利率的节节上升，更不要说银行家们的不支持态度，公司决定今天上午9点30分宣布破产。"接着补充说："也许我该提醒先生们一下，现在离宣布破产还有一个小时。"

整个会议室里鸦雀无声，空气异常沉闷。过了一段时间后，为了轻松一下气氛，有人补充道："今天是愚人节。"与会人员先是一愣，接着会心地一笑，气氛也随之缓和了下来。随后，经过简单的讨论，很快便达成一致。

【分析】艾柯卡的这个策略带有很大的冒险性，但结果证明它很成功，它把会场中每一个人的焦点都集中到一个更大的问题上，想象着不签协议可能产生的后果。艾柯卡利用谈判期限的力量向对方施加无形压力，最终达到了促成签约的目的。

六、一揽子策略

一揽子策略指谈判一方将各种交易条件进行打包、捆绑式报价的策略。在一揽子策略中，通常有部分交易条件是己方愿意接受甚至是超出己方期望的，但也有部分是己方不愿意接受的，对于对方也是如此情况。

总体来说，一揽子策略是比较能够平衡双方利益的一项策略，在成交阶段，当一方抛出一揽子策略时，通常说明该谈判方希望以此条件来结束谈判。若己方欲结束谈判，则可适时地提出一揽子策略，并且表明该一揽子策略是不可更改的，将谈判拉入结束阶段。若谈判对方提出一揽子策略，虽然有些条件并不是己方所乐意接受的，只要交易条件总体对己方有利，或者在部分条款上获得的超额利益大于在其他条款上的损失时，也可以接受对方的一揽子策略，达成协议。

阅读材料 7—10

中非农业合作

20世纪末,中国一个经贸代表团访问非洲某发展中国家,得知该国需要建设一个大型化肥厂来支持农业发展,以解决该国出现的粮食危机。中方在谈判之初提出一个成套设备转让的方案,但该国谈判代表认为报价太高,希望中方降低价格。中方经过认真分析,认为报价合理,主要是该国的支付能力不足。于是,中方详细介绍了设备情况,强调项目投产后对发展该国农业生产和政治稳定上的重要意义。同时,为了促成合作,中国在设计、制造、安装、调试、人员培训及技术咨询等方面作出一个一揽子服务方案,并设计了有利于该国支付方式的安排。在反复权衡下,该国家认为中方报价合理,最终达成协议。

【分析】在本材料中,当该非洲国家认为价格过高时,中方作出对其有利的一揽子策略。虽然价格超过该国的接受能力,但一揽子策略中的其他条件却对该国非常有利,所以最终促成了中非合作。

以上策略是在谈判成交阶段通常所运用的策略,但并不是每一个谈判成交阶段都会用到以上六种策略,也有其他一些成交阶段所采用的策略未被提及。

第三节 国际商务谈判成交阶段的技巧

从上节可知,在成交阶段,可以运用恰当的策略将谈判从成交阶段引入签约阶段,在使用合适谈判策略的同时,还需注意运用合适的谈判技巧来合理利用这些策略。

一、为对方庆贺

谈判从磋商阶段进入成交阶段,意味着双方离签约更进一步,这对于双方谈判人员来说都是期盼已久的喜事,所以难免会心存暗喜,感觉己方在此次交易中获得甚多。但这时一定要注意为对方庆贺,强调谈判的结果是双方共同努力、共同协商的结果,结果对双方都是有利的。同时要对对方谈判人员进行赞扬和肯定,表明谈判的成功离不开对方谈判人员的友好和努力,为日后双方的履约和往来打下良好的感情基础。如若谈判己方在即将签约或签约后只顾己方庆贺,甚至不经意地表现出己方在此次谈判中取得了压倒性的胜利,则会使谈判对方感到颜面尽失,甚至使对方产生毁约或消极执行合同的想法,因此为对方庆贺是保障日后顺利履约的重要技巧。

阅读材料 7—11

聊出来的情报

中国某公司与日本某公司进行谈判,首先双方人员彼此作了介绍,随即进入技术性谈判。中方商务人员利用谈判休息时间,对日方技术人员表示赞赏:"您技术熟悉、表述清楚,水平不一般,我们就欢迎您这样的专家。"该技术人员很高兴,表示他在公司的地位很重要,知道的事情也多。中方顺势问道:"贵方主谈人是您的朋友吗?"他回答得很干脆:"那还用问,我们常在一起喝酒,这次与他一起来中国,就是为了帮助他,这次如果能成功,他回去就能晋升部长职务了。"中方人员随口跟上:"这么讲我也得帮帮他啦,否则,我就不够朋友啦。"

通过此番谈话,中方断定对方主谈为了晋升,一定会全力以赴要求谈判的良好结果。同时,对对方表示肯定,给予对方满足感,成功地推进了谈判,最后达成了交易。

【分析】在谈判中对对方人员进行赞扬和肯定,会使对方人员的心理得到安慰,更愿意与己方一同为了良好的结果而努力。

二、适时"分手"

谈判一旦进入成交阶段后,谈判人员都期望最终能进入签约阶段,然而并不是所有进入成交阶段的谈判最后都能以签约为结果。在谈判的整个过程中,要鼓励对方说出不同的意见,不因对方提出了相反意见而责备对方。有些谈判者因为自身付出了巨大努力取得成功,所以面对对方的不配合就加以指责,这很可能会使对方产生成见,给再次见面时的友好交谈造成困难。如果此次洽谈没有带来协议或合同,己方也依然表现得落落大方、通情达理,不因没有谈妥交易条件而失去对对方的热情,则以后再见面的时候,己方就会获得令人尊敬的资本。

某些谈判者容易过早放弃努力,若谈判对手在洽谈快结束时拒绝在合约上签字,谈判人员便停止工作,把对方从客户名单上勾去,然后匆匆离开,这种做法是非常不可取的。在谈判对方经过长时间思考决定成交时,己方也不应仓促离开,而要向对方解释该谈判结果对双方都是有利的。特别是当对方是在犹豫不决的情况下勉强同意成交时,己方更要对对方有足够的耐心,否则对方会为自己的决定感到懊悔。如果对方对所签的合同感到后悔,对方就会对履行合同心存芥蒂,这种情形有时比谈判失败带来的负面影响还要大。

在成交阶段,无论谈判是即将进入签约阶段还是面临失败,谈判方都不应仓促离开,而是选择恰当的时机与对方"分手",这样能打消对方的疑虑或者保持与对方的良好关系,为未来进一步合作或履行合同打下良好的基础。

阅读材料7—12

"最后的友谊"

在20世纪80年代,中日双方进行进出口钢材谈判,尽管我方提出了合理报价,经过反复磋商,仍未与日方达成协议,眼看谈判要不欢而散。我方代表并没有责怪对方,而是用一种委婉谦逊的口气,向日方道歉:"你们这次来中国,我们照顾不周,请多包涵。虽然这次谈判没有取得成功,但在这十几天里,我们却建立了深厚的友谊。协议没达成,我们不怪你们,你们的权限毕竟有限,希望你们回去能及时把情况反映给你们总经理,重开谈判的大门随时向你们敞开。"

日方谈判代表原认为一旦谈判失败,中方一定会给予冷遇,没想到中方在付出巨大努力而未果的情况下,一如既往地给予热情的招待,使得日方人员非常感动。回国后,他们经过反复核算,多方了解行情,认为我方提出的报价是合理的。后来主动向我方抛来"绣球",在中日双方的共同努力下,第二次谈判取得了圆满成功。

【分析】在本材料中,由于我方重视长期的合作,所以能够明智地对待本次谈判的"失败",适时地选择"分手",与对方保持良好的关系,促成了最终谈判的成功。

三、主动提供细节

谈判成交阶段意味着大部分的交易条件已经谈妥,尚有一些非关键性条款仍存在认知差异,这时谈判一方可主动提供未达成一致意见交易条款的细节,告知对方己方对于这些问题的意见,并且解释己方为什么会形成这样的意见、甚至可以提供书面证据让对方证实己方的决策。同时询问对方关于这些条款的看法,即使对方作出否定回答,己方也不应放弃自己的努力,可以多角度多层次地询问对方对于该问题的真实想法,多了解对方在该问题上的顾忌和担忧,然后针对对方的顾忌,尽可能地主动提供细节,化解对方的担忧。在己方主动提供细节的情况下,对方通常会更了解己方的决策以及形成决策的缘由,从而会更进一步与己方探讨问题存在的实质,更快速地找出双方目前不能达成协议的症结所在,早日将谈判从成交阶段引入签约阶段。

阅读材料 7—13

中日电石交易

日本某公司向中国某公司购买电石,今年是他们之间交易的第五个年头,去年谈价时,日方压了中方 30 万美元/吨,今年又要压 20 美元/吨,即从 410 美元压到 390 美元/吨。日方表示,他们已拿到多家报价,有 430 美元/吨,有 370 美元/吨,也有 390 美元/吨。然而中方公司了解到,370 美元/吨是个体户报的价,430 美元/吨是生产能力较小的工厂供的货。供货厂的厂长与中方公司的代表共 4 人组成了谈判小组,由中方公司代表为主谈。谈前,工厂厂长与中方公司代表达成了价格共同的意见,工厂可以在 390 美元成交,因为工厂需订单连续生产。公司代表告知工厂方不要泄露其底价。公司代表又向其主管领导汇报,分析价格形势;主管领导认为价格不取最低,因为我们是大公司,讲质量,讲服务。谈判中可以灵活,但步子要小;在 400 美元以上拿下则可成交,拿不下时再请公司主管领导出面谈。中方公司代表将此意见向工厂厂长转达,并达成共识和工厂厂长一起在谈判时争取该条件。经过交锋,价格仅降了 10 美元/吨,在 400 美元/吨成交,比工厂厂长的底价高了 10 美元/吨。工厂代表十分满意,日方也满意。

【分析】在本材料中,中方公司对谈判作出了精心安排,一方面调查给日方公司报价的工厂背景,一方面与己方供货工厂厂长进行明确分工,确定谈判方案。最后达成令日方公司和供货工厂都满意的谈判结果。

四、对交易条件作最后检查

进入成交阶段后,双方往往期望谈判能够圆满完成,最后达成协议,进入签约阶段。然而成交阶段进入签约阶段也并不是一帆风顺的,还需要就最后的条款和细节进行最后的商榷和确认。例如明确还有哪些问题没有得到解决;对自己期望成交的每项交易条件作最后的决定,明确自己对未达成一致意见的交易条件让步的幅度;决定采取何种结束谈判的策略;安排交易记录事宜,等等。检查时间和形式与谈判的规模相关,若谈判规模偏小,则通常安排在一次谈判结束后的休息时间里即可;若谈判规模比较大,则可能会安排一次正式的检查会议,时间往往在本方与对方进行最后一次正式谈判前。

无论检查的形式如何,检查环节的目的是帮助谈判者作出最后的决定,即是否可以与对方达成协议。检查应当以协议能带给己方的总体价值为衡量标准,对于一些己方未同意而没有达成一致意见的贸易条件,予以重新考虑,权衡一下己方是该作出让步还是该结束这次谈判,切忌意气用事,为了某个局部利益而放弃全局利益,导致谈判目标没有实现。

除了检查贸易条件,还需要对贸易条款内容进行检查,确保谈判双方对所谈的内容有一致的理解,保证协议名副其实。例如双方对于价格构成、合同履行、产品规格、存储和运输细节以及索赔处理等条件的认知,要确保双方的理解是一致的。在检查的过程中,也有可能发生一方之前对某个条款理解有误,要求重新谈判的情况,导致即将签约的协议被拖延。通常在签约前发现问题优于签约后再发现问题,如果在双方对贸易条件内容理解不一致的情况下签订了合同,会给双方带来很大的履约风险,这个比没有达成协议带来的损失更大,所以检查双方对于贸易条件内容的理解是否一致非常关键。

阅读材料 7—14

正确地提问

甲乙双方进行一笔交易的谈判,甲为卖方,乙为买方。双方谈判比较顺利,但乙迟迟不肯签约。甲感到不解,就对乙提出了以下几个问题。首先,甲确认乙是否愿意购买甲方产品,得到了肯定的答复。同时,甲分别就乙对己方的信誉、产品质量、包装装潢、交货期、适销期等逐项进行了探问,乙表示对上述问题都不担心。最后,甲问到货款的支付问题,乙表示目前的贷款利率较高。甲得知对方这一症结所在之后,随即进行了深入的市场调研,从当前的市场形势分析,指出乙按照目前的进价成本,扣除贷款利率,也还有较大的利润。这一分析得到了乙的肯定,但是乙又担心销售期过长导致利息负担重,影响最终的利润。针对乙的担忧,甲又从风险的大小方面进行分析,指出即使销售期长,风险依然很小,最终促成了签约。

【分析】在本材料中,当乙方迟迟不肯签约时,甲方依次对交易条件进行检查,找出乙方不愿意签约的症结所在,最后成功地说服了乙方,促成了签约。

五、运用谈判记录推进谈判议程

记录谈判内容有多种形式,根本要点是每次谈判时对谈判内容进行记录,谈判完毕后双方在谈判记录上签字确认。如果是一个短期的谈判,则可由一方整理谈判记录后,在谈判结束前宣读通过,待双方在谈判记录上签字后,此次谈判才算告一段落。实际上,如果没有对谈判过程进行记录,则容易引起争论,因为谈判人员容易犯的错误是记住他所认为的事情,而不是记住实际发生的事情。如果是一个较长期的谈判,则可选择由一方在每次谈判后的当晚进行整理,并在第二次谈判前作为第一项日程进行宣读,只有当双方都通过这个记录时才继续进行谈判。虽然这项工作颇费力气,但对于一个较长期的谈判来说是十分可取的。

对谈判过程进行记录是避免协议出现问题、推进谈判议程的最好方法,在成交阶段对每次谈判内容进行记录,可以确保双方想谈的内容都已经谈妥,对所谈内容的理解一致,避免到签约最后阶段才发现某个问题根本没有得到解决或某个问题的意见不一致,导致重新回到磋商阶段或中止谈判。

以上这些谈判技巧是成交阶段惯常的谈判技巧,可以推进成交阶段进入签约阶段,或者如果发现谈判双方对于某些交易条件的理解不一致,对于某些重要的交易条件还未谈判,则可以帮助谈判双方尽早发现问题,及时对谈判过程进行调整。

阅读材料 7—15

旅馆买电脑

律师纳尔逊和合伙人合作盘下了一座旅馆,需要添置设备,合伙人委托他买电脑。有种型号的电脑正是他们需要的,但是钱不够,与电脑供货商开价相差很多。纳尔逊先让电脑供货商把电脑性能再详细地说了一遍,并把电脑供货商关于电脑价格、培训费费用、维修费用以及付款方式的报价记录下来,其中电脑价格是 11500 磅,加上培训费 500 磅和一年维修费 1900 磅。一周后,纳尔逊告诉电脑供货商合伙人已原则上同意买下这台电脑,但是给成交价规定了一个上限:不得超过 11000 磅。纳尔逊表示:"到了这个数,就一个子儿也不会再加了。"纳尔逊还拿出了合伙人会议的记录给对方看,说那是大家的一致决定。纳尔逊遗憾地对电脑供货商说,电脑价格是 11500 磅,加上使用培训费 500 磅和一年维修费 1900 磅,总计 13900 磅,早超过了 11000 磅了。纳尔逊还告诉电脑供货商:合伙人已指示自己,要找别的厂家看看有没有价格更为合适的电脑。他对电脑供货商说,你这种机器的确先进、适用,遗憾的是自己的合伙人不大懂行。电脑供货商赶紧为自己辩护,卖价并未超出限额(还是 11000 磅),并让步说,机器软件可以免费提供,培训费也可以酌情减少,付款期限也好商量。但纳尔逊在总价不能超过 11000 磅这一点上寸步不让。三天后,电脑供货商打来电话,说公司愿意以"特别"优惠价 10500 磅出售,"为了表示对本产品的信心,1900 磅维修费也可以推迟一年交付"。

【分析】在本材料中,纳尔逊利用与电脑供货商的谈判记录,准确地掌握电脑供货商的报价构成,为之后的还价奠定了基础。同时,纳尔逊利用与合伙人的谈判记录,向电脑供货商证明合作人的购买意愿,促使电脑供货商降价,推动了谈判的进行。

第四节 国际商务谈判成交阶段的礼仪

成交阶段通常经过接送、会谈、签约、宴请、参观游览、馈赠礼品等步骤,每个步骤所关注的礼仪细节的重点各不相同,下面对其逐一介绍。

一、接送礼仪

成交阶段往往是确定是否达成协议的重要阶段,所以通常谈判双方会派关键领导来参加成交阶段的会谈。

如果在对方场所举行成交阶段的谈判,己方联系人员要尽早将己方谈判人员名单交给对方,并将出行日期、交通工具形式、住宿场所等信息也一并通知对方联系人员。

如果在己方场所举行成交阶段的谈判,则要先确定对方将参加成交阶段谈判的人员构成,为表示对对方的尊重,在对方人员抵达和离开之际,都需要安排相应级别的人员前往迎送。要准确掌握对方抵达和离开的时间及交通工具,做到既顺利接送对方谈判人员,又不过多耽误迎送人员的时间,通常己方迎接人员要在对方人员抵达之前到,己方送行人员要在对方登上出行工具前到。

阅读材料 7-16

服务周到

A 市经济部门的领导和工程技术人员,先后三次来到 B 市洽谈联合生产高钡铁项目,B 市把接待任务交给接待处周主任和小李。周主任和小李每次接到任务,一边拟出接待方案报领导审批,一边到宾馆、车队安排食宿、车辆。客人到达前,周主任和小李一一检查落实并填好房卡、领好房门钥匙,等候迎接客人。客人一到达即领客人进客房并介绍有关情况和询问客人需办的事。到开饭时间领客人进餐厅,客人要离开 B 市,事先陪客人到宾馆总台结账并及时送站。每次都在工作和生活上为客人提供方便。后来,该项目签订了协议,A 市在 B 市投资达 1000 万元,年产值亿元,年利税可达 1000 万元。A 市客人对 B 市周到的接待工作非常满意,他们表示:"我们到了 B 市好像到了家一样,你们热情周到的接待,使我们看到 B 市同志办项目的决心和诚心,高钡铁项目的签订,有你们的一份功劳。"

【分析】材料中 B 市接待处人员周到的服务使 A 市客户看到了 B 市办项目的诚心和决心,促进了谈判的顺利进行。

二、会谈礼仪

会谈是成交阶段的中心活动,在谈判中遵守会谈礼仪非常重要,遵守谈判礼仪不一定会带来谈判成功,但不遵守谈判礼仪则会导致一些不必要的麻烦,甚至导致谈判破裂,所以必须遵守会谈礼仪。

在谈判的不同阶段,会谈礼仪都非常重要,语言是谈判者表达观点所运用的载体,谈判者能否具有语言驾驭能力,是否符合礼仪规范,对谈判是否成功有直接的影响,轻则可能影响谈判者个人之间的人际关系,重则会影响谈判氛围。

成交阶段与之前开局及磋商阶段最大的不同之处在于双方已进行过多次的谈判,对对方的谈判风格及语言运用已有所了解,而且双方已经在大部分交易条件上达成一致意见。成交阶段的目的就是与对方在少数分歧条款上取得一致意见,这时候尤其要注意规范谈判语言。由于即将面临签约或谈判失败,谈判各方会为了各自的利益寸步不让、毫厘必争,但切忌为了达到己方目的而在谈判中贬损对方、嘲笑对方或威胁对方,一切谈判语言都要建立在有理、有据、有节的基础上,无的放矢和指桑骂槐都不是一个成功谈判者该有的风范。

实际操作中,要采用清晰、明确、完整的语言来表达己方的意见,意思不能含糊不清,态度不能模棱两可,以避免对方作出错误反应,影响进一步谈判。同时在谈判中也需要注意语速、语调和音量,合理的语速、语调和音量才能让对方清楚地获取己方意见,尤其是在国际商务谈判中,谈判语言若并不是某一方的母语,更需要对语言进行规范化处理,使双方洽谈的内容得到正确的理解,只有这样才能达到预期的洽谈效果。

阅读材料 7—17

农夫卖玉米

一个农夫在集市上卖玉米。因为他的玉米棒子特别大,所以吸引了一大堆买主。其中一个买主在挑选的过程中发现很多玉米棒子上都有虫子,于是他故意大惊小怪地说:"伙计,你的玉米棒子倒是不小,只是虫子太多了,你想卖玉米虫呀?可谁爱吃虫肉呢?你还是把玉米挑回家吧,我们到别的地方去买好了。"

买主一边说着,一边做着夸张而滑稽的动作,把众人都逗乐了。农夫见状,一把从他手中夺过玉米,面带微笑却又一本正经地说:"朋友,你是从来没有吃过玉米吗?我看你连玉米的好坏都分不清。玉米上有虫,这说明我在种植中,没有施用农药,是天然植物,连虫子都爱吃我的玉米棒子,可见你这人不识货!"接着,他又转过脸对其他的人说:"各位都是有见识的人,你们评评理,连虫子都不愿意吃的玉米棒子就好么?比这小的棒子就好么?价钱比这高的玉米棒子就好么?你们再仔细瞧瞧,我这些虫子都很懂道理,只是在棒子上打了一个洞而已,棒子可还是好棒子呀!我可从来没有见过像他这么说话的人呢!"

他说完了这一番话语,又把嘴凑在那位故意刁难的买主耳边,故作神秘状,说道:"这么大,这么好吃的棒子,我还真舍不得这么便宜地就卖了呢!"

农夫的一席话,把他的玉米棒子个大、好吃、无农药残留这些特点表达了出来,众人被他的话语说得心服口服,纷纷掏出钱来,不一会儿工夫,农夫的玉米便销售一空。

【分析】说话要讲究艺术,同样一句话,不同的人说,效果会不同,反过来说和正过来说效果也不同。比如一个人对牧师说:"我可以在祈祷的时候抽烟吗?"这表现了他对宗教的不尊重;反之,他说:"我可以在吸烟的时候祈祷吗?"这又表现了他对宗教的虔诚。在本材料中,农夫就充分运用了语言的艺术,利用不同的表述方式,反映了问题的不同方面,从而使问题由不利转向有利。

三、签约礼仪

签约指谈判者以双方在谈判中达成的贸易条件为基础,对贸易条件进行总结整理,用准确规范的文字加以表述,最终形成由双方代表正式盖章或签字的具有法律效力的合同的活动和过程。签约是成功谈判之后的必经阶段,签约礼仪是否规范涉及双方的颜面问题,尤其是负责签约仪式的主方,一定要把签约的每个环节都处理妥当,否则有可能使洽谈成果前功尽弃。

签约场所的选择和布置往往要与签约人员的身份地位相匹配,同时,签约文件的重要性越高,则双方签约代表的身份地位也越高。当有外方参与国际商务谈判时,要合理悬挂、摆放双方国旗,摆放的基本原则是以右为上、以左为下;两国国旗并排悬挂时,以国旗自身的面向为标准,右挂客方国旗,左挂主方国旗。

参与签约的一般是双方参与谈判的全体人员,有时还邀请双方的重要领导出席签约仪式,以示正式和庄重。签约开始时,双方参与人按照礼宾次序进入签字厅,主签人员入座后,其他人员按照顺序入座;如果有助签人员,双方助签人员分别站在己方签约人员的外后侧,协助翻揭文本、指明签字处;双方签约人签字后,通常要交换文本,相互握手,最后进行合影留念。

各国文化不同导致礼仪规范有所差异,签约礼仪一般要以国际通行惯例为准,否则会导致不能顺利签约,使谈判成果前功尽弃。为保证签约顺利,除了注意签约礼仪以外,签约前的准备工作也都要准备妥当,包括协议内容的完整性、准确性,签约人地位的对等性,签约的程序及顺序等,这些必要的安排都是签约礼仪规范的前提条件,一定要在签约前就准备就绪,否则会给顺利签约带来风险。

阅读材料 7—18

小李的谈判失误[①]

小李大学毕业后在南方某公司工作。由于其踏实肯干、业务成绩突出,即将被提升为业务经理。最近小李主持与美国一家跨国公司谈妥一笔大生意,双方在达成协议后,决定为此举行一次正式签约仪式。小李看成功在望,就派工作人员准备签约仪式。工作人员准备了签字桌、双方国旗等,并按照中国"以左为上"的做法把美国公司的国旗放在签字桌的左侧,将中方国旗摆在签字桌的右侧。美方代表团来到签约场地,看到这样

---

① 资料来源:段淑敏.商务谈判(第 2 版)[M].北京:机械工业出版社,2016年.

的场景后立即拂袖而去,一场即将达成的生意临场失败。总经理很生气,小李的提升计划也被搁浅。

【分析】在本材料中,小李没有正确地摆放双方的国旗,将美国国旗放在签字桌的左侧,将中国国旗摆在签字桌的右侧,在美国代表看来是不尊重美方的表现,因而导致签约失败。

四、宴请礼仪

当谈判进入成交阶段,为了庆祝即将到来的谈判成功,有时候主方会安排宴席。双方谈判人员同时出席宴席可以促进双方人员的感情交流,主办宴席和出席宴席都需要遵守一定的礼仪规范。

宴会的主办方要针对宴请的性质、参与人的级别和喜好、人数等安排不同形式的宴会。

(一)宴会的形式

根据宴请内容不同分为宴会、招待会和工作餐等几种形式。

1. 宴会

根据宴请场所和人员不同,又可将宴会分为正式宴会、便宴和家宴。正式宴会通常会根据出席人员身份地位安排座次,席间核心人员要致辞或祝酒。便宴是一种非正式宴会,可以不排座次,不作正式讲话。家宴是设在家中的便宴,人数相对少,更多表达的是设宴主人对客人的友好,传递合作意向。

2. 招待会

招待会指各种不备正餐、较为灵活的宴请方式,通常备有食品、酒水饮料等,一般不排座次,可自由活动。招待会又分为冷餐会、酒会、茶会等。

3. 工作餐

安排工作餐往往因为日程紧张而需利用进餐时间边吃边谈。由于要谈工作,所以工作餐通常要排席位,便于身份地位对等的人员进行谈话。

(二)宴会的组织礼仪

宴会的主办方要根据宴请的人数、喜好和规格选择恰当的宴会形式。在宴会前向赴宴者发送请柬,请柬的格式要遵守商务规范。对于不熟悉本地情况的与会者,要写清楚路线指示或派专人接送。正式的宴会还需要制作席卡,引导入座。宴会当天,主办方应提前到宴会现场查看宴会布置情况,迎接人员应提前等候在宴席入口处。

(三)赴宴礼仪

对于宴会的被邀请方来说,如何得体地赴宴是体现自身及公司形象的一个窗口。赴宴者要按照宴会的类型合理着装,应在宴会开始之前到,随即在休息厅交谈,不要急于入座,等赴宴者基本到齐,主办方邀请入席后才陆续入座。在宴会主办方开席前致辞的时候,宾客要表现出应有的注意力及礼貌,不要同时在下面交谈。就餐时要遵循一定的礼仪程序,不宜在就餐时认真细致地讨论未完成的工作和谈判细节。

阅读材料 7—19

用餐者的修养

张宏是一家外贸公司的业务经理,有一次,张宏因为工作的需要,在国内设宴招待一位英国生意伙伴。有意思的是,一顿饭吃下来,令对方最为欣赏的,不是张宏专门为其所准备的丰盛菜肴,而是张宏在陪同对方用餐时一处细小的举止表现。用那位英国客人的原话来说就是:"张先生,你在用餐时一点声响都没有,使我感觉到你具有很好的教养,相信我们未来的合作很会愉快。"

【分析】一个人的道德修养体现在很多方面,张先生用餐时的各种礼仪规范说明张先生是一个做事很严谨的人,英国客人从张先生的用餐礼仪推断张先生在经营中也是一个恪守职业道德、令人尊重的人。

五、参观游览礼仪

参观游览是主方招待客方的一种方式,目的是表达主方对客方的热情。成交阶段,主方为了表达对客方的友好,期待与客方达成协议,有时会安排客方进行参观游览。主方安排客方的参观游览日程,应提前告知客方,征得客方的同意,以便客方预留出相应的时间。参观游览日程一旦确定,不应随便改变日程安排,如确实需要改变日程,则要妥善安排,尽可能保证整个活动的衔接。接待人员要对客方的情况及要求做提前准备,尤其是当客方为外宾时,要事先准备相应语种的中外文对照情况介绍,如果外宾所在国家语种资料准备起来有困难,也可以准备中英文对照资料。引导客方参观的人员,要走在参观人员前方,上下楼梯时,引导人应该靠扶手走,而让参观人员靠墙走。参观途中如果跨越用餐时间,则要安排参观人员就餐,就餐地点可安排在参观场所内部餐厅或就近餐饮机构。而客方在参观游览过程中,要配合主方陪同人员的安排,如遇特殊情况需要提前结束参观或者临时有事不能按时参观游览时,需提前告知主方接待人员,这些都是对主方接待人员工作的一种尊重。

阅读材料 7—20

蹩脚的英语翻译

有一次,某省政府组织某外资机构驻该省的办事处的20余名代表考察该省的投资环境。在某开发区,在向考察者介绍投资环境时,不知是疏忽还是有意安排,由开发区的一位副主任做英语翻译。活动组织者和随行记者都认为一个精通英语的当地领导一定会增强考察者们的投资信心。哪知这位副主任翻译起来结结巴巴,漏洞百出,令外方考察人员感到尴尬,几分钟之后不得不换翻译,但水平同样糟糕。而且外资机构代表们一个个西装革履,这位翻译却穿着一件长袖衬衫,开着领口,袖子卷得老高。虽然外方人员没有说什么,考察团里的中方人员却为这蹩脚的英语和随意的穿着感到难为情。

【分析】本材料中某省政府的参观组织安排欠考虑,安排了英语能力不佳的开发区副主任做英语翻译,不但没有给开发区带来积极影响,反而使外资代表们对省政府和开发区的诚意和办事能力感到怀疑。

六、馈赠礼仪

谈判人员在成交阶段馈赠礼品,一般除了表示友好,更主要是表示对本次合作成功的祝贺。由于各方文化背景、习俗、喜好不同,在合适的时机赠送令对方满意和接受的礼品已经成为一门敏感性和寓意性都很强的艺术。赠送礼品一定要注意对方的喜好,尤其是当对方为外宾时,要注意对方国家的文化传统,礼品的包装、数量、价值以及赠送场合和时机都要针对对方特点而具体规划,以免好心办了坏事。世界各国的风俗习惯有所差异,例如日本人忌讳在外包装上打蝴蝶结,大部分西方国家忌讳"13"这个数字,亚非拉国家或地区人员比西方国家人员更重视礼物的货币价值,法国人喜欢下次重逢时再送礼而中国人喜欢在离别时赠礼等,谈判人员要提前对对方人员情况进行掌握和了解,赠礼时规避对方的禁忌,迎合对方的喜好。

所谓礼尚往来,己方赠送礼品的同时,有时也会遇到受礼问题。对于对方赠送的礼品,一般以表示友好、感谢的态度收下,在受礼时要注意对方国家的风俗习惯,作出适当的反应,并在之后以恰当的方式进行回礼。如果对方是外方,则接受礼物必须符合国家和企业的有关规定和纪律。如果对方赠送礼物过于贵重或不符合规定,则不能接受该礼物,但应该首先表示感谢,并说明不能接受的原因。

阅读材料 7—21

千里送鹅毛

唐朝贞观年间,回纥国为了表示对大唐的友好,派使者缅伯高带了一批珍奇异宝去拜见唐太宗。在这批贡物中,最珍贵的要数一只罕见的珍禽——白天鹅。缅伯高最担心的也是这只白天鹅,万一它有个三长两短,可怎么向国王交代呢?所以一路上,他亲自喂水喂食,一刻也不敢怠慢。这天,缅伯高来到沔河边,只见白天鹅伸长脖子,张着嘴巴,吃力地喘息着,缅伯高心中不忍,便打开笼子,把白天鹅带到水边让它喝了个痛快。谁知白天鹅喝足了水,一扇翅膀飞上了天。缅伯高向前一扑,只拔下几根羽毛,却没能抓住白天鹅,眼睁睁看着它飞得无影无踪。一时间,缅伯高捧着几根雪白的鹅毛,直愣愣地发呆,脑子里来来回回地想着一连串问题:现在怎么办?拿什么去进贡唐太宗?回去怎么向回纥国王交代?思前想后,缅伯高决定继续东行,他拿出一块洁白的绸子,小心翼翼地把鹅毛包好,又在绸子上题了一首诗:"天鹅贡唐朝,山重路更遥。沔阳河失宝,回纥情难抛。上奉唐天子,请罪缅伯高,物轻人意重,千里送鹅毛!"缅伯高带着珠宝和鹅毛,披星戴月,不辞劳苦,不久就到了长安。唐太宗接见了缅伯高,缅伯高忐忑地献上鹅毛。唐太宗看了那首诗,又听了诉说,非但没有怪罪他,反而觉得缅伯高忠诚老实,不辱使命,就重重地赏赐了他。从此,"千里送鹅毛,礼轻情意重"的故事广为流传。

【分析】缅伯高不仅做人真诚,也很有才气,鹅毛和鹅相比,自然价值要小很多,但配上了缅伯高的诗还有缅伯高的诚意,鹅毛的价值就无限放大了。其实,赠什么固然重要,但怎么赠,也许更重要。

本章小结

本章首先介绍了谈判成交阶段的定义、成交阶段的特征以及成交阶段通常包含的工作内容。进入成交阶段,谈判双方的工作目标就是将谈判引入签约阶段,本章介绍了场外交易、不遗余"利"、最后让步、及时收尾、最后期限、一揽子策略等六种推进成交阶段转向签约阶段的策略,又分析了可以在成交阶段使用的谈判技巧,包括注意为对方庆贺、适时"分手"、主动提供细节、为谈判结束作出精心安排、对交易条件作最后检查、运用谈判记录来推进谈判议程等。除了谈判策略和谈判技巧对谈判的顺利进行有重要作用,规范的谈判礼仪也是不可或缺的,本章最后介绍了成交阶段需要注意的谈判礼仪,包括接送、会谈、签约、宴请、参观游览、馈赠礼品等六种谈判礼仪。

练习题

一、名词解释
1. 成交阶段
2. 一揽子策略
3. 适时"分手"
4. 签约礼仪
5. 宴会礼仪

二、简答
1. 请简述通行的谈判座次礼仪。
2. 采用最后让步策略需要注意哪些细节?
3. 成交阶段主要包括哪些工作内容?

三、案例分析

通用继电器生产线交易条件的谈判[①]

中国 A 公司与日本 B 公司谈判引进 B 公司高频调谐器生产线的交易。B 公司 X 部长随谈判组到北京参加谈判,双方谈判人员就技术条件、技术费、专家指导费、生产设备清单、设备费、技术服务条件、技术服务费等进行了深入的谈判。双方对技术条件达成了一致意见,对设备清单、技术服务内容基本上也说清了,也无太大的分歧。当双方

---

① 资料来源:高建军、卞纪兰等.商务谈判实务[M].北京:北京航空航天大学出版社,2007.

谈到技术费与专家指导费时,分歧很严重。B公司认为A公司不重视其技术和人才,十分气恼。设备费也谈不拢,谈判中途停止,B公司谈判组决定回国。A公司主谈做了一些解释工作,但也没阻拦B公司谈判组回国,只是提出,临行前给他们安排送别宴会,若可能,届时请来其上司与B公司话别。B公司主谈及领导表示同意。

晚宴上,A公司领导热情介绍了各种中国菜的特色,说一些笑话,逐一向每位B公司谈判成员敬酒,说他们辛苦了,并与B公司领导交流双方公司的经营情况、个人爱好等,气氛十分融洽。席到尾声,A公司领导说:"天下没有不散的宴席,我知道贵方因为谈判分歧太大,准备回国。不知临走之际,我还能帮助你们做些什么?"这时,B公司领导对A公司主谈贬低技术与人才的做法表示出不满。A公司领导说:"我的理解是技术性的问题都谈清楚了,双方理解都没问题,只是在评价上有分歧,对吗?"B公司X部长说:"是的。"A公司领导说:"如果是这样,说明双方还是相互尊重的,这里有误会,可以解决,不必一走了之,走了也解决不了问题。"B公司X部长说:"我们也是抱着交易的诚意来的,贵方人员一味贬低我方,就很难继续谈判下去。互相理解、体谅地商量事情,我们也愿意啊。"听到这,A公司主谈想了想,很宽松、随和地说:"X部长,请您听一下,我的理解对不对。到目前为止,技术条件、生产设备选型、技术规格、数量、专家人数、时间、转让的技术内容均已谈完,原则上没有太大分歧。技术费、设备费、技术指导费均讨论过,双方也有一定的改善,设备费分歧较小,技术费和专家指导费分歧较大。如果解决了分歧大的问题,贵我双方也就成交了。"X部长说:"您归纳得很好,目前谈判形势的确如此。"A公司领导说:"若如此,我个人认为贵方一走了之就太可惜了。况且,双方合作可以解决专家指导费和技术费。这样,专家指导费我方做些让步,技术费请贵方让点。交易成功了,也算做广告,将来多做合同,再多赚钱。X部长,您看如何?"X部长沉默了一会,表示:"好,就按您的意思办。"A公司领导举起酒杯又敬了中日两个谈判组成员一杯:"剩下的事拜托各位去谈,有什么问题,我愿意随时来。"

B公司人员留下了,次日接着谈。A公司对专家指导费做了让步,B公司降低了技术费,设备费双方互让一步,成交了。

在该案中,小结在宴会尾声时出现,属于口述形式的小结,在做法上属于滤题,把众多谈判的议题逐一过滤使双方明确并达成共识。A公司领导做的小结遵守了准确、激励与计划的规则。通过滤题,准确反映了双方谈判的态势,通过分析异同点的工作进展及双方拥有的力量,激发双方的谈判希望,对双方谈判人员宴会后该做什么进行了安排。该小结充分利用了宴会气氛,在宴会即将结束、主客即将告别时做出,时机恰当,小结效果好,达到了引导谈判、推动谈判的目的。同时,A公司领导出场的准备也很好,了解了谈判的态势、双方观点,尤其是己方的谈判规划。配合谈判组的策略和部署也很好,只以局部让利化解僵局,实现挽留对手的目的,同时又推动对手改变原立场。

思考:

1. A公司领导能否在入席后就开门见山谈问题呢?如果入席后就谈正题会有什么结果?

2.B 公司在宴会上表现如何？是否急了点？换一种处理方式是否更好？

实训·情景模拟

实训目标：通过实训帮助学生掌握商务合同的基本形式，熟悉商务合同的签订方法，掌握商务合同签订过程的注意事项。

实训组织：1.将学生分成若干谈判小组，每组成员 3～5 人，选出组长；

2.由指导教师讲解基本格式，并出示式样；

3.小组互换点评拟定的贸易合同。

实训内容：请拟定一份西装贸易的交易合同，主要条款内容由各方根据给出的信息点进行筛选整理。

实训思考：成交阶段的合同如何拟定？有哪些注意事项？

第八章　国际商务谈判僵局处理阶段的策略、技巧与礼仪

学习目标

(一)知识目标

1. 了解僵局产生的原因;
2. 掌握破解僵局的策略与技巧;
3. 熟知缓解僵局状态的礼仪。

(二)技能目标

1. 会运用破解僵局的策略和技巧;
2. 会恰当使用谈判礼仪来缓解僵局。

开篇案例

中国"入世"谈判的关键一谈

　　中国自1986年7月10日正式向WTO前身——关贸总协定(GATT)递交复关申请起,经历了15个春秋,终于在2011年12月11日成功加入WTO,这15年的谈判过程是漫长曲折而又带有戏剧性色彩的征程。中国代表团换了4任团长,美国换了5位首席谈判代表,欧盟换了4位。

　　谈判期间,美国前贸易代表巴尔舍夫斯几次拍桌子,身为中国首席谈判代表的龙永图几天几夜没合眼。中美双方为各自国家的利益唇枪舌剑,甚至为争执谈判条件敲桌子。龙永图回忆道:"我们把文本都校对完了,但是还有几个问题要中央拍板。朱镕基总理说,你们稳住美国人,中央这次一定要争取和美国人签了,他说这不是我朱镕基的意见,这是江泽民总书记的意见,是中央常委的意见,把美国人'拖住'。"中国"入世"谈判几乎面临破裂之时,朱镕基总理在最后一轮中美谈判中亲临现场,亲自参与谈判,在谈判的最关键时刻打破了僵局,最终成功跨进WTO的大门。

　　【分析】中国入世谈判面临破裂之时,稍有不慎,就会对中国入世进程产生不利影响。本材料中,朱镕基总理在最后一轮谈判中亲自上阵,以表示对僵局状况的关心,同时也是给美方施加压力,迫使美方作出妥协,从而打破了僵局,谈成了协议。

第一节　国际商务谈判僵局处理阶段

一、僵局的定义

商务谈判僵局指在商务谈判过程中，由于双方对所谈交易条件的利益要求差距较大，且双方都不肯作出妥协，导致谈判呈现出一种相互僵持的状态。谈判过程中僵局会经常出现，因为谈判双方观点和立场的交锋是持续不断的，利益冲突是必然出现的。然而谈判出现僵局并不等于谈判破裂，僵局是一种暂时的状态，有时还是谈判方的一种策略。只要僵局能够破解，谈判能继续进行；如果不能很好地解决僵局问题，就会导致谈判破裂。

阅读材料8—1

中美谈判僵局[①]

2018年3月至2019年8月，中美贸易谈判历经12轮磋商依旧处于僵局状态。美国总统特朗普在谈判过程中提出诸多要求，首先是贸易平衡的要求，接着依次提出技术转让、知识产权要求，然后对《中国制造2025》战略横加干涉，最后甚至要求中国要建立一个机制，让美国来监督中国是否履行以上要求的机制，而美国却拥有随时对中国货物增加关税的权利。这是美国设的谈判陷阱，一会儿说yes，一会儿说no，而且不断加码，把中美贸易谈判作为拖延时间、制衡中国，甚至有点捉弄中国的工具。中国在初始谈判时想维持与美国的贸易关系，对于美方提出的要求，只要不太出格都尽力满足；对于美方不断加码的要求，中方也一度都忍辱负重地接受了。然而中方也是有底线的，美方的层层加码以及出尔反尔已经触及中方的底线，中方表现出不再一味退让，因此谈判陷入僵局中。

【**分析**】中方和美方在贸易谈判中的利益寻求差异甚大，且双方不肯退让，致使谈判陷入僵局状态。

要突破僵局，就要对僵局阶段的性质、产生的原因等进行分析，对谈判阶段的形势进行准确判断，研究突破僵局的具体策略和技巧，确定后续的谈判规划，以妥善处理僵局问题。

二、僵局产生的原因

造成国际商务谈判僵局的原因是多方面的，有可能是因为谈判方有意为之，也有可能因为沟通障碍、环境改变等外界因素导致。我们只有对僵局形成的原因进行仔细辨

[①] 资料来源：贾文山.如何打造均衡对等的中美谈判模式？[EB/OL].中国贸易金融网，2019—07—28.

别,才能准确地判断谈判形势,更好地推进谈判进程。下面对谈判僵局产生的主要原因进行分析。

(一)双方立场观点的对立争执

在谈判过程中,有时谈判一方会为了报复对方或试探对方的底线而有意给对方出难题,打乱对方的谈判计划,迫使对方放弃其谈判目标,使谈判朝着己方目标靠近。这种策略的目的是压制对方,使谈判陷入僵局,迫使对方屈服,从而达成有利于己方的谈判结果。

制造僵局的谈判方可能会通过制造僵局取得满意的结果,但也可能导致谈判破裂,处于相对弱势的一方会通过刻意制造僵局来改变谈判现状,因为弱势方会认为即使改变不了弱势地位也不会有什么损失。

(二)沟通障碍

商务谈判过程就是谈判双方就交易条件进行不断沟通的过程,沟通在谈判过程中非常重要,沟通不畅会影响双方对信息的收取、解读和传递。有时即使对方完全收到己方的信息,然而由于文化、语言、性格、心理等方面的障碍,对方也并不一定能完全领会己方想要表达的思想内涵,尤其是在跨国商务谈判中,这种信息传递失真现象更为严重。沟通不仅注重真实、准确,同时还要求及时和快速反应,沟通方面的障碍会影响谈判人员快速有效地获取和解读对方信息,不利于谈判的顺利开展。信息传递失真以及信息不能及时快速传递都有可能使谈判陷入僵局。

阅读材料 8—2

秀才买柴

从前有个秀才上街去买柴,见到卖柴的人,说道:"荷薪者,过来。"卖柴的是个农民,没念过什么书,所以听不懂这位秀才说"荷薪者(担柴人)"这三个字的意思,但是卖柴人却听懂了"过来"这两个字的意思,于是卖柴的担着柴就走到了秀才面前。

秀才接着问:"其价如何?"卖柴的听不懂这句话,但听到了有个"价"字,于是把价钱告诉了秀才。秀才紧接着说:"外实而内虚,烟多而焰少,请损之(你的木柴外表是干的,里头却是湿的,燃烧起来会浓烟多而火焰小,请减些价钱吧)。"卖柴的因为听不明白秀才的话,就担着柴走了。

【分析】本材料中,秀才一个劲地卖弄自己的学问,卖柴的虽然听到了秀才的话语,却听不明白秀才话语的意思,造成了沟通障碍,从而导致卖柴的担着柴走了,秀才也没有买到柴。

(三)成交底线差距太大

判断一个谈判是否能成功,最根本的界限就是双方的底线是否有重合。在一个商务谈判中,即使双方都表现得很友好,非常愿意与对方达成交易,但是双方对各自利益的预期有非常大的差距,而且差距很难弥合时,谈判就会陷入僵局。这种僵局很难突破,因为双方的底线没有重合点,如果双方都想从这次交易中获得所期望的好处,而不肯作进一步的让步时,此次谈判就没有成功的希望,除非一方愿意放弃其利益,否则谈判要么处于僵局,要么就宣告失败。

阅读材料 8—3

百货公司买地

有一家百货公司计划在市郊建立一个购物中心,而这块地使用权归张桥村所有。百货公司出价 100 万元买下使用权,而张桥村却坚持要 200 万元。经过几轮谈判,百货公司的出价上升到 120 万元,张桥村的要价降至 180 万元,双方再也不肯让步,谈判陷入僵局。

【分析】在本材料中,百货公司和张桥村从各自的角度提出合理的报价,然而双方要价差距太大,导致谈判陷入僵局。

(四)外部环境发生变化

通常谈判者在谈判前会对谈判预期目标、谈判过程等进行规划,对各自的谈判底线和期望利益进行设定。随着谈判的进行,如果外部环境会发生变化,例如市场价格的改变、最佳替代方案的出现等,谈判一方的底线和预期利益也会相应地发生改变。在谈判的过程中,谈判方都已经向对方抛出了己方的报价,但环境的改变使得先前的报价不再对己方有利,此时谈判方对己方已作出的承诺不好食言,但又无意签约,只好采取拖延的状态或者在其他条件上刻意提出高要求,致使对方无法接受己方条件,使谈判陷入僵局。

阅读材料 8—4

啤酒厂家与经销商关于压货的谈判

7月份,X品牌啤酒厂家下属X办事处的业务代表李力为了达成下月的销售任务,决定在月底让客户占仓压货,下面就是他同 A 类经销商张老板之间的一次压货电话沟通。

李力:张老板你好,我是X公司的李力,最近生意不错吧?

张老板:哦,是小李啊,你好,你好,生意还行。呵呵。

李力:这次想跟你沟通一件事情,你看8月份是啤酒销售旺季,这个月公司给定的目标量是 50 万元,20 号以前你能不能完成?

张老板:完成没有问题,但拉来往哪放呀,我可没有那么多的仓库啊!你能帮我解决仓库的问题吗?如果公司出钱把仓库的问题解决了,我就在 20 号以前把 50 万元的货发回来。

李力:这样吧,你自己先垫资找仓库,我给你向公司申请1000元的占仓费,费用包在我身上,但产品你可一定要拉回来,行不行?

张老板:行,那我现在就派人去找了,50 万元的货我在 20 号前拉回来。

李力:好,就这样定?

然而,客户如期把产品拉回来了,但由于8月份是啤酒销售的黄金季节,产品供不应求,1000元的占仓费经公司领导审核后未签批,这让李力一下子陷入了尴尬两难的境地。事后,张老板经销的积极性降低,不再相信厂家的承诺,并与该办事处出现隔阂,以致最后分道扬镳。

【分析】本材料中的李力在没有确认能够给客户申请下来占仓费之前,为了完成公司下达的任务量,不惜向客户抛出"诱饵",承诺只要能在规定的时间内达成目标,可以给予1000元的占仓费支持,从而让客户怦然心动。然而到了8月份,市场环境发生了变化,啤酒变得供不应求,公司没有批准这1000元的占仓费,直接导致了李力和张老板之间关系的僵局。

(五)前期准备不足,不了解对方意图

在正式谈判前,通常要收集己方和对方的各种信息,只有对己方的底线和目标以及对方的底线和目标进行一个初判,才能在正式谈判中游刃有余。如果谈判双方前期准备不够充分,对双方合作事宜分析不全面,对可能发生的冲突预计不足,尤其是没有充分估计到对方利益需求的具体程度,当谈判过程逐渐暴露这些问题时,谈判人员就会束手无策,无从下手。

同时,谈判各方的谈判风格不尽相同,且谈判人员的性格也是有所差异的,当一方的行为不被另一方认可时,另一方通常认为对方是刻意为之,而不是出于性格差异或考虑不周全等因素。这种情绪上的错觉会影响谈判人员对对方意图的正确判断,有可能导致谈判走向无法控制的局面。

阅读材料8-5

规模的确定

两公司讨论黄沙销售事宜,双方相谈甚欢,最后卖方报价,大批量销售300元/吨,中批量320元/吨,小批量350元/吨,买方对此也甚是满意,决定签合同,愿意购买100吨黄沙。然而签合同时,卖方认为100吨是中批量,应该以320元/吨的价格签订合同;买方却认为100吨是大批量,应该以300元/吨的价格签订合同,谈判陷入僵局。

【分析】在本材料中,双方由于事先没有充分沟通,导致对大、中、小批量的理解不一,从而在签订合同时产生了矛盾,使谈判陷入了僵局。

三、僵局处理阶段的处理方式

(一)己方主动设置僵局

1.制造僵局

有经验的谈判者,为了提高己方的谈判地位或迫使对方让步,往往在谈判的某一阶段有意制造僵局以实现己方的意图。

制造僵局的基本原则是利用僵局给己方带来更大的利益,基本做法是向对方提出较高的要价。但是要注意要价也不能高得离谱,否则对方会因为己方没有谈判诚意而退出谈判。因此,要价的高度应以略高于对方的底线为宜,以便最后能通过己方的让步仍可以较高的目标取得谈判成功。当然,在提出己方要价时要充分说明其合理性,以保证对方能接受己方的要价。

阅读材料 8-7

"以友为敌"下台阶

有一次,中、美两家公司进行贸易谈判。美方代表依仗自己的技术优势,气焰嚣张地提出非常苛刻的条件让中方无法接受,谈判陷入僵持状态,无法继续进行下去。这时,美国代表团中的一位青年代表约翰·史密斯先生看不下去,站起来说:"我看,中方代表的意见有一定的道理,我们可以考虑。"美方首席代表对这突如其来的内部意见感到十分恼火,对约翰说:"你马上给我出去!"约翰只得退出会场。这时谈判会场更是乌云密布,会谈随时都会破裂。但此时美方的另一位代表向首席代表进言说:"是不是考虑一下,约翰说得也有些道理。"美方首席代表皱着眉头很勉强地点了点头。中方代表看见对方有些松动,就做了一些小让步,使会谈继续下去,取得了较好的结果。

【分析】人们在为史密斯先生抱屈的时候是否想到,这一切都是美方预先设计好的策略。在表面上美方首席代表好像把自己人约翰·史密斯当成了敌人,但他的实际目的是利用这枚棋子,使谈判在破裂的边缘上及时止步并使中方自愿作出进一步的让步。

2. 利用僵局

僵局会使谈判暂停,可以使双方有机会重新审慎回顾谈判目标,如果双方认识到弥补现存的差距是值得的,那么双方就会做出一些必要的妥协推进谈判进程;如果双方意识到目标差距太大,导致了谈判破裂,这也并不见得是一件坏事,因为这避免了非理性的合作。

僵局还可以改变谈判地位。有些谈判目标在势均力敌的情况下是无法达到的,为了取得更有利的谈判条件,便可利用僵局提高自己的谈判地位,使对方在僵局的压力下不断降低其期望值。当己方的地位提高和对方的期望值下降后,采用折中方式来结束谈判。

设置僵局和利用僵局的主要原则是通过僵局试探对方的底线、帮助己方提高谈判地位,达到使谈判朝着有利于己方的方向发展的目的。

阅读材料 8-7

聪明的犯人

在西方某国监狱的单间牢房里,犯人通过门上那个小孔看到走廊上警卫正在那儿吞云吐雾。犯人凭着敏锐的嗅觉立即断定那是他最爱抽的万宝路牌香烟。他想吸烟想疯了,于是用右手指轻轻地敲了一下门。警卫慢悠悠地踱过来,鄙夷地粗声哼道:"干吗?"犯人答道:"请给我抽一支烟吧!就是你抽的那种,万宝路牌的。"警卫没有理会犯人的请求,转身要走。犯人又用右手指关节敲门,这一次他是命令式的。"你想干什么?"警卫从嘴里喷出一口浓烟,没好气地转过头来喊。犯人答道:"劳驾你给我一支香烟,我只等30秒钟,如果得不到,我就在水泥墙上撞脑袋,直到流血昏倒为止。当监狱的官员把我拉起来苏醒后,我就发誓说是你干的。当然,他们绝不会相信我。但请你想一想吧,你得出席听证会,在听证会前,你得填写一式三份的报告,你要卷入一大堆审讯事务中。你想一想吧,所有这一切就是因为不给我一支不值几文的万宝路香烟。只要一支,保证以后再不打搅你了!"结果不言而喻,警卫从小孔里塞给他一支香烟。

【分析】犯人利用僵局改变了自己的谈判地位,使警卫在僵局的压力下不得不塞给犯人一支香烟。

四、破解对方设置的僵局

(一)充分准备谈判工作

谈判准备工作不仅要在技术可行性、经济可行性上进行充分准备,还应尽可能完备地收集己方、对方及市场上的各类信息,避免信息不对称以及市场环境变化带来的谈判目标和利益的变化。尤其要注意谈判双方在利益追求上的异同点和程度上的不同,对于可能发生的纠纷和争论应有详细的预案。

(二)充分有效沟通

谈判过程就是谈判双方不断沟通的过程,不仅要保证沟通不断,还需要保证沟通充分有效。需要做到没有达成共识不轻易下结论;确认双方对已经谈妥的交易条件认知一致;不将己方的想法强加于对方;不为了追求速度而忽视沟通。沟通的内容不仅包括与项目相关的内容和信息,还应该关注对方的情感、情绪以及立场等。

阅读材料8—8

同强盗成了朋友[①]

美国著名作家欧·亨利写过一个病人同强盗成为朋友的故事。

一天晚上,一个人因病躺在床上。忽然一个蒙面大汉跳过阳台,几步就来到了床边。他手中握着一把枪,对床上的人厉声叫到:"举起手!起来!把钱交出来!"躺在床上的病人哭丧着脸说:"我患了非常严重的风湿病,手臂疼痛难忍,哪能举得起来啊!"

那强盗听了一愣,语气马上变了:"哎,老哥,我也有风湿病,不过比你轻多了。你患这种病多长时间了?都吃了什么药?"躺在床上的病人把各类激素药都说了一遍。强盗说:"那不是好药,是医生用来骗钱的药,吃了它不见好也不见坏。"

两人热烈地讨论起来,特别是对一些骗钱的药物看法相当一致。两人越谈越热乎,强盗已经在不知不觉中坐在床上,并扶病人坐了起来。强盗忽然发现自己还拿着手枪,面对手无缚鸡之力的病人十分尴尬,连忙偷偷把枪放进衣袋之中。为了表达自己的歉意,强盗问道:"有什么需要我帮忙的吗?"病人说:"你我有缘分,我那边的酒柜里有酒和

[①] 资料来源:段淑梅.商务谈判[M].北京:机械工业出版社,2016.

酒杯,你拿来,庆祝一下咱俩认识。"强盗说:"不如咱们到外面喝个痛快,如何?"病人苦着脸说:"只是我手臂太疼了,穿不上外衣。"强盗说:"我可以帮忙。"他帮病人穿戴整齐,一齐向酒馆走去。刚出门,病人突然大叫:"噢,我没带钱!""不要紧,我请客。"强盗答道。

【分析】在本材料中,短时间之内,病人跟强盗竟然成了朋友,这种精神的感化同样可以运用到谈判桌上,作为谈判成功的一种好办法。在谈判中,假如能顺利地通过沟通找到谈判对手与你在个人需要上的共同点,就可以很快让那些棘手的难题迎刃而解,达成有利于本方需要的协议。

(三)控制和调节情绪

由于谈判各方有着各自的预期目标和利益,因此在谈判中出现争论是很正常的现象,但成熟的谈判人员要会控制和调节自己的情绪。要理性地对待谈判中的争论,对方提出反对意见并不一定是坏事,也有可能是对方对议题感兴趣或想达成协议的表现。相反,诚恳地听取对方的不同意见,换位思考,以平和的情绪面对对方的反对意见,这才是破解谈判僵局应有的基本态度。

(四)坚持双赢立场

只有谈判结果是双赢的,才能获得谈判双方的认可。在谈判中要视谈判对方为合作伙伴,而不是谈判对手,要秉承谈判可以使双方都获利的思想,而不是谈判只有一方获胜。采取审慎的态度对待对方提供的资料和方案,而不是不信任对方。要着眼于双方从此次谈判中获得的利益,而不是双方的立场对立问题。

阅读材料8-9

餐馆等桌位

甲先生走进爱丁堡的一家意大利餐馆,一进门就目睹了一场争吵。有位乙先生带五位客人来餐馆,但他预定的座位却未能及时腾出,因为先到的客人还没有用完餐。这位乙先生要求老板马上腾出座位,他疾言厉色地指责老板接受了订座又不及时准备出来,简直太不像话了!两人越说越僵,他怒气冲冲地从甲先生身边挤过,嘴里还在喊:"糟糕的餐馆,这辈子我都不会来了!"盛怒中的老板转脸看见甲先生也带着客人在等座位,以为又会来一场刚才的闹剧,连忙向甲先生解释:"实在对不起!先来的客人还没有用完餐,大概还得等上一刻钟。"

甲先生说:"我明白,没关系,我和我的客人可以先去酒吧喝点饮料。"老板一听乐了,连声道谢:"太好了!没问题,科罗,请给甲先生和他的客人上饮料,全部免费!"结果,饮料还没喝完,餐桌就安排出来了。整整一个晚上,老板和科罗都围着甲先生的餐桌转,表达他们心中的感激。客人的理解和爱心,令他们由衷高兴。

【分析】合情合理的解决办法最能为一时未搞好服务的老板所接受;而如果不近情理地横加指责,那他不仅不会为你服务,而且不会表示歉意。

第二节　国际商务谈判僵局处理阶段的策略

根据上一节对僵局产生原因的分析可知，僵局的产生有可能是谈判某方的一种策略，也有可能是外界因素导致的结果。本节不关注谈判方刻意将谈判引入僵局的情形，只关注谈判一方被迫进入僵局状态而采取的突破策略。

一、横向谈判策略

横向谈判是指在确定谈判所涉及的主要问题后，逐个讨论预先确定的问题，在某一问题上出现矛盾或分歧时，就把这一问题放在后面，先讨论其他问题，如此周而复始地循环下去，直至全部问题都谈妥。

谈判可能会因为某一个交易条件谈不拢而陷入僵局，如果经过协商还是毫无进展，则双方谈判人员的情绪都会处于低潮。这时候可以采取横向谈判策略，避开有分歧的话题，进行下一个条件的谈判。当其他条件的谈判进行地很顺利时，再转回来谈判先前搁置的交易条件，往往要容易很多。

阅读材料 8—10

智利松木谈判

南美某公司欲向中国某公司推销智利松木原木，买方向卖方详细询问了智利松木原木的规格、直径、疤节以及虫害等情况，卖方一一作了解答。双方就港口装运、码头吃水情况等反复进行讨论。最后双方在价格方面存在分歧，卖方强调原木质量好、码头现代化，买方却坚持要将价格降至市场同类松木价格之下，而且要保证码头装车，否则还要承担延误造成的滞期费，双方争论十分激烈。这时卖方提出先把价格问题放下，邀请买方赴南美考察后再定。买方同意卖方的建议，然而在考察组的人数、时间、费用方面又引起争论，这些问题与合同价相关联。卖方又提出，买方可以去三个人，时间为一周，往返机票由买方承担，考察现场的交通、食宿费用等由卖方承担，这个条件让买方迅速定下日程。买方人员到了南美之后，经过参观考察，增加了对智利原木的认识，也了解到码头的装运不成问题。最终双方在现场敲定了价格条件，签订了合同。

【分析】买卖双方就价格条件和码头条件产生矛盾而导致僵局时，卖方提出将价格问题和码头问题先行搁置，邀请买方赴南美考察。关于赴南美考察的人数、时间、费用问题比较容易达成一致，破解了僵局，使得谈判可以进一步继续。

二、适时休会策略

此知识点与第六章第二节"国际商务谈判磋商阶段的策略与技巧"中"体会策略"类似，此处不再赘述，详见 P171"2.休会策略"。

阅读材料 8—11

联邦德国吉玛公司的索赔谈判

1985年7月,任传俊主持了一次和联邦德国吉玛公司的索赔谈判,对手是理扬·奈德总经理。索赔的原因是引进的圆盘反应器有问题,中方提出的索赔数是1100万马克,而德方只同意300万马克,二者相去甚远,这是一场马拉松式的谈判。在久久僵持不下时,任传俊突然建议休会,并提议第二天陪理扬·奈德到扬州游览。扬州大明寺花木扶疏、风景宜人。任传俊对德方代表团介绍道:"这里纪念的是一位为了信仰、六渡日本、双目失明,终于达到理想境界的中国唐朝高僧鉴真。今天,中日两国人民都没有忘记他。你们不是常常奇怪日本人的对华投资为什么比较容易吗?那其中很重要的原因就是日本人了解中国人的心理,知道中国人重感情重友谊。"接着,他对理扬·奈德笑道:"你我是多年打交道的朋友了,除了彼此经济上的利益外,就没有一点个人之间的感情吗?"理扬·奈德大为感动。旅行车从扬州开回仪征,直接开到谈判室外,谈判继续进行。任传俊开门见山地说:"问题既然出在贵公司身上,为索赔花费太多时间就是不必要的,反正是要赔偿的"。理扬·奈德耸耸肩膀:"我公司在贵国中标,总价值才1亿多美元,我无法赔偿过多,我总不能赔着本干买卖呀"!任传俊抓住了一个事实,江苏仪征化纤工程是当时全世界最大的化纤工程,他当仁不让地说:"据我得到的信息,正是因为贵公司在世界上最大的化纤基地中标,才得以连续在全世界15次中标。这笔账又该怎么算呢?"这个反问问得很巧妙,理扬·奈德一时语塞。任传俊诚恳地说:"我们是老朋友了。打开天窗说亮话,你究竟能赔多少?我们是重友谊的,总不能让你被董事长敲掉了饭碗;而你也要为我想想,中国是个穷国,我总得对这里1万多名建设者有个交代。"谈判结束,德方同意赔偿800万马克。事后,理扬·奈德说:"我付了钱,可我心里痛快!"

【分析】谈判双方各执己见、互不相让、横眉冷对时,适时地中止谈判对接下来的谈判或许能更好地找到解决问题的方法。在本材料中,任传俊通过适时终止谈判,组织双方人员共同去游览参观,把绷紧的神经松弛一下,在游玩中就索赔问题交换意见,对其成功的索赔具有重大的作用。

三、替代方案策略

谈判中形成僵局的主要原因是谈判双方对某些交易条件存在不可调和的分歧意见,双方相互僵持不下,导致谈判无法继续进行。实际上,多数商务谈判存在多种可以满足双方利益和目标的方案,然而谈判人员只关注其中的一种或几种方案,当某种方案不能被双方所接受时,僵局就形成了。

在谈判初期或谈判过程中,要适时地作出多种替代方案,一旦谈判陷入僵局,提出替代方案的一方就占据了谈判的主导权。当然替代方案必须既能维护己方的利益,也充分考虑了对方的利益要求。因此在谈判过程中不要锚定一种谈判方案,这阻碍了其他多种可选择谈判方案的产生。一种特定的谈判方案有可能不被双方所接受,多种方案的提出给谈判双方提供了选择自由权,一旦某一种谈判方案搁浅,立马启动另一种谈判方案,谈判陷入僵局的可能性要小很多。

阅读材料 8—12

路易十一的替代方案

  法国国王路易十一是15世纪欧洲最狡诈的君主。当英格兰的君主爱德华四世派军队跨越英吉利海峡争夺法国的领土时,法国国王考虑到自己的实力较弱,决定通过谈判解决困境。与一场费时耗资的战争相比,与爱德华四世达成一个更安全的交易成了路易十一的最佳替代方案。于是,路易十一在1475年与英国国王爱德华签订了一个和平条约,答应先向英国支付50000克朗(英国旧币),并在爱德华的余生(事后证明这段日子很短)里每年支付50000克朗。为了敲定这笔交易,路易十一款待爱德华和英国军队进行整整两天两夜的宴乐狂欢。为了表示诚意,路易十一还委派波旁王朝的红衣大主教陪同爱德华玩乐。当爱德华和英国军队晃晃悠悠地回到船上,结束了"百年大战"时,路易十一作了如下评论:"我轻易地将英国人赶出了法国,而且比我父亲做得轻松:他是用军队把英国人赶走的,而我是用肉饼和好酒把他们赶走的。"

  【分析】在本材料中,路易十一考虑到自己实力较弱,用谈判代替了战争,达到了将英国人驱赶出法国领土的目的。

四、合理让步策略

  谈判的过程必然是让步和妥协的过程,让步和妥协充斥着整个谈判过程。在谈判陷入僵局时,让步和妥协更是突破僵局状态的最直接有效的策略,因为只有让步和妥协才能使双方的预期目标更加接近。然而如何合理地让步和妥协是突破僵局时要思考的关键问题,并非所有的让步都能有所得。

  面临僵局或陷入僵局时,让步和妥协是必不可少的,关键是科学合理地控制让步的程度和形式,不要轻易让步和妥协,要对己方的让步给予一个合理的解释,同时让步后期望对方给予一定程度的退让;在对方没有作出相应妥协之前,不要轻易地进行二次退让。退让的幅度应该是逐步递减的,而不是均匀退让或幅度逐步增加;前者会让对方感觉让步的空间是越来越小,甚至已经达到己方的底线了,而后者给对方的感觉却是还有让步的空间。对于己方非常重视的问题,不能轻易让步,在没有搞清楚对方的真实要求前,不能在主要问题上让步,如果己方稍有松动,对方就会得寸进尺,步步紧逼。最后,双方的让步和妥协并不一定是完全对等的,不用每让一次,就要求对方给予相同的让步,让步不用单项对等,可以从总体利益上综合考虑。

五、调解或仲裁策略

  当谈判进入僵局状态,而双方又不想宣告谈判破裂时,可以邀请第三方来进行调解或仲裁,从而缓解谈判僵局状态。此种策略最关键的是要找一个双方都信得过、与双方都没有直接利益关系的第三方。这个第三方要具备足够的社会经验和学识,对所调解或仲裁的问题具有一定的权威性,而且能保持中立。调解相对于仲裁来说,对双方的约束性较弱,双方在第三方的协调下,对某个问题进行重新审视、考虑和处理,第三方仅仅起着协调的作用。仲裁的约束性要更强一些,仲裁者要对待解决的问题进行仔细的核实和审判,仲裁的结果是强制执行的,对双方都有约束性,所以在选择第三方进行仲裁时要谨慎。然而不同文化对第三方调解的接受程度是不一样的,西方文化认为谈判就是各自展示其赤裸裸的需求,要么双方谈判,谈判不成功则上法庭诉讼;中国文化则倾向于在遇到冲突时寻求资深的第三方来调解解决;因此在是否采用调解或仲裁策略来打破僵局时,要考虑到双方对于调解或仲裁的接受程度。

阅读材料8—13

智者和主妇的故事

在俄罗斯农村有一户人家,主人、主妇和他们的子女4口人快乐地住在一所小房子里。后来,主人的父母年纪大了搬来和他们一起居住。因为房子小,大家挤在一起住起来很不舒服。主妇去请教智者,问该怎么办。智者叫她把母牛牵到屋里和他们一起住。过了3天,主妇去找智者,说现在更糟糕了,母牛在屋子里一动,6个人都得跟着动。智者叫他把两只母鸡也放到屋里。又过了3天,主妇到智者那里抱怨说,屋子里到处飞满了鸡毛,简直挤得受不了。智者先叫她把母牛牵出去。3天后,智者问主妇过得怎样。主妇说感觉舒服许多。智者叫她把母鸡也牵出去。从此以后,主妇全家6口人在小房子里舒服而又快乐地生活着。

【分析】主妇和主人父母之间的关系形成了某种僵局,智者与主妇及主人的父母都没有利益关系,在其中就起着调解的作用。智者让主妇先牵入母牛,又放进两只母鸡,刺激主妇重新审视与父母同住的问题。

六、离席策略

在商务谈判中,坚持不一定意味着最佳,无谓的坚持有可能导致陷入被动局面。优秀的谈判者懂得在合适的时机放弃谈判,何时放弃谈判不仅需要经验和技巧,还需要一定的魄力和勇气。在谈判初期就该让对方知道己方的谈判基调,并且表示出如果谈判不能使己方获得预期利益,己方随时会离开谈判桌,通过这种离席策略给对方造成莫大的压力。

在使用离席策略时要确保己方的离席策略可以奏效,否则离席就变成了谈判破裂。首先要在谈判初期与对方进行深入的交流,让对方认为与己方有合作的可能,激起对方合作的意愿。对方的合作意愿越强,在合适的时机采取离席策略的作用就会越大。

阅读材料 8—14

买鞋[①]

　　有很多人都有这样的经历,在市场闲逛时,忽然发现有双皮鞋样式非常新颖,而你恰好计划近期买一双这样的鞋。于是你马上把样品取下穿在脚上,的确很舒服,于是你决定与店主谈谈价格。他报价 300 元,而你只愿意出 200 元。经过数回合的较量,双方作出了一定程度的让步,店主把价格降到了 250,并对你说这是最低报价,不能再降了,再降就要亏本了。你说最多出价 230 元购买,而且不信 250 元就是最低价。你把样品放回了展示架,转身离开该店,当你刚走几步的时候,听到店主朝你大声嚷嚷:"回来吧,算我倒霉,230 元你拿走吧。"如果你经历过这种状况,那么恭喜你,你具有谈判高手的潜质,你已经成功运用过离席策略为自己争得利益了。

　　【分析】 在确定了对方的合作意愿后采取离席策略可以为己方争取谈判筹码,否则就会造成谈判失败。

第三节　国际商务谈判僵局处理阶段的技巧

一、营造平和的谈判氛围

　　当谈判陷入僵局时,如果双方谈判人员相互指责、情绪相互对立、态度蛮横,则会使双方意见不同的不利后果放大,情绪上的失控会使得僵局状态持续增强,最终导致谈判破裂。因此当谈判即将陷入僵局时,可以刻意营造平和的谈判氛围,避免双方在情绪上的对立。

　　有能力营造平和谈判氛围的谈判者通常拥有比较平和的谈判心理。当己方谈判的基本目标已经实现时,可以尝试扩大谈判战果,但不要紧逼对方底线;当谈判离预期目标还很远时,不能急躁行事,过分给对方施压;当对方对谈判感觉无望时,要设法给对方希望,使对方继续谈判下去。各方在平和的谈判氛围中比较容易求同存异,谈判僵局也会在平和的谈判氛围中得到化解。

阅读材料 8—15

里根访问加拿大

　　美国前总统里根到加拿大访问时,双方的会谈时常受到屋外反美抗议示威的干扰。加拿大总理特鲁多感到十分尴尬和不安。此时,里根却幽默地说:"这种情况在美国时有发生,我想这些人一定是特意从美国来到贵国的,他们想使我有一种宾至如归的感觉。"几句话使得在场的人都轻松下来。

[①] 资料来源:李爽,于湛波.商务谈判[M].北京:清华大学出版社,2012.

【分析】里根总统主动用自己的幽默来缓解紧张气氛,使现场气氛顿时轻松下来,有利于双方进一步的沟通。

二、调换谈判人员

当谈判僵局已然形成,双方谈判人员的对立情绪不可调和时,可考虑更换谈判人员,或者是请地位较高的人出面,协商谈判问题。

如果双方谈判人员尤其是主要谈判人员彼此之间已经情绪对立,将谈判中的问题分歧发展为个人之间的矛盾,则双方很难再继续谈判下去,继续谈判只会让僵局更僵。如果双方还有合作的可能,则可考虑更换主要谈判人员,或者派出地位较高的负责人继续谈判,以表示对僵局问题的重视和关心,同时也是给对方施加压力,迫使对方妥协,以达成协议。

阅读材料8—16

公司合并

A公司和B公司经营状况不佳,都濒临亏本。双方董事长明白如果两家公司能够合并,则合并后双方的状况都将优于各自独立经营的状况。先前两位董事长已经就合并事宜进行了两次谈判,但由于两人都以各自为中心,不肯让步,没有达成令双方都满意的合并协议。这时,第三方出现了,他是一位同时和这两家做生意的机器销售商,而且和这两位董事长关系都相当不错,这位销售商首先分别和双方就合并事宜进行了商谈,然后又成功地让两位董事长面对面坐到谈判桌上,为达成双赢的结果再一次谈判。

【分析】在本材料中,机器销售商与A、B两家公司的董事长关系都很不错,在两位董事长两次谈判无果的情况下,机器销售商分别与两位董事长进行了场外沟通,并在其后成功地将两位董事长拉至谈判桌前。

三、分解谈判问题

通常谈判中的小矛盾和小冲突比较容易解决,而大的冲突和矛盾比较难以控制。因此处于谈判僵局的谈判人员要防止问题和分歧扩大,将问题控制在可控范围内,其中最有效的方法是减少谈判者的数量和议题数量。

当谈判处于困境时,谈判双方通常会增加谈判成员,例如邀请律师、专家或权威人士加入其谈判队伍,以增加己方的影响力。然而谈判人员越多,越会增加谈判的复杂性,因为人越多意味着观众越多、需要更多的时间讨论,就更有可能出现分歧意见。因此可以通过削减谈判人员数量,集中谈判人员的意见,这样可以增加谈判成功的可能性。

当谈判陷入僵局时,谈判人员会将分歧意见扩散到更多的议题上,问题太多会使得谈判过程更难以管理。可以考虑缩减谈判议题,或者将谈判问题分为几大类,逐个击破。针对比较小的议题,双方可控性更强,更容易走出僵局。

四、从对方漏洞中借题发挥

从对方漏洞中借题发挥是指抓住对方的漏洞,小题大作,给对方一个措手不及。从对方漏洞中借题发挥的做法有时被看作一种无事生非、有伤感情的做法。对于谈判对方不合作或对方试图恃强欺弱造成僵局的情况,可运用从对方漏洞中借题发挥做出反击,或许可以使对方有所收敛;相反,如果不这样做,对方可能会变本加厉,继续压迫我方,使我方在谈判中一直处于被动的局面。即使有时谈判对方并不是刻意为难我方,找机会寻找对方的漏洞,利用漏洞反击也是维护我方利益、突破僵局的一种有效方法。

阅读材料8—17

铁证如山

北京一家制衣厂通过日本某商社出口了一批衬衫。3个月以后突然收到了日本商社的退货函,理由是出口的衬衫里有蚂蚁,顾客争相退货,给商社造成了很大的损失。日本要求北京的制衣厂退货并赔偿损失,随信还附来了两份蚂蚁样品。收到退货函以后,制衣厂立即对全厂的各个车间和办公室进行了全面仔细的检查,最后得出结论,蚂蚁不是从制衣厂内进入衬衫的。为了澄清事实,维护工厂的品牌,该厂来到我国某著名农业大学,请有关专家协助查找蚂蚁的来源。专家鉴定表明,日方送来的蚂蚁样品是"伊氏臭蚁",这种蚂蚁的分布地区在日本,而在我国根本没有这种蚂蚁。为了进一步证实农业大学的鉴定结果,制衣厂派人沿着衬衫运输的路线,逐站收集蚂蚁样品,行程数千里,充分证实了专家的鉴定结果。

制衣厂在掌握了充足证据以后和日本代表进行谈判。在谈判中,中方代表指出,货到日本以后,在运输和存放的过程中遭遇蚂蚁侵入。日方代表在事实面前只好承认错误并向中方道歉。此后日方又向该厂增订了100万件衬衫。"蚂蚁事件"得以圆满解决。

【分析】在"蚂蚁事件"中,北京这家制衣厂并未因日本客商的指责就乱了阵脚,而是采取实事求是的科学态度来解决问题。他们先是从工厂内部查找原因,然后又借助专家的力量,准确地鉴定了蚂蚁的物种,找到了对方的漏洞,维护了己方的利益。

五、适当馈赠

在谈判过程中适当地互赠礼品是增进双方友谊的一种有效方式。俗话说:"伸手不打笑脸人。"当己方给予对方热情的接待、良好的照顾和服务,对方通常不会横眉冷对。馈赠方式要得体,既要注意到对方的习俗,又要防止给人以贿赂之嫌。

当谈判处于僵局时,馈赠礼物尤其要注意掌握好分寸。礼物必须是社交范围之内的普通礼物,突出"礼轻情意重",例如招待对方吃一顿地方风味的午餐、陪对方游览本地有名的旅游景点、赠送本地特色的小手工艺品等。这些招待或礼品并不昂贵,既能表达友好之情,又能规避贿赂之嫌,对方通常比较容易接受。赠送礼物时特别要注意的一点是不能触犯对方的风俗,不然不仅起不到"润滑剂"的作用,还会适得其反,使僵局更僵。同时,若对方赠送的礼物非常贵重,则要婉转地表示礼物过于贵重,不能接受,并向对方说明己方不会因为礼物的价值而改变对谈判的态度。

阅读材料 8—18

销售地毯

一位顾客去地毯店买地毯,质量和样式都很满意,但在价格上和推销员一直僵持不下,顾客对销售地毯的女推销员说:"和你的竞争对手相比,你的地毯每码贵一美元。"这位女推销员笑眯眯地说:"如果你今天就签协议的话,我就免费为你家的卫生间铺上地毯。"顾客合计了一下,觉得免费铺地毯比较合算,当场签订了协议。

【分析】推销员在价格僵持不定的情况下,提出免费为顾客铺卫生间的地毯,这种"礼物"是顾客所喜好的,因此推进了谈判。

第四节　国际商务谈判僵局处理阶段的礼仪

谈判面临僵局时,尤其要注意谈判礼仪。因为僵局已经使双方谈判人员情绪低落、气氛紧张,如果谈判礼仪得当,则有可能缓解僵局状态,若在谈判礼仪上失态,会直接导致谈判破裂。

一、尊重对手、委婉入题

无论什么场合,没有人喜欢对方直截了当地反驳自己,在僵局的状态更是如此。即使处在最激烈的僵局状态下,谈判人员也要学会尊重对手,慎重地看待对方的不同观点。即使对方的观点与现实不符,也要委婉地进行说明。可以先肯定对方的观点,然后再用现实的数据与对方的观点进行匹配,让对方领悟到其之前的观点是缺乏事实依据的;或者也可以重复对方的观点,分析对方的观点,让对方自己得出结论。和善巧妙地对待对方提出的不同意见,委婉地指出对方意见的不妥,会让对方感受到我方的尊重,同时对方也会以尊重的方式来对待我方的观点,双方就会在比较温和的情绪下处理谈判事宜。

阅读材料 8—19

奶粉里的苍蝇

一位怒气冲冲的顾客来到乳制品公司,声称他在食用该公司生产的奶粉时发现了一只苍蝇,他要求该公司为此进行索赔。

但事情的真相是,该公司的奶粉经过了严格的卫生处理,为了防止氧化特地将罐内的空气抽空,再充入氮气密封,苍蝇百分之百不能存活。过失明显在于消费者。

然而,面对顾客的强烈批评,该公司的老板并没有恼怒,而是耐心地倾听。等顾客说完了之后,他才说:"是吗?那还了得!如果是我们的过失,这问题就非常严重了,我一定要求工厂机械全面停工,然后对生产过程进行总检查。"接着老板进一步向顾客解释:"我公司的奶粉,是将罐内空气抽出,再装氮气密封起来,活苍蝇绝不可能,我有信心要仔细检查。请您告诉我您使用时开罐的情况和保管的情况好吗?"

经过老板的这一番解释,顾客自知保管有误,脸上露出尴尬的神情,说:"是吗?我希望以后别再发生类似的事情。"

【分析】很多人在面对材料中的情况时,会选择针锋相对,结果只能是无休止的争吵。而案例中的老板却选择了向对方表示理解的方式,并成功地利用这一方式使顾客消除了怒气,认识到自己的失误。从中可看出向对方表示理解这种表面上的让步,也能使对方让步。

二、文明用语、多加赞美

说话礼仪可以体现一个人的身份、修养及受教育程度等。虽然各行各业的谈判人员说话特色和内容有所差异,但谈判的语言礼仪基本上大同小异,就是要在谈判中避免使用粗鄙、肮脏的字句。有些年轻人喜欢在谈话中加入一些行话、隐语或网络流行语,这些用语并不被所有人所接受,要少说为佳,以免产生歧义导致尴尬。在谈判中尤其要注意不能攻击对方的性格、健康等问题,即使是玩笑话也不应多说,忌讳在谈判中把冲突从谈判事项转移至谈判个人;相反,要多赞美对方的工作和办事能力,肯定对方先前的工作态度和工作成果,给予对方继续谈判下去的信心,这样才会使对方谈判人员有意愿突破僵局。

阅读材料8—20

广东引进美国玻璃生产线

广东玻璃厂厂长率团与美国欧文斯公司就引进先进的玻璃生产线一事进行谈判。双方在部分引进还是全部引进的问题上陷入了僵局,美方无法接受我方的部分引进方案,坚持必须全部引进。

这时,我方首席代表虽然心急如焚,但还是冷静分析形势,如果继续一个劲儿说下去,可能会越说越僵。于是他改变了说话的战术,由直接讨论变成迂回说服。"全世界都知道,欧文斯公司的技术是一流的,设备是一流的,产品是一流的。"我方代表转换了话题,从微笑中开始谈天说地,先来一个"第一流"的赞叹,使欧文斯公司由于谈判陷入僵局而产生的抵触情绪得以很大程度地缓解。"如果欧文斯公司能够帮助我们广东玻璃厂跃居全中国一流,那么全玻璃厂的员工都很感谢你们。"这里刚离开的话题,很快又转了回来。我方代表对美方的赞美,消除了对方心理上的对抗。

"美国方面当然知道,现在,意大利、荷兰等几个国家的代表团,正与我国北方省份的玻璃厂谈判引进生产线事宜。如果我们这次的谈判因为一点点小事而失败,那么不光是我们广东玻璃厂,同时欧文斯公司方面也将蒙受重大的损失。"这里使用"一点点小事"来轻描淡写双方的分歧,目的是为了引起对方对分歧的关注。同时指出谈判万一破裂,将给美国方面带来巨大的损失,完全为对方着想,这一点对方不能拒绝。

"目前,我们的确有资金方面的困难,不能全部引进,这点务必请美国同事们理解和原谅,而且我们希望在我们困难的时候,你们能伸出友谊之手,为我们将来的合作奠定一个良好的基础。"这段话说到对方心里去了,既通情,又达理,不是在做生意,而是朋友间的互相帮助,对方因此迅速签订了协议。

【分析】通常一个人在提出自己的意见后,一旦受到某种程度的肯定和重视,就会形成一种情感上的亲善倾向,这种亲善倾向会促进谈判的顺利进行。当谈判陷入僵局时,中方谈判人员对美方进行赞赏,使美方在被拒绝时不太难以接受,从而突破了僵局,取得谈判上的成功。

三、不翻旧账、保全面子

谈判中经常见到谈判一方人员因不愿忍受羞辱而顽固地拒绝妥协,即使成交能带来利益,他也不愿意签约的现象。所以在陷入僵局时,一定给对方保全面子,使对方不感到窘迫,继而改变原来的主张或做出新的让步。例如对方声称所提条件是最低条件,不可再谈时,己方可忽略这种说法,继续与其谈判,即使后期对方真的让步了,己方也不再提及对方声称的最低底线之事。为对方保全面子,对方会比较容易接受我方提议而不感到有失颜面,事态会朝着有利于缓解谈判僵局的方向发展。

阅读材料 8—21

柯泰伦买鲱鱼

柯泰伦是苏联公司的代表,与挪威商人谈判进口鲱鱼事宜。挪威商人精于谈判,刚开始开出了一个很高的价格,柯泰伦久经商场一下子识破了对方的用意,买卖双方坚持自己的价格,谈判一时无法进行。为了打破僵局,柯泰伦对挪威商人说:"好吧,我只好同意你们的价格,但是如果我方政府不予批准的话,我愿意以自己的工资支付差价,当然要分期支付,可能要支付一辈子。"挪威商人对这样的谈判对手无可奈何,考虑到柯泰伦的出价依然使他们有利可图,未来还可能进行长期合作,只好降低鲱鱼的价格。

【分析】柯泰伦在对方不愿意降价的时候,没有直接点破挪威商人的价格虚高,保全对方面子,采取用自己工资支付差价的说法来让步,而这种让步实际上是不可能的。

四、勇于认错、诚恳待人

所谓"智者千虑,必有一失",谈判人员虽然都很精明,但在复杂的谈判过程中,难免会出现一些差错或失误。出现失误时的处理态度不同,对谈判进程的影响会不同。如果己方能诚恳、虚心地承认失误,会使得对方认可我们的真诚态度;相反,如果对错误矢口否认,则可能降低己方的信誉度。

人们都愿意与诚恳、值得信赖的人打交道。能勇于认错,说明此人敢作敢当,有足够的自信和魄力,是可以信赖的。因此如果因己方问题而使谈判陷入僵局,己方谈判人员可以主动承认失误,但在承认错误时,应强调错误点,而勿谈及其他,更不要扩大影响;同时要强调己方在已谈过问题的立场以及在之后的谈判中会秉承谨慎的态度。当对方勇于为僵局状态承担责任时,己方可以相应的方式予以处理,真诚对待对方,只关注失误点,不波及其他。

阅读材料 8—22

日本汽车公司登陆美国

  日本一家汽车公司刚刚在美国"登陆",急需找一个美国代理商来为其推销产品,以弥补他们不了解美国市场的缺陷。当日本公司准备同一家公司谈判时,谈判代表因为堵车迟到了,美国谈判代表抓住这件事情不放,想以此为手段获取更多的优惠。日本代表发现无路可退,于是站起来说:"我们十分抱歉耽误了您的时间,但是这绝非我们的本意,我们对美国的交通状况了解不足,导致了这个不愉快的结果,我希望我们不要再因为这个无关紧要的问题耽误宝贵的时间了,如果因为这件事怀疑我们合作的诚意,那么我们只好结束这次谈判,我认为,我们所提出的优惠条件是不会在美国找不到合作伙伴的。"日本代表一席话让美国代表哑口无言,美国人也不想失去一次赚钱的机会,于是谈判顺利进行下去了。

  【分析】日本代表在面对美国代理商咄咄逼人时,勇于承认因为己方迟到导致谈判不顺利,同时诚恳地向对方表达己方的合作诚意,使得美方代表不好继续抓住这件事情不放。

五、注意语速、语调和音量

  同一句话,用不同的语速、语调和音量表达会传递出不同的信息内容,在僵局时尤其要注意语速语调和音量。语速尽量做到平稳中速,不要因为急于向对方表达己方的意见而加快语速,语速太快会让对方难以正确领会己方的真实意图,还会给对方留下急躁、情绪不稳定的印象;也不要语速太慢、吞吞吐吐、欲言又止,容易被对方认为是敷衍了事、无意谈判。说话的语调和音量也是影响意思传达的重要因素,语调要保持平和,忽高忽低会使对方感觉不被尊重。音量也要保持适中,音量太高会导致气氛紧张,音量太低又会影响对方接收信息。所以在谈判中要注意语速、语调和音量,特别是陷入僵局时,更要注意这些交谈礼仪,切忌出现失控状态,造成更加紧张的谈判局面。

阅读材料 8—23

王经理拜访客户

  在一个下着雨的星期一早晨,王经理浑身湿漉漉、上气不接下气地赶到对方公司的前台说:"你们头儿在吗?我跟他约好了。"前台冷淡地看了他一眼说:"我们李总在等你,请跟我来。"王经理拿着雨伞和公文包进了李总的办公室,见着李经理就说:"我好不容易才找到地方停车!"李总说:"我们楼后有公司专用停车场。"王经理说:"哦,我不知道。"王经理随后拽过一把椅子坐到李总旁边,一边从公文包拿资料一边说:"哦,老李,非常高兴认识你,我们将来会有很多时间合作,我有一些关于产品的资料,你看看吧。"李总停顿了一会,说:"好吧,我想具体的事情你还是与赵女士商量吧。我现在让她进来,你们两个直接沟通吧。"

【分析】王经理在与李总见面交谈时,不注意语气、语速、语调等,导致对方对王经理的态度很冷淡,不愿意与王经理多加商谈,当然也不能顺利推进谈判。

本章小结

本章首先介绍了僵局的定义、僵局产生的原因及处理僵局的基本原则。面临僵局或陷入僵局时,谈判双方的工作目标就是要破解僵局,为此本章介绍了横向谈判、适时休会、替代方案、合理让步、调解或仲裁、离席策略等有助于破解僵局状态的谈判策略,又分析了可以缓解僵局状态的谈判技巧,包括营造平和的谈判氛围、调换谈判人员、场外沟通、分解谈判问题、从对方的漏洞中借题发挥、适当馈赠等。僵局如果处理不好,很可能就会导致谈判破裂,因此在僵局中更要注意谈判礼仪问题。本章在最后介绍了僵局中需要注意的谈判礼仪,包括尊重对手、使用文明用语、保全对方面子、勇于认错、注意语速语调及音量等。

练习题

一、名词解释
1. 僵局
2. 横向谈判策略
3. 离席策略

二、简答
1. 僵局产生的原因有哪些?
2. 破解对方设置的僵局应遵守哪些基本原则?
3. 僵局处理阶段可以采用哪些策略?

三、案例分析

中方与法方的技术转让谈判[①]

北京某进出口公司部门经理T先生与法国某公司比尔先生谈判计算机的技术转让交易。T先生对法方的条件做了全面而深入的分析,认为在技术内容及设备配置上存在较为严重的问题,并针对这些问题做了详细的谈判预案。

谈判中双方都做了充分的准备,互不妥协,谈判陷入僵局。作为客方的法方很焦

---

① 资料来源:王景山.商务谈判[M].西安:西北工业大学出版社,2009.

急,向其主管汇报谈判情况,法国驻华使馆商务处也了解到谈判陷入僵局,决定干预。

商务处与中方联系,希望拜会中方总经理。出于礼节,中方总经理与法国商务处参赞进行了会谈。会见过程中,双方除了寒暄,还重点谈论了正在进行的谈判交易,特别指出法方对中方谈判人员的意见,认为中方谈判人员的表现不尽如人意,希望总经理关注该谈判,如有可能,更换谈判人员。中方总经理表示双方谈判存在争议是很正常的事情,回去了解情况再做决定,也会一直关注该项交易谈判。

会见之后,总经理叫来T先生,问及谈判过程。T先生知道了法国参赞与总经理见面,且提出更换谈判人员一事,于是把法方代表在谈判中的表现也向总经理进行了汇报,并表示法方代表的谈判态度也不是很好。听了T先生的汇报,总经理笑着说:"谈判不是赌气,是要妥善解决问题、推动谈判进展。法方这么做说明他们重视该交易,想达成交易,这对我方来说是个好消息,切不可意气用事。"随后,总经理让T先生把目前双方的条件、态度做了总结,再查看了T先生做的谈判预案,又笑了。这一笑,让T先生很不好意思,因为总经理说:"你手上拥有这么多可以利用的条件,形势很不错呀!不必过于紧逼,适当让一让,推动谈判,再紧一紧。该让的时候一定要让,否则就僵了。"

次日再恢复谈判时,法方谈判人员看到中方总经理到场,一时不知所措,全体成员都很受感动。开场白由中方总经理做,他主要介绍了法方商务参赞的关注态度与希望,也申明了自己同样的态度,然后进入正题,他说:"到今天为止双方都在坚持自己的立场,这不行,这不符合参赞先生的愿望。我提个建议,看贵方能不能接受。"总经理从T先生的方案中挑选了三个包含不同交易条件的方案,包括A、B、C三档报价,其中A报价为最佳成交价,B报价为理想价,C报价为可以接受价。之前之所以僵持,是因为T先生重点放在A、B两档报价上。总经理提出三种报价组合,在法方看来就是一种妥协,所以当总经理提出该建议时,比尔先生没有太多犹豫就表示同意继续谈判。比尔先生一同意,就打破了僵局,这对于相持已久、身心疲惫的双方谈判人员无疑是一种鼓舞,会场气氛一下子就轻松了。

这时,总经理说:"我看你们都很有能力,都可以完成各自领导交代的谈判任务,我再待着就该影响你们工作了。"说完站起来要走。比尔先生赶紧挽留:"您在这里是对我们极大的鼓舞和帮助,希望您能继续留下。"总经理微笑着应道:"我本来就有会要主持,只是为了传达一下我与参赞先生对会谈的关注才会把会议推迟了一个小时,我该去开会了。我的意见已向T先生说明,相信他会考虑我的意见的。祝你们谈判成功。"

总经理走后,T先生与比尔先生重新开始谈判。双方在交易条件的坚持与退让节奏上都做了调整,谈判进展明显加快,最终达成了一致。签字仪式后双方举行宴会庆祝,在安排座位时,双方主谈、公司总经理、商务参赞与大使以及工业部领导被安排在同一桌。席间,参赞先生对中方工业部领导及总经理说:"这次交易谈判成功与两位主谈的努力是分不开的,尤其是T先生在谈判过程中表现很顽强,为贵方争取了不少条件,十分聪明能干。"T先生感到意外。总经理接过话题:"这次谈判使馆给予很多支持与关注,我表示感谢。"于是,大家共同为一线工作人员干杯,气氛融洽,为日后顺利执行合同打下了良好的基础。

思考：

1. 中方总经理会怎样处理法方参赞提出的意见？
2. 中方总经理如何推动了谈判进程？
3. 中方总经理突破僵局后，为什么没有留下来继续指导谈判？

实训·情景模拟

实训目标： 通过实训要求学生掌握国际商务谈判僵局阶段相关程序、技巧和礼仪。从实训情景中捕捉信息完成实训过程。

实训组织： 1. 将学生分成若干小组，每组成员 2～4 人；
2. 可以直接由小组成员表演完成，也可以由队员进行解说；
3. 请各小组自行准备情景相关的道具、服饰。

实训内容： 我国某口岸机械进出口公司欲订购一台设备。在取得了报价单并经过评估之后，决定邀请拥有生产该设备先进技术的某西方国家客商来我国进一步洽谈。在谈判中，双方集中讨论了价格问题。一开始我方表示愿意出价 10 万美元，而对方的报价则是 20 万美元，同期报价单上的价格完全一样。在比较了第一回合各自的报价后，双方都预计可能成交的价格范围在 14 万美元至 15 万美元之间，他们还估计要经过好几个回合的讨价还价，双方才能就价格条款取得一致意见。考虑三种让步策略：(1) 向对方提出：为了达成合作，双方最好都相谅相让，公正地说，14 万美元这个价格兼顾了双方的利益，而且比较现实，问对方能否考虑接受。(2) 向对方表示我方愿意考虑让步不超过 5000 美元，即由原报价 10 万美元增加到 10.5 万美元。(3) 由 10 万美元增加到 11.4 万美元，然后依次增加，但增加的幅度越来越小。

实训思考： 在谈判僵局中如何有效运用让步策略？

第九章　国际商务谈判中非语言沟通技巧与礼仪

学习目标

(一)知识目标

1. 了解国际商务谈判中非语言沟通的含义、特点及作用；
2. 理解非语言沟通与语言沟通的关系；
3. 掌握肢体语言、空间语言、形象语言、环境语言、时间暗示和音质暗示的内涵。

(二)技能目标

1. 能够熟练运用肢体语言并通过谈判对手的肢体语言判断其谈判心理及意图；
2. 能够熟练运用空间语言并通过谈判对方对距离的表现了解其谈判态度；
3. 能够熟练运用形象语言识别其在实际谈判过程中的作用；
4. 能够熟练运用环境语言准确认识谈判环境，进而促进谈判人员做出恰当的谈判决策；
5. 能够熟练运用时间暗示和音质暗示。

开篇案例

2020年东京奥运会定制和服惊艳全球

和服是日本的传统服饰，已经有一千多年的历史了。和服实际上源于中国的汉唐服饰，后经加工、修改，逐渐形成了具有日本风格的现代和服样式。

为迎接2020年奥运会，有着77年历史的"蝶屋"和服店的第三代店主高仓庆应，提出了"和服计划"。他联合日本各地70多位和服职人，共同为全球196个国家制作各具国家特色的和服，希望通过日本传统文化来传达"同一个世界"理念。

为各国定制的和服都采用了该国代表性的颜色及图案等元素，比如南非的和服以花园为主题，描绘了国花帝王花；立陶宛的和服以维尔纽斯大教堂为图案，还加入国花芸香元素；美国是由50个州组成的"合众国"，在设计上采用了"州花"形式表现，还包括雄鹰、好莱坞、阿波罗计划、棒球、美式橄榄球和自由女神等元素。

其中，"中国和服"采用了五色祥云、长城、牡丹、红梅、翠竹等元素，更有玄底碧海压阵，熊猫宝宝点缀，配色黑白红绿金，穿起来端庄大气典雅。设计图一经发布，引爆微博，260多万人浏览，上万人留言"很懂中国的日本和服"。

第九章　国际商务谈判中非语言沟通技巧与礼仪

图9-1　东京奥运会的国家主题和服

【分析】在国际商务谈判中,服饰是一种身份地位的象征,也是传递政治、文化、情感的一种符号,是重要的非语言沟通方式。

第一节　非语言沟通

在国际商务谈判中,谈判人员经常通过姿态、表情、动作等方式与对方沟通,传递信息,其实这些方式都属于人们常用但是容易被忽略的非语言沟通方式。非语言沟通方式所揭示的信息往往比语言传递的信息更真实可靠,有时还会影响语言沟通过程。根据国外心理学家调查研究,在信息传递的全部效果中,语言只占7%,声音、语调等占38%,而非语言沟通则占到了55%。因此,我们要充分重视非语言沟通技巧,以便在谈判中获得更多信息。

一、非语言沟通的含义及特点

1. 含义

所谓非语言沟通,指除语言和文字沟通以外的其他沟通方式。例如,人们常常运用面部表情、身体语言、空间距离、声音暗示以及穿着打扮等来表达思想、情感、态度和想法。在与人交往过程中,往往一个手势、动作、眼神,甚至一个不经意的表情都可以传递信息、表达情感,所以说非语言行为在很大程度上是无意识的,有时更为真实可靠。经验丰富的谈判者都善于观察对方的非语言动作,并透过这些动作洞悉对方心理想法,从而在一定程度上控制谈判,使谈判朝着对整体局势有利的方向发展。一般非语言包括肢体语言、空间语言、形象语言和环境语言等内容。

阅读材料9—1

藏不住心事的齐桓公[①]

  春秋时期,齐桓公与管仲密谋伐卫,议罢回宫,来到其所宠爱的卫姬宫室。卫姬见之,立即下跪,请求齐桓公放过卫国,齐桓公大惊,说:"我没有对卫国怎么样啊!"卫姬答道:"大王平日下朝,见到我总是和颜悦色,今天见到我就低下头并且避开我的目光,可见今天朝中所议之事一定与我有关,我一个妇道人家,没什么值得大王和大臣们商议的,所以应该是和我的国家有关吧?"齐桓公听了,沉吟不语,心里决定放弃进攻卫国。

  第二天齐桓公与管仲见面,管仲第一句话就问:"大王为何将我们的密议泄漏出去?"齐桓公又被吓了一大跳,问道:"你怎么知道?"管仲说:"您进门时,头是抬起的,走路步子很大,但一见到我侍驾,走路的步子变小了,头也低下了,您一定是因为宠爱卫姬,与她谈了伐卫之事,莫非您现在改变主意了?"

  【分析】信息的传递不全是甚至大部分不是通过语言实现的。在本材料中,卫姬和管仲都是通过观察齐桓公的表情、动作等非语言行为猜出了其内心真实的想法。非语言沟通往往是模糊的,在不经意间流露,所谓"口是心非",当人们面对语言沟通与非语言沟通相互矛盾时,往往更愿意相信非语言释放的信号。

  2. 特点

  一般来说,非语言沟通具有以下几个特点:

  (1)普遍性。许多非语言沟通方式都是在潜意识下发生的,如不自觉地耸肩、遇到突发状况时的尖叫,等等,所以几乎每个人从小就具有非语言沟通能力。据考证,这种沟通能力是人类有史以来就有的一种本能,自人类出现之日起,就产生了人与人、人与自然界的沟通交流活动。随着人类的进化,经济的发展,人与人之间的社会活动逐渐增多,促进了彼此的沟通交流,非语言沟通也在此过程中得到丰富和发展,使得这种沟通方式在不同年龄、不同性别、不同种族以及不同国籍之间蔓延。人们不仅在日常生活中广泛使用,在国际商务谈判这种正式场合也充分重视非语言沟通,但是同一种非语言沟通行为在人与人之间的意义可能有所不同,这也是在使用非语言沟通过程中需要注意的问题。

  (2)约定俗成性。一般来说,语言具有明确规范性,人们通常用语言表达具体的思想。非语言有时不能确切地表达复杂具体的思想,只能传达模糊的基本信息。人们约定了各种非语言方式内涵意义,以便彼此间沟通交流。例如,用手作出OK的动作时,一般表示可以或者一切正常,但是美国前总统尼克松去巴西访问,下飞机时举手做出表示OK的动作,却惹恼了巴西全国,因为这一手势在巴西被视为下流的动作。这说明非言语沟通有很强的约定俗成性,参与国际商务谈判的人员一定要清楚各种非语言在特定

[①] 资料来源:田雨.史记故事[M].郑州:大象出版社,2006.

国家代表的意思。

(3)情境性。非语言沟通一般不能单独使用,要结合当时当地的条件、环境背景使用。例如,最为常见的微笑,在不同情境中具有不同含义,初次见面的微笑可以在很大程度上消除双方拘束感,营造轻松的氛围;身处窘境的微笑代表无奈或者自嘲;当别人对你有所冒犯,大度的一笑可以表示不计较的态度。一个简单的动作往往具有丰富的内涵,只有在具体的情景下才能够显露,所以谈判人员要注意在正确的环境中运用正确的非语言沟通方式。

阅读材料 9-2

Interesting 的含义

一个女孩偶然认识了一个外国朋友,双方言谈甚欢。无论女孩说什么话题,外国朋友总是很认真地倾听,并跟她说"interesting"。女孩觉得对方对自己讲的内容感兴趣,很受鼓舞,越发口若悬河。但礼貌告别之后,双方再无交集,女孩疑惑不已。

【分析】初中英语老师告诉我们,要表示某些东西有趣,我们可以说:Interesting/That's interesting。但其实"interesting"除了表示"有趣"之外,还有另外一种意思。这里,他只是想表达"呵呵"而已。当外国人觉得某件事并不怎么好,甚至有点奇怪,但又不愿意直接表达出来,就会用"interesting"。所以听到外国人说"interesting"时,必须要结合他说话的语气,搞懂他究竟是喜爱还是只是出于礼貌的回应。

在人际交往过程中,一方面要注意谈话的内容,另一方面也要注意作出适当的回应。由于国籍、民族、性别、年龄等存在差异,非语言沟通方式传达的信息相比语言沟通方式更加模糊,双方要注意根据语言环境理解对方的真正意思,并适时表示出对对方的关心,这也是促进感情交流的方法之一。

二、非语言沟通的作用

随着国际贸易的发展,国际商务谈判也逐渐受到各国、各企业的重视,使用非语言符号传递信息、沟通思想及交流情感成为大家普遍接受的方式。这些在谈判过程中出现的复杂多样的非语言符号,让一场本就不简单的国际商务谈判变得更加复杂,有时一个不恰当的动作就可以毁掉一场原本可以顺利结束的谈判。由此可见非语言沟通在国际商务谈判中发挥着重要作用。

1. 补充语言信息

非语言方式通过增添语言信息的含义补充语言信息。一方面,在国际商务谈判中,谈判双方在语言沟通过程中会附带一些表情、姿势或者其他的非语言符号,如和蔼亲切的表情向他人传递了友好的信号,而一副生硬的面孔则向他人传递着冷漠和疏远的信号;另一方面,当双方言语沟通后,对方难以领会语言表达的意思时,己方可通过手势、面部表情等非语言方式传达一些隐含的意思。

2. 调节语言交流

非语言沟通方式也可以调节语言交流。由于国际商务谈判本身是一个非常复杂的活动,即便谈判前各方已经做好充分调查,搜集大量和谈判内容相关的信息,制定了缜密的谈判方针及应急预案,在实际谈判过程中还是会出现种种意外情况,如对方出其不意地提出我方难以接受的条件,谈判可能陷入僵局。这时如果通过咳嗽、喝水等非语言方式调节,稍事休息,则可以获得思考时间,打破僵局。

3. 代替语言信息

非语言信息有时也能代替语言信息。在国际商务谈判中,非语言有时可以代替语言信息。一方面,当语言不便或者不能表达谈判者意图时,应该使用非语言代替,如当谈判环境突然变得嘈杂时,双方可以使用暂停的手势表示当前环境不适合谈判,要求稍作停顿。另一方面,可以通过发音器官或身体某部位所发出的类语言进行非语言沟通。所谓类语言,就是有声但是没有固定意义的符号,它主要表现在人们说话时的声调语调、叹息、笑声或说话的中途停顿和沉默等,如人们在生气的时候,常常会提高声音强度。在特定的情景中,即使对方没有说一句话,我们也可以从对方的表情上了解对方的意思。所以当一个人不能听或者说时,非语言符号往往可以代替言语来表达意思。但要注意的是,这种替代是有条件的,即在一定的文化氛围下才能使用,否则便容易引起误解。

阅读材料 9-3

小王的烦恼

小王是新上任的经理助理,平时工作积极,且效率高,很受上司器重。有一天早晨,小王刚上班,电话铃就响了。为了抓紧时间,她边接电话边整理文件。这时,有位姓李的员工来找小王。他看见小王在忙,就站在桌前等着。只见小王一个电话接着一个电话。最后,他终于等到可以和她说话了。小王头也不抬地问他有什么事,并且一脸严肃。然而,当他正要回答时,小王又突然想到什么事,与同室的小张交代了几句……这时的老李已是忍无可忍了,他发怒道:"难道你们这些领导就是这样对待下属的吗?"说完,他愤然离去……

试思考,二人在沟通中存在什么问题?如何改进小王的非语言沟通技巧?

【分析】当某件事情不便用言语表述或者特定环境阻碍了言语交流,这时就使用非语言替代。比如,当一位朋友准备在饭桌上将你某次尴尬的经历告诉别人时,你用脚踢了他一下,他会意后打住;在吵嚷的股票交易所,人们用手势代替说话。在本材料中,小王忙自己的事,不能说完全错误。但是询问老李有什么事的时候,头也不抬,一脸严肃,而且问完之后不等对方回答就转移交代别的事,这就让对方觉得受到轻视。在与人沟通的时候,必须要正面对着对方,表示尊重。如果有事要忙,可以用眼神或手势表示抱歉,请对方稍等。

阅读材料 9—4

介绍信

一位公司老总要雇一个没带任何介绍信的小伙子来他办公室工作,老总的朋友奇怪地问:"这个小伙子连介绍信都没有,你为什么要录用他?"

老总回答说:"你没发现,他不只带了一封介绍信。你看,他进门前先蹭干净脚上的泥土,进门后先脱下帽子,随手把门关上,这说明他很懂礼貌,做事很仔细;当他看到那位残疾老人进来时,他立即起身让座,这表明他心地善良,知道体贴别人;只有他俯身捡起我故意放在地上的那本书,其他应试者都视而不见;当我和他交谈时,我发现他衣着整洁,头发梳得整整齐齐,指甲修得干干净净,谈吐温文尔雅,思维十分敏捷。难道你不认为这些细节都是极好的介绍信吗?"

【分析】在本材料中,小伙子通过自己的非语言沟通行为展示了良好的综合实力,书写了一份真实的介绍信。

第二节 肢体语言

一、肢体语言的特点

肢体语言又称行为语言、身体语言,是指通过头、眼、颈、手、肘、臂、身、胯、足等人体部位的协调活动来传达人的思想,形象地借表情达意的一种沟通方式。国际商务谈判中,谈判者通过目光、姿势、手势和表情等向对方传递信息,这些肢体语言被认为是传递信息的重要途径。肢体语言具有以下特点:

1. 无意识性

肢体语言是人类心理的自然外在表现。"言为心声"的说法对体态语言更为适用。例如,望着自己喜欢的人会含情脉脉,而与不喜欢的人站在一起则会保持距离、客套生疏。正如弗洛伊德所说,没有人可以隐藏秘密,即使他的嘴不说话,他也会用肢体语言"说"。一个人的非言语行为更多的是一种对外界刺激的直接反应,基本都是无意识的反应。

2. 情境性与复杂性

与语言沟通一样,非语言沟通也展开于特定的语境中。情境左右着非语言符号的含义。相同的非语言符号,在不同的情境中,会有不同的意义。同样是拍桌子,可能是"拍案而起",表示怒不可遏;也可能是"拍案叫绝",表示赞赏至极。

3. 真切性与直观性

由于语言信息受理性意识的控制,容易作假,而肢体语言大多发自内心深处,极难压抑和掩盖,因此与语言信息相比,人们更相信非语言信息表达的含义。有声语言直接诉诸人的听觉器官,不具有视觉的形象性;而肢体语言则不同,它以灵活多变的表情、动作、体姿构成一定的人体图像来表情达意可以交流信息,直接诉诸人的视觉器官,具有形象直观的特点,如形容物体的大小,可以用手势来比划,对某事物表示赞成或反对可以采用点头或摇头的方式等。

阅读材料9—5

部分肢体语言代表的意义

眯着眼——不同意、厌恶、发怒或不欣赏

来回走动——发脾气或受挫

扭绞双手——紧张、不安或害怕

向前倾——注意或感兴趣

懒散地坐在椅中——无聊或轻松一下

抬头挺胸——自信、果断

坐在椅子边上——不安、厌烦或提高警觉

坐不安稳——不安、厌烦、紧张或提高警觉

正视对方——友善、诚恳、自信

避免目光接触——冷漠、逃避、没有安全感、消极、恐惧或紧张

点头——同意、表示明白

摇头——不同意、震惊或不相信

晃动拳头——愤怒准备攻击

鼓掌——赞成、高兴

打呵欠——厌烦

手指交叉——好运

轻拍肩背——鼓励、恭喜或安慰

搔头——迷惑、不相信

笑——同意或满意

咬嘴唇——紧张、害怕或焦虑

抖脚——紧张

双手放在背后——紧张、不安或思考

环抱双臂——漠视、旁观心态

眉毛上扬——不相信、惊讶

需要注意的是,文化差异会导致不同国家或地区的谈判者在肢体语言的运用上存在巨大差异,甚至同样的动作可能传递着截然相反的信息。例如,绝大多数的国家都是以点头方式来表示赞成,但在印度、尼泊尔等国则以摇头表示肯定,即一面摇头,一面微笑表示赞成、肯定之意。谈判者要正确理解对方肢体语言的含义,避免给沟通带来障碍。

阅读材料 9—6

"不拘小节"的特朗普

2019年6月,美国总统特朗普对重要盟友英国展开国事访问,然而注意礼仪的英国人却对这位美国总统的"不拘小节"提出质疑。

图 9-2　特朗普疑似轻拍英国女王

6月3日,93岁的英国女王在白金汉宫为特朗普总统一行举办了盛大的国宴。宴会气氛热烈,到场的英国名流多达170人,双方都盛赞英美两国的联盟,并相信它还会持续很多年。然而,特朗普在晚宴上疑似轻拍了一下女王的背部,这一动作引发了不小的争议。分析人士认为,拍背可能是特朗普总统表达尊重和示好的一种方式,然而在非常重视礼仪的英国王室,任何人都不能轻易触碰女王,特朗普破坏了王室礼节,无疑是对女王的不尊重。

【分析】不同的肢体含义语言在不同的文化中含义差别很大,甚至可能完全相反。在一般的社交活动中,肢体语言的差别会造成沟通问题,在正式场合或者是政治领域中,不同文化下的肢体表达产生的影响更大。

二、目光

眼睛是心灵的窗口,具有反映人们深层心理的功能,人们通过目光投射的方向、方式、角度和时间传达不同的信息。"眉目传情""暗送秋波"等成语形象说明了目光在人们情感交流中的重要作用。

阅读材料 9—7

画龙点睛的故事

南北朝时期的梁朝,有位很出名的大画家名叫张僧繇,他的绘画技术很高超。当时的皇帝梁武帝信奉佛教,修建了很多寺庙,经常让他去作画。

有一次,他在金陵(现在的南京)安乐寺的墙壁上画了四条巨龙,那龙画得栩栩如生,就像真龙一样活灵活现,只是都没有眼睛。人们问他:"为什么不把眼睛画出来。"他说:"眼睛可不能轻易画呀!一画了,龙就会腾空飞走!"大家听了,谁也不信,都认为他在说大话。后来,经不住人们一再请求,张僧繇答应把龙的眼睛画出来。奇怪的事情果然发生了,他刚刚点出第二条龙的眼睛,突然刮起了大风,顷刻间电闪雷鸣。两条巨龙转动着光芒四射的眼睛冲天而起,腾空而去。围观的人,个个看得目瞪口呆,对张僧繇佩服极了。

【分析】成语"画龙点睛"就是来源于这个传说。现在一般用来比喻写文章或讲话时,在关键处用几句话点明实质,使整体效果更加传神。在传达细微的情感方面,眼睛最能突出其效果,为其他非语言行为所不及,因此在人际沟通中具有重要的作用。

1. 目光投射的方向

(1)公事注视区。在国际商务谈判中,如果将目光自然地投向对方脸部由双眼底线和前额中心点所构成的三角区域,就能够给对方以诚恳、严肃和认真的感觉,一般能把握谈判的主动权。

(2)社交注视区。如果将目光投向对方脸部由双眼上线和唇中点构成的倒三角区域,就能给对方轻松感。这种方式更适合在谈判过程中举行的餐会、酒会等场合。

(3)亲密注视区。如果想表示亲密关系和特殊兴趣,可以将目光投向对方以双眼连线为底边,胸部中心点为顶角所构成的倒三角形区域,这种方式更适合恋人或者配偶、亲朋好友之间。

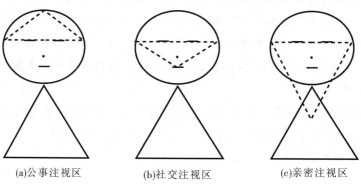

图 9-3　目光投射的方向

在销售活动中,听者应看着对方,不论这种目光表达的信息是肯定、赞许,还是疑惑和不满。而讲话者不宜再迎视对方的目光,等到说完最后一句话后,再与对方对视。这是在表示一种询问"你认为我的话对吗?"或者暗示对方"现在该轮到你讲了"。

2. 目光投射的方式

自古就有一种做法:如果对某人表达喜欢之意,则青眼注视对方,即青眼有加、青睐;如果讨厌某人则翻白眼,侧目而视。可见,不同的目光投射方式能够表达不同的情感。

(1)凝视。在国际商务谈判中,采用凝视的方式,即注视对方,能够让对方感觉受到重视或者尊重。

(2)环视。如果目光迅速向四周掠过,如蜻蜓点水般,就会让对方感觉受到轻视。

(3)斜视。如果斜着眼睛看人,通常表达不屑、憎恨或又怕又憎恨的意思。

3.目光投射的角度

目光投射的角度不同,给人带来的感觉也不同。以下是3种不同的目光投射角度。

(1)平视。等高平视代表大家地位平等,是一种合作的态度。一般用于与己方实力相当,可以优势互补的企业谈判。

(2)仰视。仰视则代表对他人的崇敬、敬佩之意。

(3)俯视。俯视则代表掌握权力、支配的意思。

4.目光投射的时长

在国际商务谈判中,长期注视对方谈判人员是一种失礼的行为,会让人感觉不舒服;长久不注视会让对方感到被冷落、不受重视或者对该谈话不感兴趣;只看一眼就闪开会被认为不诚心或者说谎怕被人识破。所以在合适的时间向对方投射合适的目光是一件不容易的事情。

不同国家的人对于目光投射的时长、方式等看法不一:在美国,直盯着说话人的眼睛表示尊敬;在南欧,注视对方常常造成冒犯;对印度人来说,不盯着人看表示尊敬;在日本,谈话时要注视对方颈部而不是面部。

除此之外,谈判人员眨眼的频率也蕴含丰富的信息。一般来说,人一分钟眨眼5~8次,并且每次眨眼持续的时长为1秒钟。当参与国际商务谈判的人员眨眼频率超过正常范围,可能表示出厌烦的情绪,对讨论的话题不感兴趣;也可能表示轻视对手,认为己方条件比较好。眼睛闪烁不定是一种反常的举动,常被认为是一种掩饰手段或是性格上不诚实的表现,对于这一类谈判对手,我们要特别注意。

综上所述,目光上的接触有时可以使对方更好地了解你,但不同国家有不同的风俗文化,使得目光接触上的含义也有所不同。我们要把握好目光接触的方向、方式、角度和对视时长,更好地运用目光接触这一无声语言。

三、姿势

姿势就是身体呈现的样子,人的精神状态可以通过姿势充分显示出来,有时也能代表一些态度,传递特定的信息,所以当人的语言和姿势相互矛盾时,有经验的国际商务谈判者总是相信姿势传递的信息。

中国自古就有大丈夫"站如松、坐如钟、行如风"之说。然而在日本,初次见面或者相互问好时,鞠躬弯腰15度左右;分别时,鞠躬弯腰30度,表示经过交往,感情已经加深了,有依依惜别之意;表达感谢时,鞠躬弯腰要达到45度;而道歉时,鞠躬弯腰要接近90度,才能显出诚意。

一般来说,在商务谈判中,谈判者身体应保持端正,两腿平行放好,表示对对方或谈话感兴趣,同时也是对人表示尊重。弯腰曲背的坐姿则是对谈话不感兴趣甚至讨厌的信号。

1. 表示消极意思的姿势

在国际商务谈判中,常见的表示消极意思的姿势有以下几种情况:

当谈判人员跷二郎腿时,一般反映当事人消极、不注意礼节的谈判态度;在跷二郎腿的基础之上,将上压腿上移,使小腿下半截放在另一条腿的膝部,这种坐姿暗示当事人一种竞争和抗辩的态度;如果双手交叉扳住上面的腿,则表示这个人有些固执己见,要想和他谈判,必须先尝试改变他的态度。

当谈判身体各部分肌肉绷得紧紧的时候,会显出行动僵硬的姿态,这可能是由于谈判人员内心紧张或者比较拘谨。若低下头,盯着地板或者其他地方看,则表示当事人对正在讨论的话题并不十分感兴趣。

当参与谈判的人员双手撑在桌上,身体前倾,往往表达不满或愤怒。双臂紧紧交叉于胸前,暗示一种防御和敌意的态度,谈判人员可能不感兴趣、不确定或者很郁闷,承受了压力,此时他们很想逃离现场,终止谈判。

图 9-4　G7 峰会特朗普"被围攻"

当谈判者十指端相触,撑成塔的形状,并伴有身体向后仰的姿势,通常可表现出讲话者高傲与独断的心理状态,起到震慑听者的作用。这种动作在西方常见,特别是在主持会议、领导者讲话、教师授课等情形中。而十指交叉,放在眼前、桌上或者腿上,便是有些压抑和沮丧的意思。对于其他一些表示消极含义的姿势,需要谈判者根据实际情境进行理解。

2. 表示积极意思的姿势

双腿合拢,上身稍向前倾,表示对对方的尊重和重视。如果谈判者端坐在座位上,将头倾向说话者,那就表明他对谈论的话题很感兴趣。稍向前倾的开放姿势代表当事人有所"响应",他会显示出舒服和从容的神态。

有时谈判者向后仰,靠向椅背,也表达放松、轻松之意。一只手支撑脑袋,代表当事人在认真倾听,处于思考中,可能会作出重大决策。一旦明白或者同意你的话,就会点点头,也有可能向你移动,更加接近你一些。

图 9-5 部分表示积极意思的姿势

一个人行态端庄,对人彬彬有礼,反映出他的好修养,一般会受谈判对方的喜爱。当然,以上描述的这些姿势也因文化的不同而有所不同。例如,在美国,人们为了舒服,可能会把腿跷起来,呈二郎腿状,可是在中国、泰国、中东一些国家,这个动作却被看作对对方的蔑视,在谈判中使用这个姿势有可能影响谈判的顺利进行。所以我们在运用这些非语言手段进行交际的时候还要根据文化的不同,具体问题具体分析,充分意识到文化差异带来的影响。

阅读材料 9-8

奥巴马跷"二郎腿"引批评

2014 年 3 月 3 日,美国总统奥巴马在白宫椭圆形办公室,会见到访的以色列总理内塔尼亚胡,双方就伊朗核问题以及巴以和平进行会谈。

众所周知,奥巴马做事向来"不拘小节",在很多严肃场合他会习惯性地跷起二郎腿,甚在与阁僚讨论重大事项时也喜欢躺坐在椅子上,将双脚搭在办公桌上。

图 9-6 工作中的奥巴马

2009 年 6 月,奥巴马脚踩桌子与内塔尼亚胡通电话的一张工作照片曾在以色列引起不小风波。照片中的奥巴马一边给内塔尼亚胡打电话,一边将双脚放在办公桌上。

以色列一些电视台新闻主播将这一举动解读为对以色列的"侮辱",认为这种做法与去年伊拉克记者扔鞋袭击布什的性质相似。还有媒体则评论说,这说明内塔尼亚胡未能赢得奥巴马的信任。而在3月3日的会见中,奥巴马又跷起了二郎腿。

图9-7　奥巴马在白宫会见以色列总理内塔尼亚胡

奥巴马这张会见内塔尼亚胡的照片在全球引起很大反响,不仅以色列人民认为奥巴马跷着二郎腿会见一国总理非常无礼甚至侮辱,连美国的民众也表示这样很不礼貌。通过政治因素来看,此张照片拍摄时奥巴马应该对伊朗核问题以及巴以纷争非常不满。

【分析】在很多国家,正式场合跷二郎腿都是一种不礼貌的行为。不合适的姿势不仅会传递轻视、不满等情感,还会造成对谈判观点的误读。在商务谈判中,正确的坐姿是挺胸拔腰,双腿并拢,侧身面对对方同时,膝盖的方向也朝向对方。

四、手势

手势是人们在国际商务谈判中比较常用的非语言方式,指通过手的动作表达信息、传递感情的非语言符号。谈判人员在必要的时候配上适当的手势,就能够引起他人的注意。在使用手势的时候,首先要注意同一个手势在不同国家或者场合代表的意思并不相同。

图9-8　常见手势

拇指和食指成一个圈,其余三指伸直或略曲,在英美国家通常表示赞同;在法国表示没有;在泰国表示没问题或者随便;在日本、缅甸和韩国表示金钱;而在突尼斯则表示傻瓜;在巴西表示侮辱男人,引诱女人。

竖大拇指在中国被认为表示赞赏、夸奖,暗示某人真行。在美国、英国、澳大利亚等国,这种手势表示OK或者搭便车。在希腊,这种手势意味着"够了""滚开",是侮辱人的信号。在德国,表示"1";在日本,表示"5"。拇指下指在法国、墨西哥等国家经常被使用,意为"运气坏透了""真没用"等;在菲律宾、泰国、缅甸以及印尼等国家,则表示失败的意思。

"V"手势通常表示胜利,暗示对工作或某项活动充满信心。这种手势要求手掌向外。若是手掌向内,就变成侮辱人的信号了。在欧洲大多数国家,做手背朝外、手心朝内的"V"形手势是表示让人"走开",在英国则指伤风败俗的事。在中国,"V"形手势表示数目"2""第二"或"剪刀"。在非洲国家,"V"形手势一般表示两件事或两个东西。

食指弯曲:这一手势在中国表示"9";在日本表示小偷,特别是那些专门在商店里偷窃的人及其偷窃行为;在泰国、新加坡表示死亡;在墨西哥则表示钱或询问价格及数量的多少。

阅读材料9—9

手势失误致谈判失败

一位英国商人与伊朗一家公司进行业务谈判,经过几个月的唇枪舌剑后最终签订了正式合同。签完合同后,英国人愉快地向对方做了一个大拇指朝上的动作,这个动作立即引起了在场人员的一阵骚动,对方总裁也因此拂袖而去。最终,眼看将要成功的谈判被迫终止。这场谈判失败的原因就在于英国商人对伊朗国家习惯不熟悉,大拇指朝上在英国表示好和不错的意思,但是在伊朗文化中却表示不满意,甚至是卑鄙下流的意思。虽然伊方最后原谅了英方的无意冒犯,但是彼此之间的良好关系也在一定程度上受到了影响。

【分析】在不同的文化背景下,同一个手势可能代表不同的含义。在国际商务谈判过程中,要能够正确运用手势语,以免造成不必要的麻烦。

下面介绍一些在全球比较通用的手势符号。

1.握手

握手传递积极、热情的含义,是全世界最为普及的手势,通常用于会见或告别时,两人右手相握并上下轻轻摇动,以表示友谊、热情、良好祝愿,或仅系一种礼节。

在使用握手的手势时,要注意具体的使用方法。见面时,双方伸出右手,彼此握住对方的手,如果要表示对对方的尊敬和热情,还可以用双手握住对方的手。摇动的频率要视对象而定:在西方,通常只摇三次;在中国,关系亲密则握手时间稍长,但在西方,长时间握手是不礼貌的行为。此外,异性首次见面,一般女士先伸右手后,男士再轻握住女士的手,以示对女士的尊敬。

图 9-9 握手

阅读材料 9－10

"握手"的起源

握手最早发生在人类"刀耕火种"的年代。那时,人们经常外出狩猎,手上就会拿着石块或棍棒等武器。当他们遇见陌生人时,如果大家都无恶意,就要放下手中的东西,并伸开手掌,让对方抚摸手掌心,表示手中没有藏武器。这种习惯逐渐演变成今天的"握手"礼节。

也有一种很普遍的说法是中世纪战争期间,骑士们都穿盔甲,除两只眼睛外,全身都包裹在铁甲里,随时准备冲向敌人。如果要向对方表示友好,互相走近时就需要脱去右手的甲胄,伸出右手,表示没有武器,互相握手言好。后来,这种友好的表示方式流传到民间,就成了握手礼。当今行握手礼也不建议戴手套,互不相识的人初识、再见时,要先脱去手套,才能施握手礼,以示对对方尊重。

【分析】在相见、离别、恭贺或致谢时握手是一种表示情谊、致意的礼节,双方往往先打招呼,后握手致意。谈判人员要正确运用这一手势,加深双方的理解、信任。

2. 鼓掌

鼓掌是表示高兴的肌体语言,是内心激动、情绪兴奋的外部表现。世界大多数国家和地区都会使用这个动作,认可它的作用。初次见面的鼓掌表示欢迎,演讲中间的鼓掌表示赞赏或者鼓励,离别时的鼓掌则表示祝贺或感谢。

鼓掌的标准礼仪为:面带微笑,抬起两臂,抬起左手手掌到胸部,以右手除拇指外的其他四指轻拍左手中部。节奏平稳,频率一致。掌声的时间越长,就表示越热情越欢迎。

阅读材料 9－11

"鼓掌"的起源

元朝时期,西方一名叫马可·波罗的传教士,带着对文明古国的仰慕,带着向中国人民学习的心情来到了中国。当他见到创造辉煌文明的中国人民时,即以西方的传统礼仪拥抱、接吻来表达他对中国人民的崇敬。当时中国时兴磕头、作揖,不知谁急中生智两手掌互击对马可·波罗的放肆表示愤慨。马可·波罗也入乡随俗跟着鼓掌起来了,戏剧性的是双方都误解成了和解,化误解为友谊。有这良好的开端,马可·波罗谱写了他在中国的十五年辉煌历程,为中国和西方的交流作出了贡献。后来马可·波罗将鼓掌当作中国的"特产"带回西方。因此鼓掌这一方式在中西方都传开了,至今成为一固定礼节。

【分析】鼓掌表达意念、力量、喝彩、鼓舞、奋起,谈判人员通过鼓掌能实现感情上的沟通,加强交流。

3. 嘘声

食指贴着嘴唇,有时还伴随着"嘘"的声音,这个手势一般表示安静,要求对方不要发出声音或尽量降低音量。此动作起源于英国等欧洲国家,出自英语"hush"一词,在全球范围使用比较普遍,歧义较少。

4. 挥手

挥手,指挥动手臂表示发出信号、问候或致敬,是人们日常生活常用的手势之一,此动作也是全世界通用的。但手势的高度和挥动的频率不同,传达的信息也不同。当手臂高度低于肩,左右摆动,同时伴随相应的面部表情或眼神接触等微表情时,表示委婉地劝阻对方停止做某事或者说某话。当手的高度高于肩,并不停地左右挥动时,则表示向对方致意,或者向对方表示告别。挥动的幅度越大、频率越高,就表示情绪越激烈。

图 9-10　挥手

五、表情

在众多的行为语言中,大家理解比较一致并且较容易识别的就是面部表情,通过这种无声的语言,可以避免在语言上的一些冲突。许多有经验的谈判者将面部表情和语言行为结合,去理解谈判对手的真实意图。

眉毛是仪表的重要组成部分,还表现主人的心情。例如,当人们处于惊喜状态时,眉毛会向上耸,即喜上眉梢、眉飞色舞、眉开眼笑。紧皱眉头,表示人们处于困窘、不愉快、不赞同的状态。眉角下拉或倒竖表示愤怒,即横眉冷对、剑眉倒竖。眉毛向上挑起,则表示询问或疑问。鼻子在沟通中较少使用,一般表达消极情感。例如不满时鼻子会发出哼哼的声音,愤怒时鼻孔会张大、鼻息煽动,紧张时鼻子会发红流汗,说谎时会不自觉地抚摸鼻子。嘴角愉悦的心情可以用上扬来表达。相反,当人们沮丧、绝望、愤怒或紧张时,嘴角下垂表现不高兴的表情。撇嘴还可以表达不屑、轻视等意。

国外心理学研究表明,人们对各种表情代表的情感和情绪上理解基本一致,而且对愉快情感的表情流露领会最快最好,在这些情况中,微笑是最能得到对方认同、喜爱的表情之一。

阅读材料 9—12

微笑的魅力①

飞机起飞前,一位乘客请空姐给他倒一杯水吃药,空姐很有礼貌地说:"先生,为了您的安全,请稍等片刻,等飞机进入平衡飞行状态后,我会立刻把水给您送过来,好吗?"十五分钟后,飞机早已进入平衡飞行状态。突然,乘客服务铃急促地响了起来,空姐猛然意识到:糟了,由于太忙,她忘记给那位乘客倒水了。看见按响服务铃的果然是刚才那位乘客,她小心翼翼地把水送到那位乘客眼前,微笑着说:"先生,实在对不起,由于我的疏忽,延误了您吃药的时间,我感到非常抱歉。"这位乘客抬起左手,指着手表说道:"怎么回事,有你这样服务的吗?都过了多久了?"

接下来的飞行途中,为了弥补自己的过失,每次去客舱给乘客服务时,空姐都会特意走到那位乘客面前,面带微笑地询问他是否需要水,或者别的什么帮助。

最后乘客都下飞机后,她打开留言本,惊奇地看到信中这样一段话:"在整个过程中,你表现出的真诚歉意,特别是你的12次微笑,深深地打动了我,使我最终决定将投诉信写成表扬信!你的服务质量很高,下次如果有机会,我还将乘坐你们的这趟航班。"

【分析】保持微笑,表现真诚友善和平和的心境,有利于良好的人际交往。真正的微笑应发自内心,渗透着自己的情感,才有感染力,才能被视作"参与社交的通行证"。

阅读材料 9—13

北京奥运会笑脸墙②

2008年8月8日,北京奥运会在一场震撼世界的盛大开幕式中拉开序幕。在历届奥运会中,开幕式都是人们关注的一大焦点,也是一个、国家向世界展现自我的一次绝佳机会。

就北京奥运会而言,作为主办国的中国在全球化的语境下有着相对特殊的历史文化语境以及现实语境,使得本届奥运会在跨文化背景下承载了非同寻常的意义和功能,并集中体现在开幕式当中。

---

① 资料来源:百度文库.
② 资料来源:邓斐文.解析北京奥运会开幕式表演上的"笑脸"[J].大众商务,2009(4):278~280.

第九章 国际商务谈判中非语言沟通技巧与礼仪

在整个开幕式表演中,"笑脸"是主创者运用得最为频繁的一个典型元素。粗略统计,整个表演中,"笑脸"的典型场景共出现7次,分别出现在以下场景:开幕式表演第一章"击击而歌"结束后,全体表演者开心地笑;第五章"文字"表演结束后,表演者翻开活字模露出笑脸;第六章"戏曲"表演结束后;提线木偶下的表演者集体开怀大笑;第九章"星光"表演过程中,小朋友们画完画以后展露欢笑,以及小朋友们将"太阳公公"画成"笑脸";第十一章"梦想"表演过程中,展示了从全球搜集来的2008张不同肤色、年龄、国家的小朋友的笑脸,同时,夜空中出现2008张焰火笑脸。

"笑脸"这一元素的广泛使用,尤其是最后一章中2008张各国儿童灿烂笑脸的集中展示,形成了一幅幅流动的"众乐图",在鸟巢的广场上不断呈现。中国的开幕式表演不再是以往那种板着脸的、政治任务式的硬面孔,而是热情生动的"笑脸"。"笑脸"触动了各国观众相通的人性,拉近了与观众之间的距离。这一符号每露脸一次,开幕式表演的宏观意义便强化一次。这个被不断强化的意义就是:面对外部世界,中国是友好、开放、健康、向上的。因此,我们可以说,主创人员对于"笑脸"这一"世界语"的运用,是成功的。

【分析】作为"跨界仪式"的"笑脸",在跨文化传播中起着重要的作用。中国的对外交流活动中,"笑脸"必将会有更为广泛的应用。

另外需要注意的是,不同文化蕴含了不同的面部表情传达方式,例如汉民族在贵客到来时,通常会笑脸相迎,而美国的印第安部族通过大哭来迎接客人的到来,这在很多国家和地区是难以接受的。再比如,在某些文化中,咂嘴唇是认可的表示;在中国文化中,表示有滋有味;在英国文化中,表示没有滋味;在许多地中海国家,则是过分夸大痛苦和悲哀的标志。此外,东方人比较含蓄,感情不外露,习惯用不动声色的面部来遮掩感情,而西方人比较豪爽直白,喜怒哀乐都直接表现在脸上。

此外,在国际商务谈判中,来自不同国家的谈判人员对微笑内涵认识差异很大。美国人认为微笑是一种非常热情的表现,说明谈判对方对己方十分欢迎和重视,有利于营造良好的谈判氛围,所以美国人喜欢笑逐颜开;而法国人对微笑却比较谨慎,他们只有在理由充分情况才笑,也就是说很少能在谈判桌上遇到法国人的会心一笑;同样,做事十分谨慎的日本人在谈判过程中基本上不笑,只有在最后签约时才面露微笑,因为对一个日本人来说,在谈判桌上随意微笑是不严肃的表现,甚至带有恶意。

阅读材料 9—14

误读"微笑"导致谈判失败[①]

有一次,时任日本首相的大平正芳访问美国,当时迎接他的是美国前总统卡特。在欢迎这位日本首相的鸡尾酒会上,卡特端着酒杯走到他面前说:"喂,我们所要求更改的那几个条件,你答应算了,这样我们就有时间到海边度假了。"这时,大平正芳的翻译恰好不在身边,导致大平正芳听不懂卡特说了些什么,急得不得了,为了镇静自己,他只得

---

① 资料来源:刘向丽.国际商务谈判[M].北京:机械工业出版社,2005.

一边点头,一边"微笑"。

卡特在一旁看到他微笑,高兴不已,于是就跟自己的随员说:"看来,他同意了我们所提出的条件,我跟他谈条件时,他一直在微笑,似乎默认了我们的要求。"

鸡尾酒会开完会后,美国代表团连夜就把美国议案里所提出的一些勉强要求改为得寸进尺的要求。第二天,美国、日本两国代表团继续开会,随团翻译也随坐在一旁,开会时,美方把其提出的贪婪的要求重复了一遍,大平正芳通过翻译听到这一些要求后时,非常生气,于是就气愤地说:"卡特总统简直背信弃义,以前说的东西,怎么一下子全给推翻了?"接着,他继续说:"我们马上结束会议,退出会场!"于是,这次美日贸易谈判破裂了。

后来美国国会要求国务院就这次失败的谈判做报告,说明失败的原因。结果,国务院人员经过研究后发现,美日贸易谈判破裂的主要原因竟然是日本首相的那个神秘微笑,恰巧美国人误解了这个微笑。

正如报告所说,这个国际商务谈判的关键就在于那个微笑,日本首相只是因为翻译不在身边,暂时以微笑应付美国总统,而美方认为这是日方同意其提出的条件,最终导致双方谈判破裂。

【分析】人类的面部表情不仅丰富,而且十分复杂,有时一个微小的表情可能预示着将要发生的事情,这就要求我们参与国际商务谈判的人员能够通过实际观察和音像资料学习,准确把握各个国家关于面部表情的习惯,保证谈判的顺利进行是一个有效保证。

第三节　空间语言

国际商务谈判是一种在多文化环境中进行的商务洽谈活动。空间语言是非言语沟通的重要组成部分,在国际商务谈判中是不可或缺的,它同时也体现出交际双方不同的文化特征。

空间语言,也被称作体距语,由美国人类学家和语言学家霍尔于1963年首次提出。他认为空间和距离也能传达信息,是一种无声的语言,具体来说,空间语言是指在国际商务谈判中,谈判双方通过改变他们之间的距离大小,进而影响谈判进程和结果的一种非语言沟通方式。领域的必要性存在于所有的动物和人类的心里,并且经常会无意识地表现出来,而人类对自己势力范围的把握,通常表现在互相之间的空间距离,也就是势力圈上。

一、空间位置

空间位置在沟通中所表示的主要信息是身份。开会时,坐在显眼位置的人,表明他希望向别人显示自己的存在和重要性。在商务谈判中,位次的安排非常重要。中国一般讲究"以左为尊",最重要的人坐在中间位置,其他人员按照职务、辈分、重要性依次在东道主左右两侧落座。对着门的位置为上座,背向门的位置为下座。而国际上讲究"以右为尊",以东道主为中心,右侧的第一个位置是最重要的,其次是左侧第一个位置,其他以此类推。由此可见,位置在双方沟通过程中起到的重要影响。

阅读材料 9—15

"鸿门宴"中的位次

鸿门宴是中国古代历史上最著名的宴请事件。这场宴会举行于公元前206年,发生在秦朝都城咸阳郊外的鸿门(今陕西省西安市临潼区新丰镇鸿门堡村)。这次宴会对秦末农民战争及楚汉战争皆有着重要影响,被认为是间接促成项羽败亡以及刘邦成功建立汉朝的事件。后人也常用"鸿门宴"一词比喻不怀好意的宴会。

图 9-11 "鸿门宴"位次图

汉代大史学家、文学家司马迁在《史记》中描述了这场宴会上的座次:"项王、项伯东向坐;亚父南向坐——亚父者,范增也;沛公北向坐;张良西向侍。"就是说,项羽和项伯面向东坐,范增面向南坐,刘邦面向北坐,张良面向西侍奉、陪席。这一描述看似寻常之笔,实则大有深意,它对表现人物的性格特征具有重要作用。

中国古代室内宴会座位以东向为尊,次为南向,再次为北向,西向为侍坐,东家、西宾由此而来。鸿门宴是在军帐中进行的两个军事首领之间的"会晤","项王、项伯"东向的位置是最上位,当时项羽虽未自封为王,但在军中威望甚高且总以诸侯总盟主自诩,所以东向的位置既符合项羽的性格,又符合其意识中由尊到卑的顺序。刘邦面对"气拔山兮力盖世"的项王和他身后的四十万大军,低声下气坐下位,表达作为下属的恭敬与随顺,这是奉迎之态,也是韬光养晦的外交手腕。

刘邦的低调行事、安心臣服使他在危机四伏的鸿门宴上躲过杀身之祸,最终打败了项羽,建立了汉朝。

【分析】座位安排在商务沟通中就是身份的象征,通过恰当妥善的位次安排,来宾能感受到被认可、被尊重,还能起到东道主细致的工作作风和态度。但需要注意的是,中国一般讲究"以左为尊",而国际惯例则是"以右为尊",在涉外场合应当遵循国际惯例。

二、距离

根据霍尔的研究,人际沟通一般存在4个层次的距离:亲密距离、私人距离、社交距离和公众距离。

1. 亲密距离

亲密距离一般在0~45厘米之间,其中0~15厘米为最近的状态,常用于表达爱情、亲情和亲密的友情。双方谈判人员可以相互接触到肌肤,嗅到彼此的体味,例如彼此拥抱等,若双方关系没有到达亲密友谊关系,而用不自然或者强行的方式进入对方的亲密距离时,常被认为是对对方的侵犯。15~45厘米的范围属于比较远状态的亲密距离,在这种状态下,双方可以握手、促膝倾谈等,同样,没有亲密关系的两者也不会接受这种远状态。我们要注意,在此距离范围内,谈判双方说话的声调可以低而温柔,能够有效改善两者之间的关系。

不同国家由于文化的差异,对亲密距离的看法不同。例如在西方文化中,女人之间和有亲密关系的男女之间处于0~15厘米的亲密距离是可以接受的,但是男人之间或者没有亲密关系的男女之间处于这种距离则是比较尴尬的。而在阿拉伯文化中,男人们在大街上相互搂着肩膀走路则是正常现象。所以在国际商务谈判中,我们要特别注意这种亲密距离的势力范围,以免因为不当行为造成无意侵犯他人的行为,让谈判活动陷入僵局。

阅读材料 9—16

无声的语言(一)[①]

日本人初次见面问候只是互相鞠躬,避免有身体上的接触。日本人的对人关系是以稍远的距离对对方小声地说话作为尊重别人的表现。但是在中国,对于初次见面的人,却是以一定的身体接触和近距离对视作为好意和信赖的表示。在问候上,中国人大都握手问好,甚至拥抱,两人距离越近表示关系越亲密。日本崇尚"低接触文化",日本人对身体接触十分敏感,竭力避免与别人产生身体接触。一旦不慎碰到别人的身体或物品,都会立即道歉。排队时不像中国人一样挤在一起,而是相互隔开一段距离。在中国,同样是排队,中国人就不太介意人与人之间的距离,甚至挤在了一起也不在乎。在公园里,互不认识的中国人会凑在一起看别人下棋,但是日本人却尽量避免这样的行为。也说明日本人在意人与人的距离,特别是初次见面时,很讲究和对方的体距,这说明中国人的近体距离比日本人的要大,对身体的敏感度也低。日本人的社交距离比中国的要远,在亲近的程度中保持一种礼节,在交际时注意到这点尤为重要,以避免误会。

【分析】空间距离的使用方法和交际特征是由文化来决定的,使用方法和交际特征

[①] 资料来源:李佩锜.中日空间语言差异[J].科教文汇,2010(23):153~154.

的不同也反映了价值观的不同。身体接触行为是最有力和最亲密的交流形式之一,可以跨越语言和文化的界限传递喜欢或憎恶的信息,但人们在使用时一定要注意文化差异。

2. 私人距离

私人距离一般是指45～120厘米的范围,其中在45～75厘米的距离内,会有少量的身体接触,比较适合于熟人、普通朋友之间交流。而在75～120厘米的距离内,双方可以触碰到手指、手腕,这也是个人身体可以支配的势力范围。

同样,对于私人距离,各种文化有不同解读,如在欧洲,越是往北,谈话者之间的距离越远,而越是往南,谈话者之间距离越近,所以北欧人谈话一般在1.2米的距离左右,而南欧人们谈话几乎是靠在一起,间隔30～40厘米。在美国,美国人非常强调个人空间,双方谈话距离最好在一米左右。所以在国际商务谈判中,要根据不同国家的风俗习惯,应该及时调整说话距离,特别是当讨论到比较激烈的话题或者看到合作的希望时,人的身体会不自主地向前倾,会给人以压迫的感觉,我们要特别注意调整此时谈判双方的距离。

阅读材料9—17

无声的语言(二)[①]

美国人的空间观念很强,他们习惯保留一个很大的身体缓冲带,即使同很亲密的人谈话,也想站得远于90厘米。在美国打电话,常常没有人接听,除非是事先约好了的急事,或谈买卖的事。没什么事打电话,会被认为是粗鲁、没有教养的行为。如果想同别人联络,又不想亲自去,最好是写信或发电报,而不要打电话。在美国,只要有条件,每个办公室工作人员都尽量拥有自己的办公室。如不可能,也是想办法将一间屋子用活动板隔开,至少也将办公桌分开。他们不能理解中国人为什么可以容忍两个办公桌相对而立。对他们来说,办公桌是每个人神圣不可侵犯的领地,任何人不得随便翻动抽屉和桌子上的东西,更不能未经许可便触摸或拿走办公室人员桌子上的东西。

【分析】当谈判人员能够正确理解对方的距离语言时,就意味着双方有个良好的开始。在国际商务谈判过程中,要根据对方对距离的表现,去了解对方的谈判态度。

3. 社交距离

社交距离一般在1.2～3.6米之间,主要用于一般的社交活动,其中1.2～2米的范围主要适用于公共场所的一般性谈话,通常我们所涉及的国际商务谈判就在这个距离区域内。在现实生活中的许多行为如单位接待来访客人或者进行一对一深入的谈话时,大多也采用这个距离范围。而2～3.6米的范围则更多用于正式的会晤、商务谈判或其他公事上,例如国家领导人接见外宾或者某公司总经理向下属交代任务等,双方都会由于身份的限制而保持一定的距离,这种距离通常更有利于保护个人隐私,减少压迫感。在国际商务谈判中,特别是首次接触时,多保持这种距离。

---

① 资料来源:马玉梅.论空间语言在跨文化交际中的作用[J].殷都学刊,2009(2):125～127.

图 9-12　社交距离

4. 公众距离

公众距离指超过 3.6 米以上的范围，其中 3.6～8 米是产生势力圈已是最大的距离，实际生活中，我们经常遇到的演讲和授课等活动，主讲人与听众之间的距离就属于此范围，所以在这些活动中会加以多媒体及非语言沟通的方式拉近彼此的距离。8 米以上的距离常见于政治演讲及戏剧表演等活动，强调安全性和观赏性，在国际商务谈判中不常见。

三、朝向

双方交流的位置朝向也透露一定的信息，国际商务谈判中常见的沟通朝向有以下几种：

1. 面对面

这种朝向是商务沟通中最常见的朝向，表达了希望充分沟通的愿望，也表达了沟通双方或亲密或严肃或敌对的关系。人们在协商问题、讨论合作或者争吵时经常使用这种朝向。

2. 背对背

背对背的朝向可能意味着生气、不高兴、拒绝交流，也可能是非常亲密的人背靠背聊天。

3. 肩并肩

肩并肩的朝向常用于比较亲密的交流，常见于非正式沟通场合。

4. V 形

双方在面对可能会引发冲突的问题时，采取 V 形这种朝向，可以淡化敌对的情绪，缓和气氛。上级对下级进行绩效辅导时经常采用这种朝向。

第九章　国际商务谈判中非语言沟通技巧与礼仪

图 9-13　V 形谈判

5. U 形

U 形朝向是指将谈判桌摆设成一面开口的 U 字形状,椅子放置在 U 字形办公桌周围。这种形式的朝向一般适合小型的、讨论型的会议。

图 9-14　U 型谈判

第四节　形象语言

俗话说"人靠衣装马靠鞍",人的外在形象也在传递某些信息。在不同的场合,人们的穿着打扮也不同,以此表达不同的思想和心理要求。谈判桌上,衣着形象可以说是谈判者"自我形象"的延伸扩展。同样一个人,穿着打扮不同,给人留下的印象也完全不同,对交往对象也会产生不同的影响。

仪表端正在一定意义上体现了一个人的素养、精神风貌、品味格调,同时也是对他人和周围环境的尊重。因此,人的仪表形象是人事业成功的形象工程。

一、发型

人们对头发的第一印象,首先在于是否干净、整洁、美观。如果一个人头发油腻、枯黄、乱糟糟的,就会给人一种邋遢、不修边幅的感觉,很难让人相信他能把工作做好。

在选择发型时,要考虑与个人形象或者别人对你的期望形象是否一致。一般而言,女性长发显露妩媚和温柔,短发则表示干练、硬朗。对于男性来说,平头显得清爽,而长发往往代表"艺术家",可能会表达一种特立独行的含义。在商务谈判中,发型总体上要"干净、整洁、健康、有型"。

二、妆容

化妆在人际交往中具有重要作用。俗话说"三分长相七分打扮",化妆能够修饰人的外貌,使人容光焕发、充满活力。现代职业女性在正式场合宜化淡妆,以体现女性的健康、自信之美。男士应该把胡子理干净,保持面部整洁。

有时,商务人士还会搭配一些香水,形成独有的味道,营造出优雅、时尚的个人形象。一般来说,在正式场合,不宜喷味道浓烈的香水。

三、衣着

在商务场合中,衣着象征身份地位或表明职业。许多公司对雇员的服装都有严格要求,例如IBM公司曾规定,公司代表和经理必须穿白衬衫、黑色套装和硬领子。目前虽已不再坚持必须穿硬领,但白色衬衫和黑色套装仍是IBM公司的形象标志。在西方国家,政府工作人员、律师、银行和大公司职员一般衣着比较正式。因为正式服装对于一般人有说服作用。总体而言,英语国家的人对着装比中国人更为讲究。

阅读材料 9—18

服饰的含义

人的服饰同人的行为举止一样,有着丰富的信息传播功能,服饰打扮体现了人们的审美情趣和精神面貌,同时也表现了人们的个性特征和文化水准。例如一个女人打扮得花里胡哨,无疑会给人一种俗气的感觉,而男人不修边幅,同样不会给人好印象。

在英国和香港的法庭上,法官和律师通常身穿黑色长袍,头戴假发,这种着装打扮不仅具有有装饰功能,更是法律权威和社会地位的标志。这种独特的服饰也提醒法律从业者,他们从事于一个德高望重、自我规范的专业,要求律师在诉讼中必须保持客观公正。因此这种服饰语言已经成为英国、香港地区法治精神的重要标志。

【分析】衣着反映了一个人的文化素养和审美水平,直接影响别人对你的看法与接受程度。参与谈判的人员如果着装不得体,就常常会被商务伙伴误认为是对谈判的业务不感兴趣,或者误解为对对方的不尊重。因此,谈判人员一定要注意合理搭配服饰。

四、配饰

随着时尚潮流的不断发展,人们在穿正装的同时也会搭配一些小饰物彰显格调,例如眼镜、手表、胸针、袖口、发卡等。眼镜可以作为一种道具,即使不近视,戴着它也会传达你的职业形象或者知性之美。戴手表暗示着你是一个自律守时的人,钢笔、袖口等也是品味的极好载体。

女士在佩戴发卡、首饰、丝巾等饰物时,需要注意款式应简洁大方,不要太花哨,而且数量不宜过多。

第五节　环境语言

国际商务谈判是一项复杂的活动,受到很多因素的影响,而任何谈判都要在一定的环境中进行。在经过充分收集国际商务谈判涉及的信息,并对其评估和分析后,才能对环境语言有准确的认识,进而促进双方作出正确的谈判决策。

具体来说,国际商务谈判受到国际和国内多方面的环境影响,包括宏观环境和微观环境,其中宏观环境主要涉及政治、经济、文化和法律等方面的环境,而微观环境主要指国际商务谈判实际发生时所处的环境,包括谈判地点、房间布置、屋内道具等内容。而此处我们所要阐述的环境语言就是指与微观环境相关的内容,它能够向他人传递出许多非语言信息。选择和利用正确的沟通环境能够营造和谐的沟通气氛,提升沟通者彼此的心情和沟通效果。

一、谈判场所

1. 会议室

一般来说,国际商务谈判的地点应该设在宽敞明亮、周边嘈杂声较小、交通便利的地方,其中谈判一方的公司会议室比较常见。

2. 休息室

会议室周围一般会设有若干休息室,供谈判双方代表休息时使用。通常,在休息时,各方处在不同的房间,一方面可以方便各方谈判人员交流心得和策略,为接下来的谈判做准备,另一方面可以让各方谈判人员放松身心,养精蓄锐,准备迎接挑战。

二、谈判场所的布置

在选定谈判场所之后,本着合作态度的主场谈判人员要对其室内进行精心布置,因为室内桌椅摆放、座次安排、光线强弱及温度适宜与否都可能影响到谈判的顺利进行。例如,所在的座椅不舒适、谈判房间温度过高或者过低、不时有外人打扰等对谈判不利的环境都会引起谈判者心力交瘁,从而影响了谈判进程。

1. 光线

从光线角度来说,可以使用自然光源,即阳光,并配备窗帘,防止强光刺目,造成谈判人员眼部不适;也可以使用人造光源,此时要合理配置灯具,避免使用过多过于炫目的灯具,光线尽量柔和一些。

2. 声响

一般来说室内要保持安静,以便谈判双方能够听清对方所谈,所以谈判的房间不应该设在临马路的地方或者施工现场附近。此外,房间的隔音效果要好,如安装双层玻璃的窗户,周围尽量减少电话铃声和脚步声等人为声音的干扰,以减少谈判人员分心。

3. 温度

国际商务谈判场所的室内温度尽量保持在20摄氏度左右,相对湿度在40%~60%之间比较合适,这就要求室内最好有空调和加湿器,以保证空气清新和流通,为谈判人员提供舒适的环境。

4. 色彩

在谈判房间内,办公桌、门窗和墙壁的色彩应该尽量和谐一致,避免使用过于鲜艳或者冷淡的颜色。物品以使用为主,不应有过于出挑的颜色,否则会有喧宾夺主的效果。

5. 装饰

谈判的场所应该尽量保持庄重、大方、整洁,多使用宽大整洁的桌子、简单舒适的沙发或座椅,墙壁上可以挂几幅风格协调的书画,桌子上也可以摆放适量工艺品或者花卉等,提高整体空间的品位,但是切记不应过多,以免让谈判者分心。

三、谈判场合

谈判的场合会向谈判人员传递一种无形的信息。谈判人员要正确评估这是一种什么样的场合,再选择正确的沟通内容,是取得良好沟通效果的重要保证。在国际商务谈判过程中,主方通常会提供午餐或者晚餐,这时进餐的场所就属于有众多熟人的公开场合,一般不能耳语,因为此动作比较吸引人注意,有时还会引起猜疑和误解,尤其在上下级和异性之间。再比如,当有女士在场时,要特别注意不能有谈吐不雅的用语,容易引起他人反感。

第六节 时间暗示和音质暗示

一、时间暗示

时间的安排与暗示在商务沟通中也起着传递信息的作用。

通过观察人们对时间的把握,可以看出职位的高低以及对某件事情的看法。例如,一般来说,职位低的人会先到,以便恭候对方。会议参加者通常会提前到场,会议主持人或主席则准时到会,从中可以看出不同职位者在时间把握上的差异。而是否坚持准时赴约,可以反映出人们对此次会谈的重视程度。

一般来说,无论是组织还是个人,都对迟到或者等待有一定的容忍限度。然而,守时是当代人的基本素质,也是最基础的商务礼仪。如果没有准时赴约,可能会降低自己的信誉度,给人留下不好的印象。需要注意的是,不同国家和地区对守时的概念也不一样。比如美国和加拿大人认为提前15分钟才是守时;在德国、瑞典等北欧国家,则应按通知的时间准点比较好。

阅读材料 9—19

滴滴司机爽约致考生错过考试

2018年12月23日,成都理工大学的学生杨某准备参加研究生招生考试的最后一场考试,这已经是她第二次考研。这次考点在攀枝花学院,因所住酒店离考点较远,杨某提前预约了车,定在13点10分出发。

14点为考试开始时间,根据之前考试的乘车经验,酒店到攀枝花学院就20分钟车程。但约定时间过了,司机一直未到达,13点28分她打电话告知司机自己需要赶往考场,时间紧迫,司机称一会就到。13点31分,滴滴司机打电话告诉她,来不了,请杨某取消订单。

因司机爽约,杨某只好重新叫车,尽管她以最快的速度赶往考场,但抵达考场时已经是14点18分,按规定无法进入考场。

事后,经过协商,滴滴公司赔偿了杨某180元的考试报名费,以及30元打车代金券。杨某则打算继续备考,参加来年的考试。

【分析】在本材料中,杨某错过考研最后一场考试,固然有滴滴司机爽约的原因,自身也有很大一部分责任,出行时间没有充分预留,没有考虑各种突发情况。对于杨某来说,即使索取了报名费,也弥补不了损失。在商务谈判中,守时是最基本的商务礼仪。对重要的商务活动,应当稳妥处理,为突发情况留够充足空间。

二、音质暗示

副语言中所包含的音质在实际沟通中占有很重要的位置,具有表达情感、加深印象、调节气氛的作用。音质暗示主要包括语速、语调、音量和重音。

1. 语速

语速即说话的快慢。说话的节奏对意思的表达有较大影响,说话太快,一下子讲很多而不停顿,对方往往难以抓住重点,有时还会让对方认为你在敷衍了事。说话太慢,吞吞吐吐,欲言又止,易被人认为不可信任,或过于紧张。因此,陈述意见时尽量保持平稳中速,有需要时可适当改变一下语速,以便引起特别注意或加强表达效果。

阅读材料 9—20

一秒不差

众所周知,作为新闻主播,播报新闻时,对语速是有要求的。

观众在收看《新闻联播》时,都会好奇主持人结束播报时间竟都与 19:30 分一秒不差。

著名主播李瑞英接受采访时表示,主持《新闻联播》时,经常会遇到节目结束前一分钟,手里没有稿子的情况。而这时候,就需要主持人用语速去控制时间。她经常是在节目的最后 15 秒才拿到一条补救的稿子,没有任何时间阅读,只能直接照着念,这条稿子的字数都是经过严格编排的,每行有 9 个字,读完 3 行,必须刚好 5 秒钟,15 秒要读完 9 行,稍微有一点差池,就会影响后面广告客户的利益,央视也将面临巨额的赔偿。

2011 年,《新闻联播》栏目注入新鲜血液,欧阳夏丹、郎永淳纷纷加入成为第四代主播。新主播们年轻亲切,语速更快。刚开始,他们甚至由于语速过快,还被投诉过。

【分析】个体的语速受社会文化、社会环境、个人思维和表达能力等方面的限制。说话时要把握合适的速度,吸引听众的注意力。

2. 语调

语调是指词语的升降调,有 4 个声调,分别用来表示该句子是陈述句、疑问句、肯定句还是祈使句。例如"嗯"这一个单词,不同的声调可以表示不同的语气。

①这个问题你怎么看?嗯……

一声,表示思考。

②能把刚刚那个问题重复一遍吗?嗯?

二声,表示疑问,询问对方哪个问题需要重复。

③这个商品我们只能接受单价 500 元。嗯?

二声加重语气,表示难以置信,一般隐含不满和愤怒。

④你们接受我们的价格好吗?嗯……

三声,表示拒绝、不要的意思。

⑤这个问题我们下次再详谈吧。嗯。

四声,表示肯定或同意。

⑥这次合作非常愉快,以后可以长期来往。嗯!

四声加重语气,表示非常赞同。

在洽谈中,一般问题的阐述应使用正常的语调。有时为了强调自己的立场、观点,尤其是针对有分歧的问题表达意见时,可调整语调加强表达的效果。一般来说,升调表达的是询问、惊讶、不可思议、难以接受或不满的情绪。降调则反映出某种遗憾,无可奈何或失望灰心的心理活动。

阅读材料 9－21

声调轶事

有一次,意大利著名的悲剧影星罗西应邀参加一场欢迎外宾的宴会。席间,许多客人要求他表演一段悲剧,于是他用意大利语念了一段"台词",尽管客人听不懂他的"台词"内容,但是,他那动情的声调和表情,凄凉悲怆,不由使人流下泪水。可一位意大利人却忍俊不禁,跑出厅外大笑不止。原来,这位悲剧明星念的根本不是什么台词,而是宴席桌上的菜单。

【分析】"听话听声,锣鼓听音。"在人际关系中,说话声调本身具有沟通作用。一个人的声调高低、音量大小、转折、停顿都能够表达他的态度和话语含义。正确使用声调、音量、能够有效改善沟通效果。

3. 音量

音量是指说话声音的大小。声音高低起伏往往反映说话者一定的心理活动、感情色彩或某种暗含的意思,同时也能给人留下不同的印象。例如,声音太大通常给人以粗鲁或者没有礼貌的感觉,声音太小则表明谈判者内向害羞或者缺乏自信。音量的大小只有根据洽谈气氛和洽谈内容来正确运用,才能实现预期目标。

阅读材料 9－22

某公司讨论一个项目,两个策划小组分别提交了一份策划案。

A 组负责人一边报告,一边自吹自擂起来,声音也比常人高出了好几个分贝。周围的人提出疑问,A 组负责人为了撑住场面,声音更大了。听到最后,老板不耐烦地叫停了他。

B 组负责人汇报时,低调沉稳了许多,面对提问,不慌不忙,耐心解答。报告结束时,他还慢条斯理做了很多延伸分析,让人眼前一亮。最终,B 组的方案被采纳。

【分析】"有理不在声高"。如果音量过大,可能会变成噪音,引起他人反感。

4. 重音

重音是指句子中要强调的一个词或一组词。当句子中强调的部分不同时,含义会大相径庭。例如:

① 我知道你会唱歌。潜在含义:别人不知道你会唱歌。
② 我知道你会唱歌。潜在含义:你不要瞒着我了。
③ 我知道你会唱歌。潜在含义:别人会不会我不知道。
④ 我知道你会唱歌。潜在含义:你怎么说不会呢?

⑤我知道你会唱歌。潜在含义:会不会唱别的我不知道。

在谈判过程中,根据实际需要,在表达某种特殊情感或强调某种特殊意义时加重读音,以期引起听众注意,更好地实现沟通效果。

阅读材料9—23

英语重音笑话一则

英语中有一则有关句子重音的笑话:有一个人去邮局买了一张邮票,准备发信。他问:"Must I stick it on myself?"原意为"我自己贴(在信封)上吗?"但他把on这个单重读了,含义就变成了"我得把邮票贴自己身上吗?"

邮局的营业员很风趣地回答说:"No, Sir. It's much better to stick it on the envelope."(不,先生。你最好把邮票贴在信封上。)

【分析】句子重音是帮助我们掌握语言韵律性、正确表达思想的语音基本功之一,商务谈判者应熟练掌握。

阅读材料9—24

新闻主播的快与慢

作为听众,我们能明显感觉《新闻联播》的播音庄重、大方,语言表达稳当舒展,而《中国新闻》的播音态度刚硬,语速偏快。这种差异是否是因为后者播报时语速快、单位时间字数多呢?

据统计,两档节目的主播语速差不多,每分钟播音字数都在330左右。那为什么听众的感觉出入如此之大呢?

我们不妨从播音风格和特点两个角度进行分析。《新闻联播》节目是中央级媒体的一档以发布国家要闻、政令和当天首都报纸摘要为主的综合性重点新闻节目,其节目宗旨是——"宣传党和政府的声音,传播天下大事"。这就要求播音员应该显示出权威、庄重、大方的播音风格,套用人们评价《纽约时报》的话,就是一种"有教养的灰色"。

而《中国新闻》则为央视国际频道一档全面报道世界范围内最新重大新闻事件,邀请权威专家对热点事件深入访谈剖析的新闻节目。节目受众特征鲜明,主要面向政府要员、决策层、管理层、高端人士人群,受众中男性比例占60%左右。这就要求播音员播音时态度硬朗,节奏快,运用外部技巧,使停顿、节奏、语气、重音的配合突出以彰显播音的张力与语言的活力。

从受众接受的层面分析,由于播音员播音时突出了抑扬对比的节奏变化,使得受众接受信息时心理有了"波动频率"。由于播音时有了快慢的调和、疏密的配合,受众所听见的"快"是"慢"对比下的"快",而非播音时频率上的真"快"。

【分析】优秀的谈判者往往善于变换语速、音调、音量和重音,使他们的谈话循循善诱、引人入胜。

第九章 国际商务谈判中非语言沟通技巧与礼仪

本章小结

国际商务谈判过程实际上也是各种语言的洽谈过程,本章重点介绍非语言传达信息的情况。首先介绍了非语言沟通的含义、特点和作用,随后介绍了非语言中的肢体语言、空间语言、形象语言、环境语言、时间暗示和音质暗示等内容。在谈判桌上,通过仔细观察对方的非语言行为可以获得许多有效信息,同时非语言作为语言的补充,可以加强谈判人员的沟通行为,进而起到促进谈判顺利进行的作用。

练习题

一、名词解释
1. 非语言沟通
2. 肢体语言
3. 空间语言
4. 形象语言
5. 环境语言

二、简答
1. 请简述非语言沟通的特点和作用。
2. 试列举目光这种非语言在国际商务谈判中传达的信息。
3. 试列举国际商务谈判中常见的表示积极意思的姿势。
4. 试说明最适合国际商务谈判的空间距离是什么范围。
5. 试阐述作为主方谈判代表有何优势,在此过程中需要注意哪些问题。

三、案例分析

小张的选择

小张是一家公司人力资源部的主管。他所在的公司需要招聘一名文员,要求英语专业的女性。经过层层考核留下了三个实力相当的应聘者,小张让这3个人分别写一篇作文。

A小姐:英语水平和中文表达能力都极其出色,谈吐非常得体。在面试时,小张对她的印象很好,已经把她作为第一考虑人选。但她的字体棱角过于突出,有一种不可一世、压倒一切的霸气。有才气也有野心,可能不好相处。

B小姐:人长得非常漂亮,口齿伶俐,反应敏捷,英语口语非常出色。她的字歪斜懈怠,通篇很不整洁,给人的感觉是懒惰、不思进取、散漫和得过且过。

C小姐:长相平凡,学历背景一般,英语口语和文字表达都不错。她的字娟秀、整齐,大小非常均匀,有棱有角又不会咄咄逼人。从她的字可以判断出来她做事非常认真仔细,自律意识很强且安心做日常琐碎的工作。

最终,小张选了C小姐做部门文员。几个月过去了,事实证实她的性格完全符合小张当初的判断,她将部门的日常工作处理得非常好。

思考:

1. 字迹为什么可以传递信息?
2. 除了字迹,还有哪些常见的非语言方式可以传递信息?

实训·情景模拟

实训目标:通过实训帮助学生掌握国际商务谈判中非语言的重要性,如何准确高效地使用非语言,从实训情景中捕捉信息完成实训过程。

实训组织:1. 将学生分成若干小组,每组成员2~4人;

2. 可以直接由小组成员表演完成,也可以由队员进行解说;
3. 请各小组自行准备情景相关的道具、服饰;
4. 小组成员依次发言阐明观点,经过自由讨论达成一致意见,最后进行总结陈词。

实训内容:请根据语句的内容给出相应的手势语和表情语。

第一组:

①请大家安静,安静!

②什么是爱?爱,不是索取,而是奉献!

③在过去的一年中,在座各位将我们的销售额提高了,太不可思议了!20%!这在公司历史上还从来没有过,从来没有!由此我们的利润不是提高了5%或10%,而是15%,整整15%!

第二组:

①大家不要慌,请大家跟我来!

②我现在要明确地告诉对方辩友,你们犯了一个严重的逻辑错误!

③现在,请让我们大家在此心平气和地交换一下对这个问题的看法。

实训思考:如何熟练运用肢体语言如目光、手势、姿势及表情等知识,更好地表达谈判过程中的心理及意图?

第十章　国际商务谈判人员必备素质

学习目标

(一)知识目标
1. 了解国际商务谈判人员应该具备的各方面素质;
2. 理解各种素质在谈判中的重要性。

(二)技能目标
1. 培养良好的礼仪素质;
2. 提高心理素质和应变能力。

开篇案例

"不怕骂,骂不怕"的秘书[①]

中国对外经济贸易合作部副部长、中国"入世"谈判首席代表龙永图在谈判最困难的时候选调了一位秘书,他当时选秘书的标准竟然不是大家公认的勤勉、谨慎、体贴,而是令人难以理解的两个字——经骂。

龙永图为什么以这样的标准来选的秘书呢? 他说,当时处于谈判最困难的时候,脾气变得很暴躁,这个秘书有很多优点:第一,有经骂的情绪素质,承受能力很强,不会因为龙永图骂他就有别的想法;第二,有宽以待人的品性素质,从不妄议是非;第三,有专注敬业的职业素质,对"世贸问题"非常关注,其他不相关的事不怎么理睬。中美谈判成功之后,龙永图的脾气变好了,他也不再是最适合的秘书了,后来去读了博士。

对于选择秘书的具体标准和选定的秘书人员,我们都应该用动态的眼光看待。一个人在某个时间、地点、条件下,做某件事情比较合适;但当时间、地点、条件变了,就另当别论了。龙永图在中美谈判成功之后便把他的秘书送走,送到了一个更适合发挥他专长的地方,可以说是一种"与时俱进"的用人之道。

【分析】一个结构合理、素质过硬、知识全面、配合默契、行动有力的谈判队伍是谈判取得成功的关键。但同时,谈判工作是一个漫长而复杂的过程,不同阶段对谈判人员的素质要求也有所不同,应根据工作需要对谈判人员进行恰当而有效的配置。

---

① 资料来源:黄越."不怕骂,骂不怕"——龙永图说他的秘书[J].秘书之友,2002(6).

第一节 身体素质

素质,其狭义概念指人的神经系统和感觉器官的先天特点;从广义上理解,不仅包括生理、心理两个方面的基本特点,也包含了一个人的知识修养和实际能力等方面的内容。一个优秀的谈判人员应具备怎样的素质?弗雷斯·查尔斯·艾克尔在《国家如何进行谈判》一书中曾提出:"一个完美的谈判家,应该心智机敏,而且有无限的耐心。能巧言掩饰,但不欺诈行骗;能取信于人,而不轻信于人;能谦恭节制,但又刚毅果敢;能施展魅力,而不为他人所惑;能拥有巨富,藏娇妻,而不为钱财和女色所动。"

对于谈判人员的必备素质,古今中外向来是仁者见仁,智者见智的。但是,对于一些基本的素质要求却存在共识,并历来为众多谈判者所遵奉,主要包括:身体素质、道德素质、业务素质、心理素质、语言素质、礼仪素质等。其中,身体素质是基本的素质要求。

身体素质是指人体在活动中所表现出来的力量、速度、耐力、灵敏度、柔韧性等机能,是一个人体力、精力强弱的外在表现。谈判工作不仅消耗脑力,更消耗体力,所以健康的身体对谈判人员具有极其重要的意义。

一、体力

俗话说"身体是革命的本钱",整个谈判过程可能会持续很长时间。如果谈判人员由于时差、水土不服等原因身体不适,那么在谈判过程中可能就无法充分发挥自己的潜能,展现自己的实力;在双方交锋的那一刻,不能沉着冷静地对待各种尴尬局面,化解每一次僵局。因此,在国际商务谈判中,拥有良好的身体素质是谈判成功的基础。撒切尔夫人的"铁娘子"风范不仅表现在她的政治手腕与处事态度上,也反映在她可以在十几小时内完成对几个国家旋风式的访问中。哈墨博士在耄耋之年依然周游世界,亲自出马洽谈生意,是他得以在世界商务领域稳坐一方、受人敬仰的重要原因。这些政界、商界谈判高手的成就显然离不开其强健的体魄。

阅读材料10—1

水土不服致谈判失利

张先生就职于某大公司销售部,工作积极努力,成绩显著,工作三年即升任销售部经理。一次,公司要与美国某跨国公司就新产品开发问题进行谈判,公司将前往美国谈判的重任交给张先生负责,张先生为此做了大量细致的准备工作。当张先生带着团队自信满满地来到美国时,却因为不适应当地环境而水土不服,上吐下泻全身不舒服,以至于耽误了多日才进行谈判。在谈判过程中,也因为精力不济作出多次让步,让美方企业占尽上风,虽然最终协议达成,但却损失了公司的利润。

【分析】赴国外谈判要遭受旅途颠簸、环境不适之苦,谈判人员必须具备良好的身体素质,这也是谈判人员保持顽强意志力与敏捷思维的物质基础。

商务谈判是一项牵涉面广、经历时间长、节奏紧张、压力大的工作,往往耗费谈判人员极大的体力和精力。即便是主场谈判,作为东道主,接待客商来访,也要尽地主之谊,承受迎送接待、安排活动之累。因此,谈判人员除了平时加强身体锻炼,还要考虑时差、适应环境等问题,预留充分的休息时间,以便在谈判时保持充沛的体力。

二、脑力

谈判是既消耗体力又消耗脑力的人类活动,很多谈判都是时间紧、任务急,谈判人员如果休息不好,往往会头疼、疲倦、精力不济,那么就会严重影响工作效率。

国际商务谈判中,一般要求谈判人员精力充沛、思路敏捷、反应迅速。根据上述要求,选择谈判人员应当考虑其年龄,一般在35~55岁之间最为恰当。这个年龄段的谈判人员已经积累了一定经验,而且事业心、责任心和进取心也比较强,能够较好地处理谈判中的各种突发情况。当然,根据谈判内容、要求的不同,也可以灵活调整年龄结构。

阅读材料 10—2

"最牛推销员"

2001年5月20日,美国一位名叫乔治·赫伯特的推销员,成功地把一把斧子推销给了小布什总统。布鲁金斯学会得知这一消息,把一只刻有"最牛推销员"的金靴子赠予了他。这是自1975年该学会的一名学员因成功把一台微型录音机卖给尼克松而荣获金靴以来,又一名学员获此殊荣。

布鲁金斯学会创建于1927年,以培养世界上最杰出的推销员著称于世,同样闻名的还有它的毕业实习题。它有一个传统,在每期学员毕业时,设计一道最能体现推销员能力的实习题,让学员去完成。克林顿当政期间,他们出了这么一个题目:请把一条三角裤推销给现任总统。8年间,有无数个学员为此绞尽脑汁,可是最后都无功而返。克林顿卸任后,布鲁金斯学会把题目换成:请把一把斧子推销给小布什总统。

鉴于前8年前辈们的失败与教训,许多学员知难而退。个别学员甚至认为,这道毕业实习题会像克林顿当政期间一样毫无结果,因为现在的总统什么都不缺少,即使缺少,也用不着他亲自购买。再退一步说,即使他们亲自购买,也不一定正赶上你去推销的时候。

然而,乔治·赫伯特却做到了,并且没有花多少工夫。一位记者在采访他的时候,他这样回答:我认为,把一把斧子推销给小布什总统是完全可能的,因为布什总统在得克萨斯州有一个农场,那里长着许多树。于是我给他写了一封信,说:有一次,我有幸参观您的农场,发现那里长着许多矢菊树,有些已经死掉,木质已变得松软。我想,您一定需要一把小斧头,但从您现在的身体情况来看,小斧头显然太轻,因此您需要一把不甚锋利的大斧头。我这儿正好有一把这样的斧头,它是我祖父留给我的,很适合砍伐枯树。假若您有兴趣的话,按这封信所留的地址,给予回复。最后他就给我汇来了15

美元。

【分析】乔治·赫伯特之所以成功向布什总统推销了斧子,是因为他不因有人说某一目标不能实现而放弃,并且善于思考。在国际商务谈判中,谈判者通常要应对各种情况,耗费大量的脑力,只有思路开阔、反应灵敏、决策果敢,才能在风云变幻的谈判场上抓住机会,掌握主动。

第二节　道德素质

道德素质,指人在道德方面的内在基础,是人们道德认识和道德行为水平的综合反映,包含一个人的道德修养和道德情操,体现一个人的道德水平和道德风貌。在涉外谈判中,谈判者不仅代表国家、企业和个人的经济利益,同时也代表国家、企业和个人的形象。因此,谈判者必须具备良好的政治素质和道德品质,具体体现在思想意识和道德伦理的两个方面。

一、思想意识方面

(1)高尚的爱国主义精神。谈判者必须能正确处理国家、企业和个人利益之间的关系,任何时候都要把国家和企业利益放在首位。那些为一己之利,接受对方贿赂,出卖国家和企业利益的人是不适合参与谈判工作的。

阅读材料 10-3

大陆暂停参加第 56 届金马影展

台湾电影金马奖与中国电影金鸡奖、香港电影金像奖并称"华语三大电影奖"。官方信息显示,金马奖是华语影坛历史最悠久的电影奖项,自 1962 年创立以来已经举办了 55 届。

2018 年第 55 届金马奖颁奖礼上,获得最佳纪录片的导演傅榆(中国台湾)公开发表"台独"言论,引起了大陆电影人及群众的愤怒。2019 年 8 月 7 日,国家电影局发布消息,暂停大陆影片和人员参加 2019 年第 56 届台北金马影展。香港多家电影公司纷纷表态,取消参加金马奖。随后 BBC 中文网对傅榆专访中称,有人批评她打破了金马奖长期以来不谈政治的默契,可能会毁了金马奖。

国台办发言人马晓光也对此严肃表示,金马奖是两岸电影人展开交流的平台,两岸同胞应该共同珍惜。"一些政治势力利用两岸电影交流活动发表'台独'言论,制造政治事端,这种行径不得人心,希望两岸影视界和相关人士共同抵制。"

【分析】任何时候都要坚持"一个中国"原则,这个原则是我国政府开展外交、商务、文化活动的基本原则,也是实现和平统一的基础和前提。任何活动都必须坚持爱国这一基本原则,商务活动更不例外。

(2)强烈的事业心。谈判者要有对待谈判工作既要有强烈的事业心,又要有高度的责任感,同时,在谈判中还要有诚心、耐心、信心和创新精神。商务谈判是一项既竞争又合作的活动,没有顽强的进取精神是难以使谈判取得成功的。

(3)崇高的责任感。谈判者要注意个人道德修养,在谈判过程中严格遵守团队纪律,注重个人操守,抵制住花花世界的诱惑,不做有损国格和团队形象的事情。同时,在谈判场合要举止优雅、谈吐大方、仪表端正、服饰得体,以赢得对方的尊重。

阅读材料 10—4

谷歌与中国政府的谈判

谷歌中国成立于2006年4月,当时公司承诺会遵守中国相关互联网法律,对搜索结果进行过滤审查。

尽管谷歌在世界许多国家和地区处于垄断地位,但在中国,它遇到了强有力的竞争对手——更具有本土化特点的百度。与此同时,谷歌在进入中国市场之后的几年间,不断挑衅中国法律和网络监管,风波不断。

2010年1月12日,大卫·德拉蒙德在谷歌官方博客上发表了一篇题为《新的中国战略》的声明,拉开了谷歌与中国政府谈判的序幕,美国政府也对此事表达密切关注。刚开始,谷歌公司态度强硬,而中国政府也毫不让步。之后谷歌公司改变了态度,希望通过一系列温和的政策以示留在中国市场的决心。但随后,谷歌公司态度又出现了反复,再一次表达了强烈的利益诉求,中国政府不为所动,一直重申严肃监管的立场。同时,美国总统和美国国务卿均就此次事件表态。

2010年3月23日,谷歌公司将搜索服务由中国大陆转至香港,这一阶段的谈判告一段落,最终谷歌公司并未得到自身的利益诉求,退出了中国大陆市场。美国国务院表示,谷歌的做法是商业决定,国务院并未介入,但重申了支持互联网言论自由的立场。

【分析】涉外谈判人员要坚决维护国家、民族和本企业利益,坚决维护国家和民族尊严。在谈判活动中,自觉遵守组织纪律,坚持原则,尽最大努力争取商贸谈判的成功。如果遇到损害本国利益的谈判条件,绝不能妥协。本案例中,中国政府不受谷歌的威胁,表明了自己坚定的立场。

二、道德伦理方面

俗话说"做事先做人",双方谈判人员既然秉承诚心合作的意愿进行谈判,那么这时候要首先关注应是对方谈判人员能不能够让人信服,即关注的是对方的为人处事。在谈判过程中,谈判人员必须做到遵纪守法,不能用违法手段来达到谈判目的,如行贿、欺骗、使用暴力等,国际商务谈判人员还应具备良好的道德修养,体现在:

(1)诚信意识。信誉被视为商务活动的生命线,国际商务谈判人员应高度重视并维护企业良好形象,反对背信弃义谋取企业利益的做法。

(2)合作意识。谈判人员应自觉地将真诚合作看作一切谈判的基础,以互惠互利作为谈判原则,善于借助一切可借助的力量实现自身利益,将竞争与合作有机统一起来。

(3)团队意识。谈判人员具备对本企业的认同感、归属感和荣誉感,谈判组织成员之间具备向心力、凝聚力,团结一致、齐心协力。

阅读材料10—5

力拓案

2003年,中国钢铁企业加入与世界三大矿山(澳大利亚必和必拓、力拓和巴西淡水河谷)的铁矿石谈判之中。当时中国钢铁业蓬勃发展,迫切需要在全球范围内寻觅铁矿石。

自从1981年形成铁矿石谈判机制以来,一年一度的谈判价格基本没有太大的波动。中国这个巨大的市场让三大矿山公司非常欣喜,都盘算着如何让中国接受更高的价格。而自从中国钢铁业参与谈判以来,谈判就从来与"成功"无缘。每一年谈判的结果一公布都会引来层层质疑。2004年至2007年,铁矿石长协价分别上涨了18.6%、71.5%、19%和9.5%。同期中国钢铁产量也连续增长24.51%、30.94%、23.84%和15.17%。2008年之后,原谈判规则被两拓破坏,两拓经常能"要挟"获得比淡水河谷更高的涨幅。2009年7月9日,上海市国安局对外证实:澳大利亚力拓集团上海办事处的4名员工因涉嫌窃取中国国家机密在上海被拘捕,其中包括该办事处总经理、力拓铁矿石部门中国业务负责人胡士泰。当时山东张店钢铁厂一位内部人士对媒体感叹:"原来是中国钢铁企业出了内鬼提供情报给对手啊!"香港《大公报》披露,一边是国际矿山巨头为拉拢收买中国钢企内部人员,不惜采取各种手段进行商业贿赂。另一边则是国内大钢铁厂铁矿石交易部门中的一些人,为了从国际矿山那里拿到更多的长协矿,以高价倒卖给小钢厂套利,不惜拿国家机密与国际矿山私下进行非法交易。最后在2010年3月29日,上海市第一中级人民法院对力拓案作出一审判决,认定胡士泰、王勇、葛民强、刘才魁四人犯有非国家工作人员受贿罪、侵犯商业秘密罪,分别判处其有期徒刑十四年到七年不等。

【分析】侵犯商业秘密以及商业贿赂是不正当的竞争行为。国际商务谈判应以合法为前提,不违背国际、国内及商业法律法规,不违背公众道德伦理,以正当竞争的手段达到存异趋同的目标。

第三节 业务素质

业务素质是指相关业务人员在完成业务活动过程中所具备的综合能力,是客户对业务员的主客观认可。良好的业务素养可以促成业务、维系客户关系。

商务谈判人员需具备一定的基础知识和专业知识。基础知识是一个人智慧和才能的基石,专业知识则决定一个人知识的深度和从事本职工作的能力。作为国际商务谈判人员,知识面越宽,应变能力就越强,专业层次越深,就越能适应谈判的需求。

一个理想的商贸谈判者除了必须掌握贸易理论、市场营销等必备知识,还要熟悉经营策略、商品运输、财务经营管理等知识,了解本专业范围内的产品性能、维修服务、成本核算等专业知识,熟悉各国文化习俗和谈判思维,善于解决谈判冲突。

一、外贸知识

每一场国际商务谈判的目的都是双赢,而双赢实现的途径就是交易的达成。商务谈判的核心是价格、支付方式以及交付货物的方式。所以,谈判人员必须要掌握完整的外贸知识体系,也需要了解对外贸易政策与对外贸易实务,比如不同种支付方式的风险和优点,各种价格条款下价格的核算,一般的保险费和运输费用等。谈判人员只有对这些知识掌握清楚,才能在谈判过程中应用自如,才能够清楚己方的让步程度以及实现自己的最大利益。一个成功的国际商务谈判者一定要有扎实的外贸专业知识。

阅读材料 10-6

坚持信用证支付方式致谈判失败①

美国一家较大的贸易公司看中了中国某厂家生产的砂轮机,于是在验收样品后派来了三人组成的谈判小组来中国谈商务合同,可令美方费解的是:中方一定要开立不可撤销的即期信用证,理由是初次与美方做生意。美方解释了他们公司的习惯做法,均是 D/A60 天,并出示了他们的银行信用及中方客户名单,可中方厂长说什么也不听,最后谈判不欢而散,一条"大鱼"就这样眼睁睁地溜走了。

事实上,在国际贸易中,使用信用证的比率在逐年降低,因为有经验的商家都知道:信用证并不"信用",信用证诈骗比比皆是,如果事先调查好客户信用,使用何种付款方式并不重要,最保险的信用是客户的信用。作为卖方,其目的是卖货并安全收款,并不是坚持用信用证。只要不涉及原则性的问题,一切事情都可以谈。

【分析】在国际商务谈判中,谈判人员除了熟练掌握外贸知识,还应了解谈判对手的需求和习惯,否则可能因为不必要的坚持导致谈判破裂,得不偿失。

二、产品知识

掌握产品知识是国际商务谈判人员谈判的前提。谈判是围绕产品展开的,所以每个谈判人员都应对谈判交易的产品了如指掌,如卖方产品在行业当中处于什么样的档次、竞争对手产品的优劣势等。俗话说:"老王卖瓜,自卖自夸。"其实这是一种非常值得提倡的营销之道。谈判人员基于对产品的清晰理解,详尽展示产品具备的优势,才能使对方信服,顺利达成交易。

涉及产品的技术问题了解起来可能有一定困难,但关于产品的基本技术指标要能够阐述自如。谈判人员还要对行业内的质量标准、行业内部发展动态,特别是竞争对手的状况、竞争产品的特点有非常详细的了解,而非简单地否定别人的产品。只有这样,才能有理有据地说服谈判对手。

---

① 资料来源:百度文库.

三、文化知识

不同于国内贸易，国际贸易会涉及不同国家的文化背景。以往的国际商务谈判表明，文化差异是决定谈判成败的关键因素之一。文化差异在国际商务谈判中主要体现在谈判方式、谈判风格、谈判决策过程、人际关系等方面。这些差异都是因为不同民族在思维方式、政治制度、风俗习惯、信仰、传统等方面的不同而形成的。例如在中东地区，有很多伊斯兰教徒，他们认为左手常接触污秽物，不干净，故在人际交往中，忌用左手传递物品。所以，一个成功的谈判者应充分了解对方国家文化与本国文化的差异，避免在谈判过程中因犯文化性错误而导致谈判失败。

在谈判过程中，为确保谈判取得成功，谈判人员要在坚持本国文化传统的同时，学会欣赏、尊重、顺应对方国家的文化，接受文化差异，抛弃文化偏见，避免文化冲突，例如容忍有些国家商务谈判人员由于长期生活习惯所形成的迟到、散漫等现象。

阅读材料 10—7

入乡随俗的翻译

1954 年，周总理出席日内瓦会议，准备放映新拍摄的戏剧电影《梁山伯与祝英台》招待与会的外国官员和新闻记者。为了帮助外国观众看懂这部电影，有关同志将剧情介绍与主要唱段用英文写成长达 16 页的观影指南，剧名也相应改为《梁与祝的悲剧》。有关同志拿着材料向总理汇报，满以为会受到表扬，不料却受到了总理的批评。总理认为搞这样的观影指南是不看对象，是党八股的表现。总理当场设计了一份请柬，请柬上只有一句话："请您欣赏一部彩色歌剧影片《中国的罗密欧与朱丽叶》。"收到这份请柬的外国官员和记者兴趣大增，纷纷应邀出席，电影招待会取得了成功。

【分析】《梁与祝的悲剧》这一剧名之所以会受到批评，一是因为剧名不符合外方人员的社会历史观，不利于外方人员理解这一经典故事；二是剧名不符合当时的会议气氛。商务谈判人员应熟悉有关国家的社会历史、风俗习惯以及宗教等方面的知识。

当然，对方也应该具有文化平等意识，理解和尊重我方文化，克服文化上的民族中心主义和种族主义。也就是说，谈判双方在文化方面要相互顺应，相互尊重，共同努力，在互利双赢的基础上达成协议。

阅读材料 10—8

文化差异[①]

2010 年，12 名不同专业的专家组成一个代表团去美国采购约三千万美元的化工设备和技术。美方自然想方设法令中方满意，送给中方每人一个小纪念品。纪念品的包装很讲究，是一个漂亮的红色盒子，红色代表发达。可当中方谈判人员高兴地按照美国人的习惯当面打开盒子时，每个人的脸色都显得很不自然，里面是一顶高尔夫帽子，但

---

① 资料来源：刘白玉.论国际商务谈判人员的素质[J].沿海企业与科技.2005(6):182~183.

却是绿色的。美国商人的原意是签完合同后,大伙去打高尔夫,但他们哪里知道,戴绿帽子是中国男人最大的忌讳,合同最终没签成,因为他们对工作太粗心,连中国男人忌讳戴绿帽子都搞不清,怎么能把几千万美元的项目交给他们?

【分析】商务谈判者要了解有关国家或地区的社会历史,风俗习惯以及宗教等状况,否则就会闹笑话,导致谈判失败。

四、综合知识

在国际商务谈判过程中,双方谈判人员往往是第一次见面,就算有过交谈,也是在电话或是在网络上。因此在谈判过程中,找到共同话题并营造轻松的谈判氛围是谈判成功的前提。知识面越宽,洞察力就越深,分析力就越强,找到共同话题的可能性就越大。如果谈判者孤陋寡闻、知识贫乏,即使他手中掌握着决策权,往往仍是事倍功半。而一个全能型的谈判者由于有知识的底蕴,就能在商务谈判活动中挥洒自如、游刃有余,在气质上、精神上就能引起谈判对手的敬重,博得对方的好感。这种综合知识的能力在谈判过程中就显得尤为重要。

阅读材料 10－9

国际商务谈判人员应具备的 T 型知识结构

(一)横向——广博的知识面

对外经济贸易的方针政策及涉外法律和规则

某种商品在国际/国内的生产状况和市场供求关系

价格水平及其变化趋势的信息

产品的技术要求和质量标准

有关国际贸易和国际惯例知识

国外有关法律知识,包括贸易法、技术转让法、外汇管理法、税法等

各国各民族的风土人情和风俗习惯

可能涉及的各种业务知识,包括金融尤其是汇率方面的知识、市场知识等

其他

(二)纵向——深入的研究

丰富的商品知识

丰富的谈判经验与应付谈判过程中出现复杂情况的能力

熟练掌握外语

了解国外企业的类型和不同情况

懂得谈判的心理学和行为科学

熟悉不同国家谈判对手的风格和特点

阅读材料 10-10

一句唐诗减税千金

法国盛产葡萄酒,外国的葡萄酒想打入法国市场是很困难的。

四川农学院留法博士研究生李华经过几年的努力,使中国葡萄酒奇迹般地打入法国市场。可是,中国葡萄酒从香港转口时遇到了麻烦。港方说,按照土酒征80％的关税,洋酒征300％的关税规定,中国的葡萄酒要按洋酒征税。面对这种局面,李华博士吟出一句唐诗:"葡萄美酒夜光杯,欲饮琵琶马上催。"并解释说,这说明中国唐朝就能生产葡萄酒了,而唐朝距今已有1000多年了。英国和法国生产葡萄酒的历史,恐怕要比中国晚几个世纪吧?李华用一句唐诗驳得港方无言以对,只好承认中国的葡萄酒按土酒征税。

【分析】商务谈判是谈判人员知识、智慧、才能等综合素质的比拼和较量,谈判人员素质的差异是导致谈判结果差异的主要原因。

第四节　心理素质

心理素质是人整体素质的组成部分,以自然素质为基础,在后天环境、教育、实践活动等因素的影响下逐步发生、发展起来。心理素质是先天和后天的结合,情绪内核的外在表现。

在商务谈判过程中,谈判对手会设置很多障碍,也会有各种突发情况出现,在这种情况下,谈判人员需要具有良好的心理素质,能够在各种压力和挑战面前沉着冷静,从而在谈判中取得胜利。

一、积极乐观的态度

国际商务谈判充满了变数,常常谈了几天几夜,可临到最后却突然因为一个小小的问题而破裂,这就要求谈判人员拥有积极向上、不屈不挠的态度。举个简单的例子,同样是在沙漠中迷路走了几天几夜、弹尽粮绝的两个人,其中一个人叹了口气道:"唉,我们只剩下半瓶水了。"然后颓然倒下,再也没有爬起来。而另一个人却高兴地说:"哈,我们还有半瓶水。"然后继续前进,最后终于走出了沙漠。由此可见,谈判人员拥有积极乐观心态的重要性。

理想的谈判人员应具备良好的性格和气质,比如热情开朗、言谈风趣幽默、才思敏捷,能够克服困难、经得起挫折的考验。谈判人员经常面临一群陌生人在一起交谈的工作情景,气氛往往比较沉闷、拘谨。在这种情况下,人们的心态大多比较紧张、警惕。如果谈判人员具有开朗的性格,用言行冲淡这种压抑的气氛,使在场的每一个人放松下来,彼此渐渐融洽,就很容易让双方敞开心扉,争取主动。

阅读材料 10—11

开诚布公打破僵局

北京某区一位党委书记在同外商谈判时,发现对方对自己的身份持有强烈的戒备心理。这种状态妨碍了谈判的进行。于是,这位党委书记当机立断,站起来对对方说道:"我是党委书记,但也懂经济、搞经济,并且拥有决策权。我们摊子小,并且实力不强,但人实在,愿意真诚与贵方合作。咱们谈得成也好,谈不成也好,至少你这个外来的'洋'先生可以交一个我这样的'土'朋友。"

寥寥几句肺腑之言,打消了对方的疑惑,使谈判顺利地向纵深发展。

【分析】在本材料中,当谈判陷入僵局时,中方代表开诚布公,以自嘲的形式缓和了气氛,迅速拉近了彼此的距离,使得谈判顺利展开。

阅读材料 10—12

卖鞋的故事

美国一家制鞋公司正在寻找国外市场,公司总裁派一名推销员到非洲一个国家去了解那里的市场。这名推销员到非洲后发回一封电报:"这里的人不穿鞋,没有市场。"

公司派出了第二名推销员,他在那里待了一个星期发回了电报:"这里人不穿鞋,市场巨大。"

两次结论截然相反,公司只好又派一名业绩很好的经理过去。

经理在非洲待了半个月,给总部发回了电报:"这里的人不穿鞋,但有脚疾,需要鞋;不过我们现在生产的鞋太瘦,不适合他们,我们必须生产肥些的鞋。这里的部落首领不让我们做买卖,除非我们向他进贡,才能获准在这里经营。我们需要投入大约 1.5 万美元,每年能卖大约 2 万双鞋,投资收益率约为 15%。"

【分析】本材料中第一名推销员一般被理解为态度消极,目光短浅,很容易丢失市场机会。第二名推销员一般被理解为态度积极,头脑灵活,看到了市场的巨大潜力,但缺乏充分调研,盲目乐观。经理才是真正优秀的人才,不仅看到了市场潜力,也积极发现问题,找到了解决办法。

二、自信心

谈判人员还应具备较强的自信心,即相信自己企业的实力和优势,相信集体的智慧和力量,相信谈判双方的合作意愿和光明前景,具有说服对方的自信和把握谈判的自信。没有自信心,就不可能在极其困难的条件下坚持不懈地努力,为企业争取最佳的谈判成果。当然,自信心的获得建立在充分调查研究的基础上,建立在对实力科学分析的基础上,而不是盲目自信。

谈判是一项艰难的工作,缺乏自信的人是很难战胜对手的,除非对手比你弱很多,有时甚至要知其不可为而为之。一旦展开,就要依照自己的标准与原则,勇往直前,全力以赴。

在谈判桌上,名方往往各抒己见、互不相让。若表现出充分的自信,会给对方很大的精神压力,对方会觉得你是难以战胜的,因而在希望成交的前提下主动作出让步。所以在谈判中,不管遇到什么样的困难和压力,都要有坚持到底的决心和必胜的自信。即使想求和,也要不卑不亢。

不过,自信的表露不是给人以自傲、自负、难以接近的感觉,而是在热情亲切、平易近人中体现出自信,显露出不可抗拒的力量,让他人更信任、更敬佩你,这在谈判中是十分有利的。

阅读材料 10—13

中荷就精密仪器的谈判

荷兰某精密仪器生产厂家与中国某企业拟签订某种精密仪器的购销合同,但双方在仪器的价格条款上还未达成一致。因此,双方在上海就此问题专门进行了谈判。谈判一开始,荷方代表就将其产品的性能、优势以及目前在国际上的知名度作了一番细致的介绍,同时说明还有许多国家的有关企业欲购买他们的产品。最后,荷方代表带着自信的微笑对中方代表人员说,根据我方产品所具有的以上优势,我们认为一台仪器的售价应该为 4000 美元。

中方代表听后十分生气,因为据中方人员掌握的有关资料,目前在国际上此种产品的最高售价仅为 3000 美元。于是,中方代表毫不客气地将目前国际上生产这种产品的十几家厂商的生产情况、技术水平及产品售价向荷方代表全盘托出。

荷方代表十分震惊,根据他们所掌握的情况,中方是第一次进口这种具有世界一流技术水平的仪器,因而认为中方对有关情况还缺乏细致入微的了解,没想到中方人员准备如此充分。荷方人员无话可说,立刻降低标准,将价格调到 3000 美元,并坚持说,他们的产品是世界一流水平的,物有所值。

事实上,中方人员在谈判前就了解到,荷兰这家厂商目前经营遇到了一定的困难,陷入了巨额债务的泥潭,对他们来说,回收资金是当务之急,他们正四处寻找其产品的买主,而目前也只有中国对其发出了购买信号。于是,中方代表从容地回答荷方:"我们也决不怀疑贵方产品的优质性,只是由于我国政府对本企业的用汇额度有一定的限制。因此,我方只能接受 2500 美元的价格。"荷方代表听后十分不悦,他们说:"我方已经说过,我们的产品物有所值,而且需求者也不仅仅是你们一家企业,如果对方这样没有诚意的话,我们宁可终止谈判。"中方代表依然神色从容,"既然如此,我们很遗憾。"中方人员根据已经掌握的资料,相信荷方一定不会真的终止谈判,一定会再来找中方。果然,没过多久,荷方就主动找到中方,表示价格可以再谈。在新的谈判中,双方又都作了一定的让步,最终以 2700 美元成交。

【分析】"展现自信"是一种令客户顺利接受己方条件的交际方式,使用这种方式进行谈判,可以更加顺利、高效地完成工作。在国际商务谈判中,这种自信往往源于事先所做的充分准备。正是由于调查深入、准备充足,谈判人员才能对谈判充满信心,做到"不卑不亢、有理有据"。

三、耐心

商务谈判不仅是双方智谋的较量,同时也是双方耐心的较量。在国际商务谈判过程中,特别是到了僵持阶段,耐心成为考验谈判者的一项重要指标。很多谈判者往往会因为丧失耐心,急于求成,担心失去商机而放弃了进一步的争取,从而失去为己方进一步争取利益的可能性。

耐心体现的是一种心理素质,具体表现为不急于求成,能够很好地控制自己的情绪,从而掌握谈判的主动权;同时,耐心可以帮助我们较多地倾听对方的意见,从而了解、掌握更多的信息,特别是谈判中的隐性信息,并加以分析,从中得出对己方有价值的资料。

阅读材料 10—14

巴菲特的惊人耐心

1987年美国股市"黑色星期一"暴跌事件,巴菲特眼看自己持有的重仓股大幅暴跌,明知自己的财富大幅缩水,却平静异常。面对无数双充满恐慌的眼睛,他的回答只有一句:也许股市过去涨得太高了。

为什么他能够如此从容不迫?原因其实很简单:他坚信他持有的这些上市公司具有长期的竞争优势,具有很高的投资价值。股灾和天灾一样,迟早会过去。他持有的公司股价一定会反映出其内在的投资价值。

巴菲特认为,投资必须要有足够的耐心。他持有华盛顿邮报的股票,一拿就是34年,总共上涨了128倍,这中间不知经历过多少次的股海风波,"股神"的惊人耐心由此可见一斑。

【分析】耐心是巴菲特投资获胜的关键。对谈判人员而言,保持好冷静的心态,磨炼好自己的耐心,一定会迎来满意的回报。

在国际商务谈判中,有耐心的一方往往能够坚持到最后而获得较多的利益,而耐心较弱的一方往往会草率地作出决定,最终将自己的一部分利益拱手让给对方。耐心是谈判者心理成熟的标志,也是谈判者气质的体现,更是谈判者自信心的体现。在谈判过程中,偏激的语言、草率的态度都有失谈判者的风度。所以,谈判双方在遇到不同意见的时候,一定要表现出极大的耐心,必要的时候可以采取中场休息或转移话题的方式缓和紧张的气氛,之后再采取双方容易接受的方式扭转僵局。

需要指出的是,耐心不同于拖延。在谈判中,人们常常运用拖延战术打乱对方的计划,借以实施己方的策略。耐心则主要是指人的心理素质,从心理上战胜对方。

在谈判活动中,谈判人员只有自始至终保持耐心,才能应付各种艰难复杂的谈判情况。弗朗西斯·培根在《谈判论》一文中指出:"于一切艰难的谈判之中,不可存在一蹴而就之想,唯徐而图之,以待瓜熟蒂落。"

阅读材料 10—15

挖井

有一幅《挖井》的漫画广为人知。画中人手拿铁锹在挖井找水,他或深或浅地挖了4口井。遗憾的是,在他所挖的深深浅浅的4口井中却没有一口井出水。他没挖到水的原因有很多,但关键还是在于:他没有坚持到底,挖到一定程度没有水,便主观地认为这个地方不会有水,就放弃了。接着,他又寻找可能有水的地方重复前面的劳动,结果可想而知。

图 10-1 挖井

【分析】 谈判经常会出现拉锯式的僵局,最难忍受的时候往往是最有希望的时候,转机往往出现于"最后5分钟"。因此,谈判人员要具有忍耐持久的恒心、坚韧不拔的意志,才能取得成功。

四、洞察力和应变能力

洞察力指谈判人员在谈判过程中察言观色、审时度势、探究本质的能力有助于正确把握和了解双方的谈判态势,从而采取相应的措施。尼伦伯格在《谈判艺术》一书中认为:"老练的谈判家能把坐在谈判桌对面的人一眼望穿,断定他将做什么行动和为什么行动。"

每个谈判人员都有自己的谈判风格。有的谈判人员喜欢果断干脆,不喜欢就一个问题花上过多的时间。如果面对这样的谈判人员,拖拖拉拉会招致对方反感,一定要根据对方的风格适时作些策略调整。有的谈判人员喜欢仔细斟酌才敲定一项条款,当遇到此类谈判人员时,就要对每个条款仔细研究后再作决定。

同时,谈判双方许多隐性的表现往往比语言文字更能传递谈判的气氛以及对手的心态。良好的洞察力会帮助谈判者准确捕捉这些稍纵即逝的信息,例如一个手势、一个眼神都有可能传递对方的心态。在读心术中，人们可以通过对方对回答的反应来判定对方的状态。当己方报出价格后，如果能够迅速捕捉到对方的反应，会非常有利于分析己方报价的成效，从而制订相应的还价与让步策略。一个有能力的谈判者，必定对他所听到的对方回复细微分析，提出疑问，并且能够根据已知的信息作出假设，以此确定对方说辞的真伪。在持久的谈判中，多次问对方同一个问题，看是否会得到同一个答案。同时认真聆听对方的陈述，只有从细枝末节中仔细观察，才能了解对方的真实意图。

合格的谈判者要随时根据谈判中的情况变化及有关信息，透过复杂多变的现象，抓住问题的实质，迅速分析综合作出判断，并采取相应必要的措施，果断提出解决问题的具体方案。时间充裕的情况下，针对谈判内容的轻重缓急，作好方案设计，并随时作出必要的改变，以适应谈判场上形势的变化。时间紧迫的情况下，当机立断采取措施。否则可能因为优柔寡断、瞻前顾后导致错失良机。

当然，果断不等于武断。果断是一个优秀谈判者良好的心理素质、战略眼光、领导能力和专业知识等因素的综合反映，是建立在信息准确可靠、于己有利的基础之上的，为谈判双方节省了大量宝贵的时间和精力。

阅读材料 10-16

奔驰女车主教科书式维权谈判

2019年4月11日，一则奔驰女车主坐在引擎盖上哭诉维权的视频火了。女车主坐在引擎盖上哭诉，3月27日自己花66万元在4S店里买的奔驰车，提车后开出不到1公里发动机就漏油了。女车主要求更换车辆，4S店经过15天后给予的答复是只能按照国家"三包"政策更换发动机。女车主不满4S店的解决方案，哭诉维权。视频在网络上疯传，迅速成为社会舆论关注的焦点。

视频中，女车主展示出的谈判技巧，包括强大的逻辑和洞察力，堪称"被商家坑时必备维权模板"。很多媒体用"交锋"来形容这场车主与高管之间的谈判，无论是在逻辑性、反应即时性还是表达连贯性上，女车主都在"碾压"4S店高管，谈判能力高下立判。

图 10-2 奔驰女车主坐引擎盖维权

最终，奔驰公司与女车主达成和解。女车主从被逼无奈到哭诉维权，在精彩的谈判中，为自己争取了最大的权益，全身而退。而奔驰公司涉事4S店涉嫌质量问题已被市场监管局立案调查，公司形象受损，短短几天市值蒸发130多亿，为这场谈判付出了沉重的代价。

【分析】在紧张激烈的谈判中，谈判者要应对各种情况，要思路开阔、反应灵敏、决策果敢，只有这样才能在风云变幻的谈判场上抓住机会、掌握主动。

五、冒险精神

著名的谈判专家亨利·基辛格说:"在谈判桌上的结果取决于你的要求夸大了多少。"在谈判过程中,要大胆地表达自己的意愿,就算这个意愿对于对方来说是天方夜谭。谈判人员必须具备足够的勇气向对方提出尽可能多,甚至是苛刻的要求。因为当我们坐在谈判桌上那一刻起,就是在为自己、为公司争取更多的利益。特别是对于一些实力相对较弱的谈判一方,害怕对方怀疑自己的想法,或者自己的实力,而被迫勉强接受一些条件是没有必要的。既然双方能够坐在一张谈判桌上,就说明对方能从己方这里获得相应的需求,所以尽管提出己方需求及想法。

在市场经济发展的今天,决定企业命运的已不单是产品的数量,而主要是产品在市场上的综合竞争力。要使本企业的产品在市场上经久不衰,就必须做到"人无我有,人有我新,人新我优,人优我廉,人廉我转"。国际市场更是如此,激烈的竞争是造就当代经营者的巨大熔炉。它要求人们要敢于创新,勇于开拓,乐于冒险。

商务谈判中的风险无处不有,谈判人员无时无刻不在冒险。当谈判陷入僵局时,若妥协忍让,就在冒对方"得寸进尺"之险;若让步不大,又在冒达不成交易之险。谈判者一进入"角色",就是一种冒险。这里的问题并不在于要不要冒险,而在于冒什么样的险和怎样去冒险。一个谈判高手在冒险时,总是注意三个问题:冒险不是铤而走险、冒险可以与人分担、冒险不会是稳操胜券。

阅读材料 10—17

打电话给阿尼

谈判大师夏派罗有一天接到客户电话,说想卖出他 3 年前花 100 万美元买下的一处位于巴尔的摩和华盛顿之间的地产。该地产自购买之后价格一直下跌,税费、保险还有其他费用又花了 60 万美元,简直是雪上加霜。最近有人对那块地感兴趣,客户委托夏派罗帮他谈成这笔生意。客户给地产的定价是 310 万美元,底线是 160 万美元。

夏派罗开始收集信息,包括那块地周边类似地产的价格、附近地区地价涨落的趋势等。买家 GG 建筑材料公司是一家上市公司。夏派罗立即找到它的相关信息——季报、半年报、年报、损益表、新闻报道、相关文章。得知他们刚刚上市几个月,手中有大量通过出售股票募集的现金。还调查了 GG 公司的营业范围,他们在芝加哥、得克萨斯、密西西比以及佛罗里达都有销售中心,其业务已拓展到全国。据他们的宣传材料显示,还要继续扩展业务到中部大西洋地区。这对夏派罗来说是个好消息,因为客户的地产正位于这一带的中部。

渐渐地,夏派罗获得的信息越来越多。就在那时,他想到了他的朋友阿尼,阿尼在那个地方经营一家电视台。于是,他打电话给阿尼,问他是否了解 GG 建筑材料公司。阿尼说 GG 公司没有在电视台做广告,不是他的客户。不过,在一次商会的招待会上,GG 建筑材料公司的副总经理对阿尼说:"你是巴尔的摩人,能不能给我介绍几个当地的房地产经纪人?"夏派罗由此推断 GG 建筑材料公司要在巴尔的摩建立分公司,他们对房地产有迫切的需求。

谈判开始,对方反复说夏派罗定价离谱,说他们公司可能会集中精力拓展南部业务。而关注这个地区只是他们的谈判策略。这种说法显然不太诚实。他们说的与夏派罗了解的情况不一致。最后,夏派罗说尊重他们的意见,还说:"我们还有其他的选择需要考虑,比如说把这块地分割开出售(事实上也确实如此)。万一以后你们决定在我们这个地区开展业务而我们还没有把这块地卖出去,请再和我们联系。"这时,夏派罗的客户狠狠地捏了一下他的腿。很显然他有点沉不住气了,认为夏派罗太冒险。这位客户度日如年,这么多年来他这块地都无人问津,现在终于有人感兴趣了,谈判千万不能破灭。等到第十天,GG 公司打来电话,说想再谈谈。经过讨价还价,最终以 170 万美元成交。

【分析】本材料中,夏派罗之所以能沉得住气,是因为其调研工作做得好,知道对方要向中部大西洋地区扩展业务,急需地产,结果也确实达到了理想的谈判目标。国际商务谈判中,谈判人员既要勇于冒险,也要小心求证,做到胆大心细。

第五节　语言素质

语言素质是指一个人掌握和运用语言的能力。谈判实质上是人与人之间思想观念、意愿感情的交流过程,是重要的社交活动。谈判人员应该善于与不同人打交道,也要善于应对各种社交场合。这就要求谈判人员应该有较好的语言素质。

一、谈判用语

商务谈判中的常见用语有 5 种,即礼节性的交际用语、专业性的交易用语、弹性用语、幽默用语以及诱导性用语。用语的基本要求是清晰、无太大歧义、充分、完整,能准确地表达意见和意思。

1. 礼节性的交际用语

初次见面、故友重逢、分别辞行、祝贺或者慰问,通常会用到礼节性的交际用语。例如"您好,很高兴见到您""请多指教""多多关照""希望保持联系",等等。礼貌用语一般文明雅致、措辞恳切,使用时面带微笑。

2. 专业性的交易用语

与交易有关的技术专业、价格条件、运输、保险、税收、产权、法律等行业习惯用语和条例法规的提法均属于专业性的交易用语。这是商务谈判者最基本的语言工具,一般起到明确义务、简化理解、提供交易手段等作用。专业用语一般是通用的,例如《国际贸易术语解释通则》下的 11 种贸易术语,每种贸易术语下的权利与义务都是确定的。商业用语充满了计算、风险与义务的划分,谈判人员应以严谨的态度使用该种语言。

阅读材料10—18

翟天临"学术门"

2019年1月31日,艺人翟天临晒出北京大学光华管理学院博士后的录取通知书。

2019年2月8日,翟天临在直播中回答网友问题时,表示自己并不知道"知网"是什么,随后引发网友热议。有人认为,翟天临拥有博士学历,并已经被北京大学光华管理学院录取为博士后,此时说不知道"知网"很不合逻辑,并且"知网"没有收录翟天临的博士论文。

随后,翟天临微博留言称"在开玩笑"。翟天临工作室则回应表示,博士论文由校方统一上传,预计将于2019年上半年公开。然而,事件持续发酵。

2019年2月10日,四川大学官网将翟天临列入"学术不端案例"公示栏。2月11日,北影、北大相继发声。2月14日,翟天临发致歉信并正式申请退出北大光华博士后工作站。2月15日,教育部回应"翟天临涉嫌学术不端事件"称,教育部对此高度重视,第一时间要求有关方面迅速进行核查。2月16日,北大发布调查声明:确认翟天临存在学术不端行为,同意退站。2月19日,北京电影学院决定撤销翟天临博士学位,取消其导师陈浥博导资格。

【分析】网友之所以质疑翟天临博士论文造假,是因为其作为博士生不知"知网"非常不专业,不符合自己的身份。商务谈判人员必须拥有扎实的专业功底,否则一句不专业的用语,可能引发别人的质疑,造成不良后果。

3.弹性用语

说话委婉,留有余地,在适当的时候以暗示的方式表达自己的意思,往往能收到更好的效果。这一方面可以避免谈及一些不易说出口的请求,同时也能给自己留下较大的回旋余地。常见的弹性用语有"请恕我不能直接回答您的要求""我们考虑一下""下次可以详谈"等。

4.幽默用语

幽默法在国际商务谈判中用处极大,常用于调节气氛、化解尴尬与僵局,使谈判朝有利于自己的方向发展。例如,一个富翁请一位犹太画家为他画肖像,画好之后富翁却拒绝支付报酬,他的理由是:"你画的根本不是我。"画家说:"既然不是你,那我就给这幅画取名《贼》。"富翁没办法,只好付钱,并把这幅画改名为《慈善家》。

5.诱导性的用语

巧妙的诱导语,可激发需求,刺激消费。比如:"这种产品有大小两种,不知您愿意选择哪一种,不过我想是不是大的比较好呢?"或者"我觉得我们可以在未来的合作中加入这一点……"等。

阅读材料 10—19

卖粥的故事

相邻的两家小店同样卖粥,两家的销售额相差很大。究其原因,原来效益好的那家粥店的服务员为客人盛好粥后,总问:"加一个鸡蛋还是两个?"而另一家粥店的服务员总问:"加不加鸡蛋?"显然,生意好的那家服务员采用了诱导式的发问,用一个限定性的词语引导了顾客行为,增加了销量。

【分析】国际商务谈判中,诱导语非常常见,如"我们的产品是国际/国内领先的""我们的产品是XX指定产品""目前刚好有优惠"等。谈判人员应合理运用诱导语言,刺激需求。

二、语言能力

1. 语言表达能力

美国企业管理学家哈里·西蒙说过:"成功的人都是出色的语言表达者。"谈判本身是一个交流信息和磋商的过程。如果谈判双方都能充分了解对方的意图,谈判就能顺利地进行。相反,如果双方不能相互理解甚至相互误解,就很难达成协议,即使达成协议,其效力也会大打折扣。因此,一个优秀的谈判人员必须具备高超的语言技能,从而可以有效地表达自己的思想和观点。

商务谈判中,准确、生动、幽默的语言可以缓和紧张的谈判气氛、化解矛盾、帮助谈判取得成功。具体地讲,谈判者必须能清楚、流利、准确地表达自己的意见,陈述磋商的条件和协议的内容。陈述时尽量不使用意义模糊、会引起误解的词语。谈判者最好具备一定的外语能力,这样在商务谈判时自己就能判断翻译人员是否准确地转述了对方或己方话语的含义,及时消除因翻译不当而引起的误解。

另外,谈判者还要注意语言的艺术化,注意谈判语言的运用技巧,使谈判语言生动、形象、富有感染力。同样一句话,从不同的角度去讲,就会产生不同的效果。例如,有位学生问老师:"我们读书的时候可以睡觉吗?"老师听后大为恼火,指责他不认真,竟然在读书的时候想着睡觉。过了几天,另一位学生也想睡觉,便请示老师:"我们在睡觉的时候可以读书吗?"老师欣然应允,并且大为赞赏他连睡觉的时候都不忘读书。相同的要求,仅仅是变换了一个说法,竟产生了相反的效果。可见语言艺术的确有点石成金的功效。谈判人员一旦掌握了语言艺术,会对谈判产生意想不到的好处。

阅读材料 10—20

用语言技巧说服石油大亨[①]

我国某石油化工公司,在国际市场油品饱和、强手如林的情况下,靠着过硬的产品质量和商务谈判人员超人的胆识及语言技巧,从国际市场竞争的夹缝中生存下来,使我

---

① 资料来源:卢润德.商务谈判.[M].重庆:重庆大学出版社,2003.

国的石油产品在国际市场上站稳了脚跟。

有一次,该公司的商务谈判人员在美国北部宴请著名的鲁布左尔石油公司国际部经理,结果人家一句有关生意的话也没说,只顾品尝佳肴,然后就趾高气扬地走了。对此我方人员并没有气馁,第二天亲自找到该公司国际销售部总经理,开门见山地说:"希望你们能买我们的产品。"

"洋"经理很傲气地说:"你有什么本领让我们把别的公司的产品退掉,而买中国的石油产品?"听到此言,我方人员并不气恼,而是有理有据地回答道:"我公司有这个能力:第一,我们的产品有很高的信誉,能保证质量;第二,我们可以长期合作,保证长期供货;第三,我们公司有自备码头,保证交货及时,并有良好的服务,产品资料齐全,保证信守合同。"然后,他又微笑着不轻不重地吐出这样一句话:"莫比尔公司(莫比尔石油公司在美国享有盛名,是世界第六大工业公司)已购买了我们的产品。"

"洋"经理一听此言,立即放下架子,笑脸相待,同意洽谈生意。就这样,石油消耗大国的大门打开了,中国的石油产品终于在国际石油市场上拥有了一席之地。

【分析】在商务谈判中,谈判人员的信心和语言技巧对取得商务谈判的成功非常重要。本材料中,我方人员的回答有理有节、不卑不亢,表现出很高的语言技巧,为谈判成功奠定了良好的基础。

2. 语言理解能力

除了语言表达能力,谈判者还应具备准确理解和分析对方话语意义的能力。及时、准确地了解对方的意图是采取相应对策的前提。

(1)认真倾听,准确理解。首先要做到认真倾听并理解对方的意思。集中注意力,了解对方观点,理解他们想要表达的意思,并不时地插一句"如果我没有理解错的话,您的意思是不是……"对方会因为有人倾听并且听懂其意而感到满足。

(2)考虑对方需求。其次,考虑对方需求,理解对方的压力,但同时表达己方观点。态度积极,措辞明确,清楚表达对方观点中的长处。不妨说:"您的理由很充分。我表示理解,但是……"理解对方,但同时又绝不赞同对方的意见。只有让对方确信你领会了他们的意思,才可能向他们阐述自己的观点,大大增加双方根据实际情况进行调整的可能。

(3)了解隐含之意。在国际商务谈判中,英语是通用语言,一些字面意思之外的隐含之意会以各种形式大量出现,生动形象地传达商务信息。如果我们能正确理解谈判对方话语的隐含之意,就能更好地沟通与合作。我们要理解英语语境中的隐喻可能会存在一定难度,这就需要平时在对外商商务活动中多看、多记、多积累,提高对英语隐喻的敏感性和理解力。

阅读材料 10—21

话外之音

英国前首相撒切尔夫人访问中国时,与一位中国官员在一次宴会上进行过以下对话。

中国官员：您看起来气色很好。翻译：You look well.

撒切尔夫人回答：I wear well. 翻译：我穿得好。

中国官员：您衣服的颜色好看。翻译：The color of your dress is beautiful.

撒切尔夫人接着说：It is the color of my party. 翻译：我出席晚会时才穿这个颜色的衣服。

其实，"wear well"词组在不同的语境下有不同的含义，可以理解为"well dressed"（穿得好），也可以指"stay in good condition"（经得起折腾）。中国官员称赞衣服颜色好看，撒切尔夫人的回答是"It is the color of my party"。Party 一般指晚会、聚会，也可以指党派、党政，这里显然指党派，即"这是我们（保守）党的颜色。"

【分析】众所周知，撒切尔夫人是保守党的领袖，她个性鲜明、作风泼辣、行事果断，素有"铁娘子"之称。这句话内涵丰富，寓意深远，体现了一位政治家的幽默。翻译人员显然没有充分领会对方含义，浅化了对方语言的思想。

阅读材料10-22

那些"神"翻译

据说，拿破仑被放逐到厄尔巴（Elba）岛时说过一句话：

Able was I ere I saw Elba.

这句话为回文，也就是无论从左到右读，还是从右到左读，都是完全相同的。其中ere是"before"的古英语形态，所以整句话的意思是：

Able was I before I saw Elba. 在看到厄尔巴岛之前，我无所不能。

上述翻译固然没什么问题，但却没有在译文中反映出原句巧妙的结构。因此，许渊冲先生将其翻译为："不到俄岛我不倒。"两组近音词"不到"和"不倒"、"俄"和"我"首尾呼应，遣词造句精妙至极，极大程度还原了原文中的韵味。可这并不算完，马红军老师给出了另一种译法："落败孤岛孤败落"，令拍案叫绝。

一般的翻译仅要求完整、正确的表达语句含义，而有些翻译将原句中的韵味表达得淋漓尽致，被称为"神翻译"，比如：

①Let life be beautiful like summer flowers and death like autumn leaves. ——泰戈尔
生如夏花之绚烂，死如秋叶之静美。——郑正铎 译

②I leave no trace of wings in the air, but I am glad I have had my flight. ——泰戈尔
天空没留下翅膀的痕迹，但我已飞过。——郑正铎 译

③Life is dear, love is dearer. Both can be given up for freedom. ——裴多菲
生命诚可贵，爱情价更高，若为自由故，两者皆可抛。——殷夫 译

④In me the tiger, sniffs the rose. ——萨松
心有猛虎，细嗅蔷薇。——余光中 译

⑤What's past is prologue. ——莎士比亚
凡是过去，皆为序章。——朱生豪 译

⑥A fall into a pit, a gain in your wit. ——英国谚语

吃一堑,长一智。——金岳霖 译

⑦Here lies one whose name was written in water. ——济慈墓志铭

此地长眠者,名声水上书。

⑧He who fights with monsters should look to it that he himself does not become a monster. And when you gaze long into an abyss the abyss also gazes into you. ——尼采

与恶龙缠斗过久,自身亦成恶龙;凝视深渊过久,深渊回以凝视。——孙仲旭 译

除此之外,在电影市场,越来越多的翻译人员用简短的文字遣词达意,延伸更深层次的意境,很贴合观众胃口。

【分析】语言的生存发展离不开其赖以生存的社会文化环境,社会文化又在一定程度上制约着语言使用者的思维方式和表达能力。翻译不仅是语言的转换过程,也是从一个国家文化移植到另一个国家文化的过程。翻译人员必须对各国文化差异深入认识,对社会背景知识有所了解,以便实现更好的沟通效果。

三、交际能力

国际商务谈判中,有很多情况都是同一客户与自己多次打交道,或者对方是自己潜在的长期合作对象。这时候,双方建立互信互重的友谊对于谈判工作的顺利进行很有好处。因此,谈判人员要能够与不同类型的人友好相处,充分显示人格魅力,善于交朋友,让对方信任你。

商务谈判人员要善于赞美别人。称赞是对他人的肯定,交往中注重肯定对方的价值,有利于谈判双方建立融洽的关系。俗话说"良言一句三冬暖",与客户见面时,简单几句赞美的话语能迅速拉近彼此距离,往往可以收到出其不意的效果。选择恰当的时机和适当的表达方式对对方进行赞许是增进彼此感情的催化剂。

谈判人员还要善于化解冲突。当谈判陷入僵局时,积极沟通、澄清误会、消除障碍,找到解决问题的方法,有效解决冲突,化解矛盾。

阅读材料 10—23

韦普的推销之术[①]

约瑟夫·韦普是美国菲德尔费电气公司的推销员。一天,他到宾夕法尼亚州的一家农庄去推销用电。他来到一家整洁而富有的农户门前,有礼貌地敲了好久的门,门才打开一道小缝。

"你找谁?"说话的是一个老太太,"有什么事?"

韦普刚说了一句:"我是菲德尔费电气公司的……"门砰的一声就关上了。

韦普只好再次敲门,好半天门才打开,仅仅露出一条小缝。不等韦普开口,老太太就毫不客气地破口大骂。

---

① 资料来源:百度文库.

韦普改变语气,说:"很对不起,打扰您了。不过,我不是为电气公司的事而来。我只是想向您买点鸡蛋。"老太太把门开得大了一点。

"多漂亮的多明尼克鸡啊!我家也养了几只,"韦普继续说:"可就是不如您养得好。"

老太太狐疑地问:"你家有养鸡,为何还来找我买鸡蛋?"

"我家养的鸡只会生白蛋啊!"韦普懊丧地说:"老太太,您知道,做蛋糕时用黄褐色的蛋比白色的好,我太太今天要做蛋糕,所以……"

老太太高兴了,立刻把门打开,把韦普请入房中,韦普一眼瞥见房中有一套奶酪设备,于是推测出老太太的丈夫是养乳牛的。

"老太太,我敢打赌,您养鸡一定比您先生养乳牛赚钱多!"这一句话,一下子说到了老太太的心上——这正是老太太最引以为豪的事情。气氛一下子热烈起来,老太太视韦普为知己,无所不谈,甚至主动地向韦普请教用电的知识。两周后,老太太向韦普的菲德尔费电气公司提出了用电申请。此后,老太太所在的那个村庄都开始使用菲德尔费电气公司所提供的电了。

【分析】商务谈判人员要有充足的知识储备、灵活的头脑和应变能力,才能随机应变,侃侃而谈。用诚挚的语言称赞对方,容易使对方对你产生好感,并乐意接受你的请求,满足你的需要,为谈判成功奠定基础。

第六节　礼仪素质

除了身体素质、道德素质、业务素质、心理素质、语言素质之外,国际商务谈判人员还应具有稳定的礼仪素质。

礼仪素质指人在礼仪方面所具有的相对稳定的基本品质。《三字经》有云:"为人子,方少时。亲师友,习礼仪。"孔子也曾说过:"人无礼,无以立。"中国自古以来就是一个非常重视礼仪的国家。礼仪是一个人修养的反映,在商务谈判中,也是影响谈判气氛与进程的一个重要因素。

一、外塑形象

无论是在国际交往中,还是在国内交往中,员工的个人形象代表着组织的形象,代表产品和服务的形象,特别是国际商务谈判人员,一定要学会如何在不同场合时展示自己以及维护自身的良好的形象。

(1)仪容端庄。仪容是个人形象的重要组成部分,是留给别人的第一印象,仪容端庄是个人礼仪的基础规范。

(2)服饰得体。服饰穿戴应遵循国际通行的"TPO"(Time、Place、Object)三原则,即穿着要应时、应地、应己。

(3)仪态优雅。国际商务谈判人员的仪态举止应体现秀雅合适的行为美,即"站有站相、坐有坐相、行有行相",工作紧张而不失措,休息时轻松而不懒散,与宾客接触时有礼而不自卑。

阅读材料 10—24

着装不当致谈判失败

中国某企业与德国某公司洽谈某种产品的出口业务。按照礼节,中方提前10分钟到达会议室。德国客人到达后,中方人员全体起立,鼓掌欢迎。德方谈判人员男士个个西装革履,女士个个都身穿职业装;反观中方人员,只有经理和翻译身穿西装,其他人员有穿夹克衫的,有穿牛仔服的,更有甚者穿着工作服。现场没有见到德方人员脸上露出期待的笑容,反而显示出一丝的不快。更令人不解的是,预定一上午的谈判日程,半个小时内就草草结束,德方人员匆匆而去。

【分析】本材料中,中方人员提前10分钟来到会议室,德方到达时全体起立、鼓掌欢迎,这些都符合国际商务谈判礼仪,表明中方对此次谈判很重视。然而,中方代表着装混乱,在德方看来,中方不重视这次谈判,因此心中产生不快,只好匆匆结束谈判。商务谈判礼仪一方面要求规范自己的行为,表现出良好的素质修养;另一方面要求更好地向对方表达尊敬、友好和友善之意,增进双方的信任和友谊。因此商务谈判人员应从自身的形象做起,在商务活动中给人留下良好的第一印象。

二、内修涵养

除了外在形象,内涵修养也反映了一个人的综合素质,是优秀商务谈判人员的亮点。恰到好处地展示自身的内在素质对于国际商务谈判人员来说非常重要。谈判人员的内涵修养主要体现在言谈举止上。

言语体现谈判者的修养水平。说话时要注意对方的心态和时机,密切注意对方是否感兴趣、接受程度怎样,以便根据实际情况及时调整话题。在社交场合使用一些约定俗成的客套话,讲话要富有情感。与人交谈时,神情专注,态度诚恳。当对方说话时,认真倾听,并伴有一些交流的体态语,如点头等。说话要有角色意识,要注意自己和对方的身份,不能主次不分、没大没小。还要注意场合,考虑措辞。

阅读材料 10—25

失误的电话

LD公司销售部文员陈小姐大专刚毕业后通过朋友介绍进入公司工作。某一天,部门经理外出,陈小姐正在打印文件,电话铃响了,陈小姐与来电者的对话如下:

来电者:"是LD公司吗?"陈:"是。"

来电者:"你们经理在吗?"陈:"不在。"

来电者:"你们是生产塑胶手套的吗?"陈:"是。"

来电者:"你们的塑胶手套多少钱一打?"陈:"18元。"

来电者:"16元一打行不行?"陈:"不行的。"

说完,她"啪"地挂上了电话。上司回来后,陈小姐也没有把来电的事告诉上司。

过了一星期,上司提起他刚谈成一笔大生意,以14元一打卖出了1100万打塑胶手套。陈小姐脱口而出:"啊呀!上星期有人问16元一打行不行,我说不行的。"上司当即脸色一变说:"你被解雇了。"陈小姐哭丧着脸问:"为什么啊?"

【分析】陈小姐之所以被解雇,一是没有对客户使用敬语,二是没有摆正身份角色,代替领导表态,事后也没有及时向经理汇报电话内容。在谈判团队中,每个成员都有特定的角色,一般情况下应做好本职工作,避免言语不当。

谈判者的行为举止要注意情境、角色、距离等,应恰到好处。在办公室、谈判桌、宴会等不同场合表现出来的举止神态应符合情境,符合自身身份,有角色意识。尤其是特殊人物的举止更要格外关注。在社交活动中,距离的远近具有特定的含义,因此要注意保持合适的距离。

阅读材料 10—26

最"抢镜"女记者

2018年3月两会期间,一名着蓝衣女记者因为身边另一名着红衣的女记者提问冗长,不耐烦地皱眉、翻白眼,被电视直播下来,迅速爆红网络。

图 10-3 资料图

视频中,红衣记者张某在提问,旁边的蓝衣女记者梁某先是挂着自己的下巴撇眼看着红衣女记者,随后紧紧皱着眉头,并翻了一个白眼,之后,干脆转过身去上下打量了红衣女记者两眼。整个表情动作都清晰地传达着不屑、鄙夷。在国家级别的会议直播中,这种"情绪饱满"的表现让人们沸腾了。

视频迅速在网上传播,引起广泛讨论。一部分人认为蓝衣女记者真性情,表情"搞笑""精彩";也有很多人认为梁某的做法给自己所在的媒体、给会议的庄严性、给社会舆论都带来了负面影响。后来梁某因为自身不专业的做法被吊销了记者证。

【分析】在涉外商务场合,个人形象代表了集体形象和国家形象。别人说话时注意听,有不同的意见大大方方地提,是良好修养的体现。商务谈判人员是商务谈判的主要参与者,其素质高低直接关系到谈判的成败。在国际商务谈判中,谈判人员一定要注意言行举止,否则可能因为一个小小的细节前功尽弃、功亏一篑。

三、社交规范

掌握规范的社交礼仪,能为谈判营造和谐融洽的气氛,进而建立、保持、改善人际关系。

会面时,得体、恰当的寒暄会使对方如沐春风,不仅反映出自身的修养,还能体现对对方的尊重,甚至影响双方关系的发展。寒暄有时需要行礼,行礼要符合国情,适合常规。

介绍要简单明了,内容规范,态度应自然友善,实事求是。介绍应选择合适的时机,还要掌握分寸,言语得当。

阅读材料 10—27

失败的自我介绍

2019 年 3 月,国家线公布后,各大院校都忙着研究生的招生工作。

报考清华大学工程物理系核能与核技术工程(专硕)的北京邮电大学 19 级毕业生焦某(女)以初试第一的成绩(376)获得了复试资格,但面试成绩仅 60 分。该女生发微博称遭到性别歧视(在专业复试中,除焦某外,其余 13 名均为男性)。事件一发布,顿时引起舆论广泛关注。

经深入了解,焦某在英文自我介绍中自称大学学的是"应用物理专业",但爱好广泛,攻读了中央财经大学的会计双学位,还自学心理学,并讲述了开网店、旅行学心理学等经历,但对科研经历、项目、论文、竞赛、研究生规划等没有涉及,没有展现专业知识和科研潜力,最终无缘清华。事后,焦某在微博上为自己的不当言论道歉。

【分析】研究生招生中,面试的导师们都是相关领域的精英学者,他们通过询问个人学术经历和专业问题就可以知道考生对专业知识的掌握程度。在本材料中,焦某正是因为在自我介绍时,侧重于出国、开店、微博营销等经历,而专业问题说不清,导致面试失败。自我介绍是向别人展示自己的一个重要手段,不仅反映一个人的语言组织能力、逻辑思维能力、沟通能力等,也是一个人综合素质的体现。良好的自我介绍应该在基于对自身全面认识的同时,深入了解对方的需求,表明二者之间的匹配和适合。

在谈判过程中,要遵守一些谈话礼仪准则,包括尊重他人、谈吐文明、话题适宜、善于倾听、以礼待人等。谈判过程中的用语是非常重要的,在恰当的时机选择适当的词语表明自己的立场、观点、态度,注意语速、语调和语气。

在谈判过程中,有时会通过宴请加强双方交流、增进彼此感情。宴请礼仪在国际商务礼仪中占有非常重要的地位。中餐和西餐的就餐礼仪有较大区别。中餐座次原则是:面门为上、以远为上,居中为上,居右为上,临台为上、开阔为上。西餐座次原则是:女士优先,恭敬主宾,以右为尊,面门为上,交叉排列。商务谈判人员应注意学习和掌握。

第十章 国际商务谈判人员必备素质

本章小结

国际商务谈判是一种复杂的跨国、跨文化的经济活动,所以谈判人员应具备包括身体素质、道德素质、业务素质、心理素质、语言素质、礼仪素质等 6 个方面的素质和能力。良好的身体素质是谈判成功的基础;道德素质体现一个人的道德水平和道德风貌;业务素质是商务谈判人员进行谈判的必要条件;心理素质有利于谈判人员更好地应对各种突发情况;语言素质和礼仪素质是影响谈判气氛和进程的重要因素。因此,谈判人员应建立谈判的素质意识,努力提高个人素质涵养和业务能力。

练习题

一、名词解释

1. 道德素质
2. 业务素质
3. 心理素质
4. 语言素质
5. 礼仪素质

二、简答

1. 商务谈判人员应具备哪几个方面的心理素质?
2. 试举例说明国际商务谈判人员应具备怎样的道德素质。
3. 试举例说明国际商务谈判人员为什么要具备良好的业务素质。
4. 试举例说明国际商务谈判人员应具备怎样的礼仪素质。
5. 国际商务谈判人员应如何提高个人素质?

三、案例分析

某国一公司曾派代表前往日本谈判。日方在接待时得知其计划两个星期后回国。日方没急着开始谈判,而是花了一个多星期时间陪他到处游玩,晚上安排宴会。谈判终于在第 12 天开始,但每天都很早结束,为的是安排其去打高尔夫球。直到最后一天,日方才谈到重点。但这时外贸公司人员已无时间和对方周旋,只好答应对方条件,签订了协议。这种手段不仅仅拖延时间,更重要的是能软化人的心理,如果接受了其邀请,就已实现了日方的第一步计划,该代表也会不好意思拒绝对方的要求,毕竟"吃人家嘴软,拿人家手短"。其实该代表已违背了商务谈判原则:公事绝不能成为私利的牺牲品,这关系到一个谈判者的根本素质。

思考:

1. 案例中该公司代表违背了哪种素质?

2.除了文中所提,国际商务谈判人员还应具备哪些基本素质?

实训·情景模拟

实训目标:通过实训帮助学生认识国际商务谈判中谈判人员自身素质的重要性,重点考察语言素质,从实训情景中捕捉信息完成实训过程。

实训组织:1.将学生分成若干小组,每组成员2人;

2.可以直接由小组成员表演完成,可以相互交流;

3.小组成员依次发言阐明观点,经过自由讨论达成一致意见,最后进行总结陈词。

实训内容:2人一组,其中一人根据指导教师给定的图形进行语言描述,另一个人根据描述画出给定的图形,双方可以沟通。

实训思考:如何提高语言表达能力和团队协作能力?

第十一章　国际商务谈判风格与礼仪

学习目标

(一)知识目标
1. 了解世界主要国家商人的谈判风格；
2. 了解世界主要国家的礼仪与禁忌。

(二)技能目标
会灵活应对与不同国家商人的谈判。

开篇案例

"龙永图，你不要再递条子了"

1995 年，中国正式申请加入 WTO，并根据要求与 WTO 的 37 个成员逐一开始拉锯式的双边谈判，其中最复杂、最艰难的莫过于中美之间的谈判，前后多达 25 轮。最后一天，中美之间仍剩下 7 个问题无法达成共识，谈判陷入僵局之际，时任国务院总理的朱镕基亲赴现场。谈判桌上，美国人抛出的前 3 个问题，朱镕基都说"我同意"。龙永图着急了，不断向朱镕基递纸条，上面写着"国务院没授权"。但朱镕基一拍桌子，说："龙永图，你不要再递条子了。"当美方抛出第 4 个问题时，朱镕基提出："后面 4 个问题你们让步吧，如果你们让步我们就签字。"5 分钟之后，美方同意了中方的意见。当日下午 4 点，中美签署关于中国加入 WTO 的双边市场准入协议，双边谈判正式结束，也为中国与其他主要贸易伙伴的谈判奠定基础。

【分析】中美双边谈判是中国"入世"谈判中最艰难、最关键的谈判。本材料中中国"入世"谈判首席代表龙永图递条子的做法正是中国谈判风格的真实写照。中国谈判代表谈判中很大程度受到权限的约束，在相关谈判中容易"裹足不前"，不断请示。正是因为朱总理亲自上阵，才打破僵局，破除谈判瓶颈，迎来中美双边谈判的新局面。

谈判风格是指受特定价值观念，文化心理，社会习俗和言语与非言语沟通方式影响的，具有民族，国家，或性别等特点的交往或商谈交易的方式和方法。当代中国人的谈判风格是在中国传统文化以及西方文化的混合体共同影响下的中国特色的交往或交易方式方法。

第一节 美洲国家商务谈判风格与礼仪

一、美国

(一)美国人的商务谈判风格

1. 直截了当,自信幽默

美国谈判人员有着与生俱来的自信和优越感,喜欢单独行动,因此他们的谈判班子往往较小,充分发挥了个体独立性。在美国人看来,直截了当是尊重对方的表现。在谈判桌上,美国人精力充沛、头脑灵活,喜欢在双方接触的初始就阐明自己的立场、观点,推出自己的方案,争取主动。

美国人认为谦虚是自己最大的敌人,是不自信的表现。美国人谈判时,说话声音大、频率快,幽默感十足,每当谈判陷入僵局或者气氛变得紧张时,他们的幽默感就可以起到缓和谈判气氛的作用。美国人的思维模式使其在谈判中习惯于迅速、直接地将谈判引向实质阶段,讨论具体问题。语言直率、干脆、直入主题是他们的谈判风格。他们欣赏谈判对手的直言快语。在发生纠纷时,他们态度认真、坦率、诚恳,有时也会争得面红耳赤。中国人在发生纠纷时,常赔笑脸以示豁达。东方人所表现的谦虚、耐性、涵养可能会被美国人认为是虚伪、玩世不恭、自认理亏,由此产生误会和隔阂。

2. 鼓励竞争,讲究实际

美国人认为竞争是永恒的,也是证明一个人社会地位的手段,但同时也需要与人合作。但美国人所理解的"竞争"胜利并不是"唯我独尊",而是得到别人的理解和认可。个人独立性形成美国人高度的竞争意识,但美国人尊重工作中的合理分派及协作配合,他们善于把握机会,勇于开创。另外,美国人清楚地认识到过去的胜利只能说明过去,明天会有更多的挑战,要乐观地面对挑战,参加竞争。

美国人讲究实际是出了名的。实用的价值观在美国传统文化中占有突出的地位,他们一般不沉湎于无现实意义的纯理论探讨,更倾向于做那些对人生、对社会有实用价值的事情。美国人追求利益最大化,更加强调个人的能动性,独立行动。

3. 重合同,法律观念强

美国人的法制观念根深蒂固,律师在谈判中扮演重要角色。凡遇商务谈判,特别当谈判地点设定在国外时,他们一定会带上自己的律师。美国人特别看重合同,十分认真讨论合同条款,尤其重视合同违约的赔偿条款。如果遇到签订合同,却不能履约的情况,就会严格按照合同的违约条款要求对方支付赔偿和违约金,不讲究人情,公事公办。

4. 时间观念强，注重效率

美国谈判人员重视效率，在谈判过程中，在谈判桌上喜欢直截了当，不喜欢拐弯抹角，不讲客套，总是能迅速将谈判引向实质阶段。他们不会浪费时间去进行毫无意义的谈话。美国谈判人员为自己规定的最后期限往往较短，力争每一场谈判都能速战速决，如果谈判突破其最后期限，那么很可能会面临破裂结局。

5. 注重包装

美国商人既重视商品质量，也重视商品包装。美国人不仅对自己生产的商品不遗余力地追求内在品质和包装水平，而且对于购买的外国商品也有很高的要求。

（二）美国人的商务礼仪与谈判禁忌

成功的谈判除了归因于谈判原则、谈判时机、谈判策略、谈判艺术等多种因素，还应取决于良好的商务礼仪效应。

1. 美国人的商务礼仪

（1）着装礼仪。美国人穿着崇尚自然，注重整洁。与美国商人会面时，要讲究服饰，注意整洁，以穿西装为佳，特别是鞋要擦亮，手指甲要清洁。

（2）时间礼仪。美国人的时间观念很强，与美国商人谈判时必须遵时，办事必须高效。上门拜访需要提前预约，提前发邮件；临时去他们公司会引起反感。他们不喜欢事先没安排妥当的不速之客，早去或迟到都是不礼貌的。

（3）见面礼仪。美国人见面礼仪特别简单，美国商人较少握手，即使是初次见面，也不一定非先握手不可，时常是点头微笑致意，礼貌地打招呼就行了。

（4）空间礼仪。美国人习惯保持一定的身体距离，交谈时，彼此站立间距为0.9米左右为宜。每隔2秒至3秒有视线接触，以表示对话题感兴趣。与美国人谈判，绝对不要指名批评某人。

2. 美国人的谈判禁忌

（1）缺乏效率，不守时。美国人的时间观念很强，在他们的观念里，时间也是商品，时间就是金钱。他们常以"分"来计算时间，他们在谈判过程中连一分钟也舍不得去作无聊的会客和毫无意义的谈话。美国谚语"Don't steal time"就是真实写照。美国人强烈的时间观念，保证了谈判的高效率。同时他们喜欢一切井然有序，不喜欢事先不作安排，谈判起止时间、地点，都必须预先约定。双方见面之后，稍作寒暄，便开门见山，直接进入谈判正题，很少有不必要的废话。

（2）把降价作为达成交易的王牌。美国人认为货好不降价，"大酬宾""大减价""买二送一""有奖销售"等促销活动在美国人看来是对自己的商品缺乏信心的表现，是自己的商品不过硬的结果，或是根本不懂经商赚钱的无能做法。美国人认定"一分钱一分货"。

（3）轻视律师和合同。美国人非常重视律师和合同的作用。在谈判时，他们尽可能让称职的律师参加谈判。他们注重合同，严守合同信用，不依靠人际关系，只承认有法律保障的合同契约。因此,同美国人谈判时,也要带上己方的律师,并且要熟悉美国复杂的法律。

阅读材料 11—1

传统美国与精英美国①

2018年中美贸易战的爆发在于美国国内"两个美国"矛盾的激化以及"两个美国"的矛头全部指向中国。具体而言,"两个美国"分别指代精英的美国和传统的美国。就对外贸易而言,"精英的美国"和"传统的美国"分歧的聚焦点在于是否需要与世界其他国家建立和保持联系。

"精英的美国",即我们所习惯和熟知的美国,比如高校学者、世界银行、华尔街等金融机构等等,而这一部分群体也恰恰是我们中国学者和精英阶层赴美学习工作过程中能够接触到的主要群体,这些导师和同学大都是美国社会中的精英之精英,毫无疑问,他们能够很好地代表一个"精英的美国",但未必能够完全地反映真正的美国人,因此,在国内,那些发自内心认为自己最了解美国的人,对于真正的美国的了解恐怕在一定程度上是存在局限的。对于"精英的美国"而言,他们的对华政策向来基于"中国将逐步自由化并融入由美国主导的现行国际秩序"的假设,只要充分保持对华优势,美国就能够阻止中国在军事领域试图与美国竞争,其关键在于"美国主导",无论是上世纪的布雷顿森林体系,还是两极格局瓦解后的单极世界,由精英群体统治下的美国都谋求在世界范围内各项事务各个方面的绝对领导权和控制权。

"传统的美国"则是一个我们相对较为陌生的美国,他们的意识形态和利益诉求深深地植根于清教徒理念之中,正如哈佛大学已故政治学学者萨缪尔·亨廷顿(Samuel P. Huntington)在其去世前的著作《我们是谁:美国国家特性面临的挑战》一书中所写,美国的国民性不是在1775年形成的,而是在17世纪的最初几批定居者来到北美时就已经形成了。这些最早来到北美的英国清教徒,他们不是殖民者也不是移民者,他们不是作为英国的代表来到北美开疆拓土的,而是为了逃离本土的宗教迫害来到美国寻求新的生存空间的,从那时起,美国的国民性就已经形成了。

(三)与美国商人谈判的注意事项

1. 考虑其性格特点

美国人热情坦率,中国谈判者应跟上美国谈判者的谈判节奏。如美国谈判者喜欢直接谈具体条款,中方谈判者可以从对方的习惯出发,调整思维从具体条款开始谈判。这样会使美方觉得中方尊重他们,他们也会相应地尊重中方一些的谈判习惯,进而使谈判氛围变得和谐友善。

---

① 资料来源:清华大学中国与世界经济研究心.以斗促合、苦练内功,打造中美合作关系新格局—清华中美经贸关系战略报告[EB/OL].央广网,2018—07—12.

2. 借助其心理特征

针对美国谈判人员准备充分且专业的特点,中方谈判人员在谈判前要认真做好市场信息、对手信息和法律信息的搜集,在谈判过程中可以使用沉默策略,通过多听多思考,利用美国商人爱表现的心态捕捉与谈判相关、有用的信息。

3. 变通谈判方式

国际经济全球化使国际贸易日趋频繁,各国商人的谈判风格深受影响。同样,美国商人为了取得谈判的成功,也会不断作出改变,采取不同的策略和手段。他们精于分析和计算,我们也应施展策略以获取经济利益。

4. 明辨是非且务实

中方谈判者在与美国商人谈判时,要采取直接、务实的语言策略。在谈判中尽可能直截了当,避免使用诸如"可能""也许"之类模棱两可的回答。语气要坚决而礼貌,要善于发问,让对方了解你的想法。

二、加拿大

(一)加拿大人的商务谈判风格

加拿大居民大多数是英国和法国移民的后裔,在加拿大从事对外贸易的商人也主要是英国后裔和法国后裔。

英国裔商人同法国裔商人在谈判风格上差异较大。英国裔商人谨慎、保守、重守信誉。他们在进行商务谈判时相当严谨,一般要对所谈事物的每个细节都充分了解,才可能答应要求。英国裔商人在谈判过程中喜欢设置关卡,一般不会爽快地答应对方提出的条件,所以从开始谈判到确定价格这段时间的商谈是颇费脑筋的,对此要有耐心。不过,一旦签订契约,英国裔商人在执行时很少出现违约的事情。法国裔商人没有英国裔商人那么严谨。刚刚开始接触时,他们都非常平易近人、客气大方。但是只要坐下来谈实质问题时,他们就判若两人,讲话难以捉摸。若希望谈判成功,就要有耐性。法国裔商人对于签约比较马虎,常常在主要条款谈妥之后就急于要求签约。他们认为次要的条款可等签约后再谈,然而正是那些未引起重视的次要条款成了履约纠纷的导火线。因此,与他们谈判时应力求慎重,一定要在所有合同条款都定得详细、准确后,才可签约,避免不必要的纠纷。

加拿大人喜欢缓和的推销方式。他们不喜欢过分进攻、激进的推销方式。避免过度夸大自家产品和贬低他家产品的宣传。也不要过度抬高自家产品的最初价格。许多加拿大购买商都很厌烦高低价策略。此外,在进入市场时要预留一定的盈利空间,保证未来的发展,但不要留得过多。加拿大商人常使用比较固定的贸易术语、运输及支付方式,比如与加拿大商人开展轻纺产品合作时,一般常用的贸易术语是FOB,运输方式以船运为主。支付方式为信用证或者电汇,且一般都是即期。

加拿大人更多地采用"双赢"(win-win)商务策略,因为他们知道这种策略常带来更大的回报和更长时间的合作。因此,与加拿大商人进行商务谈判时,可以稍作次要利益的让步以实现共赢局面。

(二)加拿大人的商务谈判礼仪与禁忌

(1)会见礼仪。在加拿大从事商务活动,首次见面一般要先作自我介绍,行握手礼,在口头介绍的同时递上名片。在正式谈判场合,衣着要整齐庄重。加拿大人有较强的时间观念,他们会在事前通知对方参加活动的时间。亲吻和拥抱礼虽然也是加拿大人的礼节方式,但仅适用于熟人、亲友和情人之间。

(2)谈判氛围。谈判氛围是否良好跟双方谈的过程和结果有很大关系。若谈判出现僵局,切不可急于追问或应答,而应作暂停,稍事休息,待双方谈判团队调整好状态后重回谈判桌;也可以将矛盾点暂时搁置,从其他方面谈起。

(3)宴请礼仪。有时间就宴请,没时间就简餐。欧美人在商务洽谈的时候,普遍把工作放在第一位,关于宴请一般比较随意。如果有私人宴请,要带鲜花或小礼品,服饰偏重于便装。

阅读材料11—2

加拿大风俗禁忌

与加拿大商人谈判,要注意如下问题:在加拿大,人们忌讳白色的百合花,因为百合花通常用于葬礼,给人们带来死亡的气氛;虽然加拿大和美国相邻且加拿大的经济严重依赖于美国,但他们不喜欢外来人把他们的国家和美国进行比较,尤其是不能接受拿美国的优越方面与他们相比;不要涉及宗教信仰、性问题、工资待遇、年龄以及买东西的价钱等敏感问题,以免引起误解和争执。此外,使用幽默也要小心,在加拿大的许多地区,社会团体的政治立场很鲜明。

(三)与加拿大商人谈判前的注意事项

(1)谈判地点。谈判地点需要提前预约好。相对来说,大客户一般会选择较为正式的场合。谈判地点既可以设在我国境内,也可以设在加拿大,根据往来信函或电话的预约来定。

(2)谈判时间。加拿大人很多事要事先预约,不速之客是不被欢迎的。因此,与加拿大商人进行谈判需要提前一周时间预约。此外,加拿大人大多数信奉新教和罗马天主教,他们忌讳"13"和"星期五",认为"13"是厄运的数字,"星期五"是灾难的象征。

阅读材料11—3

加拿大人的时间观念(一)

国内一家出版社的老总去访问加拿大一家非常出名的出版社,在驱车去之前特地询问秘书是否已经与对方预约,秘书回复在国内就已经发了电子邮件。但是到了出版社后,接待人员说:"对不起,我们没有收到你们的邮件。今天我们开会,不能安排见面。"老总还怀着侥幸心理,认为自己作为合作伙伴大老远从中国来,总能见一面吧,但是对方态度坚决地拒绝了。

阅读材料11-4

加拿大人的时间观念(二)

国内一名代表商和加拿大一家品牌出版社谈一个签约合同,约定时间是上午9点30分。代表商由于住得比较远,担心路上堵车迟到,早饭没吃就出发了。一路上的交通比想象中的要顺畅,提前半个小时就到达了出版社。到了之后,服务台人员给负责人打了个电话,然后很客气地对代表商说:"请你们坐在这里等一等,9点30分再进去。"

【分析】加拿大商人时间观念较强,对事对人都比较严谨,预约是基本的素质礼仪。加拿大人办事情需要事先预约,公事预约,私事预约,去朋友家串门都要预约。未经预约,不能贸然造访加拿大人的家或办公室。他们时间观念强,会事先通知对方参加活动的时间,不宜过早到达,如果对方有事稍微晚到几分钟,他们一般不会介意。

(3)了解对手。加拿大人主要由英裔和法裔组成,英裔商人和法裔商人在谈判风格、风俗习惯存在不同。因此,与加拿大人做生意时,要根据人种而变换手法,否则吃亏是在所难免的。

三、南美国家

(一)南美国家人的商务谈判风格

1. 谈判前的工作

与南美国家的公司在进行贸易往来的时候,应提前准备好对方公司的资料,了解对方公司的主要经营范围、主要的产品类型,以及产品在所在领域的受欢迎度和产品的性价比等诸多方面。

2. 双方正式谈判中

谈判主要通过邮件、视频会谈等方式进行,一般持续1~3个月,谈判团队由7~8人组成。当双方准备签订合同时,设备出口方才会前往进口方所在地,并提前准备好合同文件,并且会有精通法律的专业人士一起前往。谈判的语言以西班牙语为主,有时也用英语;最后签署的文件都用英文拟定。

相比中国公司而言,南美国家很多贸易方时间观念较差,很少准时,因此谈判前常常都要等待。一般南美贸易方做事有时候也会比较拖沓,答应你的事情一般会拖好几天,所以中方公司必须紧盯,并且不时善意地提醒。

在贸易货物的运输方面,一般以海运为主(CIF为准),支付方式上根据金额来定。一般涉及金额比较大的时候,贸易双方往往以稳健为主,选取风险比较小的交易方式。南美国家贸易方常接受的交易方式有:预付款、信用证、货到付款等,但是很少接受分期付款,因为风险比较大。

3. 签完合同之后

在谈判结束后往往会有聚餐,庆祝双发达成协议。聚餐场合的选择一般不固定,但是对就餐酒店的档次和招待规模通常有一定要求。若合作方是大公司,通常会尽地主之谊招待中方人员,所选定的酒店规格比较高;但是也会碰到一些公司需要中方请客招待。

阅读材料 11－5

巴西风俗禁忌

巴西人性格开放豪爽,待人热情有礼,其每年二三月的狂欢节是其性格的真实写照;巴西人慷慨好客,勇于表露情感,热爱阳光沙滩。在谈判桌上,巴西人号称是"难对付的杀价高手",所以与巴西的谈判持续时间一般比较长。巴西人对时间和工作的态度比较随便,他们更愿意为社交付出大量时间和精力;巴西人有时较拘礼,有时又十分随和。巴西人在正式场合十分讲究穿着打扮,主要吃欧式西餐,巴西有"咖啡王国"之称,他们天天离不开咖啡;在巴西忌讳棕黄色和紫色,回避种族意识的笑话,也不要谈论阿根廷,还应回避谈论政治、宗教以及其他有争议的话题。

(二) 与南美国家商人谈判的礼仪及禁忌

(1) 着装礼仪。根据谈判场合以及南美国家的风俗习惯,选择合适的服装。一般要求整洁、大方、得体。在实地谈判时,着装要符合场合。

(2) 见面礼仪。在双方人员碰面时,一般是男男握手,男女碰脸,如果男士关系好的话,可以在握手的同时拍拍背。

(3) 就餐礼仪。如果在南美国家聚餐,按礼仪一般是对方遵照我方礼仪为多,但是鉴于南美国家在餐桌礼仪上相对随便,中方一般也不会过多要求。双方人员会在聚餐开始之后以庆祝达成协议为开场白,而就进入相对自由的状态。

(三) 与南美国家商人谈判的注意事项

与南美国家人谈判不一定要在固定场所,平时交流也是谈判的一部分,所以要时刻打起精神;南美国家人比较注重承诺,中方答应的事一定要做到,不能随便敷衍对方;和对方交流时候,每句话可能都是谈判合同上的书面文字。

谈判一般根据产品及国际惯例来进行,双方若是有特殊要求可以提出来,例如质保一般是一年,若是对方提出要两年,则双方会针对这一问题进行详谈。另外还有价格、付款方式等诸多问题。

第二节　欧洲国家商务谈判风格与礼仪

一、英国

(一)英国人的商务谈判风格

1. 态度保守、立场坚定

英国商人较为保守,不愿当众讨论私人话题、历史或者政治。因此,在与他们交流的整个过程中,要避免谈论这些话题。

英国商人的立场极为坚定,一般要等到谈判最后才能确定协议上的各方面内容。他们依靠坚定的"不"字来争取最大利益。同时,英国商人不喜欢长时间地讨价还价。

2. 做事严谨、注重细节

英国商人做事严谨,讲究细节,喜欢调研,要有分析数据和报告。他们在谈判中很注重合同细节,会推敲所有内容。英国人比较守信用,最忌讳的就是不履行合同或随意修改合同条款;如果发生纠纷,也常常是斤斤计较,难以通融,不肯让步。

3. 谨慎、有礼貌

英国人比较冷静、持重,通常在谈判初期与对手保持一定的距离,不轻易表露感情。如果对方太亲近,他们会感到私人空间被侵犯。在谈判中,他们表现更多的是沉默、平静、自信、谨慎。

同时英国人也十分注重礼貌,对于是否握手以及谁先伸手都有讲究,要注意遵行他们的等级观念。握手是使用最多的见面礼节。英国人待人客气礼貌,像"请""谢谢""你好""对不起"一类的用语,是最常用的,即使是家人、夫妻、至交之间,也经常使用。

(二)英国人的商务谈判礼仪及禁忌

1. 着装礼仪

英国人注重服装,往往更容易以貌取人。在与他们见面时要遵循其特别的着装规定。男士应穿深色、传统的西装,领带以传统保守式样为宜,但是勿打条纹领带,因为英国人会联想到那是旧"军团"或老学校的制服领带。在非正式的情况下,英国人的衣着还是比较随意的,夹克、牛仔裤、T恤运动服等已逐渐成为日常服装。

2. 尊重传统

英国各民族遵循传统,应避免用"English"一词来表示"英国人"。如遇到一位英国商人,但他是苏格兰人或威尔士人,你称他是"English",那么他会纠正你说,他是"Scottish"或"Welsh"。因为英国其他地区的人不喜欢被称为"英格兰人",认为以偏概全,抹杀了其民族特性,所以最好将其具体称为"英格兰人""苏格兰人""威尔士人"或"北爱尔兰人",如采用"不列颠人"这一统称,也行得通。

阅读材料 11—6

英国的风俗禁忌

和英国人谈事不要随便接听手机,他们会感觉不受尊重。英国人不喜欢送礼,关系处得好就可以送礼,但不要太贵重。他们从前不习惯给中国人送礼,如果感到实在需要送礼,就到街上或者机场随便买一些小礼物。现在英国人也送中国人礼品,他们喜欢送的礼品是CD、书籍、领带与本子等。英国人重视礼仪,和英国人第一次见面礼仪大多是握手,拥抱贴脸也是正常的礼仪,但忌讳亲热的肢体语言,如果拍拍他们的肩膀,他们会很反感。

(三)英国人的风俗文化

1. 个性特点

在英国文化里,由其他人介绍自己,才有尊严。自己介绍自己一直是很丢脸的事情。如果有人故意报自己名字,那只能说明他的社会地位不高,因为没人愿意介绍他;或者说这个人太急了,没耐心。反过来,如果直接问对方叫什么,也是一种失礼行为。因此,英国人与人交往普遍慢热,又比较含蓄。对自己的想法更保守一些。很不喜欢自己心里的核心目标被他人知道,更别说刚认识的陌生人。英国人更喜欢慢慢建立关系,会委婉地试探别人。

2. 饮茶文化

在英国文化中,茶文化也占有重要地位。英国的"国饮"是与中国相似的茶品。英国是世界上最大的红茶进口国,英国人在日常生活中不可一日无茶,且将茶视为"第一饮品"。红茶在英国代表一种文化,一种艺术。以茶开始每一天,以茶结束每一天,英国的绅士们乐此不疲地重复着这样的作息规律。清早刚一睁眼,就靠在床头享受一杯"床前茶";早餐时再来一杯"早餐茶";上午再繁忙,也得停顿20分钟啜口"工休茶";下班前又到了喝茶吃甜点的法定时刻;回家后晚餐前再来一次有肉食冷盘的正式茶点;就寝前还少不了"告别茶"。

二、法国

(一)法国人的商务谈判风格

1. 提前预约

对举办商务会议与讨论会的时间安排至少提前两个星期,这一点很重要。在守时问题上,法国人自身并不会特别守时,他们的时间观念不是很强,在公共场合举行正式宴会时,有种非正式的习俗,那就是主客身份越高,就来得越迟。但法国人的时间意识是单方面的。如果对方由于什么原因而迟到,他们就会非常冷淡地接待。所以,如果有求于他们,就不要迟到,作为谈判对象,必须严格遵守法方安排的时间,否则就不会被原谅。相反,如果法国人迟到了,要学会忍耐。

2. 立场坚定,横向谈判

法国人的谈判立场极为坚定,明显地偏爱横向式谈判。他们喜欢先为协议勾画出一个轮廓,然后再达成原则协议,最后确定协议上的各个方面。当双方对合同有较大分歧时,法方一般都会先拒绝你的方案,按他们的主导议程来,直到确实不可行时,才逐步经协商改变合同内容。

3. 重视个人力量

法国人重视个人力量,大都着重于依赖自己的力量,很少有集体决策的情况。在法国个人办事权力很大。在商务谈判中,通常由一位法国人主谈并且负责决策,所以谈判的效率也很高。如果法国人在谈判时有足够的经济实力逼迫对方作出让步,那么他们是不会手软的。如果协议有利于他们,他们会要求对方严格遵守协议,如果协议对他们不利,他们就会一意孤行地撕毁协议。

4. "买卖不成仁义在"

法国人天性比较开朗,比较注重人情味,他们的个人友谊甚至会影响生意。在法国人尚未与你成为朋友之前,他们是不会和你完成大宗买卖的。因此,如果和法国人洽谈生意,就必须和他们建立友好关系,这需要做出长时间的努力。因此在谈判中可以多谈一些关于社会新闻和文化艺术等方面的话题,以活跃洽谈的气氛,制造出富有情感的氛围。如果只顾谈生意,就会被认为"此人太枯燥无味"。

(二)法国的风俗文化

1. 咖啡文化

咖啡对于法国人的重要性一如茶对于中国人一样,绝对有过之而无不及。法国有句名言:"我不在咖啡馆,就在去咖啡馆的路上。"看似简单的一句玩笑话,却是法国人生活的真实写照。因为咖啡已经真正成为了法国人生活的必需品。法国人在传承别国咖啡制作和种类的同时也进一步推动了咖啡的制作工艺。因此在接待法国公司人员时,对咖啡的准备也是必不可少的。

2. 工作态度

法国人每周的工作时长平均只有35个小时,尽管相对其他西方国家短,但是他们的工作态度却比大多数其他国家要好。法国人大都早睡早起,工作密度也很高,工作态度极为认真。法国人大都着重于依赖自己的力量,很少考虑集体的力量,个人的办事权限很大。组织结构单纯,从下级管理职位到上级管理职位只有两三级,因此在从事商谈的时候,也大多由一人承担并负责决策。法国人每个人所担任的工作范围很广,一个人能精通好几个专业,应付多项工作。

3. 生活态度

法国人喜欢度假,在他们眼中假期"神圣不可侵犯",法国也有专门的法律条文以保障度假。任何劝诱都不会使他们错过或推迟一个假期去谈判。所以如果当你希望法国人在假期中着手准备工作,以便假期后开展的话,那么这样的举动是徒劳的。同时为体现"服务业也有享受周末的权利"之诉求,法国特别立法规定,在周日,除非得到特殊许可的生活必需商店、医院等可以营业,其余的商店必须关门。

法国人将家庭、个人隐私的保护置于很重要的地位。与法国人交谈,不仅不可以询问年龄、收入等个人敏感问题,还不能询问是否结婚,因为法国人可以选择与异性结婚或同居、同性婚姻、独身等各种生活方式。

阅读材料 11—7

法国的风俗禁忌

和法国人交往,一般称呼"先生""小姐"等,且不必再接姓氏。对熟悉的朋友可直呼其名,对年长者和地位高的人士要称呼他们的姓。法国人善于使用敬称与谦称,即使是夫妻、子女之间,每天也是"请""谢谢""对不起"等礼貌用语不绝于口。法国人一般不互相送礼,除非关系融洽,法国人对礼品很看重,法国本土出产的奢侈品,如香槟、白兰地、香水等都是好礼品,但男人不能向女人送香水,因为这有过分亲热和图谋不轨之嫌。法国人禁忌菊花,只有在葬礼上才送菊花;不要送杜鹃花和其他黄色的花,黄色的花象征夫妻间不忠贞;康乃馨在法国被视为不详的花朵;牡丹、玫瑰、杜鹃、水仙、金盏花和纸花,一般不宜随意送给法国人。法国人十分讲究饮食,进餐礼节多,赴宴者应从左侧落座,坐姿要端正;敬酒干杯,即使你不会喝酒,也应将酒杯在唇边触一下,以示敬意。

三、德国

（一）德国人的商务谈判风格

德国人在商务谈判中的风格主要有重视标准、讲究效率、准备充分、重合同、守信用这几点,德国人尤其注重实干,喜欢干实事,不喜欢听恭维话,具有强烈的"实事求是"意识,不尚浮夸。在德国,人们视遵纪守法为最高伦理原则,在企业里,下级绝对服从上级,一切按规章办事,缺少灵活性和主动性;因此在与德国人进行商务合作及商务谈判时,要针对他们的风格和特点来制定谈判计划和技巧,以便商务活动更加顺利地进行。

1. 商务谈判前

关于谈判时间,只要和德国人提前确定好具体时间即可,但要注意,一旦确定不能随意变动,因为德国人做事计划性强,确定好的时间安排如果被打乱会耽误他们的其他计划,影响合作。德国人在商务活动中比较注重准时,将其视为最基本的礼貌和礼节,因此绝对不能在约好谈判时间后迟到。

德国人在商务活动中以务实高效、一丝不苟而闻名于世。他们在商务谈判前必定要进行精心、周密的准备,他们会想方设法掌握大量真实的第一手资料,做到完美无缺,不仅全面了解所要购买或销售的产品,如有可能还会在他们的工厂或你的工厂中对产品做实际演示,并且还要向有关技术人员、客户等调查情况。

他们对进行商务往来的公司,无论该公司在自己的国家里多么有名气,都要调查其资信情况,判断能否作为可靠的商业伙伴。对于缺少准备、"临阵磨枪"的谈判对手,他们往往会产生不信任感。因此,在与德国人进行谈判之前,要做好充足的准备,以应对关于公司和合作的详细问题。

2. 商务谈判中

(1) 开局阶段。德国人的思维具有系统性和逻辑性,考虑问题周到,思维缜密,计划性强。他们不愿意浪费时间,喜欢开门见山,在礼貌性的寒暄之后就直奔主题。

(2) 报价阶段。德国人喜欢明确表示他希望做成的交易,准确地确定交易的形式,详细规定谈判中的议题,然后准备一份涉及所有议题的报价表。在谈判过程中,德国人的陈述和报价都非常清楚、明确,态度坚决、果断,他们不太热衷于采取让步的方式。这在报价阶段尤其明显,一旦由德国人提出了报价,这个报价就显得不可更改,讨价还价的余地会大大缩小。最好的回击方式是在德国人报价之前就进行摸底,并作出自己的开场陈述,阐明自己的立场,但这些都要做得快速,因为德国人已经做了充分的思想准备,他们会非常自然、迅速地把谈判引入磋商阶段。

(3) 磋商阶段。德国人非常自信,他们对本国的产品极有信心,在商务谈判中,他们常常会用本国的产品作为衡量的标准。他们企业的技术标准极其精确,对于出售或购买的产品他们都要求最高的质量。同德国人做生意,一定要让他们相信本公司的产品可以满足交易规定的各方面的一贯高标准。德国人很擅长讨价还价。即使你所卖的产品是他们急需的,他们渴望购买你的产品,但是他们表面上永远不动声色。因此,与德国人谈判时要沉得住气,在交易的初期不能太着急,要尽量从多方面向他们展示你的产品。德国谈判者经常在签订合同之前的最后时刻试图让你降低价格,因此,你最好有所提防,或者拒绝,或者作出最后让步。德国人很自信,同时也很固执。自信必使德国商人在商务谈判中坚持己见,不易妥协。一旦他们提出了条件或者开了价,便大不容易与之讨价还价了。所以在与德国人谈判时要有耐心,用事实去说服他们。同他们洽谈贸易时,严禁闲谈。如果洽谈对手的思维混乱,往往引起他们的反感。

(4) 成交阶段。德国谈判代表可能会仔细地研究了全部细节,且确定满意后才和对方签署合同。为了保护他们自己,他们甚至可能会要求你对产品的使用期做出慷慨的担保,同时提供某种信贷,以便在你违反担保时他们可以得到补偿,因此在谈判时一定要注意仔细检查合同中的索赔条款并慎重考虑。一般协议一经达成,双方就会举行签字仪式,以便对谈判成果加以确认。

3. 商务谈判后

在签字仪式结束双方顺利成交后,可以对德方进行宴请,在轻松的氛围下庆祝双方顺利成交,以期将来长期有效的合作,同时还可为德方安排好游览、参观、购物及返程票等,但在款待之前需要问清德方是否愿意,如果有的德国商人不适应太过盛情的招待,就不要坚持到底,给对方压力。

德国人有"契约之民"的雅称,非常注重规则和纪律,遵守法律依据。凡是有明文规定的,德国人都会自觉遵守;凡是明确禁止的,德国人绝不会去碰它。在谈判达成后,他们崇敬合同,严守合同信用,也正因为如此,他们对合同条文研究得比较仔细,要求谈判协议上的每字每句都十分准确。一般说来,签了合同之后他们就会履行,不论发生任何问题也决不毁约。例如,尽管有时他们在发票上未签字,但到了付款日期,也一定会汇款过来。正是由于德国人在谈判达成后能如此讲究信用,他们对谈判对手也有如此要求,在签订合同之后,谈判对手应严格遵守合同上的交货日期或付款日期,任何要求宽延或变更都是不会被理睬的。德国人会对交货日期施加压力,理由是他们自己有极其严密的生产计划,你必须保证按时交货,以满足此种生产计划。因此,为了做成生意,你不仅要同意遵守严格的交货日期,可能还要同意严格的索赔条款。

此外,德国人热衷于制作各类时间规划,确定好相关议程,并根据相关计划行动,逐个破解问题。例如,在业务员展示的业务订单中,细节都写得非常清楚,包括产品描述、尺寸、材料、质量、检测标准、包装、样品(分不同阶段打样)、第三方验货等等。尤其突出的一点就是,订单执行过程的每一步都规定了截止时间,并且无论每年合作的产品种类是否变动,都需要严格按照检验标准认真进行产品检验。值得注意的是,在合同履约过程中,要及时与德方进行交流反馈,如果由于一些不可控因素需要进行变动,一定要提前和德方沟通协调。

就运输、支付与结算而言,运输方式有海运、空运、铁路,一般选择海运或铁路运输,若时间要求紧,则选择空运;支付方式有多种选择,比如先支付30%定金,出货后支付70%尾款、信用证、O/A等;具体由客户要求及双方合作关系而定;结算以美元进行结算。

(二)德国人的商务谈判礼仪

(1)称谓与问候。与德国商人来往可直接称呼名字,可在名字前加上Mr.或Ms.。德国人在社交场合与人见面时,一般惯行握手礼。他们在握手时惯于坦然注视对方,以示友好。他们与熟人、亲朋好友相见时,一般惯施拥抱礼和贴面礼。

(2)预约与赴约。对于时间的安排十分紧密且高效,拜访必须提前预约,并严格按照约定好的时间赴约,无特殊情况,绝不轻易变动。德国人应邀到别人家做客或者是外出拜访朋友,都会按点到达,不会让主人浪费时间干等或者不得不提前招待客人。如有特殊原因无法准时赴约时,都会向朋友表示歉意,并请求原谅。

(3)款待与馈赠。在邀请德国合作方来中国进行商务活动之后或者成功谈判结束后,都应该向合作方提出宴请,款待合作方。着装大方得体即可,不需要穿太正式的西装或套装。若是被邀请到德国人家里作客,这便是一种殊荣。可以在赴约时捎带上馈赠的礼物,德国人不喜欢太名贵的礼物,可以选择具有中国特色的一些礼物,例如白酒、茶叶等。参加宴会向主人赠送礼品时,应在见面之初把礼物赠予对方;当自己以东道主身份接待来宾时,通常在双方告辞之前向对方赠送礼品。

(4)饮食习惯。德国人很讲究食物的含热量,所以肉食在一日三餐中占据了突出的地位。大餐的主食多为炖或煮的肉类。德国人不是很爱吃鱼,吃的鱼也大多是海鱼,而且都要剔骨,以免出现被鱼刺卡到的情况。宴请宾客时,桌上要摆满酒杯、刀叉、盘碟。德国人习惯不同的酒要使用不同的酒杯,吃鱼的刀叉不能用来吃肉和奶酪等。德国人爱喝葡萄酒,饮葡萄酒要分不同场合采用不同饮法。

(5)宗教信仰。德国人主要信奉基督教和罗马天主教,另有少数人信奉东正教和犹太教。因为周日要做礼拜,德国一到周日或假期街上的店铺都不开门,所以和德国人进行商务活动应尽量避开周日和假期。按传统说法,德国人忌讳"13日"和"星期五",但进行国际商务活动的商人们对此已经不是特别在乎。德国人对个人隐私非常重视,忌讳他人过问自己的年龄、工资、信仰、婚姻状况等问题。

阅读材料 11-8

德国的风俗禁忌

在德国,谈判时间一定不要放在晚上或者假日。虽然德国人工作起来废寝忘食,但他们认为晚上是家人团聚、共享天伦之乐的时间,而且他们认为你也有同样的想法。在德国送花,花不能是偶数,偶数意味着倒霉,13朵也是如此。德国人喜欢矢车菊,并视它为国花。玫瑰表示求爱,蔷薇用于悼亡,因此不宜随便送人玫瑰和蔷薇。赠送其他礼品时,不宜选择刀、剑、餐刀和餐叉。德国北部人一般喜用黑、灰色,德国南部人则偏爱鲜明的色彩。德国人不喜欢使用茶色、红色或深蓝色。德国把猪、公鸡、鲤鱼视作吉祥物。德国人一般认为黑猫、公羊、仙鹤、孔雀等动物和核桃是不祥之物。

(三)与德国商人谈判的注意事项

1. 要践约守时

在和德国人进行贸易活动时,要尤其注意严格按照客户的要求来做,规定好的事情要按质、按量、按时做到。如果有做不到的地方一定要提前与客户沟通,千万不能临时变卦,在整个合作过程中保持联系、及时反馈。

2. 要了解对方个性特点

谈判者的个人魅力在商务谈判过程中起到了调节气氛的作用。个人魅力越大,谈判双方之间的谈判气氛越好,谈判双方保持忍耐力的程度也增强。德国人对于有真才实学的人是很佩服的,在中德商务谈判中,谈判者的个人魅力对谈判者策略的影响很大,这一点不同于中国国内的商务谈判行为。

如果买方和卖方的相似性比较多,也有利于促进双方谈判气氛的融洽。谈判人员在谈判前应多了解谈判对手的各种情况,如对方的喜好、性格等,如能在谈判中合理运用这些信息,会促使双方保持良好的谈判气氛,从而达成双赢的谈判结果,并间接促使谈判对手在下次的商务活动中继续合作。

3.要抓大放小,注重战略

采取解决问题倾向的战略意义非常重大,它会促使双方利润的提高,促进谈判对手对谈判结果满意度的提高,并有利于双方继续保持长期商务合作关系。与德方的谈判过程中,采用合作的态度,积极使用解决双方问题倾向的战略,尽量去营造一种融洽、积极的谈判气氛。这对于双方的谈判结果都非常有利,也有利于对手继续保持商务合作关系。

四、意大利

(一)意大利人的商务谈判风格

1.商务谈判前

谈判的时间最好要避开意大利人的休息时间。意大利人在午饭以后会有自己的休闲时间,因此在定谈判时间时,最好不要定在中午12:00~2:30之间,早上上班时间和下午3点以后比较适宜。意大利人有着散漫的特点,若是担心意大利人不能准时到场,可以提前约定几分钟,或是多说明几次。在服装的选择上,主要以简洁大方为主,不要穿得标新立异就好。在一些人比较少的小型谈判活动中,或者是与谈判对象的关系比较密切的活动中,可以给对方准备一些小礼物,主要以当地的特色或者葡萄酒、巧克力为主。

2.商务谈判中

在称呼上,意大利人姓名的组成分为两部分,与中国人的姓名顺序相反,他们是名在前,姓在后。对初次见面和不太熟悉的人、对长者、有地位的人一般都用尊称,如称呼他们的姓要在姓前面加上"先生""女士"等用语,或加上"教授""博士"等头衔,也可以不称呼他们的姓而直接称呼头衔。在正式场合的讲话或其他活动中提到时,一定要称呼全称,但一般不宜直呼大名。

在谈判时长的控制上,并没有一定的标准,主要看谈判内容是否重要。比如说次要的问题可能在一个小时内就可以解决,但如果这样的问题很多,那么可能需要几天的时间。

老派的意大利人可能会情绪多变,喜怒无常,尤其做手势时特别激动,肩膀、胳膊和手随着说话声音的节拍挥动不止。但现在很多年轻的意大利人都是很谦逊温和,很有礼貌。但要注意的是,在谈判过程中遇到一时难以解决的问题时,他们可能会变得有些急躁,这时千万不能和他们一起急躁。另外,意大利人很不喜欢在自己的观点还没有表达完时被别人打断,因此要注意避免。

3.商务谈判后

意大利人注重美食,对中国菜也很感兴趣。若有意大利代表来中国谈判,在谈判结束后可以进行宴请。在宴请时要注意适当地询问意大利代表有没有什么忌口的,或者也可以让意大利代表自己选择想吃的菜品。

(二)意大利人的商务谈判礼仪

1. 社交礼仪

刚开始见面在双方不是很熟的情况下,意大利人主要以握手礼为主,或者点头招手示意;若是见面时间长了,或是老朋友,那么见面时就可以拥抱一下。比较特殊的是意大利格瑟兹诺人,他们在遇见熟人朋友会习惯把帽拉低,以此表示对朋友的尊敬,俗称"压帽礼"。

2. 服饰礼仪

意大利人在正式场合一般都着西装,参加一些重大的活动喜欢穿三件式西装。

3. 餐饮礼仪

意大利人在制作菜肴时讲究色香味,其风味菜肴可以与法国大菜媲美。在餐桌上,意大利人不论男女都爱饮酒,常饮的品种有啤酒、白兰地等,尤其爱喝葡萄酒。意大利人请客吃饭,通常是到饭馆里去,有时也会在家中宴请亲朋好友。他们请客时往往茶少酒多,在正式宴会上,每一道菜要配固定的酒。

(三)与意大利商人谈判的注意事项

1. 注重环保

不仅是意大利人,很多欧洲国家都对环保问题看得很重,对环保要求特别严格,例如服装出口时,服装一定要符合他们的环保指标要求,甲醛、偶氮含量要控制在一定的范围内,不能超标。例如,某公司在和意大利进行服装贸易时,由于操作人员的失误,在测试结果还没有出来时就已经把服装运到了上海。在运到上海时测试结果出来,显示这批服装的甲醛超标了。虽然超标量不多,但是意方坚持环保原则,超标一点都不行,要求中方运回这批服装,重新处理。因此在和意大利(包括欧洲其他国家)在做任何贸易往来时,一定要注意不折不扣地坚守对方的环保原则,不能存在侥幸心理,贸然违背。

2. 在意公众场合的文明

在意大利结束贸易谈判后,若对方邀请你去歌剧院时,要注意千万不能高声喧哗。另外,当着别人面打喷嚏或者咳嗽,都被认为是不礼貌和讨嫌的事,所以一旦有这种不礼貌的行为,要马上对身边的人表示"对不起"。

五、荷兰

(一)荷兰人的商务谈判风格

荷兰商人时间观念强,讲究准时,公私单位来访前均务必预约。在双方的交往中,荷兰商人喜欢给中方贸易人员带一些小礼物,比如巧克力、糖果等;因此中方人员也应回赠一些小礼物。但是,在贸易往来过程中也要注意分寸,不要太过热情,以礼貌平和的态度与外国贸易伙伴交往,太过热情反而会让到对方产生疑惑。要不卑不亢,有礼有节,展现我方的诚意与礼仪。

荷兰商人尤其爱旅行,在访谈过程中,可以邀请荷兰交易伙伴来中国旅游、带荷兰交易伙伴参观工厂,以此来促进双方的了解和友谊。

(二)荷兰人的商务礼仪与禁忌

在官方场合,荷兰人与客人会面时,通常行握手礼。在日常生活中与朋友相见,大多施拥抱礼;与亲密的好友相见时,有时也施吻礼;他们不喜欢交叉着握手,认为这是不吉利的行为。

在礼仪服饰方面,正式社交场合如集会、宴会,男士穿着都比较庄重,女士穿着秀丽典雅;在商务活动时,适宜穿着保守样式西装。一般而言,上楼梯时,女性在前,男性在后,而在荷兰却恰恰相反——上楼梯时,男士在前,女士在后。

荷兰人在吃饭方面习惯吃西餐,但对中餐也颇有兴趣。每逢假日,荷兰人喜欢全家到中国馆品尝中国的菜肴。牛奶是荷兰人日常生活中必不可少的,喝奶犹如我国喝茶一般。荷兰人很注意餐桌规矩,男士往往在女士就座以后再坐下,就餐时要保持双手(但不是双肘)放在桌上。如果荷兰人邀请你去他家坐坐,大多只请你在他家喝几杯酒,然后出去到饭馆吃饭。

第三节 亚洲国家商务谈判风格与礼仪

一、日本

(一)日本人的商务谈判风格

1. 重视身份地位和团队协作

日本人重视"纵式"关系,他们倾向于把人、社会集团、国家等一切事物想象成一个序列。因此,他们对于自己以及自集团和国家在等级序列中的地位比较敏感。日本人重视人与人之间的差别,对权威有极大的敬畏和服从。日本人的等级观念较强,讲究自己的身份、地位等。因此在谈判过程中,一定要注意对方的身份、地位,要派出同样身份地位的人和对方谈判,并且对于不同身份、地位的人要给予不同程度的礼遇,处理要适当。强烈的集团意识造就日本人团队合作精神且谦逊有礼的性格,集团意识可以说是日本人最具特点的国民性意识,起源于其稻作文化和日本社会传统的家族制度,内外有别又是其重要的心理特征。在商务谈判中,一般日方谈判人员会激烈辩论,讨价还价,最后由"头面人物"出面稍作让步,以达到谈判的目的。日本人讲究的是"和",讲究的是礼仪周全,替他人着想;他们对集团内部的成员表现得克制、谦和、彬彬有礼。

2. 强调耐心细致

日本是一个岛国,自然资源匮乏,日本国民时常有生存的危机意识。这就造就了日本商人认真执著的个性和精益求精的精神。世界上越是高端的,越是要求"细枝末节"完美无瑕的科技产品,日本人往往做得越好。耐心就是日本人"拼命做事,力求最好"的真实写照。在许多场合日本人谈判非常有耐心,不愿意率先表达自己的观点和意见,而是耐心等待,静观事态的发展。时间对于他们来说不是最重要的。对于日本人而言,耐心是准备充分,考虑周全,洽谈有条不紊。为了一笔想要的交易,他们可以毫无怨言地等待两三个月。但是对欧美人来讲时间就是金钱,所以欧美人认为日本人做事拖延。

3. 重视人际关系

日本人重视人际关系,而不重视合同。他们不喜欢对合同讨价还价,而是特别强调能否同外国合伙者建立互相信赖的关系。只要成功地与日本人建立了相互信赖的关系,几乎可以随便签订合同。因此日本人在谈判过程中,不喜欢有律师参加。他们觉得每一步都要与律师商量的人是不值得信赖的,甚至认为一开始就带律师参加谈判,就考虑到日后纠纷的处理,是缺乏诚意的表现,是不友好的行为。当双方发生争执时,日方通常不选择诉诸法律。他们善于捕捉时机签订含糊其辞的合同,以使将来形势发生变化时做出有利于他们的解释。如果外商坚持合同中的惩罚条款,或是不愿意放宽已签订的合同条款,日本人就会感到极为不满。然而日本人给人的第一印象总是彬彬有礼,见面就鞠躬,身份越低,腰弯得越低,同时自我介绍的最后总要加上一句"请多多关照"。即使没有接受对方的照顾,第一句的问候语总是"承蒙您的关照",日本人这种谦卑的态度有时候会让外国人不知所措。

4. 讲究面子

日本人和中国人一样,非常讲究面子。无论在什么情况下,日本人都非常注意留面子,或者不让对方失掉面子。在谈判中表现最为突出的是:日本人即使对对方的某方面提议或者方案有不同想法,在一般情况下也很少直接地进行拒绝或反驳,而是通过婉转的方式来陈述自己的观点。这和日本国民内向的性格存在关联。

(二)日本人的商务礼仪

1. 语言

(1)问候语。早中晚各时段、进入或离开办公室都要致以问候。而在商务礼节中,初次见面时,会固定地用"初次见面,请多多关照"这样的寒暄语互相问候,以示友好。

(2)敬语。在日常生活以及商务接触中,为表示对对方的尊敬,日本人会频繁使用敬语,如在对方的名字后面加上敬称"san"。在商务交往中,日本人对于上司或者对方公司的职员代表会使用敬语。

(3)自谦语。与敬语相对的自谦语,在商务交往的时候也会经常出现。在表示自己一方的时候,日本人会用自谦语来降低自己一方的姿态,让对方感到他们的友好和谦逊。日本人在社交活动中,爱用自谦语言,并善于贬己怡人。"请多关照""粗茶淡饭、照顾不周"等是他们经常使用的客套话。日本人用这样的语言,压低自己的身份,以视对对方的尊重,从而获得好感,跟对方进行友好的商务交往。

(4)不说"不"。注意日本人不喜欢当众否决别人的意见,所以即便是在商务礼节中,日本人一样不会使用"不",但这并不表示日本人不拒绝人,只是在拒绝的时候,语言上不会直接用"不"来表示,有时用些别的委婉的话语来暗示对方拒绝的意思,有时是用一个不那么坚决和真诚的"是"来表示"不"的意思。

2. 非语言

(1)服装礼仪。日本人在正式场合特别注重形象。如果出席日本人的宴席或者其他活动,一定要穿着整齐。日本人在出席商务活动的时候更是重视这一点,从上世纪九十年代开始,日本的商务人员便对自己的着装有着一定的要求,只要是出席商务活动就一定会着正装(男士穿西服,女士穿套装),里面的衬衫也一定要求是浅色的。他们认为着装上就能看出双方对谈判的重视程度,所以与日本人进行商务谈判,服装不是一件小事,如果穿着随意,他们会觉得你对这次谈判不在意。而他们自己更是在这一方面做到了极致,即使是天气炎热的时候也不会随便脱衣服,而是以正装出席商务活动。

(2)见面礼仪。日本与外国人见面时,一般采用向对方鞠躬的方式打招呼,而且通常是90度的行礼。虽然现在由于国际贸易的增多,日本的一些年轻人也开始习惯施握手礼,但是这种根深蒂固的心理习惯仍然具有无形的影响。

(3)名片礼仪。名片礼仪是日本商务礼仪中非常重要的一点,也是给人良好第一印象的重要环节。通常在商务往来时的第一环都是互赠名片。日本人的名片礼仪规矩甚多,比如递送名片的时候不管自己地位多高,都一定要起身弯腰,双手拿名片,还要注意把名片调整方向,让对方很方便地看到名片内容;一般是地位低的或者年纪轻的先递送自己的名片,然后对方再给。接受者也要站起身弯腰双手接受名片,收到名片后要妥善放好,不能折叠,甚至不能沾染灰尘,一定要妥善地保管好。接到名片之后,一定要研究一下名片的内容。然如果地位比较低,了解一下名片但不要读出来。如果地位比较高,要读出来名片上的重要信息,例如看一眼名片,"某某经理,您好,很高兴认识您。"

(4)礼物馈赠。礼物在日本社会极其重要。在日本,商业性送礼是很常见的事。他们送的礼物可能不是很贵重,一般会是一些精致的小礼品,例如电子产品等,礼物包装也会很精美。

(5)就餐礼仪。日本人作为客人,一般不会先动筷子,要等主人先介绍完菜名,邀请他们动筷子后才会开始夹菜。在日本也有一些就餐礼仪需要注意,他们除了吃荞麦面的时候要出声,其他的一般都是禁止出声,并不是吃所有的面都可以发出声音。夹菜的时候也不能挑拣,要小口吃。喝酒的时候侧头喝,正对着别人喝酒喝水是不礼貌的。

(6)时间观念。日本人十分重视时间观念。他们通常会在约定时间前5~10分钟到达约会地点,然后等待对方的到来,体现了对对方的尊重,不想让对方久等的态度。

阅读材料 11—9

日本的风俗禁忌

送礼时要送成双成对的礼物,比如一对笔、两瓶酒就很受欢迎。在日本忌讳送梳子,因为梳子在日语中同"苦"和"死"谐音,很不吉利。关于鲜花也有讲究,日本人喜欢樱花、龟鹤、松竹梅的图案;菊花不可用于包装、商标等;荷花不吉祥,用于祭奠死者。日本人忌讳"4""6""9"几个数字,因为他们的发音分别近似"死""无赖""苦",这些都不吉利。日本人注重细节。在日本,与领导或长辈谈话时切不可把手插在裤袋里;行走时,注意前后左右空间,与前辈或上司同行时要抢先按电梯,后出门。

(三)与日本商人谈判的注意事项

1. 支付方式的选择

支付方式一般选择信用证。有全额信用证、一定比例信用证,但主要会选择三段式(预付款 10%,交货付款 80%,尾款 10%,比例可以进行一定的调整)。预付款相当于订金,卖方拿到预付款之后再去他的上游卖方进行订货,在设备安装调试验收之后再付最后的尾款。

2. 谈判中僵局的处理

一个作为买方,一个作为卖方,首先在价格上双方的心理价位肯定会有一定的差异,买方希望价格能低一点,而卖方希望价格能高一点,所以在这上面最容易发生争执。其次在设备的验收标准、收货期上也会发生一定的争执。当双方的心理标准出入很大时,卖方可能会表示不满,甚至变得强势,觉得买方没有诚意。这时就需要把气氛缓和一下,把有争执的条款放在一旁,先对其他的条款进行谈判,等剩下的全部条款谈完之后再回过头来讨论有出入的条款,这时对方的语气也没有那么强硬了,再慢慢地对其产品提一些高要求,或者在市场上找一些其他的竞争对手的产品资料进行对比,从而攻破对方的心理防线,达到最后的目的。当然,有时候预算差别太大而对方比较强势的话,就需要作好两手准备。

3. 仲裁地的选择

仲裁机构地首选中国,退而求其次选香港,再则新加坡。首先,如果仲裁地选择在国外,费用就会很高。一旦发生仲裁,就需要以高额费用聘请仲裁员、涉外律师。其次,同样内容的仲裁协议在不同国家甚至不同地区产生的结果不一样。在对其他仲裁机构及其所在国家的适用法律不了解的情况下,仲裁结果可能会对我方不利。

二、韩国

（一）韩国人的商务谈判风格

（1）谈判队伍。由于双方是跨国贸易，为了更好地节省双方的时间和金钱，在决定是否合作前，中韩双方会提前了解对方的产品等多方面情况，当确定有合作意向时，双方才会见面商谈具体的合作细节。双方企业派出的谈判人员，往往都是一个团队，人数大约为2~4人，并不会太多。

（2）谈判方式和谈判场所。由于韩国邻近中国，所以双方会采取见面的方式进行谈判，一般来说谈判是在中国进行的。由于与中方进行跨国贸易的韩国企业大多都是大型集团，例如三星等，其在中国往往有自己的分部（大多在上海设立自己的子公司），因而双方见面和谈判的具体场地一般设在公司内。韩国企业的办事效率很高，且做事很严肃，因此在确定合作意向之后，进行谈判是非常有效率的，一般谈判时长在1天左右。

（3）合同签订。双方谈判完后，就需要拟出相应合同，由于双方法律不同，因此在合同的签订过程中，仲裁方式的确定变得十分重要，需要经过双方讨论从而达到一致。由于双方对合同中的条例理解不同，也需要仔细商讨各项条例，最终才能够拟定好合同。韩国商人的效率高，且做事严谨，因此在合同签订之后，整个流程是很快的，大约1周左右。

（4）货物运输方式。往往是采用海运的方式运往韩国，韩国公司负责派船接运货物，中国公司在合同规定的装运港和规定的期限内将货物装上韩方指定的船只，并及时通知韩方。货物在装运港被装上指定船时，风险即由中方转移至韩方。其所使用的贸易术语是FOB，对于中方企业来说贸易的风险是比较低的。

（5）贸易议价。双方在货物的价格上会不断进行讨价还价，韩国商人习惯在货物议价的最后阶段进行压价，但是中方对于韩国人的习惯也有所准备，最终双方会确定好价格。韩方主要的支付方式是预付货款或者货款到了再付。中方公司为了确保最后能收到货款，往往是需要通过信用证的方式，从而降低贸易风险。

（二）韩国人的商务礼仪

韩国商人的谈判行为在很多方面与邻近的中国和日本相似，但是在很多方面又有差异。

（1）等级制度、社会地位和性别观念。韩国是个垂直等级的社会，具有严格的等级制度。对于地位高的人，包括长辈和处于较高职位的公司管理人员（领导），与其交流时要给予足够的尊重，年轻的、职位低的人要服从年长的、高职位的人。此外，在韩国当地公司，少有女性处于高层管理职位，所以大多数韩国男士在商务场合不习惯与女士平等打交道。尽管如此，在与韩国公司会见时，也不必刻意避免女谈判人员的出现。

（2）问候礼仪。在与韩国企业的人员见面会谈时，一般双方都是以握手方式表达问候。但由于受韩国本土习俗的影响，韩国人更加注重阶层和辈分的重要性。因此，双方会见时,对于长辈和上层管理者,要表达出自己的尊敬。

(3)拜访礼仪。在拜访韩国企业的时候,一般是需要提前预约的。在拜访时会根据情况带些礼物,以示自己的诚意和友好态度,礼物的选取往往是一些具有中国特色的产品。

(4)用餐礼仪。韩国邻近中国,在用餐方面的习俗与中国很接近,在与韩国商人贸易时,双方企业都有可能招待对方,根据具体的情况而定。如果双方洽谈比较融洽,关系较好时,韩方会表现得较活泼,其宴席与中国商务宴席比较相似。

(三)韩国人的商务谈判禁忌

(1)要作好充分的准备。韩国商人经常是在不知不觉之中转入业务问题,对此应当予以警惕。在谈判中间也会出现反复情况,要做好准备,提供详尽信息。如果你已经回答过某个问题,而对方又提出这一问题,也不要吃惊。因为韩国人做出决定前,要确保其正确性。任何一个大错误都会给他们带来麻烦,导致他们引咎辞职或被解雇。而不断重复的回答会比新的回答更有助于己方。正是由于韩国人在交谈中,缺乏直接和坦诚,你更要仔细倾听对方的讲话并辨别其真实意图。

(2)应避免涉及政治话题。在与韩国企业进行贸易往来时,特别需要注意的是,不要在交谈的过程中涉及一些比较敏感的政治话题。韩国企业在跨国贸易往来的时候特别忌讳提到与政治有关的一些问题,尤其是涉及日本、朝鲜这两个国家的相关内容。因此,在与韩国商人进行谈判过程中要积极地避免与政治有关的内容,从而确保整个谈判的顺利进行。

(3)注意韩方的态度。韩国商人对中国的态度复杂又矛盾。一方面,由于韩国当地的企业少,往往与中国企业进行贸易往来的都是大型集团,例如三星、现代等大型集团。在谈判时,这些集团对于自己的地位有着极大的优越感;另一方面中国经济实力强劲,韩国企业在与中国企业合作时也有所敬畏。

阅读材料 11—10

韩国风俗禁忌

不能使用"不"字来拒绝韩国人,可以委婉地表示你的不同意见。韩国人喜欢礼尚往来,鲜花和一些本国传统小礼品都是首选,不要送食物做礼物,因为它们可能不适合韩国人的口味。在送礼时,还要注意礼品上不能有韩国制造或日本制造的标志。韩国人一般不当别人的面打开礼物。韩国人忌讳数字"4","4"在韩语中的发音、拼音与"死"字完全相同,是不吉利的数字。韩国楼房没有四号楼,旅馆没有第四层,宴会中没有第四桌,喝酒绝不肯喝四杯。韩国人姓李的很多,但绝不能称为"十八子李",因为在韩语中"十八子"与一个下流的词相近,特别不能在女子面前说此话,否则会被认为有意侮辱人。

第四节 "一带一路"国家商务谈判风格与礼仪

一、俄罗斯

(一)俄罗斯人的商务谈判风格

在实际的交往中,向俄罗斯商人表明你如何看重他、如何期望与他合作的话,就容易使他们产生与你真诚合作的愿望。另外,还要注重合同契约的重要性,把重要的可能发生问题的要点都写入合同条款。中国有两句古话值得借鉴:"亲兄弟,明算账"以及"丑话说在前头"。应对俄罗斯买家,应该注意追踪和跟进,趁热打铁,避免对方生变。

1. 固守传统、缺乏灵活性

苏联实行高度计划的外贸体制,所有的进出口计划都要经过一系列审批、检查、管理和监督,任何企业或者个人都不能自行进口或出口任何产品。受这种高度计划的体制影响,一些俄罗斯人还习惯于按计划办事,缺乏灵活性,在正式会谈时喜欢照章办事,非常古板、墨守成规。

2. 对技术细节感兴趣

俄罗斯人的谈判能力很强,他们特别重视谈判项目中的技术内容和索赔条款。引进技术要具有先进性、实用性,由于技术引进项目通常都比较复杂,对方在报价中可能会有较大的水分,为了尽可能以较低的价格购买最有用的技术,俄罗斯人特别重视技术的具体细节。

3. 善于讨价还价

俄罗斯人十分善于与外国人做生意。说得简单一点,他们非常善于寻找合作伙伴,也非常善于讨价还价。如果他们想要引进某个项目,首先就要对外招标,引来数家竞争者,并且采取各种离间手段,让争取合同的对手之间竞相压价。俄罗斯人是讨价还价的行家里手,不论你的报价多么公平合理,他们都不会相信,总是会想尽办法来挤出其中的水分,达到他们认为理想的效果。

4. 偏爱易货贸易

在俄罗斯,由于缺乏外汇,他们总是喜欢在外贸交易中采用易货贸易的形式,易货贸易的形式也比较多,活动比较复杂。在对外贸易中,俄罗斯人采用易货贸易的形式也比较巧妙。他们在一开始不一定会提出货款要以他们的产品来支付,因为这样一来,就会对需要硬通货做交易的公司缺乏吸引力,也使自己处于劣势地位。需要指出的是,如果俄罗斯人提出,只有当我方接受他们的易货商品,或者帮助他们把某些商品销售给支付硬通货的第三方时,他们才能支付我方的货物,此时,就一定要认真考虑其中所涉的时间、风险和费用。

5. 主要商务习惯

(1)支付方式及风险应对。在付款方式上,很多俄罗斯商人比较喜欢使用O/A的付款方式,从O/A 60天到O/A 120天,甚至到O/A 150天不等。这就要求我们在平时的业务过程中,从客户接触开始,就要使用中国短期信用险保险公司的平台,调查客户的资信状况。根据保险公司提供的授信额度,划定大概的交易金额。同时,在订单过程中,不断跟踪整个订单的具体每一步,尽量减少产品大货的品质和交期方面的风险。

(2)价格谈判。关于价格谈判方面,很多俄罗斯商人都很喜欢相同品质下价格更有竞争力的产品,对于品质方面要求总体一般,所以和俄罗斯客户打交道,只需提供一般品质的工厂即可。

(二)俄罗斯人的商务谈判礼仪

1. 社交礼仪

俄罗斯人养成了注重礼貌的良好习惯。言谈中常用到"对不起""请""谢谢"等礼貌用语。他们在待客时,常以"您"表示尊重和客气;而对亲友往往则用"你"字相称,认为这样显得随和,同时还表示出对亲友的亲热和友好。外出时,衣冠楚楚,衣扣扣得完整,不会把外衣搭在肩上或系在身上。前去拜访俄罗斯人时,进门后需自觉脱下外套、手套和帽子,并且摘下墨镜。这是一种礼貌。俄罗斯人对妇女颇为尊敬,女士优先在他们的国家里很盛行。凡在公共场所,无论是行走让路,还是乘车让座,他们总要优待女士。

2. 见面礼仪

俄罗斯人初次见面时行握手礼,同时报出他或她的姓名。他们握手的力度非常大,握手时目光直视对方并互相问候。朋友之间见面问候时常用拥抱和亲吻面颊。会见客户时,要清楚地介绍自己,并把自己的同伴介绍给对方,进入对方的会客室,要等对方招呼后才能就座。如果谈判人员要吸烟,应视当时的气氛而定,且须征得对方的同意;要是对方不抽烟,或是在禁烟的场所,就不要抽烟。

3. 宴请礼仪

应邀去俄罗斯人家里做客时要准时到达,可带上鲜花或烈酒,送艺术品或图书礼品是受欢迎的。俄罗斯人喜欢用酒,而且多用伏特加来招待来客。俄罗斯人酷爱鲜花,无论生日、节日,还是平常做客,都离不开鲜花。俄罗斯商人认为礼物不在重而在于别致,太贵重的礼物反而使受礼方过意不去,常会误认为送礼者另有企图。俄罗斯商人对喝酒吃饭也不拒绝,但他们并不在意排场是否大、菜肴是否珍贵,而主要看是否能尽兴,俄罗斯商人十分注重建立长期关系,尤其是私人关系,在酒桌上,这种关系最容易建立。

4. 着装礼仪

俄罗斯人大都讲究仪表,注重服饰。在商务场合中,俄罗斯男士多穿西装,女士往往要穿套裙。大多数俄罗斯商人做生意节奏缓慢,讲究温文尔雅,因此,在商业交往时宜穿庄重、保守的西服,颜色最好不要是黑色,俄罗斯人较偏爱灰色、青色。衣着服饰考究与否,在俄罗斯商人眼里不仅是身份的体现,还是此次生意是否重要的主要判断标志之一。

5. 时间观念

俄罗斯的企业和机关基本上实行了每周五天工作制。大多数机关在9时上班,18时下班。所以商务访问、会谈时间应定在上午10时至下午17时之间,最好是在下午13时至15时面谈。另外,注意不要把商务谈判时间安排在节假日内。在俄罗斯,无论拜访什么单位,拜访前要事先预约时间,不搞"突然袭击"。俄罗斯人时间观念很强,对约会总习惯准时赴约,我方人员宜提早5分钟左右到达赴约地点,切忌迟到。

阅读材料 11—11

俄罗斯的风俗禁忌

俄罗斯人喜欢7这个数字,可能与东正教有关,因为7得到上帝的宠爱,上帝用6天时间创造了世界,一天休息,这就是一周的来历。在俄语里,7经常被用来形容好的事情。忌用手指指点点,不论在任何场合都是如此,俄罗斯人认为这是对人的莫大污辱。在人面前,不能将手握成拳头,大拇指在食指和中指间伸出,俄语中称此手势为"古基什",是蔑视嘲笑的粗鲁行为。而美国人常用的手势——用大拇指和食指接触成"O"形,其他三指伸直(OK),在俄罗斯则是非礼的表示。俄罗斯人忌讳的话题有:政治矛盾、经济难题、宗教矛盾、民族纠纷、前苏联解体、阿富汗战争以及大国地位问题。

二、印度

(一)印度人的商务谈判风格

总体来说,印度商人不像西方国家商人那样在意标准,注重效率,重视信誉。他们更倾向于一种散漫、贪小便宜、斤斤计较的风格。

1. 谈判规模

谈判人数要根据企业的规模程度以及谈判的重要性来决定,印度企业大多都是指派2位或者4位谈判人员进行谈判。不会出现3位谈判人员来中国进行谈判的情况。因为数字"3"在印度不吉利,比如印度人觉得如果3个人一起去办一件事,肯定会失败,所以去做重要事情的时候,忌讳3个人一起去。

2. 谈判时间

印度商人时间观念不强,即使约定好见面时间,十有八九他们也会迟到。例如,国内某公司业务人员与印度客户约在扬州见面,印度客户强调下午3时双方一定要准时到。当时中方人员怕迟到,下飞机后匆忙打车去约定地点。结果等了4个多小时,印度客户才赶过来,并且若无其事,没有丝毫愧疚。所以如果想在9时召开一个重要的会议,那最好告诉印度商人会议定在8时。

3. 商业习惯

与印度人进行商业往来常用的运输方式都是海运，支付方式以信用证为主，常用的贸易术语是 FOB。当然还有其他贸易术语，比如安徽省技术进出口股份有限公司与印度进行服装和日用品上的商业往来，常用贸易术语是 CIF。

4. 谈判特点

印度商人对价格特别敏感，喜欢耍滑头占便宜，一而再、再而三地砍价，没有成本意识。通常价格谈判不少于五轮。印度人谈判态度极其诚恳，感觉有很强的合作意愿，并且还会告诉对方，印度的市场很大，当合作的第一笔单子完成以后，马上会有更多订单。这时千万不要头脑发热，被印度人忽悠，有一单说一单，他们这么做就是为了达到降价的目的。在谈判陷入僵局时，印度谈判人员往往会求助他的上级，这个时候他的上级会给中方商务人员打电话要求降价。由于印度人特别重视"面子"，所以这个时候，我们都要作出一些让步，哪怕是一点点，都会让这位印度的上级领导感受到自己的"面子"得到了尊重，且不会在下属面前丢脸。这样才会让后面的谈判继续进行下去。

5. 价格及信誉

印度商人谈判往往到了最后，还会寻求一个特殊的折扣。这个时候一定要终止谈判，表明态度，明确表示不谈了。如果有丝毫的犹豫，他会觉得还是有很多利益可图，这时前期谈判成果可能会烟消云散。而且一旦妥协，做了这次订单，下次印度商人还会以这种套路做下一个订单。印度商人不怎么注重信誉问题，所以一定要注意，和印度商人协商好的事项要以白纸黑字为凭证，不能单纯靠对方口头承诺。

（二）印度人的商务谈判礼仪

1. 见面礼仪

在进行商业谈判的时候，印度商人基本上都是用英语来交流。英语是印度的官方语言，只要是上过学的印度人都会讲英语，不过印度人的发音可不是每个自认为会英语的国人能听懂的。印度大多数人 t 和 d 发音分不清，一些专业人士第一次和印度客商交谈时，都一头雾水。见面介绍时，印度商人一般以"Sir"相称。虽然印度本地人在日常相见，往往双手合十，表示问候。但是在商务谈判的场合，还是以握手为准。特别注意，在递送或者接受对方的名片、文件等物品时，不要用左手，因为印度人认为左手是不洁的象征。另外要注意，印度人表示同意或肯定时，不像我们点头表示"是"，而是摇摇头，或先把头稍微歪到左边，然后立刻恢复原状表示"是"。

2. 宴请习惯

印度在这一点上与中国的风俗相似，中国商务人士有时候会在酒桌上谈生意，或者正式结束谈判过后进行宴请。印度商务人士虽然不会在饭桌上正儿八经谈生意，但他们在生意谈成后，会对远道而来的中方客户进行宴请。客户关系好的，会邀请到他们家里吃饭。被邀请至他们家里赴宴的时候,一般穿着不必过于讲究,休闲一点就行了,准备一些比如红酒之类的礼物。去的时候,不要准时到,一般比预约时间晚一刻钟内到达,目的是要给主人留有充裕的准备时间。

3. 沟通礼仪

聚会谈话时,内容尽量避开年龄、宗教等隐私、敏感的话题,创造一种欢乐和谐的气氛。特别注意的是,不要抚摸主人家小孩子的头,在我们国内看来,客人抚摸主人小孩子的头是表示对主人小孩的喜爱之情,也表示对孩子家长的羡慕。但是在印度当地人看来,头部是人体最高的部分,也是人体中最神圣无比的部分。尤其是孩子的头,被视为神明停留之处,所以在任何情况之下绝不允许触摸。当印度商人赴中国谈生意,中国商人宴请印度商人时,需要注意由于印度人普遍信教的原因,印度的素食者特别多。

(三)与印度商人谈判的注意事项

谈判完成后,即使双方签了合同,也不要以为万事大吉了。印度商人往往会要求中方出口商马上准备好货物,并催促尽快发货。印度商人还会告知一回国就马上付款或开信用证。可往往他们一走,就好像什么都没发生过。你再催他,他就会告诉你各种原因理由。可碰巧你就已经安排出了货。所以,没有收到预付款之前,千万不要组织生产,哪怕合同规定了明确的交货期。另外,印度商人付多少的货款就发多少的货。因为与印度人做生意,常常会发生这样的情况:货款收了30%,货物已经全部发出去了,这时印度进口商发来一封信说要打五折。此时是进也不是,退也不是,束手无策。因为在印度这样是合法的,他不必承担责任。

阅读材料 11—12

中国企业在印度遭遇外贸诈骗案例

中国驻印度孟买总领事馆经济商务参赞处记录了近期中国企业在印度遭遇的部分外贸诈骗案例:深圳某公司对印出口价值8万多美元的松节油,因印商故意拖延付款提货,导致全部货物被海关拍卖,货、款尽失;上海某公司对印出口价值3.3万美元的金属件,因印商故意拖延付款提货,导致全部货物被海关拍卖,货、款尽失。"对于这种情况,我们也无能为力,"中国驻印度大使馆经济商务参赞彭刚在接受参访说。很多中国企业在印度被骗以后,去中国驻印度领事馆投诉,作为领事,却只能回应,如果对方行为有违法律,我们可以抗议,但当对方行为合法时,我们只能闭口不说。中国是不可能干涉他国法律的。所以,我国官方也只能提醒国内供应商规避风险:印度法律允许出口商在进口商不付款、不提货,或因质量问题引起争议的情况下将货物退运。

三、马来西亚

(一)马来西亚人的商务谈判风格

1. 谈判的时间地点

马来西亚商人在商务谈判的时间上没有特殊的要求,通常会选择在工作时间进行谈判。一般情况下,马来西亚谈判人员来中国进行谈判,要是在外地的话分两种情况,一种是在广交会上双方对产品进行大约十几分钟的简单交流;如果对方有具体的订单或者需求则会在酒店会议室进行谈判。另一种情况是在工厂谈判,因为有些客户会要求实地考察,然后再进行谈判,以便他们能更直接地了解产品的质量。

2. 谈判规模

谈判规模一般比较小,谈判过程中的人数主要是依据马来西亚方谈判的人数而定,也就是说按照人数对等原则,即马来西亚方要是有 3 个人前来谈判,则我方也要派出 3 个负责人与马来西亚方进行谈判。

3. 谈判特点

马来西亚认为谈判一开始就直接切入正题是不礼貌的做法,谈判人员一般都会从一些其他话题开始,双方都会说一些对方国家状况以及各自公司的发展历史等,然后才会间接地进入谈判主题。双方在进行谈判时,态度都比较温和,有矛盾和冲突的点比较少,因为他们都是和固定公司合作,很少采用投招标的方式,所以彼此之间比较熟悉,谈判的氛围会比较融洽。但是谈判不可能总是顺风顺水的,在遇到各种问题的时候双方会通过协商来解决问题。在谈判时整个一轮谈判大概会持续三至四个小时,中间会休息一次。在面对面谈判时,谈判的次数不固定,但是一般谈判至少会持续四至五轮。要是在广交会上,双方之间会先进行十几分钟的简单交流,如果有合作意愿,双方会通过邮件、电话等网上沟通,为后期进一步谈判做准备。从谈判开始到谈判结束一般不会持续很久,因为马来西亚公司比较重视效率,所以大概十到二十天左右就可以确定双方之间是否可以合作。

4. 商务习惯

与马来西亚进行贸易时运输方式是海运,主要贸易术语是 FOB,支付方式以信用证为主,在支付时客户先付 30% 的定金,出货后付尾款。主要采取 PI 的方式,并且合同会按照公司特有的合同格式进行书写。

(二)马来西亚人的商务礼仪

1. 见面礼仪

首先双方会准备好名片,这是他们在进行商务活动时必备的,双方在递出名片后,会根据名片上的内容简单地了解对方的职务和负责的内容,然后在谈判中会根据不同的人和职务来谈不同的事项。在商务谈判时,尤其是和华裔谈判时,一般都是采取握手礼仪,与中国人之间的见面礼仪相似。

2. 时间观念

马来西亚方非常注重时间观念,谈判时会提前 10 分钟到达,一般不会迟到,如有什么事情耽误了一定会提前通知。比如我方在去谈判的路途过程中发现可能会堵车,那么就要提前通知马来西亚方人员,表示可能有堵车要晚到多长时间,不能等到谈判快要开始时才通知客户,这是非常不礼貌的。

3. 宴请礼仪

马来西亚以伊斯兰教为国教,饮食习俗禁酒,喜欢饮用椰子水、红茶、咖啡等;马来西亚的穆斯林不吃猪肉,不吃自死之物和血液,不使用一切猪肉制品,通常吃米饭,喜食牛肉,极爱吃咖喱牛肉饭,并且爱吃具有其民族风味的烤肉串。马来西亚人民平常用餐时只用右手抓食物,左手被视为"不洁之手",禁用其取食物或饮料。只有在十分正规的宴请中,马来西亚人才以刀叉进餐。

阅读材料 11—13

马来西亚的商务习惯

在和马来西亚进行谈判过程中,令安徽省技术进出口股份有限公司谈判人员印象最深刻的一件事是,马来西亚商人会对产品的品质要求特别高,他们认为质量代表着信誉,尤其是新客户在采购新品种时更是十分重视产品品质,他们对品质要求高主要体现在原材料、生产工艺和包装品质上。据技术人员回忆,一名马来西亚客户曾经在我方公司给马来西亚雅芳定做一份礼品,为了保证产品的质量要求,专门飞到中国两次,在这两个月的过程中,中方技术人员周六、周日在工厂进行监督生产,工作日则进行正常工作。由此可见马来西亚人对产品的品质要求十分高。而在和马来西亚公司多次打交道之后,中方也会了解客户对产品品质的要求和一些特殊的习惯,因此双方在后期合作也会很轻松。

四、阿联酋国家(迪拜)

(一)阿联酋人的商务谈判风格

阿拉伯人性格急躁,严格遵守正常的贸易交货期限,对于样品和质量的一致性非常敏感,一旦延误交期或产品有质量问题,供货方就要面对降价或索赔,这一点至关重要。

阿拉伯商人非常精明,他们对于任何客户都表示友好热情,待人热忱,不会流露出蔑视之意,但是他们通常言语浮夸。在涉及价格等关键因素上,如果拿不出充足的理由说服他,阿拉伯人一点都不会退让。

阿拉伯人对与人的交往看得比较重,良好的关系对生意的成功有着至关重要的影响,所以日常友好的礼尚往来必不可少。

(二)阿联酋人的商务习惯

迪拜市场是一个以订货和现货为主的贸易市场,现货贸易是开立连锁店,连锁店的利润额度在20%~30%左右,订货贸易的利润额度一般在6%~10%之间不等。迪拜客户通常为看样订货,多方询问价格,一个询价单如果在3~5个工作日没有报价结果,该报价单就自行作废。商谈交易的形式比较简单,产品是否成交完全依赖价格和质量,以及供货公司的信誉等级,不存在国内特殊复杂的人事关系网络特点。

现货贸易和订货贸易中的买卖双方基本上会在一个平等公正的前提下,进行货物交易,商业信用证多半会从如汇丰、花旗等世界著名大银行开出。同时产品质量条款会在合同中标明。当然不排除偶尔有欺诈的经济现象发生。迪拜市场最主要的贸易特点是以批发为主的经营方式,产品以中低价为主,质量为中等要求,求购数量巨大,主要为转口贸易,现货交易和订货贸易形式同时进行。

第五节 其他部分国家商务谈判风格与礼仪

一、澳大利亚

（一）澳大利亚人的商务谈判风格

1. 重视效率质量

澳大利亚商人重视办事效率、产品质量,派出的谈判人员一般都有决定权,同时也希望对方的代表同样具有决定权,以免在决策中浪费时间。他们极不愿意把时间花在不能决定的空谈当中,也不愿意开始报高价,然后讨价还价。所以就某个问题,谈判个2至3回合,基本就有结果了,不会反复拖拉。常采用招标方式,低价者成交。对于商品质量方面,他们尤为重视。如果在合作过程中,发现了严重的质量问题或重大失误,那么基本上就没有再次合作的可能。

2. 谨慎守信、以诚相待

澳商公私分明,待人随和,在签约时非常谨慎。但一旦签约,较少违约。澳洲供应商重视信誉,成见较深,非常注重与人交往的第一印象。如果在谈判中有不妥的言行,就会产生广泛的不良反应。

（二）澳大利亚人的商务谈判礼仪与习惯

1. 时间观念

澳大利亚人的时间观念特别强,十分重视办事效率,讲究信用。一般而言,多数澳大利亚人办事沉着冷静、计划性强,特别是澳籍英国移民后裔,干什么事都正正规规,从不马虎。平时,他们把工作时间和休闲时间严格分开,界限分明,认为工作是在办公室里干的事情,下班后应该全部忘掉。他们通常不喜欢在餐桌上谈论公事,唯恐因此而倒了胃口。澳籍美国移民后裔则恰恰相反,他们特别喜欢边吃边谈公事,他们许多生意就是在餐桌上谈成的。

2. 沟通礼仪

澳大利亚人通常很保守,认为沉默是金,但是澳洲人却有着擅长争辩的性格。谈判者应重视有异议的地方,并且做好充分准备去勇敢地面对质疑。当然,澳大利亚人个性差异很大,有的善于表达,有的缄默,这部分取决于他们的伦理背景。例如,希腊裔或者意大利裔的澳洲人,较父辈来自英国、伊朗和北欧的同伴,会使用更多的肢体语言,说话更大声或者更容易打断他人的话语。但是,澳洲人相比美国人和南欧人很少使用手势。澳大利亚人在谈判时也很注重眼神的交流,他们认为积极地眼神交流能表露兴趣和诚意。

3.见面礼仪

双方贸易往来基本是通过电话、邮件以及面访。所以,基本上双方的面见都建立在已有长期邮件或者电访的基础之上。在澳大利亚,初次见面时应该握手,访问结束时也得如此。澳大利亚人言谈话语极为礼貌,文明用语不绝于耳。他们很注重礼貌修养,谈话总习惯轻声细语,很少大声喧哗。澳大利亚人与英美人一样,名在前,姓在后。妇女结婚后,使用丈夫的姓。一般初次见面会称其全名,熟悉之后,一般澳方会主动讲出自己平时的称呼,比如 Peter。

4.就餐礼仪

澳方到我国进行实地考察的人员不多,一般住酒店,就餐选择自助形式。但是有些澳方客户也比较喜欢尝试新鲜的菜肴,对中餐是抱着尝试的态度。他们平时餐饮都比较简单,所以当他们来到中国后,不是特别喜欢满桌的菜肴,这会让他们觉得太过热情而不太习惯,一般3到6个菜,他们就感到很满意了。在谈判过程中,他们将吃饭看得很轻,不喜欢因为吃饭而耽误谈判进程。

5.商务习惯

双方贸易往来主要是通过电访、邮件、面谈(主要是澳方来我国)。平时的支付方式一般是银行电汇,澳方的客户需要交 40% 的定金。中澳的贸易往来主要是用美元来支付,汇率的波动直接关系到两国商人的利益得失,这就使两国在进行贸易往来时比较小心谨慎。

二、新西兰

(一)新西兰人的商务谈判风格

1.讲究信誉

新西兰人总体信誉很好,很有礼貌,讲究诚信,做事追求完美。他们自身如此,对合作伙伴亦是如此要求。所以,和新西兰商人打交道,切记没有把握的事情千万不要应允,一旦失信,就很可能会丢失这个客户。新西兰人客户订单数量一般不大,但客户忠诚度比较高,不会轻易更换供应商。他们对产品的质量要求也相对较高,因此可以从产品质量入手,促进合作的达成。

2. 重视效率

新西兰商人都十分重视办事效率,做事不拖拉,付款也很及时。他们不太喜欢讨价还价,一旦提出一个价格就不会轻易变更。如果询及交货日期、品质、付款条件时,生意大概就成交了。

3. 公私分明

新西兰商人公私分明,不把商业行为与私人交往混为一谈。因此,不分青红皂白见人就送见面礼的习惯,在这里未必管用。

(二)新西兰人的商务谈判礼仪

在社交场合新西兰人与客人相见时,一般惯行握手礼;和女士相见时,要等对方伸出手再施握手礼。新西兰人在向尊长行礼时,有时会采用鞠躬礼,不过鞠躬的方式独具一格,要抬头挺胸地鞠躬;路遇他人,包括不相识者,新西兰人往往会向对方行注目礼,即面含微笑目视对方。新西兰的毛利人会见客人的最高礼节是施"碰鼻礼","碰鼻礼"在毛利语里叫做"洪吉"。碰鼻子的次数越多,时间越长,礼就越重。在新西兰,各行各业的人都会对自己的职业引以为荣,因此在称呼新西兰人时,要特别留意:直呼其名常受欢迎,称呼官衔往往令人侧目。

新西兰人热情好客,有尊敬长辈的传统。新西兰毛利人对初次来访的尊贵客人往往盛情款待,主人会集合全部落的人,并用具有浓郁民族色彩的歌舞来欢迎宾客的到来。他们把水视为纯洁神圣之物,在重要集会上都要举行泼水仪式,向参加者的身上洒清水,以此来互相祝福。他们以"烧石烧饭"(将灶内鹅卵石烧红后,泼上一瓢冷水,再把盛有食物的铁丝筐放进灶里,先盖湿土,最好用稀泥糊严,经过数小时,饭即成熟)招待客人为最高礼仪。

在商务谈判结束后,如果邀请新西兰人去家里吃饭,可送给男主人一盒巧克力或有一瓶威士忌(通常新西兰人不喜欢甜酒,除非与甜品一起食用),送给女主人一束花。礼物不可过多,不可昂贵。新西兰人非常注重隐私权,尤其是他们的家居生活、工资收入、配偶子女情况等。谈生意时,最好了解一些板球等方面的知识,这样他们对你会有好感。

新西兰人在饮食上习惯吃英式西餐,口味清淡,对动物蛋白质的需求量比较大。他们在吃饭时不喜欢谈话,有话一般要等到饭后再谈。新西兰人乐于品尝中国菜肴,特别喜欢品尝苏菜、京菜和浙菜。有些人习惯使用刀叉,也有人用手抓饭吃。新西兰人招待客人的食物主要有牛肉、羊肉、鸡、鸭、蛋、新鲜蔬菜等,进餐时先喝酒,饭后喝一碗浓汤。所以接待新西兰客户时,一定不要忘了上酒,因为他们普遍爱喝酒,最好选择低度酒。

新西兰人比较注重服饰,在正式盛大的集会上,他们大都穿深色西服或礼服,但在一般场合人们的穿着趋于简便,连妇女打高尔夫球时都穿裙子。

三、摩洛哥

（一）摩洛哥人的谈判风格

在摩洛哥，进口轻工业制品的多为中小型企业，它们主要以家族企业、合伙企业为主，大型以及公有制企业较少，因此在整个商务业务往来时，比起欧洲、亚洲等发达国家的客户，摩洛哥方规范性、严谨性会略差一些。摩方客户主要是一些家族企业，并且其经济制度环境发展不充分，所以与欧洲北美等发达国家的客户相比，摩洛哥经济政策相对宽松，主要体现在合同条款相对简单，只有海运条款、仲裁条款，少去了许多繁琐的条款，但也不甚严谨，容易出现漏洞。合同中常见的经济陷阱主要是一些软条款，弹性较大，会引起不必要的争端。

近年来中摩贸易往来更多是通过线上交流的方式进行，如邮件、微信等等，线上交流更加方便快捷，沟通中只需要注意礼貌用语及及时回复。但是，遇到订单量较大或是新客户时，一般要采取线下谈判交流的方式。对待老客户，一年两三次的互访是有必要的，可以增进贸易双方的关系。

中摩双方贸易结算方式与一般国际结算方式类似，会采取电汇、托收、信用证等方式，一般是根据客户类型以及订单类型决定，在订单量较大或是新客户，双方互不了解时会采取信用证的方式。近年来中国信保建立并逐渐发挥作用，积极配合国家外交、外贸、产业、财政、金融等政策，通过政策性出口信用保险手段，支持货物、技术和服务等出口，在出口融资、信息咨询、应收账款管理等方面为外经贸企业提供快捷、完善的服务。这无疑为中方向摩洛哥出口增加了又一重保险，扩大了中摩双方贸易规模。

中国向摩洛哥出口大宗货物商品时，其运输方式主要以海运为主，除了高新技术产品通过空运。八十年代，中方向摩洛哥出口，受当时大环境影响，为挣取外汇，主要采用 CIF 的方式，而近几年海运费波动，中方主要采取 FOB 的方式。受到产品类型的影响，劳动密集型产品多为价格低廉产品，摩洛哥客户在贸易谈判时会对价格更为敏感。因此，与摩洛哥商人谈判的重点在于价格以及交期问题上。

（二）摩洛哥人的商务谈判礼仪与禁忌

一般来说，中方去摩洛哥进行业务谈判时需要注意，应尽量避开斋月和宰牲节。虽然摩洛哥教义相对其他北非国家较淡，但基本的教义摩洛哥人仍要遵守。斋月期间，摩洛哥人不许在公共场合饮水、进食、吸烟，白天不工作，一般是在晚上才开始工作，而宰牲节是摩洛哥穆斯林盛大的宗教节日。

在服装要求上，虽然没有特别要求，但建议以较为正式的服装为主。无论中方还是摩方，在去拜访客户时都可以准备些小礼物以示友好，双方一般将本国的工艺品作为礼物，遇到重要客户或是重大项目时会定制礼物以示重视。

中摩双方见面时主要采用的是握手、拥抱等国际化礼仪。随着摩洛哥国际化程度的提升，摩方见面礼仪与国际的差异越来越小。

四、苏丹

(一)苏丹人的商务谈判风格

苏丹盛传这样一句话——"中国客人到我家,一棵椰枣一杯茶",足见苏丹人非常乐意与中国商人做生意。就芝麻出口中国来说,中苏双方的商人一般不会通过广交会进行会面谈判,而是通过芝麻行业内部的六大会议,见面进行磋商与谈判,时间集中在4月与9月,大多都是非洲的出口商(包括苏丹)来中国进行磋商谈判。对于人数的限制也没有具体的要求,如果双方很熟悉的话,可能就一两个人,最多不会超过6个人。

苏丹商人的时间观念不是很强,但是不同的客户会有不同的表现。跟中国进行长期贸易的老客户一般都比较守时,对中国的习惯掌握比较多。但是一些新的苏丹出口商,他们的时间观念就不太好了,比如你去机场接他们,可能要等上半个小时,会议如果定在10时,你可能要等他到10:30才能开始。

中国与苏丹进行芝麻贸易一般使用的贸易术语FOB和CIF。由于苏丹受到美国外汇管制,在真实的业务谈判中,苏丹付汇的问题是双方需要谈判的一个重要条款。中国不能直接与苏丹发生资金的往来,这就要求必须通过第三国中转,目前与苏丹进行贸易采取的支付方式都是信用证和T/T,其中T/T是最主要的付款方式,一般通过迪拜等国进行中转,而信用证业务并不是很好开展。由于涉及外汇管制的问题,中方会提出等苏方提供全套正本单据后才付款,这无疑就增加了苏丹供应商的风险,特别是对于新的客户。

在整个非洲,苏丹商人的契约精神是最值得称赞的。苏丹商人只要接下订单,就一定会想办法完成,基本上不会存在违约的情况,这也使得谈判是在比较轻松的氛围下完成的。但苏丹商人在签订合同后,很多事情需要中方催促才能及时完成,他们周五以及节假日都是不工作的,工作的效率也比较低。

(二)苏丹人的商务谈判礼仪与禁忌

苏丹商人在正式的谈判及会议中十分重视服装礼仪。例如,某次中方人员去接苏丹商人参加会议,由于从机场回来会议就要开始,而当时他们穿得比较随意,于是他们就在车里换上了西装,可见他们对服装礼仪的要求十分严格,因此中国进口商也须穿着正式,以示尊重。在一些非正式的场合接洽时,苏丹人则穿得比较随意,为使气氛比较轻松,不给对方压力,中方人员也会穿得比较随意。

苏丹跟中国有点相似的一点就是,两国都是礼仪之邦,国民非常热情。每次来中国进行谈判时,苏丹商人都会带着他们当地的特产——椰枣和糖,而中国客户到苏丹时,考虑到携带方便,一般会带一些移动电源、蓝牙音箱等有科技感的小物件,这些礼物在当地非常受欢迎。

苏丹客户来中国进行谈判磋商时,中方进口商会根据苏丹客户来谈判的时间点安排宴请。比如谈判的时间安排在上午10时,那么一般情况下等谈判结束以后再进行宴请,这样的安排会使得大家在宴席上没有了紧张感;而如果谈判时间安排在下午2时,那么一般会在12时左右宴请苏丹客户,然后再进行正式谈判。当然,酒桌上的热情也会增加谈判成功的几率,使自己获得优势。至于宴请的地点,因为苏丹客人不是很习惯中国的肉食,所以一般会选在一些传统的素食做得比较好的酒店(或餐馆),公司的管理人员以及业务人员会随同他们一起就餐。如果时间充裕的话,有些苏丹商人甚至会在谈判结束后游玩一两天,这时候也一般由中方人员做向导。

在进行商业谈判的时候,开局的介绍方式要分新客户和老客户两种情况来定。对于不太熟悉的新客户,首先从交换名片开始,之后是握手,苏丹商人会握住一只手,然后拉过来用另一只手轻轻拍一下你的后背以示热情,之后的自我介绍主要以了解产品的质量以及供货能力为目的,属于开门见山类型。而对于熟悉的客户,刚开始都会寒暄几句,聊一聊对方的家庭情况等等,如果打招呼时能用一两句苏丹当地的语言问候的话,那么苏丹客户会非常高兴,为谈判起了个好头。

(三)与苏丹商人谈判的注意事项

苏丹商人注重契约精神,但是这不意味着在谈判完成后,双方签了合同就没什么事了。在谈判结束后还需要注意以下几个问题:

1.单据的制作问题

由于苏丹制作单据的能力比较弱,而中国海关在清关时对于单据的要求比较严格,所以一般苏丹商人会在中方的协助之下完成单据的制作,苏丹客户会与中方联系比较紧密,在中方审核正本单据等没有问题之后,才算完成了单据的制作。

2.延迟发货问题

对于芝麻等行情变化比较大的产品来说,时间是一个非常重要的条款,行情的变化会时刻影响到中国国内进口商的利益。在合同里会有具体的约束,如果苏丹方面延迟发货损害到了国内客户利益的话,那么中方可以选择拒收货物、与苏丹商人进行溢价,或者重新进行价格谈判。

3.合同结束之后的付汇繁琐问题

由于付汇涉及外汇管制问题,与苏丹商人进行贸易最麻烦的步骤就是这一点,一到付汇就会有很多小问题,须多加注意。

本章小结

本章主要介绍了美洲、欧洲、亚洲、"一带一路"沿线十几个国家的商务谈判风格和礼仪。理解和尊重不同国家商务谈判风格和礼仪是赢得生意和朋友的根本。本章还重点介绍了不同国家的商务习惯和注意事项。

第十一章　国际商务谈判风格与礼仪

练习题

一、简答

1. 简述美国的商务谈判风格与礼仪。
2. 简述英国的商务谈判风格与礼仪。
3. 简述德国的商务谈判风格与礼仪。
4. 简述日本的商务谈判风格与礼仪。
5. 简述俄罗斯的商务谈判风格与礼仪。

二、实训题

你或者你周围的人接触过哪个国家的商人,其谈判风格如何？有什么样的谈判礼仪或者禁忌？

附录 安徽省大学生国际商务模拟谈判大赛

一、安徽省大学生国际商务模拟谈判大赛简介

（一）大赛基本情况

国际商务模拟谈判大赛在全国综合类大学和财经类大学中深受教师和学生的欢迎。安徽省大学生国际商务模拟谈判大赛的开展，有利于开拓国际经济与贸易专业优秀人才培养新路径，构建国际经济与贸易专业教育教学改革新平台，培养学生新型就业、学习理念，推动校际、校企有目的地开展社会实践活动。

安徽省大学生国际商务模拟谈判大赛由安徽省教育厅主办，安徽大学承办，安徽技术进出口股份有限公司赞助，影响面广、参与院校多。本大赛旨在整合社会各界资源对大学生就业、创业工作进行关注与支持，以赛促教、以赛促练、以赛促交流，打造安徽省本科院校品牌赛事。

1. 组织形式及机构

本大赛由安徽省教育厅主办，安徽大学承办，具体组织实施工作由安徽大学教务处和安徽大学经济学院落实；安徽大学经济学院以国际经济与贸易专业为依托，学院组建由多名实践经验丰富的专业教师及社会知名商务人士组成的竞赛组委会；安徽省技术进出口股份有限公司作为校企合作单位，同时也是本赛事的协办单位，对大赛予以全方位的支持，与课程教学实践无缝对接，形成"课程实训＋竞赛实践＋基地实习"三位一体的教学新模式。

本大赛组委会由安徽省教育厅领导任主任，安徽大学校领导任执行主任，安徽省教育厅高教处、安徽大学教务处、安徽大学经济学院、各参赛高校相关学院（系）的负责人等担任组委会委员；下设专家委员会、仲裁与监督委员会，其成员由安徽省技术进出口股份有限公司和安徽轻工国际贸易股份有限公司的外贸精英及参赛的高校教师代表等组成；组委会秘书处办公室设在安徽大学经济学院，大赛工作人员名单在大赛官网另行公布。

2. 大赛规模

本大赛每年举行一次，面向全省高校经济类及相关专业本科生，基本覆盖了全省各本科高校。

国际贸易、国际商务、经济学、英语、电子商务、市场营销等相关本科专业学生均可以团队形式报名,每个学院选派2支队伍,每支队伍由6名成员、2名指导老师组成。第一届安徽省大学生国际商务模拟谈判大赛于2017年12月9日至10日在安徽大学磬苑校区举行,全省32个高校的62支代表队参加了比赛;第二届安徽省大学生国际商务模拟谈判大赛于2018年10月13日至14日在安徽大学磬苑校区举行,全省有31个本科高校共60支队伍参加比赛。

阅读材料 附录-1

第二届安徽省大学生国际商务模拟谈判大赛参赛情况

第二届安徽省大学生国际商务模拟谈判大赛共有31所高校参赛,参与率达81.57%。除安徽财经大学商学院和池州学院选送一支参赛队,其余29所高校均选送两支参赛队,共计60支参赛队;本届大赛共计480名师生参赛,主要涉及国际经济与贸易、国际商务、经济学、英语、电子商务等相关专业。本届大赛共计97名指导教师,其中30%的指导教师同时指导两支参赛队伍。从指导教师的职称情况来看,副教授及以上占比35%,讲师占比60%,辅导员及相关行政人员占比5%。从指导教师专业情况来看,国际经济与贸易、国际商务专业占比在78%,英语专业占比15%。由此可以看出国际贸易专业讲师是大赛指导教师的主要群体。

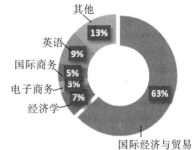

图附录-1 大赛参赛学生专业分布

3. 奖项设置

本大赛奖项严格遵循安徽省教育厅文件要求,分别设置团体奖和个人单项奖。特等奖占参赛队伍的5%,一等奖占参赛队伍的5%,二等奖占参赛队伍的20%,三等奖占参赛队伍的30%,其余均为优秀奖;同时设置个人单项奖:最佳英语口语(2名),由评委根据初赛表现推选;最佳谈判代表(2名),由评委根据复赛表现推选。

(二)大赛组织实施

1. 竞赛内容

大赛分为初赛、复赛和决赛。比赛分A、B两组进行,每个参赛高校的两支队伍分别在A、B两组。赛前准备会抽签决定分组、出场顺序、谈判对象及谈判身份,每组分别产生一、二、三等奖。

2. 成绩评定

最终成绩由初赛成绩和复赛成绩构成,计算公式:总成绩(100%)=初赛成绩(40%)+复赛成绩(60%);总成绩排名前10%的团队进入决赛,现场角逐特等奖和一等奖。根据评分标准,初赛、复赛和决赛均由评委匿名评审,去掉最高分和最低分,取平均分记成绩。

附录表 1　初赛评分标准

谈判准备(40分)	信息收集程度(5)
	对议题的理解和把握(10)
	目标设定的准确性(5)
	方案设计的实用性(8)
	团队选手的准备程度(6)
	团队分工(6)
商务礼仪(24分)	服饰着装(8)
	手势合理、表情适当(5)
	上下场致意、答谢(5)
	语言流畅(6)
现场展示(30分)	PPT制作(10)
	英语表达(8)
	时间安排(4)
	精神风貌(8)
总体印象(6)	总体印象(6)
合计	100分

附录表 2　复赛/决赛评分标准

谈判准备(20分)	信息收集程度(4)
	对议题的理解和把握(4)
	目标设定的准确性(4)
	方案设计的实用性(4)
	团队选手的准备程度(4)
谈判过程(60分)	谈判策略与技巧(8)
	团队配合(8)
	知识丰富、合理运用(8)
	氛围控制(8)
	逻辑清晰、思维严密(7)
	语言表述清晰准确(7)
	反应迅速、随机应变(7)
	对谈判进程的把控(7)

续表

谈判效果(20分)	己方谈判目标的实现程度(5)
	双方共同利益的实现程度(5)
	谈判结果的长期影响(5)
	对方的接受程度(5)
合计	100分

3. 案例编写

大赛组委会秘书处负责聘请实务部门和相关专家学者编写案例,所有参赛团队均使用同一案例,案例于正式比赛前1个月提前公布;大赛案例均在真实进出口业务案例基础上提炼完善而成,确保谈判的实践性和可行性。大赛组委会邀请专家对案例进行解析和讲解,方便参赛队伍更好地捕捉谈判关键点。

阅读材料 附录－2

案例:北京2022年冬奥会延庆赛区高山滑雪中心索道设备进口采购项目

甲方:安徽省技术进出口股份有限公司(北京北控京奥建设有限公司)

乙方:奥地利多贝玛亚索道有限公司

一、谈判背景

北京延庆赛区位于张山营镇小海陀山地区,将建2个竞赛场馆:高山滑雪中心和雪车雪橇中心;2个非竞赛场馆:延庆奥运村和山地媒体中心。延庆地区最高海拔2199米,山体自然落差约1300米,气候条件适宜,冬季降雪充沛,山形地貌、海拔高度、赛道坡度等自然条件完全符合冬奥会高山滑雪项目的技术标准条件。赛区规划7条客运索道,其中包括2条单线循环脱挂抱索器8人吊厢式道、1条单线循环脱挂抱索器8人吊厢道、2条单线循环脱挂抱索器6人吊椅式索道、2条单线循环固定抱索器4人吊椅式索道。

经过多轮充分技术交流和初步的商务洽谈,中方基本确定了奥地利多贝玛亚索道公司作为索道的供应商,并进入了正式谈判阶段。多贝玛亚索道公司全球副总裁、中国公司总经理、商务、财务、法务等6位代表赴中国合肥与安徽省技术进出口有限公司进行商务谈判。

二、谈判框架

1.在供货范围确定、技术谈判完成的基础上开始商务谈判;

2.争取有利的合同条款:付款方式、交货期、调试、验收等;

3.双方就运输、保险、仲裁、赔偿等达成一致;

4.对索道技术服务、安装设计、维修保养服务事项的再次确认;

5.各自重点关注的其他问题,特别是确保冬奥会期间设备零故障;

6.双方就合同价格进行谈判,要各自以充分的理由,说服对方让步,并相互妥协,最终达成一致。

三、双方谈判目标

1. 双方在以上谈判框架基础上达成一致认可的进口合同;

2. 加强彼此之间长期合作,保障良好的运行维护,达到互利共赢。

四、设备资料

1. 谈判价格范围:3800~4500万欧元。

2. 设备生产周期:1年;安装调试周期:8个月,预计2020年年中全部建成运营。

3. 设备描述:

索道系统设计应符合中国现行的法律法规、国家标准、规范要求,架空索道设计满足《客运架空索道安全规范》(GB12352—2007)和中国相关规定要求。设备供货范围包括但不限于驱动站设备、迂回站设备、中间站设备、车库及车库设备、车库道岔、控制室、吊具、线路支架、线路轮组、钢丝绳、电气系统设备等整套索道设备。

【分析】本材料是第二届安徽省大学生国际商务模拟谈判大赛的案例,这是一个受到高度关注的标志性项目。2018年4月奥地利总统、总理访华,此合同就作为访问成果之一。中方谈判代表包括北京北控京奥建设有限公司副总裁、项目负责人,安徽省技术进出口股份有限公司总裁、通用产品事业部总经理、业务代表、法务顾问6位。此项目是由安徽省技术进出口股份有限公司全权代理进口,详情可查询公司网站。

4. 评审专家安排

为了保证大赛的公平、公正和公开,本赛事评审回避安徽省高校教师,评审专家主要由两部分成员组成:一是外省高校教师,二是安徽省外贸行业业务精英。初赛A场、初赛B场,复赛A场、复赛B场每场评委均由7位评审专家组成,初赛评审专家14位、复赛评审专家14位。评审专家随机分成4组,在赛前准备会上由参赛教师代表现场抽签分组,决定评审专家评审赛场。决赛由协办方为主的外贸公司业务精英10余人组成。

5. 大赛流程

(1)校内选拔赛。每年9月~10月,各高校举行校内选拔赛,选拔优秀团队参加安徽省赛,各高校以团队形式报名参赛,原则上每一所学校以2队为限。每支队伍由6名成员组成,参赛对象为安徽省全日制在校本科生。每个团队最多2名指导老师;鼓励跨专业组队,但团队内国际经济与贸易及相关专业学生不少于50%。

(2)案例发布。大赛组委会秘书处负责聘请实务部门和相关专家学者编写案例。组委会于正式比赛前1个月发布大赛案例。根据需求和实际情况,酌情考虑举办案例解析会。

(3)报名。各参赛高校通过校内选拔推荐学生组队参加本次比赛,参赛学生填写《安徽省大学生国际商务模拟谈判大赛参赛报名表》,并将报名表电子版和加盖公章的扫描件在指定日期内发至竞赛组委会秘书处邮箱。

(4)赛前准备会。组委会于正式比赛前一天组织召开赛前准备会,由各参赛团队的指导教师和领队参加。赛前准备会上,由各参赛高校代表队领队抽签决定初赛顺序、复赛顺序;由参赛高校教师代表对初赛评委和复赛评委进行抽签分组;主持人就比赛注意事项进行说明;会后,各参赛高校代表队到初赛地点熟悉场地。

(5)初赛。初赛分 A、B 两组同时进行,考核内容包括团队展示和案例分析两部分,均要求英文演说。各参赛团队用演讲的方式配合现场 PPT 向评委充分展示己方对谈判的前期调查结论、案例理解、切入点、策略,提出谈判所期望达到的目标,同时充分展示己方的风采。初赛限时 10 分钟,工作人员将在参赛队伍第一位选手讲话或视频播放时开始计时,并在 9 分钟时对参赛选手进行提示,规定时间耗尽,比赛立即结束,若超时,将会影响最终得分。

(6)复赛。复赛分为寒暄、正式谈判和总结收尾三个部分。寒暄不超过 5 分钟,双方入场,相互寒暄,利用演讲的方式,分别向观众和评委充分展示己方对谈判的前期调查结论、辩题理解、切入点、策略,提出谈判所希望达到的目标,同时充分展示己方的风采。正式谈判在 20 分钟左右,双方可自由发言,就双方关注的焦点、谈判的难点进行沟通磋商,旨在达成一致,但应注意谈判礼节。总结收尾,控制在 5 分钟,对谈判条件进行最后交锋,尽量争取对己方有利的交易条件;进行符合商业礼节的道别,对方表示感谢。

(7)决赛。初赛和复赛总成绩排名前 10% 的团队进入决赛,考核形式为一对一、面对面正式谈判,限时 30 分钟。决赛的案例依旧是大赛统一案例;为了提升选手谈判水平,组委会的专家委员会会对参加决赛的团队进行统一指导,以便提升决赛的比赛水准、观赏性和可学习性。决赛评选出特等奖 3 队和一等奖 3 队。

6. 比赛公平

(1)申诉。参赛队对有失公正的评判、奖励以及对工作人员的违规行为等,均可以提出申诉。申诉应在比赛结束后 2 小时内提出,超过时效不予受理。申诉时,应由参赛领队向仲裁委员会递交书面申诉报告。报告中应对申诉事件的现象、发生的时间、涉及人员、申诉依据与理由等进行充分、实事求是地叙述。事实依据不充分、仅凭主观臆断的申诉不予受理。申诉报告须有申诉的参赛选手、领队和指导教师的签名。仲裁委员会收到申诉报告后,应在 2 小时内做出是否受理申诉的答复。

(2)仲裁。仲裁委员会负责受理申诉并进行仲裁,以保证比赛的顺利进行和比赛结果的公平、公正。仲裁与监督委员组织复议后应及时反馈复议结果。申诉方对复议结果仍有异议,可由领队向安徽省教育厅仲裁委员会提出申诉,省教育厅仲裁委员会的仲裁结果为最终结果。参赛队不得因提起申诉或对申诉处理意见不服而停止比赛或滋事,否则按弃权处理。比赛不因申诉事件而组织重赛。

(3)赛场公平。比赛现场设仲裁委员 1 名、监督委员 1 名,参赛队对比赛成绩有异议,在比赛结束后 2 小时内由指导教师向仲裁委员和监督委员提出;现场仲裁委员和现场监督委员由参赛院校指导教师代表担任。

二、大赛成果展示

（一）大赛成果

1. 全国性赛事的参与情况及获奖情况

目前，以商务谈判为比赛内容的全国性赛事主要有两项：一是由中国现代化管理学会举办的国际商务模拟谈判大赛，一是由对外经贸大学倡导举办的国际商务模拟谈判大赛，暂时没有国家教育部、教指委直接指导下的国赛。与这两项国赛相比，安徽省大学生国际商务模拟谈判大赛辐射面较广，参与院校较多，且参赛学生均为本科生。

参加安徽省大学生国际商务模拟谈判大赛的部分代表队也参加了这两项国赛，其中滁州学院、宿州学院代表队参加了中国现代化管理学会2018年在宁夏举办的国际商务模拟谈判大赛，取得了二等奖的成绩；安徽财经大学参加了2018年在中国政法大学举办的国际商务模拟谈判大赛，取得了优异成绩。

2. 在创新创业教育方面的成效

本大赛旨在培养学生国际贸易方面的综合能力，包括商务沟通、实际业务处理、法律事宜了解、涉外礼仪、国际政治经济形势分析等。参加比赛的同学均表示大赛对自己综合能力的提升有很大帮助。一部分学生在指导老师的引导下，既提升了综合素质，又增加了对外贸业务的兴趣，很多在比赛中表现优秀的同学被安徽省技术进出口股份有限公司通过绿色招聘通道聘用；一部分学生将参赛作品进行加工延伸，形成了挑战杯项目，参加全省挑战杯的比赛；还有部分学生通过本次大赛，了解了安徽省外贸发展最新趋势，开展有关安徽省进出口贸易发展的调研活动，并形成调研报告，作为毕业设计的重要选题。

3. "以赛促教、以赛促学、以赛促改及以赛促建"的意义

本大赛选取外贸实践中的真实案例，贴近实际，更具有可操作性，让参赛选手的作品更接地气，更接现实。

（1）以赛促教。大赛案例的分析融入了最新的贸易趋势，对任课教师来说是一种挑战，指导教师需要不断地了解新趋势、新问题，才能引导学生真实理解案例、分析案例、提出切实可行的分析方案，达到了以赛促教的目的。

（2）以赛促学。参赛选手中有很多是非国际贸易专业的学生，这些参赛选手基本从头到尾把国际贸易相关实务知识进行了自学、讨论，从一个门外汉成了等同于国贸专业的学生。另外，国际贸易专业学生存在"重理论，轻实践"的问题，通过案例的分析、问题的导向、任务的驱动，可引导他们去从实际中分析问题，从实际中解决问题，做到理论和实践的融会贯通，有效达到了以赛促学的作用。

（3）以赛促改。参赛选手对案例的分析理解，反映出各个高校在国际贸易人才培养中存在的问题，有些是理论知识不扎实、业务水平低；有些是实践能力不足、教学严重脱

离实际;有些是只注重专业知识教授,忽略了能力的综合提升。指导教师在参赛期间,相互交流、相互沟通、相互借鉴,对本学校本专业开展有针对性的教学改革大有作用,以赛促改作用明显。

(4)以赛促建。比赛结束后,各个高校和指导教师积极总结经验,一方面,汲取成熟经验,深入推进本专业教学改革;另一方面,比赛需要耗费指导教师大量精力和时间,团队指导已成为一种趋势,很多高校都形成比赛指导团队,不仅能保证比赛水平年年都有提升,还能依托竞赛形成教学团队,以赛促建的作用逐步凸显。

依托本大赛的教学改革成果较为丰富,在2017年和2018年安徽省教学质量工程申报中,很多高校以此为基础申报慕课、教研改革项目、教学团队、线下开放课程等项目,教学成果不断凝结、推广。

(二)大赛特色

1. 参与人数众多

本赛事两届共吸引来自安徽省30多所高校共130多支队伍报名参赛,参赛师生人数达1000余人。参赛人数、观众人数、影响力与以前相比均有很大提高。

2. 实践性强

本大赛通过模拟真实的谈判场景、谈判案例,力图让参赛选手对商务谈判特别是国际商务谈判有一个全面的了解。很多参赛选手在比赛后纷纷表示,参加此次比赛不仅锻炼了他们的谈判能力、团队合作精神,通过谈判前的材料准备、谈判时的积极应对、谈判后的思考总结,让他们对商务谈判有了更深的了解和兴趣,以便在今后的工作中遇到商务谈判能从容应对。

3. 开启校企合作新思路

本次大赛主办方安徽大学经济学院引入协办单位安徽省技术进出口股份有限公司,为今后的校企合作开启了新思路。一方面,学校可以将企业的智力和案例引入大赛,增强比赛的实践性和影响力;另一方面,学校将比赛获奖的优秀选手输送到企业实习或工作,这些智力资源又能促进企业的发展,从而实现学校和企业共赢。

4. 组织有序

安徽省大学生国际商务模拟谈判大赛组委会秘书处负责组织整个大赛,确保比赛顺序进行。在近两个月的比赛日程中,从大赛的前期宣传到初赛、决赛的依次进行以及最后的总结,大赛组委会安排得井井有条、稳步推进。

5. 评价高

大赛受到了安徽省教育厅、校院领导、企业领导和参赛选手的高度评价。参赛高校指导教师和选手也对大赛给予了高度评价,他们纷纷表示参加本大赛对自己各方面的能力是一个很大的锻炼。此外,安徽主流媒体在宣传报道本大赛时也对实践教学引导教学改革的模式表示认可。

(三)大赛优秀案例展示

优秀案例是安徽大学"ONE PIECE"团队2018年参加第二届安徽省大学生国际商务模拟谈判大赛的案例分析。本案例从谈判双方、产品介绍、双方诉求、关注点分析四个方面对购进北京2022年冬奥会延庆赛区高山滑雪中心索道设备进口采购项目进行剖解。该案例思路清晰、逻辑点准、分析透彻、知识点覆盖全,在当年比赛中获得案例分析最高分。

案例分析

(一)谈判双方

买方:北京北控京奥建设有限公司

北京北控京奥建设有限公司是北京大型国有企业之一北京控股集团旗下的全资子公司。公司成立于2017年2月14日,注册资本人民币5000万元,是北控集团、北控置业为承接2022年冬奥会建设项目而成立的平台公司。

买方代理:安徽省技术进出口股份有限公司

安徽省技术进出口股份有限公司创立于1985年,是安徽省大型外贸企业之一,拥有多家控股公司和参股企业。20年来,公司始终谨记"至精至诚、服务社会"的理念,坚持以国际贸易为主业,走出了一条贸易与实业良性互动的发展道路。2007年,公司进出口6.5亿美元,其中出口3.6亿美元,成为安徽省首家进出口超6亿美元的外贸企业。

卖方:奥地利多贝玛亚索道有限公司

奥地利多贝玛亚索道有限公司在全球超过40个国家和地区拥有工厂、销售和服务中心,在索道工程领域,它的质量、科技和市场等均处于领先地位。迄今为止,集团已经为超过95个国家或地区的客户建造了超过14,900条各类型索道。在不久前结束的韩国平昌冬奥会上,奥地利公司提供了大量的索道、造雪、赛事摄影、滑雪用品等项目的建设和服务,取得了良好的经济效益。

(二)产品介绍

此次案例涉及的产品是客运架空索道,客运架空索道是由钢索、钢索的驱动装置、迂回装置、张紧装置、支承装置、抱索器、运载工具、电气设备及安全装置组成并用来运输人员的大型机械设备。赛区规划7条客运索道,包括2条单线循环脱挂抱索器8人吊箱式索道、1条单线循环脱挂抱索器8人吊箱式索道、2条单线循环脱挂抱索器6人吊椅式索道、2条单线循环固定抱索器4人吊椅式索道。

①脱挂式吊箱索道可以容纳4到15名乘客并配有无障碍登车系统,可运输儿童手推车、轮椅和冬季运动装备,脱挂式抱索器能够让车厢在站内与牵引索分离,确保乘客自如地上下车。车厢在线上速度可以达到6米/秒,每小时单向运量可达4500名乘客。

②脱挂式吊椅式索道每小时单向运量高达4000名乘客,配有灵活的驻车系统,速度也可以达到6米/秒,脱挂式抱索器技术可以实现车厢在站内的爬行速度,它在线路

上也确保了高度的安全性。为运送儿童而特殊设计的锁止系统强化了索道的高度安全性。并配有 RPD(钢丝绳位置监测)早期预警系统,其传感器持续监测轮组上钢丝绳位置,在必要的紧急情况下它将让索道减速或彻底停车,因而它能够时刻保障乘客安全。

③固定抱索器吊椅式索道的座椅与钢丝绳固定连接在一起,座椅装有垫层,其本身及靠背可以折叠,以实现在风雪天气时的保护,它每小时单向运量可高达 2800 名乘客,其运行非常安静,操作也比较简单,但缺点是速度不能太快(一般为每秒一米左右),否则乘客难以上落,运载能力亦有限。

在中国大力推进加强"一带一路"经济合作背景下,正值 2022 北京冬奥会来临之际,此项目在习近平主席与奥地利总统范德贝伦及总理库尔茨的共同见证下正式落地,对于展示中国大国风范以及促进中奥经济合作有着极为重要的意义。

(三)双方诉求

1.买方诉求

(1)交货期限。本批设施须于 2020 年中完成全部建成运营,其中生产周期一年,安装、调试周期八个月,故该批货物须在 2019 年 10 月中完成全部交货,方可如期投入运营。

(2)赛期运行无故障。本批设备作为冬奥会比赛设施,赛期内须保证零故障。对于此种诉求应采取事前预防、事中救援、事后防控相结合的措施。

第一,赛前预防。以细致的防护措施预防机械故障及完善的人员培训机制预防人为失误,具体措施如下:

针对机械故障:a.驱动机有主副两套驱动系统,当主驱动系统出现故障时,可启动备用驱动系统,即可以低速将乘客运回站房。b.备有柴油发电机,当供电系统突然断电时,可启动柴油发电机供电。c.驱动机设有两套制动系统,高速轴设有 C 型液压制动器,驱动轮上设有液压钳式制动器。d.驱动轮上装有测速发电机,当电机转速超过额定转速的 5%时,能发出正常停车信号,当转速超过 10%时,能迅速进行安全制动。e.张紧行程极限位置设有行程开关,防止超过预定的行程。f.上下站站台设有停车按钮开关,当发现事故或可能导致事故的迹象时,可直接使驱动机停车。g.设有风向仪,当风力超过规定值时,将乘客低速运回站房。h.在托(压)索轮组上设有防止钢丝绳往内跳的挡板,外侧设有捕捉器及针形开关,当钢丝绳向外跳时,捕捉器捕住钢丝绳并自动停车,以防发生事故。i.利用钢丝绳无损探伤仪,定期检查钢丝绳的完好情况,严格按《钢丝绳检验及报废规范》执行,从而保证钢丝绳不产生断绳事故。j.索道线路跨越水面的,应配备船只等水上救援设备,或与附近拥有船只的单位签订相关协议或意向书,确保需要救援时能及时调用。

就人员管理和操作失误而言,此为人为可控因素,可以降至最小。我公司将加强相关人员的培训,定期进行演练,安排责任心强、接受过系统培训的专人负责索道的操作,规避此类风险的发生。

第二,事中救援。首先,调遣救援人员。索道吊具内或索道票上应印有索道公司应急求救电话,方便乘客在遇到突发事件时及时告知索道公司,该电话不得挪作他用,不得停机,不得长时间占线。索道出现问题时,监察人员应及时联系相关救援人员赶赴现场进行救援。当依靠自身力量无法在短时间内完成应急救援时,应急救援指挥部应根据现场情况,及时联系市质监局、市消防支队、市交警支队、中国索道协会等社会救援力量,请求给予支援。并报告当地政府,请求启动应急预案。当在线路上的人员全部救援落地,受伤人员及时得到医治后,由应急救援指挥部根据应急救援实际情况,宣布救援结束。

第三,事后防控。为不耽误赛事的正常进展,在山路上主要节点配置有大巴车,若索道出现故障,在人员安全落地时,我公司将及时调遣离事故发生地最近的大巴车,将比赛相关人员送到指定地点参赛。

2.卖方诉求

中国冰雪产业迅猛发展,总规模到2025年将达一万亿。但我国本土品牌生产水平、管理水平已难以满足如今要求逐渐提高的需求市场,而奥地利多贝玛亚公司作为此行业的领头羊,也希望通过本次合作扩大中国市场,提升自身品牌在中国的知名度并树立良好的品牌形象,创立良好的品牌效应,故本次合作对于卖方公司十分重要。

(四)关注点分析

1.一般关注点

(1)贸易术语。选择:D组贸易术语,理由如下:可以实现门到门运输;适用于多式联运;实质性交货,到货质量有保障。

(2)运输方式。根据货物的属性选择不同的运输方式。精密装置如控制设备选择空运,钢索吊车等大型装置选择海运或陆运。海运路线从维也纳港经汉堡港中转到天津港。陆运,即近年来随"一带一路"发展起来的中欧班列,可供选择的班次有"布拉格—北京",或在今年四月开通的"维也纳—成都"班次。

(3)保险。两家保险公司可供选择,分别是遵循CIC2009条例的中国人寿保险公司与遵循ICC2009条款的维也纳保险集团,而在运输、安装、试运行过程中可供选择的险种及费率。

(4)货物检验。检验方式:出口国检验,进口国复验;检验标准:于奥地利检验后需符合欧洲标准,于中国复检后要提交3c证书。最终检验:索道于中国属于特种设备,在整体安装完成后,买方将邀请中国国家客运架空索道安全监督检验中心进行最终检验,设备应符合如下标准,否则买方有权向卖方索赔。

(5)索赔与仲裁。索赔,若卖方延期交货、所交货物质量有问题、索道运行后发生故障,买方可按造成的损失大小向卖方索赔。仲裁,若双方发生纠纷,可选择通过维也纳国际仲裁中心(VIAC)或中国国际经济贸易仲裁委员会(CIETAC)提请仲裁,并分别根据维也纳规则或中国国际经济贸易仲裁委员仲裁方法进行仲裁。

2.特殊胶着点

可以从支付方式、售后服务、维修保养、设备升级服务、应急方案等方面关注。

参考文献

[1] 白琳.沟通与礼仪[M]北京:科学出版社,2016.

[2] 白远.国际商务谈判——理论、案例分析与实践(第四版)[M].北京:中国人民大学出版社,2016.

[3] 白远.国际商务谈判理论与实务[M].北京:机械工业出版社,2013.

[4] 陈福明,王红蕾.商务谈判[M].北京:北京大学出版社,2006.

[5] 邓斐文.解析北京奥运会开幕式表演上的"笑脸"[J].大众商务,2009(4):278~280.

[6] 丁建忠.国际商业谈判[M].北京:中信出版社,1992.

[7] 丁建忠.商务谈判教学案例[M].北京:中国人民大学出版社,2005.

[8] 段淑敏.商务谈判(第2版)[M].北京:机械工业出版社,2016.

[9] 方明亮,刘华.商务谈判与礼仪[M].北京:科学出版社,2011.

[10] 冯光明,冯靖雯,余峰.商务谈判——理论、实务与技巧[M].北京:清华大学出版社,2015.

[11] 高建军,卞纪兰等.商务谈判实务[M].北京:北京航空航天大学出版社,2007.

[12] 格里高利·哈特来,梅子,郑春蕾.非语言沟通[M].北京:中华工商联合出版社,2014.

[13] 宫捷.现代商务谈判[M].青岛:青岛出版社,2001.

[14] 郭芳芳.商务谈判教程[M].上海:上海财经大学出版社,2006.

[15] 贾蔚,栾秀云.商务谈判理论与实务[M].北京:中国经济出版社,2006.

[16] 金正昆.商务礼仪教程.涉外礼仪教程.社交礼仪教程.政务礼仪教程.服务礼仪教程[M].北京:中国人民大学出版社,1999,2005.

[17] 克劳德·塞利奇,苏比哈什·C·贾殷著,檀文茹等译.国际商务谈判[M].北京:中国人民大学出版社,2014.

[18] 李佩锜.中日空间语言差异[J].科教文汇,2010(23):153~154.

[19] 李爽,于湛波.商务谈判(第2版)[M].北京:清华大学出版社,2012.

[20] 刘白玉.论国际商务谈判人员的素质[J].沿海企业与科技,2005(6):182~183.

[21] 刘向丽.国际商务谈判[M].北京:机械工业出版社,2005.

[22] 刘园.国际商务谈判:理论、实务、案例[M].北京:中国商务出版社,2004.

[23]卢润德.商务谈判[M].重庆:重庆大学出版社,2003.

[24]罗杰·道森.《优势谈判》[M].重庆:重庆出版社,2008.

[25]罗伊·列维奇,布鲁斯·巴里,戴维·桑德斯著,王健等译.商务谈判(第6版)[M].北京:中国人民大学出版社,2015.

[26]马玉梅.论空间语言在跨文化交际中的作用[J].殷都学刊,2009(2):125~127.

[27]邱林,郑雪,严标宾.谈判心理研究发展述评.[J].心理科学进展,2011,11(2):235~239.

[28]曲杨.国际商务谈判[M].北京:化学工业出版社,2011.

[29]宋贤卓.商务谈判[M].北京:科学出版社,2004.

[30]王海云.商务谈判[M].北京:北京航空航天大学出版社,2003.

[31]王景山.商务谈判[M].西安:西北工业大学出版社,2009.

[32]王君.出口商品价格核算与报价技巧——从一则案例分析入手[J].对外经贸实务,2014(10):70~73.

[33]王玉苓,徐春晖.商务礼仪[M].北京:人民邮电出版社,2016.

[34]吴琼,李昌凰,胡萍.商务谈判[M].北京:清华大学出版社,2017.

[35]徐觅.现代商务礼仪教程[M].北京:北京邮电大学出版社,2008.

[36]阎冠羽.商务谈判中回答的艺术[J].硅谷,2008(11):179,182.

[37]杨晶.商务谈判[M].北京:清华大学出版社,2005.

[38]杨路.高端商务礼仪:56个细节决定商务成败[M].北京:北京联合出版公司,2013.

[39]仰书纲.商务谈判理论与实务[M].北京:北京师范大学出版社,2007.

[40]易开刚.现代商务谈判[M].上海:上海财经大学出版社,2006.

[41]张岩松.现代交际礼佼[M].北京:清华大学出版社,北京交通大学出版社,2008.

[42]张滢."黑箱—灰箱—白箱"策略在商务谈判中的应用[J].经济论坛.2006.23:85~87.

[43]张煜.商务谈判[M].成都:四川大学出版社,2005.

[44]张志.国际商务谈判[M].大连:大连理工大学出版社,2008.

[45]赵国柱.商务谈判[M].杭州:浙江大学出版社,2002.

[46]仲鑫,国际商务谈判[M].北京:机械工业出版社,2010.

[47]朱凤仙.商务谈判报价的策略与技巧[J].中国科技信息,2012(14):124.

[48]庄铭国.国际礼仪[M].北京:中共中央党校出版社,2006.

[49]邹莉,梁晓霞.跨国礼仪在国际商务谈判中的运用研究[J].文化创新比较研究,2018(36):187~188.

后 记

本教材的编写是国际商务谈判与礼仪教学团队集体智慧的成果,同时也得到安徽省技术进出口股份有限公司的大力支持,尤其是公司30多位一线业务精英的亲身指导。各兄弟院校老师和同学在安徽省大学生国际商务模拟谈判大赛精彩的展示也为本教材的编写提供了重要素材。教材编写团队介绍及具体分工如下(排名不分先后):

陈芳,安徽大学经济学院副教授,经济学博士,理论经济学博士后。发表学术论文30余篇,主持参与国家级、省部级项目20余项,出版专著1部,主编教材1部。主持省级重大教研项目1项,主持获评省级教学成果二等奖,主持校级科研项目20余项。获安徽省教坛新秀,安徽大学青年骨干教师培养对象,安徽大学首批优秀人才。负责教材全书结构框架、统稿审核。具体编写第一、二、十一章。

孟静,安徽大学经济学院讲师,经济学博士,发表学术论文10余篇,主持或参与国家级、省部级科研项目10余项。参编教材5本,出版专著1部。获安徽大学青年教师基本功大赛三等奖,2017年、2018年获得安徽省大学生国际商务模拟谈判大赛优秀指导老师一等奖,2018年获评安徽省教学成果奖二等奖。具体编写第九、十章。

邵海燕,安徽大学经济学院讲师,经济学博士,在经济学核心学术期刊上发表论文10余篇,主持和参与各类科研项目10余项,参编教材和专著3部。曾获得安徽大学"轻工杯"优秀教师、安徽省教学成果二等奖、安徽省大学生国际贸易综合技能大赛一等奖、安徽省大学生国际商务模拟谈判大赛特等奖等奖项。具体编写第七、八章。

王珊珊,安徽大学经济学院讲师,经济学博士,研究方向为国际贸易与国际投资,主持参与国家级、省部级科研项目10余项,发表学术论文10余篇,主持省级教研项目1项,校级教研项目5项,参编教材3本。2017年、2018年获安徽省大学生国际商务模拟谈判大赛优秀指导老师,2018年获评安徽省教学成果奖二等奖。具体编写第三、四章。

汪佳群,巢湖学院经济与法学学院教师,经济学硕士。发表学术论文2篇,参与国家级、省部级科研项目5项。研究方向为贸易经济,承担政治经济学、商务谈判与礼仪、商务英语、宏观经济学等本科生课程。具体编写第五、六章。

同时,安徽大学经济学院2018级国际商务硕士潘亮以及全班同学承担了采访、记录工作;2019级国际商务硕士张书勤、史慧敏承担了部分整理、校对工作。